企业人力资源管理丛书

总主编　赵永乐

General Theory of
Human Resource Management

人力资源管理概论

赵永乐　王全蓉　薄赋徭◉编著　（第三版）

上海交通大学出版社
SHANGHAI JIAO TONG UNIVERSITY PRESS

内容提要

　　本书较为全面地总结了一些较新的人力资源管理理论研究成果,对人力资源管理理论进行了系统性的研究,为企事业单位的人力资源管理工作提供了理论和实践方法与技术指导。

　　全书共分十二章,主要内容包括人力资源、人力资源管理概述、人力资源战略与规划、工作分析、员工招聘、绩效管理、薪酬管理、员工培训、职业生涯管理、企业劳动关系管理、岗位目标管理、职业经理人管理等内容。本书内容充实、理论系统、注重人力资源管理的创新性和可操作性,每章均有导入案例、相关链接、复习思考和案例分析题,既可作为阅读理解资料,又可作为实践教学内容,便于读者对知识的理解和掌握。

　　本书适用于经济、管理类大学本科专业基础课教学,亦适用于其他专业作为公共选修课教材,也是企事业单位管理工作者开展人力资源管理工作的指导性工具书。

图书在版编目(CIP)数据

人力资源管理概论/赵永乐等编著. —3 版. —上海:上海交通大学出版社,2014(2017 重印)
ISBN 978-7-313-04704-5

Ⅰ. 人… Ⅱ.赵… Ⅲ. 劳动力资源—资源管理—研究生—教材　Ⅳ. F241

中国版本图书馆 CIP 数据核字(2009)第 184220 号

人力资源管理概论
　　(第三版)

编　　著:赵永乐
出版发行:上海交通大学出版社　　　　　　　　地　　址:上海市番禺路 951 号
邮政编码:200030　　　　　　　　　　　　　　电　　话:021-64071208
出 版 人:郑益慧
印　　制:常熟市梅李印刷有限公司　　　　　　经　　销:全国新华书店
开　　本:787mm×960mm 1/16　　　　　　　印　　张:24.25
字　　数:455 千字
版　　次:2007 年 3 月第 1 版　2014 年 8 月第 3 版　印　　次:2017 年 1 月第 6 次印刷
书　　号:ISBN 978-7-313-04704-5/ F
定　　价:42.00 元

第三版前言

随着人类社会进入知识经济时代,人力资源已经成为一种战略性资源。综合国力的竞争,归根到底是人力资源的竞争。正如诺贝尔经济学奖获得者西奥多·舒尔茨所说:"人类的未来并不取决于空间、能源和耕地,而将取决于人类智力的开发。"人力资源逐步显示出其作为人类社会中最具创造性和能动性的宝贵资源的特征,而对人力资源的管理已经成为影响和决定现代社会经济发展最重要的管理内容。当前,人们对人力资源管理的研究和学习热情持续升温:国内数百所院校开设了人力资源管理专业,培养专业的人力资源管理人才;更多的院校在相关专业里开设了人力资源管理课程;在 MBA、MPA、工程硕士、管理类研究生课程班的课程体系里,人力资源管理已成为核心课程之一;很多企业和单位的高层领导和各级管理人员也都把人力资源管理作为个人的必修读物……在这股持续的人力资源管理热潮中,我们深感有必要向一切对人力资源管理感兴趣的人们系统介绍人力资源管理的基础知识,以便让人力资源管理知识更加普及,使人力资源管理实践更上一层楼。同时,我们也想以独特的体系和论证,丰富人力资源管理图书市场,以求证于同行和管理实践者。

和前两版书稿一样本版书稿也是从全新的角度对人力资源管理进行了概括,从人力资源及人力资源管理的一些基础性概念的内涵和外延的界定,到人力资源管理的基本职能、人力资源管理的综合技术,不仅进行了全面的概括,而且提出了一些颇新的理论和观念。本书第三版的编写以满足人力资源管理教学与实践的需要为宗旨,对前版书稿进行了适当调整。总的来说,本书有三个特点:一是全书的逻辑构架更加适应于组织(特别是企业)的人力资源管理需求;二是注重于人力资源管理的实际应用,使之能从职能体系上满足人力资源管理实践日益突出的要求;三是根据章节内容的需要,设置了大量有针对性的典型案例,使之能更加便于相关专业学生和广大读者对人力资源管理知识体系进行理解和把握。自20世纪90年代以来,在赵永乐教授的率领下,我们先后为上百家企业、事业单位、政府机关、高校提供了咨询和服务,涉及企业发展策划、组织规划、企业集团总部设计、企业文化建设、企业诊断、人力资源(人才)规划、岗位目标管理、招聘面试、员工评价竞岗、企业人才后备库建设、工作分析、岗位评价、岗位素质模型、绩效管理、薪酬管理、员工培训、经理培训等方方面面。这些社会实践不仅为我们的写作提供了生动活泼的素材,而且提炼出有价值的思想火花和理论体系。

本书可以作为本专科生、研究生管理类相关专业的专业基础课教材、人力资源管理专业的教学教材,也可以作为 MBA、工程硕士、管理类研究生课程班的教学或辅助教材。同时也适用于各级领导、经营管理者、行政人员,尤其是广大的企事业单位人力资源管理工作者自学进修使用。对于人力资源管理、人才学、组织管理、行政管理等学科的研究者、爱好者和教育工作者,读后也将会有所裨益。

赵永乐提出本书第三版的总体框架和章节安排。薄赋徭承担了第三版的具体工作。王全蓉、陈丽芬、陈双双、王培君、李成江、沈鸿、姜农娟、薛琴、陈京民、李海东、李莉、朱燕、邓冬梅、张宏等曾参与了写作,提供了大量的参考资料。陈菀娟对全书的格式进行了规范调整,并对部分章节的文字进行了整理或修改。赵永乐对全书进行统稿,对部分章节的内容进行了修改,并终审定稿。

在本书第三版的写作过程中,参阅了大量的国内外学者的文献资料和最新研究成果,从中吸取了众多有益的观点和个案,难以悉数列举,谨在此一并致谢。特别要说的是,一些典型案例和实战素材取自互联网,因有些作者无从查找,在此也对这些佚名作者表示感谢。还有一些素材来自近年来我们所承担的项目,在此对这些项目单位表示感谢。还要感谢上海交通大学出版社的精心策划和编辑,使得本版书稿增辉不少。由于水平所限,本书的第三版编写存在着种种的不足之处,敬请同行的专家学者和广大读者批评指正。随着时代的发展和环境的变化,人力资源管理的实践将不断进化,人力资源管理的研究也将更加丰富多彩,我们将在以后的历程中加紧学习,刻苦钻研,努力实践,不断完善自己。

本书作者
2014 年 6 月 8 日于南京江东

目　录

绪　　论

随着知识经济时代的来临，人类进入了一个以知识为主宰的全新时代。企业、国家间的竞争已经由产品、资本的竞争逐渐发展到智力资本的竞争。激烈竞争的焦点当然就是智力和知识的唯一载体"人"。"21世纪是知识经济的世纪"、"21世纪的竞争是人才的竞争"，各国决策层不但对这些观念已经取得一致认同，而且已经或正在积极制定和谋划本国的人力资源开发战略。人力资源的价值成为衡量一个企业核心竞争力和一个国家综合实力的指示器，人力资源管理水平则成为一个组织乃至一个国家竞争优势获取和保持的保证。

自20世纪90年代初以来，我国掀起了人力资源管理研究的高潮，关于人力资源及其管理研究的论著、论文、专题研究不计其数，这充分体现了人力资源管理的重要性在我国得到了充分的认识和重视。但正如很多专家们所指出的那样，尽管近年来研究成果数量剧增，但价值含量却很难令人满意。这表现在：

第一，研究过于肤浅化。无论是对于人力资源管理本质的认识、概念的界定还是人力资源管理体系的构建，大多基于把人力资源管理看作一个管理过程和技术，而脱离了人力资源管理作为一门学科的本质属性和特点，导致研究成果虽浩瀚如海，但具有深度的真知灼见却为数不多。

第二，缺少研究特色。人力资源管理作为一门以"人的管理"为研究对象的学科，具有鲜明的时代特点，应该以特定时代作为研究背景，也应该伴随着时代的发展而不断发展。目前我国人力资源管理研究的基础虽然不能说完全脱离中国的时代特点及发展趋势，但经典色彩甚浓。也就是说，我国人力资源管理研究的基础仍然建立在20世纪80年代甚至更早从西方社会传过来的"经典著作"和"经典理论"上，而不是建立在今天中国发展所处的时代环境之上。这不仅使得能够静下心来埋头系统钻研理论基础的研究者凤毛麟角，而且也使得我们现有理论研究成果之中，鲜见特色之作出现，大量所谓研究成果之中仍然充斥着对西方经典论述的各种形式的"重述"。

第三，研究脉络不够清晰。人力资源管理概念在西方提出之后，其理论研究和时代需要实现了较好的结合，这使得人力资源管理研究的脉络非常清晰。每一个社会发展新时期，总会有一个引起广泛关注的研究主题，也总会有一些具有重大价值的研究成果产生。例如，平衡计分卡、目标管理等就是这样从理论走向实践，并进一步升华。而在我国目前的研究中则缺乏这样一种具有影响力的引导，人力资源管理的研究"各自为政"。例如，人力资源管理中很多概念的界定，目前也还都缺乏一个能够为大家普遍接受的定义。

本书的写作正是基于对我国人力资源管理研究现状的感触而展开的。我们对国内外具有影响力的著作、研究成果进行了研究和吸收，对当代人力资源管理发展的特点和发展趋势进行了探讨，并把我们近期的研究成果进行了整合，以期能够推出一部既具有一定理论深度又体现当前时代特色的作品，能为大家所鉴赏。

一、当代人力资源管理面临的挑战

当今世界，变化瞬息万千，人力资源管理面临着知识化、信息化、全球化和组织发展的严峻挑战。

1. 知识化对人力资源管理的冲击

知识化改变了衡量企业财富的标准和竞争规则。一个企业只有拥有持续不断的知识创新，才可能连续推动企业绩效的提高，保持长久的竞争优势。同理，一个国家要保持经济的稳定增长和综合国力的稳步提升也要依靠持续的知识创新。怎样培养、使用、激励创新型人才，制定科学合理的企业人才战略和知识创新体系是人力资源管理研究面临的重大课题。

2. 信息化对人力资源管理的冲击

计算机、通信和网络技术的普及和应用，使得互联网成为信息沟通的新型载体，它改变了传统的时空观，打破了地理边界的限制，在开拓人们视野的同时，缩短了人与人的距离，把整个世界变成了"地球村"。信息传递的方便和快捷，不仅提高了企业的工作效率，极大地降低生产成本，而且创造了更多的岗位和商机。无纸化办公、网上贸易、网络组织、虚拟社区等正逐步为人们所接受。信息化正在悄悄地改变人们的行为方式和企业的生产、经营与管理方式，也必将改变组织对人的管理模式。

3. 全球化对人力资源管理的冲击

信息化加快了全球经济一体化的进程，世界范围内的人力资源流动正在不断加剧。这种越来越快的流动性趋势，使得一个人终生为同一组织工作的现象变得越来越少见。全球化的工作环境不仅需要人的知识、技能满足企业的需要，同时也要求人力资源管理人员了解不同国家、不同民族的文化传统和风俗习惯，以保证不同种族和信仰的人员在工作中有效地分工和协作，完成组织目标。因此，面对全球化浪潮，如何进行跨文化的培训和管理就成为人力资源管理面临的新的挑战。

4. 未来组织的发展对人力资源管理的冲击

随着计算机和通信技术的迅猛发展，企业组织的发展越来越呈现出网络化、扁平化、虚拟化和团队化的特点。组织是各类企事业单位得以维持正常运行的依托和载体,组织运行效能的好坏直接关系到组织战略目标的成败。在组织日渐由刚性向柔性转变的过程中,也对人力资源管理提出了新的要求。

为了应对上述的诸多挑战,适应逐渐变化的外部环境,人力资源管理正在悄然地发生改变。

二、人力资源管理发展的新变化

面对着严峻挑战,人力资源管理正在发生变化。主要表现在七个方面。

1. 人力资源管理的战略化

现在,越来越多的企业认识到,人力资源管理的对象是组织中最重要的资源,因为战略规划的每个方面都有赖于特定的人来实施。人力资源管理在实现组织整体战略目标的过程中起着不可替代的作用。人力资源管理的战略地位前所未有地凸显出来:人力资源管理状况业已成为衡量企业优劣的重要指标,人力资源管理技能成为各级管理人员必备的主要技能,人力资源经理职位成为通向高级管理职位的重要途径,人力资源管理被确认为组织内所有成员的共同职责。可以看出,人力资源管理正在更高的层级上得到不断的强化,更趋于强调战略问题,强调如何使人力资源管理为实现组织目标服务已成为企业战略的重要组成部分。事实上很多企业都聘请人力资源专家来参与战略的研究与制定,力求实现组织战略与人力资源规划在整体规划早期就合为一体。

2. 人力资源管理工作的外包化

外包就是将组织的非核心的人力资源管理活动委托给外部的组织去承担,把一部分基础性工作向社会化的企业管理服务部门转移。比如,档案管理、社会保险、职称评定、招聘和培训等庞杂的事务性工作以及知识含量不高的工作从人力资源部门外包出去。再比如,把组织设计、工作分析等具有开创性的职能交由管理咨询公司负责。咨询公司拥有专门从事人力资源管理研究和咨询的专家,他们通常拥有企业本身不具备的知识和技能。通过外包,既能够降低企业的长期管理成本,又可以获得新的管理技术和管理思想,达到从战略高度对企业成本结构和成本行为进行全面的了解、控制和改善,以有利于寻求长久的竞争优势,更有效地适应外部环境的变化。

3. 人力资本投资的扩大化

以教育和培训为主的人力资本的投资开发将不断获得增强。人力资源是企业所有资源中增值潜力最大、最具有投资价值的资源,而员工培训是企业所有投资中风险最小、收益最大的战略性投资。通过培训,企业可以获得高质量人力资源。从员工的角度来看,工作也是一个继续学习的过程,是为提高自身价值而进行的学习。这样,员工就不仅重视工作完成的质量,更看重从工作中学习新知识和新技术,实现自身人力资源增值而带来的好处。对企业来说,经过培训,员工和企业不但共同分担了培训成本,而且也共同分享了培训的收益,意味着企业和员工都有动力继续合作。同时,员工由于获得职业培训特别是特殊职业培训,而使其在企业外部的价值比在企业内部的价值低,必然会选择与企业的命运紧紧联系在一起。

4. 人力资源开发的核心化

企业核心竞争力是一个以企业技术创新能力为核心的复杂系统,而技术创新能力的状况与增强主要取决于企业内部人力资源的状况与开发。"最好的人才是企业自己培养出来的。"因此,企业核心竞争力的根本在于企业人力资源的开发。离开了企业人力资源的开发,企业核心竞争力便会成为无本之木,无源之水。

5. 人力资源管理的柔性化

未来的人力资源管理将是"柔性化管理",即将人本管理与环境变化有机地结合起来,使员工根据环境的变化作出灵活反应。柔性化管理本质上是"以人为中心"的管理,是以"柔性"的方式去管理。为了适应不断变化且难以预测的环境,保证组织的生存和发展,柔性化管理需要不断重组其人力和技术资源,从而获取竞争优势和利润。这种柔性化管理方式不依赖于固定的组织结构和稳定的规章制度,而是随着时间、外部环境等客观条件的变化而变化,是一种崭新的人力资源管理模式。

6. 政府部门与私营机构人力资源管理方式的趋同化

通常认为,政府部门的管理方法与私营机构大不相同。这是因为政府属于社会公共事务管理部门,目标是实现社会的公正和公平;而私营机构则多是赢利性组织,追求效率、效益的最大化。然而,自20世纪80年代以来,欧美一些国家,由于国内经济状况一直不太景气,加之长期以来实施的高福利制度,导致公共开支居高不下。为了提高政府的运行效率、节约开支,开始推行管理方式改革,吸收和采纳一些私营机构的人力资源管理做法。包括:引入竞争、效率和效益等理念、尝试改变公务员的终身雇用制度、逐步实行有弹性的入职和离职制度、建立基于工作表现的激励机制以及适当的培训开发等。这种种改革使政府部门形成了类似私营机构的具有竞争性的人力资源管理新体制。

7. 人力资源管理者的职业化

人力资源管理的发展对未来人力资源管理者的角色定位提出了更高要求:人力资源管理人员必须具备全方位的经营管理知识。只掌握人力资源专业知识的人不再是称职的人力资源管理人员。一个称职的人力资源管理者,必须同时胜任职能性角色和战略性角色,需要兼具战略意识和综合服务能力。也就是说,他要成为战略规划的参与者和执行过程中的管理者、人力资源管理专家、员工发展和成长的指导者、推动组织发展变革的倡导者。

三、本书的写作意义

本书的写作意义主要有三个方面。

一是较为全面地总结了当代一些较新的人力资源理论研究成果,对人力资源管理理论进行了重新构造和归纳。这不仅有助于读者理解和把握理论的内在逻辑和层次关系,而且为专业的人力资源管理研究提供了相对完整的理论基础和分析平台。

二是对人力资源理论的系统性研究,进一步明晰了相关学科和理论间的有机联系,有利于推动相关学科和理论的发展。作为一门交叉学科,人力资源管理在发展过程中面临的问题同时也是诸多相关学科关注的焦点之一。人力资源管理学科的发展有赖于相关学科提供强有力的理论支撑,而人力资源管理学科的发展反过来又能为相关学科提供强有力的理论支撑。

三是为各类组织(企业、公共部门和事业单位)的人力资源管理工作提供系统的理论指导,并为具体的人力资源管理工作提供可供参考的具体操作技巧。对现有的人力资源管理理论进行整合,既为读者提供了人力资源管理的一般理论,又有针对性地对企业、公共部门和事业单位的人力资源管理特点加以分析和研究。

四、本书的写作特点

本书在写作过程中,贯彻"以人为本"的价值理念,本着求真务实的态度,在对现有人力资源管理理论与实践经验系统整理和对基本概念重新界定的基础上,以全新的视角整合人力资源管理体系,进一步拓展人力资源管理的研究领域,力求实现人力资源管理理论和管理实践的有机结合。主要有以下几个方面:

1. 基本概念再造

由于基本概念是研究和探讨理论问题的基础,因此对概念内涵的准确界定就显得十分重要。本书对于一些基本性的人力资源概念和人力资源管理概念重新作出解释和修订。如对于人力资源的概念,定义为"从经济学角度上来说,人力资源是一种生产性要素,指能够进入流通领域的劳动人口,既包括那些经过流通领域已经就业的劳动人口,也包括那些正在流通领域等待就业的劳动人口,还包括那些由于种种原因目前尚未进入流通领域但一旦相应条件具备就可以进入流通领域的劳动人口。"我们没有把人力资源定义为"一个国家或地区具有劳动能力的人口总和"、"具有智力劳动或体力劳动能力的人们的总称"。这是因为我们认为：①具有劳动能力的人口不一定都能称其为人力资源，比如已具有劳动能力的未成年人和尚具有劳动能力的老年人在一般意义上就不能称为人力资源；②不一定"总和"和"总称"才是人力资源，具体的个体也是人力资源。这样的定义更合乎我们具体工作层面的人力资源本意，可操作性更强。同样，对人力资源管理内涵的理解上，"不能简单地认为是一种制度或是一种政策，而是一个系统。"这个系统包括人力资源的业务、流程、体制、机制和一系列的制度、发展策略以及优化人力资源构成、提高人力资源素质和效率的技术、方法和手段等。这是从系统的角度出发来全面把握人力资源管理的概念，超出了单纯的制度层面，丰富了人力资源管理的内涵。

2. 人力资源管理体系的重构

一种理论的体系犹如人体的骨架，是该理论的支撑，也是研究进一步深化、丰富的基础。对于人力资源管理这一学科，一直以来存在着把人力资源管理过程看做是研究体系的误区，这也是导致人力资源管理研究在我国一直呈现难以理清和难以深化的原因之一。在本书中，我们吸收了河海大学赵永乐教授的研究成果，重构了人力资源管理基本体系。赵永乐教授形象地把人力资源管理比喻为一列在天地之间高速运行的列车(是动态的，而不是静态的)，依此，其基本构架如下：

"天圆地方"——天和地是指组织规划和工作分析。组织规划是人力资源管理的天，对人力资源管理起到总括、涵盖和决定性的作用，内容包括组织分析、组织设计、组织的岗位体系构建和人力资源规划等。组织规划将组织经营战略和目标转化为人力需求，从整体的、超前的和量化的角度规定组织人力资源管理的具体形式和内容。工作分析是人力资源管理的地，对人力资源管理起到承载、规矩和基础性的作用，内容包括工作流程分析、岗位设计和文件制定等。工作分析通过一定的方法对工作的内容和有关的各方面信息进行收集、分析、描述和研究，确定工作职责、工作条件和任职者资格，形成工作说明，以此作为人力资源管理的出发点和依据，并对其进行规范。组织规划要解决的是"完成既定的目标需要什么样的组织结构、岗位体系?"工作分析要解决的是"具体的岗位是什么样子的? 需要什么样的人?"就是说组织规划要解决的是我们要建立什么样的组织的问题，而工作分析要解决的是具体工作岗位的职责、要求问题。可以这么说，"天"(组织规划)生"地"(工作分析)，"地"生"人"(人力资源管理)，人力资源管理运行在于天地之间。因此，组织规划和工作分析在整个人力资源管理活动中占有重要地位，是各项具体的人力资源管理活动的基础和依据。

"两条轨道"——一条轨道是指岗位管理；另一条轨道是指人员管理，这是人力资源管理得以运行的两条须臾不可分开的并行路径。岗位管理以目标为核心，人员管理以能力为主题。人力资源管理所要解决的问题不外乎是"要完成组织目标需要设置什么岗位?"和"特定的工作需要什么样的人去干?"这样的两个问题。人力资源管理的所有职能都离不开岗位和人,人力资源管理的所有活动从始至终都是围绕着人员和岗位展开的。一方面是为了完成组织目标要把目标层层分解到具体的岗位;另一方面要保证有能力相当的人来从事具体的岗位工作。这是人力资源管理必须要实现的并在此基础上全面运转的两条轨道。

"三环一心"——如果把人力资源管理比喻成高速运转的列车横截面的核心系统的话,其就是由相互缠绕的"三环一心"构成。"三环"包括人员发展、绩效管理和薪酬管理三项核心职能,"一心"是指人性化管理。在人力资源管理过程中,始终要贯彻"人性化"的管理理念,坚持"以人为本"的管理原则。人员发展是人力资源管理的主题,绩效管理是人力资源管理的主线,薪酬管理是人力资源管理的主动力。人力资源管理核心系统直接影响到组织对人力资源管理的实现程度,进而影响到整个组织的发展和战略目标的实现。

"四个主体"——在一个具体的组织里,人力资源管理的主体不只有人力资源管理部门,而是四个:组织领导、人力资源管理部门、直线经理和员工个人。这四个不同主体在人力资源管理过程中扮演着不同的角色,承担着不同的职责。四个主体具有层次性,由高到低,既有分工又相互配合,共同构筑成一个人力资源管理主体系统。

"四个层次"——是指依据人力资源管理活动内容的性质和其与组织发展目标以及战略实现的关系而划分的四个不同层次的人力资源管理类别。这四个人力资源管理层次由低到高分别是:事务的人力资源管理、组织的人力资源管理、文化的人力资源管理和战略的人力资源管理。

"车厢体系"——是指运行的人力资源管理列车从"车头"战略人力资源管理开始,连接各个具体的"车厢"(即人力资源管理的各个具体环节),包括从人员招聘到人员遣散等的全过程,中间包括岗位评价、员工能力评估、人岗匹配、目标实施、激励控制、绩效考评、培训、生涯管理、劳动关系管理等具体的事务工作。

3. 实现理论研究和实践指导的有机统一

一种理论只有回到实践中去,服务于实践才能得到检验,也才能够得到进一步发展。人力资源管理作为一门实践性很强的学科,也只有把理论研究和实践指导结合起来才能够实现它的价值。在本书写作过程中,我们也充分考虑到学科实践性很强的特点。本书不仅对人力资源管理的基本原理和职能体系进行了全面研究和汇总,而且对人力资源管理的综合技术也进行了系统的介绍,包括:岗位目标管理、企业劳动关系管理和职业经理人管理等。这些研究和探讨对我国的人力资源管理无疑有着现实的实际指导意义和参考价值。

五、本书的写作思路和结构安排

在吸收前人优秀研究成果的基础之上,本书尝试从一个新的角度对人力资源管理进行概括。微观层面上的人力资源管理,主要指的是基层组织的具体的人力资源管理技术和方法,其操作方法虽没有固定的模式,但都是应用人力资源管理的一般原理,结合本单位的实际特点、技术规范、人员素质等具体条件做出的,为实现组织的人力资源管理战略服务。

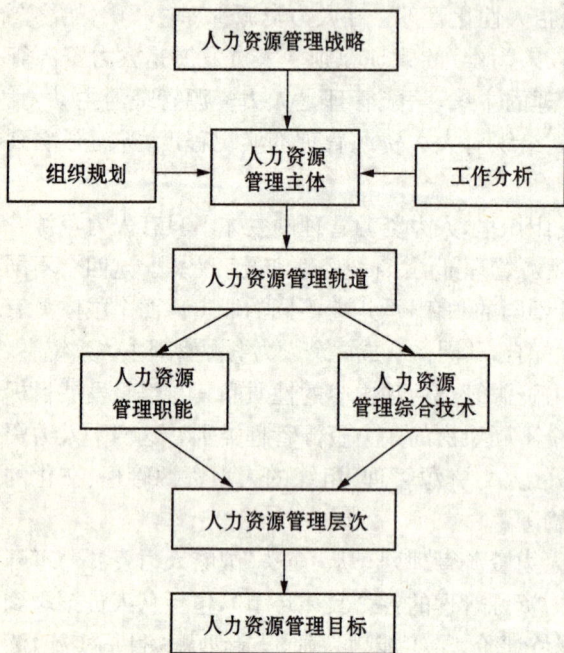

在构架整体理论的逻辑关系方面,遵循以下的路线,如左图所示。

源于以上的思路,在章节的划分上,刻意避开目前人力资源管理书籍以职能划分章节的方法,独辟蹊径,在阐明人力资源、人力资源管理等基本概念以及人力资源管理发展历程的基础上,系统地介绍人力资源管理体系的各项职能,进一步延伸到人力资源管理的综合技术。

全书共分十二章。第一章人力资源和第二章人力资源管理概述,分别介绍了人力资源、人力资源管理的基本概念、发展历程和国外人力资源管理比较分析,对一些重要基础性概念的内涵和外延进行了重新的界定,并以此作为全书分析讨论的基础和逻辑起点。

图　本书的逻辑关系研究路线

第三章人力资源战略与规划、第四章工作分析、第五章员工招聘、第六章绩效管理、第七章薪酬管理、第八章员工培训、第九章职业生涯管理和第十章企业劳动关系管理,全面介绍了与组织人力资源管理经常性、事务性的工作相对应的职能,并分析了各职能在人力资源管理实务中的基本方法和技术。

第十一章岗位目标管理和第十二章职业经理人管理是人力资源管理综合技术,从人力资源管理的综合应用出发,重点介绍了岗位目标管理、职业经理人管理等问题,涉及内容是人力资源管理关注的热点和难点,对实际操作具有一定程度的指导意义。

第一章　人力资源

本章导读

人力资源已经成为一个国家经济和社会发展最重要的资源,成为综合国力的决定因素。不少企业都已经认识到"人才是企业生存和发展的关键因素"。深入了解人力资源基本特性以及产生和发展规律,是实现人力资源有效管理的前提。

通过本章学习,您将了解到:

人力资源的概念及构成要素。

人力资源的基本性质。

人力资源再生产及其过程。

人力资本的概念、特征。

开篇案例

海尔的人才观与用人机制

海尔集团的人才观

人,始终是海尔管理的第一要素。海尔的成功说到底是人力资源开发与利用的成功。一流的企业是由一流的人组成的。海尔认为企业发展之本,就是个人价值的实现。员工个人的发展源于团队整体的进步,个人发展的总和又构筑提升了企业发展的层次和目标。海尔为员工创造了一个与企业共同发展的机制,在每个员工价值得以实现和肯定的同时,也成就了企业的价值。

海尔集团总裁张瑞敏对人才有深刻的认识:"创造性不是几个人就可以做到的,关键是建立一个不断出人才的机制,才可以使创造性保持下去。就海尔而言,成功的地方不是人们所看到的那些处于重要位置的年轻人,而在于我们有不断催生新人的一个非常好的机制。年轻人的一个好处是接受新生事物很快,可塑性很强,但一旦掌握很大的权力,自律意识又不强,很可能走向另一面。所以,为了保证今天的年轻人能不断出色地干下去,而且有危机感和竞争意识,我们这几年一直在为年轻人搭舞台,为所有年轻人提供机会,使跑在前面的人有危机感,才能保持自己的竞技状态,而跑在后面的人又总想超越前面的人,才会加倍努力。"

全员动态管理的用人机制

(1)全员动态管理的用人机制。海尔提出企业内部的人才管理应该实行"赛马制",让每个员工都有压力,并在"赛马"的过程中增长才干。海尔人力资源管理的最成功之处也在于它的内部竞争机制。海尔制定了15种赛马规则,作为考核人的标准来鉴别、选拔和培养人才。

(2)"三工"并存、动态转换。1993年开始,海尔根据员工的业绩将员工分为三类:优秀员工、合格员工和试用员工,并进行动态转换,在动态转换中实现人才流动。试用员工经过努力可以转化为优秀员工,而优秀员工如果不努力而沉淀下来,同样有可能成为试用员工。海尔的管理干部则被分为优秀经理、合格经理和不合格经理,海尔就是通过企业内部的这种制度引入竞争淘汰机制,使每一位员工感受到了压力。对于海尔的人力资源管理,张瑞敏有自己独特的"斜坡理论"。

斜坡的角度由市场竞争的激烈程度而定,如果员工不思进取,则可能滑下斜坡,而在斜坡上又为不同的员工提供了不同的成长跑道。球的半径相当于员工的能力,能力越大,工作空间也越大,这就促使员工始终处于压力之下形成能者上、庸者下的竞争淘汰机制。

(3)中层干部分类考核,届满轮换,使中层干部具有压力和动力。海尔的每一位中层干部的职位都不是固定的,工作不力就被淘汰下来。因为有这样的竞争机制,海尔中层干部的平均年龄是26岁,使年轻人可以脱颖而出。

资料来源:畅享网,作者:陈述文.

人力资源管理的客体(对象)是人力资源。如若对人力资源没有深刻的认识和把握,就不可能对人力资源实施有效的管理。因此,本书的逻辑起点就从诸生产要素中的首要的能动因素——人力资源述起。本章主要论述人力资源的概念、地位、作用、性质和人力资源再生产理论以及人力资本理论。

第一节　人力资源的概念

资源(resource)，泛指社会财富的来源，通常是指能给人们和社会带来新的价值和使用价值的客观存在物。在各种资源中，人力资源是唯一的以人为载体的能动资源，被称为第一资源。

一、人力资源概念的提出及主要观点

1954 年,著名的管理大师彼得·德鲁克(Peter F·Drucker)在其《管理的实践》一书中提出了"人力资源"一词。在这部学术著作里,德鲁克认为管理有三个更广泛的职能,这就是:管理企业、管理经理人员以及管理员工及其工作。在讨论管理员工及其工作时,德鲁克引入了"人力资源"这一概念。他指出:人力资源"和其他所有资源相比较而言,唯一的区别就是它是人",并且是经理们必须考虑的具有"特殊资产"的资源。德鲁克认为,人力资源拥有当时其他资源所没有的素质,即协调能力、融合能力、判断力和想象力。在这里,德鲁克的主要贡献是将人力和资源贯通起来,并从管理学的角度来对人力资源加以阐释。

1955 年,新中国的缔造者毛泽东也提到了人力资源的概念。毛泽东在为《中国农村的社会主义高潮》一书的一篇文章所写的按语中说道,"中国的妇女是一种伟大的人力资源。"他还指出,"必须发掘这种资源"。作为政治家的毛泽东虽然提出了人力资源的概念,但却没有对人力资源进行理论上的概括。

在这之后,国外的学者从不同的角度对人力资源进行了概括。伊万·伯格(Ivan berg)从因素的角度提出了人力资源的狭义概念,他认为人力资源是可用于生产产品或提供服务的活力、技能和知识。内贝尔·埃利斯(Nabil Elias)从类别的角度提出了人力资源的广义概念,他认为人力资源是企业内部成员及外部的与企业相关的人,即总经理、雇员、合作伙伴和顾客等可提供潜在合作与服务及有利于企业预期经营活动的人力的总和。任赛斯·雷克(Rensis lakere)则从性质的角度提出了人力资源的概念,他认为人力资源是企业人力结构的生产力和顾客商誉的价值。尽管伊万·伯格、内贝尔·埃利斯、任赛斯·雷克对人力资源概念的理解大相径庭,但他们的认识有着一个明显的共同点,那就是他们都站在微观的企业管理层面上对人力资源进行了探讨。

20 世纪 80 年代以来,特别是 90 年代后,中国的学者也对人力资源进行了多角度的研究。廖泉文认为,人力资源是指能够推动社会和经济发展的,能为社会创造物质财富和精神财富的体力劳动者和脑力劳动者的总称[①]。赵曙明认为,人力资源是指一定范围内的人口中所具有劳动能力的人的总和,是能够推动社会和经济发展的具有智力和体力劳动能力的总称。它是包括在人体内的一种生产能力,表现在劳动者身上并以劳动者的数量和质量来表示的资源[②]。张德认为,人力资源是指能够推动整个经济和社会发展的劳动者的能力,即处在劳动年龄的已直接投入建设和尚未投入建设的人口的能力[③]。郑绍濂、陈万华等认为,人力资源主要指企业组织内外具有劳动能力的人的总和[④]。这些学者对人力资源概念的理解,尽管描述不同,但共同点颇多。第一个共同点,他们都是从宏观的层面上探讨人力资源;第二个共同点,他们都认同人力资源能够推动社会和经济发展;第三个共同点,这些概念都把人力资源看作是某种人的总称或总和。

可能是由于思维特点不同的原因,也可能是由于传统文化差异的原因,造成了中西学者对人力资源概念的理解的巨大差别。但不管是宏观的认识还是微观的认识,以上的概念都从不同的角度揭示了人力资源的本质特征。这是我们进一步研究人力资源概念的基础。

二、人力资源概念的界定

其实还有一种观点很值得我们思考,那就是中国劳动出版社早在 1991 年出版的陈宇、王忠厚等的著作《人力资源经济活动分析》里所提出的人力资源概念。陈宇、王忠厚等认为,人力资源是指能够作为生产性要素投入社会经济活动的劳动人口。很明显,这个概念带有经济学的色彩,在社会经济活动中具有很强的实用性。

笔者认为:从经济学角度上来说,人力资源是一种生产性要素,指能够进入流通领域的劳动人口,既包括那些经过流通领域已经就业的劳动人口,也包括那些正在流通领域等待就业的劳动人口,还包括那些由于种种原因目前尚未进入流通领域但一旦相应条件具备就可以进入流通领域的劳动人口。前两者的劳动人口指的

---

① 廖泉文.人力资源管理[M].北京:高等教育出版社,2003:3.
② 赵曙明.人力资源管理与开发[M].北京:中国人事出版社,1998:1.
③ 张德.人力资源开发与管理[M].北京:清华大学出版社,1996:1.
④ 郑绍濂,陈万华,胡君辰,杨洪兰.人力资源开发与管理[M].上海:复旦大学出版社,1995:2.

就是处在就业或失业状态的劳动力,而后者的劳动人口指的则是潜劳动力,即处在非流通领域的具有劳动能力的人,如现役军人、青年学生、家务工作者以及在押罪犯等。

为要准确地理解人力资源的内涵,我们还需进一步理清人力资源和人口资源、人才资源三者之间的关系,找出它们之间的区别和联系。这是因为,分析人口资源、人力资源和人才资源的关系有助于我们准确理解人力资源的实质和内涵。人力资源、人口资源和人才资源三者之间的关系,如图 1.1 所示。

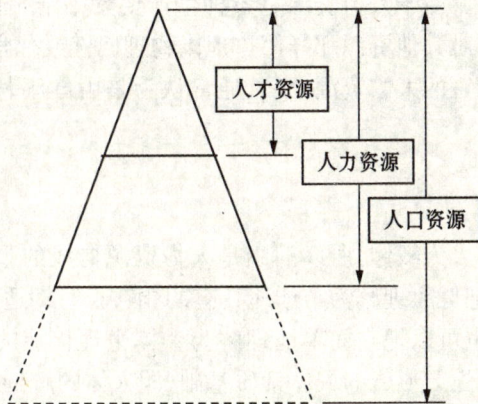

图 1.1　人力资源金字塔

从图 1.1 的金字塔中可以看出,人口资源的概念范畴比人力资源的概念范畴要大得多,而人才资源的概念范畴比人力资源的概念范畴要小得多。人口资源涵盖所有的人口,从规模上来讲包括一个国家或地区的人口总量。也就是说,凡是活着的人都是人口资源。人口资源的特点在"口"字上,而"口"则是消耗社会财富的标志。但并不是所有的人口资源都只是消耗社会财富,在人口资源中有相当一部分在消耗社会财富的同时还能创造社会财富,这就是人力资源。人口资源是一个最基本的底数,就如同一个高大建筑物的地基一样,它是人力资源存在的基础。

人力资源是人口资源的一部分,是指人口资源中能够进入流通领域的劳动人口。人力资源的特点在"力"字上,而"力"则是创造社会财富的标志。当然,人力资源也是人口资源,也会消耗社会财富,但是人力资源所创造的社会财富要远远大于其所消耗的社会财富。否则,那些不能创造社会财富的人口资源所消耗的社会财富就没有来处。人们一般认为,人力资源既包括体力型的人力资源,也包括智力型的人力资源。体力型的人力资源是普通人力资源,而智力型的人力资源则是人才资源。也就是说,人才资源是人力资源中的层次较高的部分。

在这里必须指出的是,"人才"这个概念只有在东方民族的语言中才存在,并不是世界通用的词汇。所以当我们在使用人才资源这个名词的时候,要将其理解为

13

高层次的人力资源,尽量避免其带有汉语的色彩。人才资源的特点在"才"字上,而"才"在现代社会则是智力和创新的标志。也就是说,人才资源所创造的社会财富不仅在数量上要远远大于普通人力资源,而且在质量上要远远高于普通人力资源。

三、人力资源的构成要素

关于人力资源的构成要素,社会上有很多种说法,在这里我们仅从生产要素的角度出发去进行探讨。由于人力资源是各种生产要素中唯一以人为载体的资源,因而我们对之不能像对其他资源那样简单地以物理属性或化学属性来进行分析概括。作为生产要素而言的人力资源个体,通常认为是由健康、知识、技能和态度四大要素所组成的。

1. 健康

由于人力资源以人为载体,所以健康是人力资源构成的重要因素。对于人力资源来讲,我们可以把健康理解为个体所具有的能够长时期适应环境的机体、情绪和活动方面的能力,也可以把它简单地理解为个体生理机能的运转能力。每个人的健康不仅建立在人先天形成的人体素质基础(即人体的解剖生理特征基础,如人体的肌肉骨骼构成、心脏跳动、血液循环、物质合成和分解、新陈代谢、能量转换等)上,而且还要通过后天的努力加以维护、改善和加强。反映人体健康状况的指标主要包括:体力、精力、疾病、发病率、寿命和劳动效率等。

健康是人力资源劳动能力形成和发挥的基础,属于人力资源的生理因素。没有健康的身体,人力资源就难以形成相应的劳动能力,即使已经形成了,也难以发挥出来。所以现在企业的招聘、晋升和生涯规划等人力资源管理工作,都是以员工的身体健康为前提条件而展开的。

2. 知识

对于人类社会来讲,知识是人类长期从事各项活动的历史经验的总结;对于人力资源个体来讲,知识是人们积累的认识和经验。知识往往以思想内容的形式为人们所掌握,一般不表现为一种个人的心理条件,而是一种客观存在。一方面各种不同的人力资源个体都可能掌握和运用知识,因而知识对于任何个体的人力资源来说都不存在差异。但是另一方面,由于实际的人力资源个体掌握和运用知识的能力不同,因而人力资源对知识的掌握和运用程度可能有较大的个体差异。这种差异固然取决于人力资源个体心理倾向的不同,然而更重要的是取决于人力资源个体为掌握和运用知识所投入的时间、精力和财力的差异。这种差异就是一个人的文化素质差异。

在一个人力资源个体所掌握的知识体系里,含有不同层次和不同专业的学科知识,含有无数的概念和许多定理、定律,同时也含有通过认识和实践得出来的系统的经验和教训,还有能够表现为知识形态的固定于个人的品质之中的心理特征和伦理观念以及能力技巧与方法等。作为组成知识体系的结构中,既有与人类基础文明相关的生活知识、社会知识和艺术知识,也有与工作相关的专业知识。专业知识是知识结构金字塔的尖顶,对于人力资源个体来讲极为重要,因为没有专业知识,人力资源也就无法在相应的岗位上从事专业工作了。

虽然知识在本质上属于认识范畴,但它也是组成一个具体人的智力的基础因素。之所以说知识是智力的基础因素,是因为组成智力的各种因素的形成都与知识有关,有些因素甚至就产生于知识的基础之上。不仅如此,组成智力的各种因素一般都可以用知识的形态来表现或表达。

3. 技能

技能是指一个人力资源个体在特定的工作岗位上运用专业知识的能力,一般以行为的方式为人所掌握。由此看来,技能一是与工作岗位有关,二是与专业知识有关。对于人力资源来讲,我们可以这样判断:凡是与工作岗位无关的能力,凡是与专业知识无关的能力,一般都不将其称为技能。我们经常能听到人们将技能直接称为操作技术,甚至认为技能是劳动者在劳动活动中掌握的一种动作,这其实是对技能的一种狭义的理解。大学教授传授知识是技能,数学家在脑子里推导数学公式是技能,企业家对企业进行经营管理也是技能……凡此种种,有的是一种动作,有的不能简单地认为是一种动作。因此,技能和知识一样也是一种客观存在,但不一定非是一种动作的客观存在。技能的取得同样需要人力资源个体投入时间、精力和财力。毋庸置疑,这种投入的差异对技能形成的差异具有重要影响。我国学者通常用技能素质来描述人力资源个体的技能水平。

尽管技能需要通过反复实践练习方可能获得,但技能不能与知识割裂开来。因为不仅实践练习源自于知识,而且反复实践练习所获得的东西其实也是积累的认识和经验,而这种认识和经验也是一种知识。也就是说,技能也具有知识形态,也可以用知识来表示。尽管如此,我们还是不能将技能简单地归并为知识的范畴,因为技能毕竟从本质上有别于知识。技能与知识的差异固然在于技能的获得需要在大量的社会生产实践活动中通过积累经验和技巧来实现,然而更重要的是技能能够运用专业知识,而一般知识则不能。

技能也是组成智力的重要因素,而且是核心因素。之所以说技能是智力的核心因素,是因为技能能够运用专业知识完成工作岗位的任务,而这对人力资源来讲恰恰是最重要的。若要判断人力资源个体的智力如何,关键是要看它能否有效地实现岗位的职责和目标。如果不能有效地实现岗位的职责和目标，智力再高也不是组织所需要的。

4. 态度

在这里，态度专指工作态度（或称劳动态度），也常被称为工作积极性，是人力资源个体对工作的看法在其行为中的表现，反映的是人力资源个体在工作过程中主观能动性发挥的程度。人力资源个体的态度与其工作行为有着密切的关系，它一方面可以直接决定人力资源个体在工作过程中表现出来的主动精神、创造精神和自觉精神；另一方面直接影响工作行为的结果，如工作效率的高低、产品质量的优劣和工作过程耗费的多少都与态度密切相关。

从心理学的角度来看，人的态度是由认知、情感、意向三因素组成的。具体到人力资源个体的工作态度，也是如此。由于认知到一个非常具体的工作领域，人力资源个体就能得出对该工作的认识和评价，这就能产生态度。由于人力资源个体对工作从内心进行体验的结果，使个体对工作能够持有某种好恶情感，这也能产生态度。当人力资源个体面对工作要做出行动的时候，就会出现某种反应的意向因素，这也同样能产生态度。在现实中，人力资源个体对工作的态度往往是认知、情感、意向三因素综合作用的结果。当然，人的态度也可以从伦理道德的角度去探讨。

不同的人力资源个体，尽管个人的健康状况、拥有的知识体系、所具有的技能大致相同，但各自的态度不同，其工作产出的结果也会大相径庭。即使是同一个人力资源个体，健康、知识、技能不变，若态度发生了变化（比如遭受挫折、受到威胁时），其工作产出的结果也会出现变化。由此可见，态度对人力资源个体来讲，至关重要。所以在人力资源管理过程中，要以人为本，重视人的需要，充分调动人的积极性，发挥人的主观能动性。

在人力资源的四个构成要素中，健康属人力资源的生理因素，知识和技能可以概括为人力资源的智力因素，而态度既含有心理因素也含有伦理因素。

其实，健康、知识、技能和态度这四个构成因素对于人力资源而言，是人力资源的资本属性要素。也就是说，健康、知识、技能和态度这四个因素也是人力资本的构成要素。我们要判断一个人力资源个体所持有的人力资本存量，最基本的就要从这四个因素出发来进行评估。

第二节　人力资源的性质

要对人力资源进行科学有效的管理，必须把握人力资源的性质。人力资源作为一种特殊而又重要的资源，由于其载体人本身的生物性、能动性、智力性和社会性,因而决定了人力资源具有不同于其他资源的鲜明特性。人力资源的性质可以从不同的角度进行归纳,本书主要从时代性、能动性、资本性和时效性等四个方面进行分析。

一、时代性

不论哪一个国家或是地区的人力资源,在其形成过程中都要受到时代条件的限制。人从一出生就置身于既定的生产力和生产关系之中,当时的社会生产发展水平从整体上制约着他们的素质形成和发展。特定时代的人力资源只能在特定时代为他们提供的条件下成长和发挥作用。特定时代的条件不仅制约着人力资源的数量和质量,而且还决定了人力资源不同于其他时代的时代特点。也就是说,不同时代的人力资源具有不同的时代特征。

农业经济时代人力资源的主体是直接从事农业生产的劳动者——农民。在农业经济时代,农民在土地上劳作生息,没有土地,农民就不能生存。这就是说,农业经济时代人力资源的特点是离不开土地。过去我们经常听到这样一种说法,"在封建社会,农民依附于地主。"其实这就是农业经济时代人力资源特点的写照。农民为什么要依附于地主呢? 就是因为地主拥有土地。农民自己没有土地,为了生存,就只能依附于地主。

进入工业经济时代,大量农民破产,为生活所逼,不得不来到城市,进入工厂,成为雇佣工人。所以在工业经济时代的前期,人力资源的主体是被工厂雇佣直接从事生产活动的工人。工人们在工厂里与工厂的生产资料相结合,形成现实的生产力。在这种情况下,马克思主义的经典作家们认为:工人阶级离不开大机器、大生产。可是到了现代社会,不但是工厂变成了公司,而且很多的公司不再是生产型的企业,社会上出现了大量的流通企业、服务企业和高新技术研发企业。在这些企业中,已经没有传统的大机器和大生产,甚至传统的生产工人也不存在了。这时,人力资源的特点就不再是离不开大机器、大生产,而是离不开组织了。毫无疑问,人力资源个体若离开了组织,就意味着他已经处于失业状态,而一旦失业,个人和家庭的生活就得不到可靠的保障。所以可以这么说,工业经济时代人力资源的特点是离不开组织。

到了知识经济时代,人们普遍认为,与知识经济相关的人力资源是知识员工,具有高智力性。毋庸置疑,这种认识是有道理的。然而,要将高智力性定为知识经济时代人力资源的特点,未免有些牵强附会。因为在农业经济时代和工业经济时代,特别是工业经济时代,有相当一部分人力资源也具有高智力性。这就是说,知识员工的高智力性只是决定知识经济时代人力资源特点的一个因素。决定知识经济时代人力资源特点的因素还有两个:一个是信息的网络化;另一个是组织的虚拟化。知识员工的高智力性、信息的网络化和组织的虚拟化三个因素决定了知识经济时代人力资源的特点从根本上有别于工业经济时代人力资源的特点。如果说工业经济时代人力资源的特点是离不开组织的话,那么知识经济时代人力资源的特点就是不一定非要在一个具体的组织中工作。在知识经济时代,知识员工的工作已经不是传统的上班工作下班休息的模式,而是全天候的。上班时间是工作,下班时间也可能是工作;办公室里是工作,回到家里也可能是工作;甚至在走路、吃饭、谈话、睡觉的过程中,大脑也都在运转工作。在这种情况下,就要走出传统的人力资源管理模式,根据知识经济时代人力资源的特点来对知识员工进行管理。比如可以采用弹性管理、柔性管理、目标管理等更加宽松有效的管理方式来进行管理。

人力资源的时代性特点,意味着人力资源管理不能脱离其管理对象的时代性。要从不同时代人力资源的不同特点出发对人力资源进行有针对性的管理,只有这样的管理才可能是有效的。否则,管理就会失去针对性,管理的结果肯定是无效的。

二、能动性

马克思主义的经典作家们很早就认为,只有具备了人的劳动、劳动对象和劳动资料这三个要素,人类社会才能进行生产。生产力就是由劳动者、劳动对象和劳动资料三要素组成的。在生产力的诸要素中,劳动者是首要的能动要素。由于人力资源实际上就是作为生产力要素的劳动者,因而人力资源不仅是所有生产要素中的首要因素(当然是第一资源),而且是唯一的能动要素。人力资源之所以具有能动性,是因为人力资源以人为载体,而人是具有能动性的。也正因为此,其他形态的资源不具有能动性。能动性是人力资源的首要特征,是区别于其他一切资源的最本质的特征。

首先,人力资源的能动性表现为人力资源在生产活动中起主导作用。一切社会经济活动归根到底都是人的活动,因而,人力资源在社会经济活动中总是处在引发、带动、组织、控制其他资源的中心位置。换句话说,也就是只有人力这种形态的资源才能对其他各种形态的资源进行能动的组合、运作和放大。

其次,人力资源的能动性表现在人力资源是社会经济活动中唯一能起创新作用的因素。这不仅表现在人力资源能够创造生产工具、开拓劳动对象、发明科学技术上,而且能够对各种生产要素实行有效的管理,创造出更高的价值。

再次,人力资源的能动性表现在人力资源个体的行为本身就是能动的。不管什么人,他的行为的产生都是受到一定的动机和目的的驱使。为了达到目的,人们会设定行为的方向和进程,并对这种行为进行控制。如果达不到目的,人们就会另择行为方式去达到目的,或是对原来的动机和目的进行修正和调整。

最后,人力资源的能动性还表现在人力资源在活动过程中具有可激励性。每个人都有个性,在不同条件下都有不同层次的需要,因而都是可以激励的。通过激励,人力资源个体的积极性得到提高,潜能得到挖掘,作用得到发挥,价值得到实现。当然,不同的激励手段和力度,针对不同的激励对象,得到的激励效果是不同的。

人力资源的能动性特点,要求我们对人力资源要实行人性化管理,尊重他们的人格,尊重他们的劳动,充分调动他们的积极性,使他们的能动性在工作中得到全面的发挥。

三、资本性

前面已经讲过,健康、知识、技能和态度实际上是人力资源的资本属性,也就是说,人力资源作为一种经济资源,它具有资本属性。之所以说人力资源具有资本属性,主要依据有以下三个方面:

(1) 人力资源的形成是投资的结果。在现代社会,人力资源的规模大小和素质的高低完全取决于投资的多少。任何人的健康、知识、技能和态度的维护、获得、提高和发展,都是需要投资的。可以这样说,没有投资就不可能形成社会需要的人力资源。世界各国政府之所以竞相加大对国民教育的投资,世界各大跨国公司之所以竞相加大对员工培训的投资,就是这个道理。

(2) 对人力资源的投资能够带来预期收益。人力资源一旦形成,就能够在预期内为投资者带来收益,这种收益可能是货币形态的收益,也可能是非货币形态的收益。据经济学家的研究,在世界各国的国民经济中,人力资源收益的份额已经远远超过自然资源和资本资源。当然,人力资源的收益与一般资本的收益有很大的区别,这种区别的显著之处在于,一般实物资本的收益呈递减规律,而在现代社会的经济发展中,人力资本收益则呈现的是递增规律,这就使得当代经济的增长主要归因于人力资源。

(3) 人力资源具有产权性质。人力资源的构成要素,包括健康、知识、技能、态度等都具有资本属性,负载在个体的身上,天然地属于个体,不可能游离于个体之外。这就是说,人力资源的所有者对自己的人力资源拥有产权。人力资源产权既有与物的产权相类似的特性,又与物的产权有本质的区别。因为人力资源的存在与人的身体须臾不可分,因此,界定人力资源产权既要考虑到产权概念的本质所在,又要考虑人权的因素。人力资源产权(包括所有权、支配权、处置权、使用权和收益权等)是一种不完全的、受限制的权利,是投资者在一定条件下所拥有的一组权利。尽管人力资源的产权可以让渡交换,但人力资源个体始终享有对其的收益权,这个收益权不仅应该包括个体让渡交换所要求的工资、奖金等报酬,而且还应该包括其在使用过程中由于经验的积累、知识的增加、技能的提高和态度的改善等所带来的价值的增加。

人力资源的资本性特点,要求我们重视对人力资源的投资,讲求对人力资源的使用管理,尊重人力资源的产权,使人力资源个体得到更好的发展,使人力资源的投入取得更大的产出。

四、时效性

我们经常能听到一些地方的领导或企业的老总说,要引进大批的优秀人才,即使暂时用不上也不打紧,可以先储存起来。有的老总甚至说,储存个十年八年都不怕。爱惜人才是好事,但将优秀人才像物一样储存起来,甚至存上十年八年,这能行吗? 你老总财大气粗不怕,但优秀人才能不怕吗? 这里有个人力资源的时效性问题。

人力资源的时效性是指人力资源的作用发挥在使用过程中,受到时间的限制。要发挥人力资源的作用,必须讲究时间效用。人力资源的时效性是由两个因素造成的:一是每个人的生命是有时效的;二是每个人所拥有的知识也是有时效的。

首先,人的寿命是有限的。一个人要成长为一个法定有效的人力资源,从自然生理形成过程来看,至少需要 16 年的时间,若加上专业教育和知识、技能、经验的积累,则需要更多的时间。以大学本科毕业计算,一般都在 22 岁左右。再以一个人 60 岁退休(女性则为 55 岁)计算,工作时间充其量只有 38 年左右。如果其中再扣除适应期、流动期、在产学习等时间外,真正有效的能发挥作用的时间顶多只有 30 多年。要是碰到经济不景气、生病、官司、人事纠纷、家庭矛盾等,一辈子可利用的时间就所剩无几了。一个人力资源个体若不能得到及时使用,就会造成人才浪费或人才报废。

其次,人的知识寿命是有限的。我们正处在知识大爆炸的时代,知识的总量以几何级数在膨胀,知识传递的方式简便化、速度加快,知识老化的周期在缩短。在这种情况下,人们已经没有办法也不可能去掌握所有的知识,即使浏览一遍也存在很大困难,而同时自己所拥有的知识却在迅速老化失效。一些专家惊叹,大学生毕业时,其在校期间所学到知识的 60% 已经老化。一个人力资源个体若是不能得到及时使用,不仅他的知识会造成浪费,而且随着年华的消逝,知识也会因过时无用而被淘汰。由此而带来的肯定也是人才浪费或人才报废。

人力资源的时效性,要求在实际工作中对人力资源做到适时开发、及时利用、讲究时效,防止出现人才浪费、人才积压或人才报废现象。一方面要有效地调整人力资源的投入与产出,最大限度保证人力资源的效用,延长人力资源发挥作用的时限。另一方面要注重对人力资源个体进行终身的持续开发,防止人力资源个体知识老化,不断提升人力资源个体的资本存量,以满足组织发展的需要。即使是为了战略需要而要储存人才,也要做到储备与使用相结合,储备与开发相结合,储备与发展相结合。

第三节　人力资源再生产

人力资源再生产是社会再生产的组成部分,是指人力资源的生产、流通和消费及其循环往复的全过程。人力资源再生产包括三个环节,这就是人力资源生产环节、人力资源流通环节、人力资源消费环节。在人力资源再生产的全过程中,人力资源生产是起始环节,人力资源流通是中间环节,人力资源消费是最终环节。人力资源再生产的这三个环节在空间上是并存的,在时间上是继起的,在过程上是统一的,周而复始,往复循环,无始无终。

一、人力资源生产

人力资源生产环节也称为人力资源的培养环节和教育环节,是人力资源再生产的起始环节。在这个环节里,通过对潜在的人力资源或一定层次的人力资源进行教育和培训,使他们获得相应的专业知识和技能,拥有相应的人力资本存量,成为一定层次的人力资源。加大对教育的投入,大力开展人力资源培养工作,是培养和造就大量各层次人力资源的重要措施。人力资源培养的目的是为了满足经济和社会发展对人力资源的需求。当然,人力资源的培养与经济和社会发展之间有着辩证的逻辑关系:一方面人力资源培养为经济和社会发展提供人力资源支撑;另一方面经济和社会发展又为人力资源培养提供物质基础。一定的人力资源培养规模能促进经济和社会发展。反之,一定的经济和社会发展水平,又会对人力资源培养提出反要求。因而人力资源培养必须适度超前经济和社会的发展水平,并满足经济基础和社会对人力资源在规模、质量和品种上不断增长的需求。

在人力资源生产环节,培养者、被培养者、培养的物质条件和被传授的各种类别、各层次的知识等培养四要素有机集合并发生作用,形成现实的培养能力,将被培养者培养成能够满足经济和社会发展需要的人力资源。一般认为,在这个过程中,培养者是生产主体,被培养者是生产客体,生产客体——被培养者在生产主体——培养者的作用下,从被培养者成长为人力资源。在表面看来,这个过程与一般产品的生产过程没什么不同。但实际上,这个过程与一般产品的生产过程有很大区别,区别的本质之处就在于人力资源生产的客体是人而不是物的产品。在人力资源生产过程中,不仅培养者要付出劳动,被培养者也要付出劳动。所以,被培养者能否成长为人力资源,成长为什么样的人力资源,不完全取决于培养者,或者干脆说主要不取决于培养者。没有被培养者的选择、努力和配合,人力资源生产的目的是难以达到的。

人力资源生产环节是一个投资的过程,投资的主体可能是国家或某一个组织,也可能是某一个个人或家庭,还有可能是国家、组织、个人中的两个或三个主体的组合体,投资的客体是被培养者。但不管是谁投资,由于都需要被培养者的努力和配合,因而都存在着另外一种形式的投资,即被培养者的自身已经形成了的人力资本的投资。也就是说,不管是哪种投资主体投资形成的人力资源,都含有承载该人力资源的个体原本所拥有的人力资本的投资成分。

人力资源生产环节的作用主要表现在三个方面:一是使人力资源生产的诸因素结合起来,形成现实的人力资源培养能力;二是通过人力资源生产过程,使被培养者成长为具有某个层次的某种知识和技能的劳动者;三是从规模、质量和品种上满足经济和社会发展对人力资源的需要。

正在生产环节里的被培养者,即使是年满 16 周岁以上的青年学生,一般都不称其为现实的人力资源,因为他们在学期间不能自主地选择职业,也不能与其他生产要素自由结合。经过生产环节培养出来的人力资源,也不能称其为现实的生产要素。这是因为他们还没有与其他生产要素相结合,不能成为现实的生产力。由生产环节培养出来的人力资源,只有进入流通领域,才有可能与其他生产要素相结合,成为现实的生产力。

教育是人力资源生产的基本手段,教育的形式和类型多种多样,因而人力资源生产的途径也是多种多样。各种各样的教育方式和办学方式,构成我国人力资源生产的完整体系。在这个庞大的体系里,人力资源生产环节不停地运动着,各个层次的各个领域的人力资源不断地被培养出来,进入人力资源再生产的第二个环节——流通环节。

二、人力资源流通

人力资源流通环节亦称人力资源配置环节,是人力资源再生产的中间环节。人力资源流通环节一头连着人力资源生产环节,一头连着人力资源劳动消费环节,以就业(从培养单位进入使用单位)、流动(人力资源的空间位置变化)和组合(人力资源组成部分之间的关系、人力资源与其他生产要素的关系)等形式,使人力资源成为现实的生产力。因此,人力资源流通的目的就是使人力资源在人力资源市场(普通的劳动力市场、人才市场等)上实现与其他生产要素的优化配置。人力资源个体走出生产环节,进入流通领域,以自由的生产要素的身份,在人力资源市场上选择职业,最终进入一家用人单位,成为这家用人单位的员工。在人力资源流通环节里,人力资源个体由于种种原因,从一个地区来到另一个地区,从一个行业转到另一个行业,从一家用人单位进入另一家用人单位,在流动中实现自身的价值。

由于人力资源流通领域充满着市场关系,因而从本质上来看,人力资源流通领域实际上就是人力资源市场。人力资源市场既包括普通的劳动力市场,也包括高层次的人才市场。这里所讲的劳动力市场也好,人才市场也好,都是指市场关系,而不是指现实中由政府批准挂牌的所谓的"劳动力市场"、"人才市场"。因为这些"劳动力市场"、"人才市场"只是一些市场机构,或是市场中介机构。

在人力资源市场上,供方主体是一个一个的人力资源个体,需方主体是各种各样的用人单位,供需双方在供需机制、价格机制和竞争机制的作用下,互相选择,最后达成交换的共识。所以,人力资源流通环节的本质实际上是市场的交易关系。人力资源个体在人力资源市场上将自己的人力资源的使用权让渡给用人单位,用人单位在人力资源市场上获得人力资源的使用权。由于人力资源载在人的身上,须臾不可分离,所以用人单位虽然取得了人力资源的使用权,但最终还是不能从人的身上将人力资源彻底剥离而去。也就是说,人力资源的载体在交换之后,也要随着人力资源进入到用人单位。因此,人力资源的交换并不像一般的商品交换那么简单,这涉及人力资源个体的个性、偏好和利益,当然也涉及用人单位对即将成为员工的人力资源的各种秉性的期望。

由于人力资源流通是人力资源再生产的中间环节,能够直接联系到人力资源的供需双方,所以当社会上人力资源供需不平衡时,首先就会在人力资源流通环节表现出来。这时,人力资源流通环节就会发出信号,预告人力资源的供给和需求情况和各专业的发展情况,人力资源生产部门和人力资源劳动消费单位则及时调节人力资源的生产和劳动消费,从而在宏观上达到人力资源社会总供给和总需求的平衡。

人力资源流通环节的作用主要表现在四个方面:一是通过人力资源流通过程,使人力资源的价值在市场上得以实现;二是通过人力资源个体和用人单位的市场互选,能将人力资源配置到效益较好的环节中去,实现优化配置;三是调整人力资源队伍结构,增强人力资源的整体活力;四是发挥中间环节的杠杆作用,调节整个人力资源再生产过程。

人力资源流通的最终结果,是使人力资源进入到用人单位,即与其他的生产要素相结合。但这个过程还只是刚开始,因为人力资源仅仅与其他生产要素相结合还远远不够,还必须与各种生产要素发生作用,通过人力资源的消费,为用人单位做出绩效,实现人力资源的使用价值。经过流通的人力资源,只有进入消费领域,才有可能发挥自己的作用,最终实现自己的价值。这就要求人力资源进入到第三个环节——人力资源消费阶段。

三、人力资源消费

人力资源消费环节也称为人力资源使用环节,是人力资源再生产的最终环节。

人力资源经流通进入用人单位,也就进入了人力资源消费环节,变成用人单位的员工。在用人单位,员工和单位内的岗位微观匹配,与各种生产要素相结合形成现实的生产力。一方面,员工在岗位上进行消费,将自己的体力和智力根据岗位的任务和职责的要求转化为岗位绩效,各个岗位绩效集合成为组织绩效,再进一步转化为用人单位的市场效益或社会效益;另一方面,用人单位根据员工所在岗位的价值和员工个人能力的价值,再加上员工为组织所做出的绩效贡献,确定员工所应得的报酬,以维持和发展员工个人的再生产,使员工能持续不断地消费下去。

所有的人力资源消费都发生在用人单位内部,所以消费是具体的实际过程。在这个过程里,人力资源作为一种能动的生产要素投入,能够使用人单位得到预期的产出,这个产出既有物质形态的成分,也有非物质形态(知识形态、服务形态或其他精神形态)的成分。不管是什么形态的成分,这些产出最终都会变成社会财富。由此我们不难看出,人力资源的消费过程与社会再生产的生产过程相对应,甚至可以说,对人力资源的消费就是对社会产品或服务的生产。没有人力资源的消费,就不能生产出社会产品或服务,也就不存在社会再生产。因而,人力资源消费环节是人力资源再生产整个过程中最有实际意义也是带有根本目的的环节,也是最重要的环节。

为了使人力资源的消费能够达到用人单位的预期目的,有效配置人力资源,就必须在人力资源消费环节管理好人力资源,并同时最大限度地开发人力资源。这就要在用人单位内部,根据组织的宗旨和目标设计好人力资源业务、流程和发展策略,建立起科学的人力资源体制、机制和制度,优化人力资源构成,提高人力资源素质和效率。人力资源的开发与管理要从人力资源的特点出发,遵循人力资源消费的规律,在员工个人发展和组织发展两个方面寻求可靠的平衡点,从而最终实现用人单位的效益最大化。

案例

摩托罗拉:"肯定个人尊严"

举世闻名的摩托罗拉公司这样阐述自己对人力资源的看法:"人才是摩托罗拉最宝贵的财富和胜利源泉。摩托罗拉公司将对人才的投资摆在比追求单纯的经济利益更重要的位置。尊重个人是摩托罗拉在全球所提倡的处世信念。为此,摩托罗拉将深厚的全球公司文化融合在中国的每一项业务中,致力于培养每一个员工。"尊重个人,肯定个人尊严,构成了摩托罗拉企业文化的最主要内容。

具体来说,摩托罗拉将"尊重个人"理解为:以礼待人,忠贞不渝,提倡人人有权参与,重视集体协作,鼓励创新。摩托罗拉公司通过为员工提供培训、教育、专业发展机会,后勤保障,公司内部沟通等方式,来实现对个人尊严的肯定。

1. 培训和专业发展机会

公司制定了培训计划,向公司中层和高层输送管理人才,以实现由中国人负责公司的管理和决策,从而加速人才本土化的进程。目前,在摩托罗拉(中国)电子有限公司中,经理主管一级已有 100 多名中国人,占该层管理者的 51%。在几年的时间里,摩托罗拉每年都选派 600 多名中国员工到美国工厂去参加技术会议、工程师设计会议以及技术培训。

除内部教育和培训外,摩托罗拉还支持、组织员工参加全国经济统计专业职称技术资格考试、职称外语考试、质量认证培训等。

2. 众多沟通方式

1998 年 4 月,摩托罗拉(中国)电子有限公司推出了"沟通宣传周"活动,内容之一就是向员工介绍公司的 12 种沟通方式。比如:我建议:书面形式提出您对公司各方面的改善建议,全面参与公司管理。畅所欲言:保密的双向沟通渠道,您可以对真实的问题进行评论、建议或投诉。总经理座谈会:定期召开的座谈会,您的问题会在当场得到答复,7 日内对有关问题的处理结果予以反馈。报纸及杂志:《大家》《移动之声》等杂志可以使您及时了解公司的大事动态和员工生活的丰富内容。公司每年都召开高级管理人员与员工沟通对话会,向广大员工代表介绍公司经营状况、重大政策等,并由总裁、人力资源总监等回答员工代表的各种问题。

3. 一块铜匾

如果参观者来到摩托罗拉摆满奖杯奖状的"荣誉厅",就会看到一块"先进党组织"的铜匾,这令很多人感到诧异。有人问:不是外资企业吗?怎么还允许党组织存在?党员活动受不受限制?外国老板怎样看中共党员?事实上,在摩托罗拉。"党员公开、组织公开,活动公开",这里的老板对党员活动给予方便,给予支持,给予经费,真正做到肯定个人的尊严。他们自己这样解释:"有这么多的党员,如果不发挥他们的作用,就是资源的浪费!"

资料来源:中国人力资源开发网.

评点:

随着世界经济发展水平的提高,企业管理也在发生着越来越多的变化。泰勒时代的"科学管理"等理论,由于对被管理者个人的社会需求尊重不足,引起了广泛的批评。发展经济的目的是为了人。创造财富的过程中，也应该尽量满足人的生存、安全、尊重等多层次的需要。摩托罗拉"肯定个人尊严"的企业文化，就是对此最好的注脚。

在现代人力资源管理理论中，一个基本观点就是，人力资源在企业中的作用，是最具有潜力，也是最具有弹性的。员工个人的工作热情、工作态度、对组织的认同是极为重要的因素。摩托罗拉通过方方面面的措施，赢得了员工对公司的热爱，这极大地发挥了员工的潜能，并获得了巨大的回报。

〰〰〰〰〰〰〰〰〰〰〰〰〰〰〰〰〰〰〰〰〰〰〰〰〰

人力资源消费的作用主要表现在三个方面：一是人力资源与其他生产要素相结合形成了现实的生产力；二是人力资源的消费过程也就是对人力资源的实际开发与管理的过程，从而能达到提高人力资源整体的素质和活力的目的；三是为用人单位生产了绩效和效益，也为社会生产了财富。

人力资源消费环节虽然是人力资源再生产的最终环节，但并不意味着人力资源再生产整个过程的终结。一方面人力资源消费的过程永远不会结束；另一方面人力资源再生产的过程也永远不会结束。同时，人力资源消费环节产生的社会财富，特别是知识形态的财富，有相当的一部分还会进入到人力资源生产环节并生产出新的人力资源。通过人力资源的消费产生社会财富，又通过社会财富的消费生产出人力资源，这就是社会再生产生生不息的两个方面。

社会再生产是社会生产过程的不断反复和经常更新，包括生产、分配、交换、消费等环节。在再生产过程中，不仅再生产出社会产品和人力资源，而且同时也维持或扩大了原有的生产关系，因此，社会再生产是物质资料再生产、人力资源再生产和生产关系再生产的统一。人力资源再生产作为生产过程的主体要素，它的再生产实质上是人力资源这种特殊产品的不断反复生产和更新。人力资源这种特殊产品的生产，与一般物质资料的生产有很大的差异，这就是它不但具有社会性，还具有生物性。所以人力资源的再生产不但包括人力资源自身的维持和繁衍，而且包括科学知识与劳动技能的积累和传授，同时也包括人力资源的培育和补充。

四、人力资源的个体再生产

人力资源个体再生产是人力资源个体各构成要素及家庭和各种社会关系的生产、交换和消费的总和，它是人力资源个体所拥有的资本得以生产、维持、使用、延续和发展的过程。由于人力资源始终载在个体身上，因而人力资源个体再生产的显著特点表现为它的生产、交换和消费的主体的一致性。也就是说，在人力资源个体再生产过程中，生产、交换和消费的主体是一个，都是人力资源个体自身。下面从人力资源个体的健康、知识、技能、家庭和社会关系等方面对人力资源个体再生产加以分析。

1. 人力资源个体的健康、知识和技能再生产

健康不仅是人力资源生产与消费的生理条件，而且在生产与消费的过程中被支出和耗费。如果人力资源个体的健康不能得到及时的补充和恢复，就无法保证人力资源个体持续保持充足的体力和精力并投入到工作和生活中去。因此，要重视人力资源个体的健康再生产，保证对人力资源个体健康的必要投资。一方面要维持良好的生活水平，将一定的时间用于体育锻炼和充分的休息，使身体保持良好状况。另一方面要避免疾病的侵袭，及时治疗疾病，增强个体体质。此外，还要使人力资源个体保持良好的情绪和较强的环境适应能力，维护和加强人力资源个体的精神健康程度。

每个人力资源个体不仅都面临着由于知识老化和技能老化而有可能遭到淘汰的威胁，而且还都面临着新知识和技能的出现而可能带来新机会和高回报的诱惑。正因为如此，人力资源个体知识和技能的终身开发成为人力资源个体再生产不可忽视的核心。人力资源个体知识再生产和技能再生产的主要内容有知识和技能的更新、知识和技能的学习、知识和技能的提高、知识和技能的创新等方面。在现代社会，没有充足的投资，就无法保证人力资源个体的知识再生产和技能再生产得以正常进行。因而，充足的投资是人力资源个体知识再生产和技能再生产的前提条件。

2. 人力资源个体的家庭再生产

人力资源个体的家庭再生产是指人力资源个体为了维持和发展自己的家庭所进行的再生产活动。绝大多数人力资源个体都生活在一个家庭里，有的是与长辈生活在一起，有的是与小辈生活在一起，有的是夫妻、孩子生活在一起。不管哪种形式，从总体来讲，人力资源个体的家庭再生产一般包括三个方面内容：家庭的繁衍、家庭的生活和家庭的发展。

人力资源个体家庭的繁衍，即人力资源个体家庭人口的再生产。家庭繁衍需要人力资源个体作出多项长期投入，包括婚姻形成的投入、子女出生和生活的投入、子女教育的投入，甚至子女婚姻的投入等。人力资源个体家庭的繁衍对人力资源个体的再生产有重要影响，而且对人力资源社会再生产也有重要影响。

人力资源个体家庭生活的再生产涉及人力资源个体家庭经济收入分配的取向问题，即家庭的主要经济来源和支出方式和比重等问题，直接和人力资源个体家庭生活的质量密切相关。例如家庭收入的主要途径、家庭的经济投资、高档物品的购买等。人力资源个体期望经济的投入能够使其获取高质量的物质生活和享受,并赢得社会的尊重。

人力资源个体家庭发展的再生产主要与整个家庭有关教育文化的投入有关,涉及家庭的物质丰富程度和人力资源个体的价值取向问题。一般而言,家庭物质丰富程度越高,家庭再生产中家庭的发展投入所占的比例就越高。当然,家庭发展投入的高低还取决于人力资源个体的价值取向,因为家庭发展的投入回报不仅周期相对较长,而且具有一定的风险性,因此人力资源个体面对着眼前利益和长远利益,需要作出权衡与抉择。

3. 人力资源个体的社会关系再生产

每一个人力资源个体都生活在社会里,时时刻刻都要与方方面面的个人、群体和组织打交道。社会关系是人们赖以在社会上工作和生活的不可或缺的条件,良好的可持续发展的社会关系是个体社会生存能力和职业竞争能力的重要组成内容。人力资源个体社会关系再生产的关键是要看人力资源个体在人际关系方面能否得到持续投入,并能否获得相应的人际资源。人力资源个体的社会关系主要从三个方面来进行分析。

血缘关系。血缘关系具有非选择性,其获得主要源自于自己故有的血缘系统。例如父母亲的兄弟姐妹、自己的兄弟姐妹、配偶的相应血缘关系及其所带来的社会关系的拓展。这一类社会关系的维持和发展相对较为稳定,因此投入也相对清晰。

职业关系。职业关系是指个人在职业发展过程中所形成的社会关系,主要包括个人求学过程中所产生的师生关系和同学关系,以及自己在工作场所所形成的各种关系。这类社会关系的存在对人力资源个体来讲虽然不具有可选择性,但人力资源个体对于关系的发展方向却往往具有选择权。也就是说,人力资源个体可以选择哪些关系重要并继续发展,可以决定自己是否在物质、时间以及情感等方面增加投入以使这些关系继续发展,以获得情感上和事业上的支持。职业关系的存在和发展程度不仅取决于人力资源个体对于这种关系的需求程度或是投入程度,而且还取决于相互之间的依赖程度。一般而言,相互依赖程度越高,人力资源个体的投入度就越大;反之,投入度就越低。

成员身份关系。成员身份关系是指个人加入某个正式群体或非正式群体所产生的社会关系。任何群体都有其特定的规范,要成为其成员不仅需要作出承诺遵守群体既定的规定,而且还需要作出多方面的付出。因而,这种社会关系的获得和发展与人力资源个体对于这一身份获得的价值判断有关。作为人力资源个体,是否加入某一群体,关键取决于其对于获得这一群体成员身份的成本和收益的比较分析。成本付出大而收益较小,人们一般不会愿意加入。若收益颇丰,人们就会愿意加入。当然,这种收益可能是物质上的也可能是精神上。例如,加入某种职业协会,人力资源个体就需要判断自己的物质和时间、情感的投入能否给自己带来所渴望的收益以及多大程度的收益。

第四节　人力资本

讲到人力资源,往往会联想到"人力资本"这一概念。其实人力资本概念的提出比人力资源要早得多,其经济学意义比人力资源也更为深刻。解析人力资本的概念,有助于我们加深对人力资源概念的理解,也有助于我们从更高的理论层次上认识人力资源管理理论系统。

一、人力资本理论的提出

虽然美国的沃尔什于 1935 年发表的《人力资本观》一文首先提出了"人力资本"这一概念,但并没有被人们从理论上给予充分的重视。到了 20 世纪 50 年代中期和 60 年代初期,在一批经济学家的努力下,人力资本学说逐渐形成了一种理论体系,并对西方教育经济学产生了巨大影响。对人力资本理论的建立作出贡献的代表人物主要有舒尔茨、丹尼森和贝克尔等人。

西奥多·舒尔茨是美国芝加哥大学教授,以学术自由而闻名。1960 年出任美国经济学会会长,就职演说为《人力资本投资》,被西方认为是人力资本理论之父,并因此获得 1979 年度诺贝尔经济学奖。他的《人力资本投资》、《教育的经济价值》等一系列著作使其人力资本理论系统化。舒尔茨的人力资本思想体现在四个方面:

第一,人力资本是重要的生产要素。舒尔茨认为,国民收入的增长比国家投入资源的增长往往要快得多,其中的一个重要原因,那就是人力资本这个重要的生产要素在起作用。

第二,人力资本的形成是投资的结果。舒尔茨认为,人的能力和素质通过人力投资而获得,人力资本就是对人力的投资而形成的资本。人力资本的货币表现形态为提高人力的各项开支,主要包括学校教育支出、在职培训支出、保健支出和劳动力迁徙支出等。

第三,人力资本收益高于其他形态的资本收益。舒尔茨认为,在经济生产过程中存在着两种形式的资本,即体现为物质形式的物质资本和体现在劳动者身上的人力资本,这两种资本对经济都起着生产性的作用,作用的结果都会使国民收入明显增加。所不同的是,人力资本的生产能力要远远大于其他形态资本的生产能力,人力形态的资本投资的收益率也要远远高于其他形态资本投资的收益率。

第四,人力资本对经济增长高贡献。舒尔茨认为,人力资本存量对劳动生产率和经济的增长起着越来越重要的作用。根据舒尔茨的研究,美国 1929~1957 年间教育投资对经济增长贡献率超过 33%。

加里·贝克尔也是芝加哥大学教授,是芝加哥学派的主要代表人物,其著作《人力资本》被西方学术界认为是"经济思想中人力资本投资革命"的起点。他擅长微观经济分析和数理经济分析,提出了人力资本投资即教育投资、人力资本投资效应理论等基本思想。其人力资本的主要思想表现《生育率的经济分析》、《人力资本》、《家庭论》等著作里。贝克尔对人们普遍认为与经济无关的事物进行了经济分析,诸如对孩子的直接成本和间接成本、家庭时间价值与时间配置、家庭中市场活动和非市场活动,以及对教育、培训和其他人力资本投资过程的研究等,都得出了令人信服的结论。

爱德华·丹尼森是美国少数不在高校任教的经济学家,是人力资本经济分析专家。他的主要贡献表现在三个方面:

第一,在用传统经济方法估算劳动和资本对国民收入增长所起的作用时,对其产生的大量未被认识的"剩余"的不能由劳动和资本投入来解释的部分作出定量分析和解释。

第二,对舒尔茨的结论作了重要修正,得出美国 1929~1957 年间教育投资对经济增长的贡献份额为 23%。人们公认,丹尼森的计算方法更加严密和精确。

第三,其方法广为传播。丹尼森的计算方法广泛应用于不同社会制度和不同发达程度的国家,都取得成功。由此而引起自 60 年代起长达半个世纪的世界各国竞相加大对教育投资的高潮。

二、人力资本概念的界定

舒尔茨认为,"人力资本是由人们通过对自身的投资所获得的有用的能力所组成的。""人力资本,即知识和技能。"他强调,"我们之所以称这种资本为人力资本,是由于它已经成为人的一个部分,又因为它可以带来未来的满足或收入,所以将其称为资本。"①贝克尔认为,人的这种能力将对其"未来货币收入和心理收入"产生重要影响,人力资本不能随意脱离人本身而流动②。根据舒尔茨和贝克尔的人力资本理论思想,我们认为:人力资本是指经过投资而形成的凝结在人体内的能够带来预期回报的知识、技能、健康和态度等因素的总和。也就是说,并不是每个人所拥有的所有的知识、技能、健康和态度都能成为人力资本,只有那些经过投资形成的并能够带来预期回报的知识、技能、健康和态度才能成为人力资本。人力资本的

① 舒尔茨.论人力资本投资[M].吴珠华,等译.北京:北京经济学院出版社,1990:205,43,92.
② 贝克尔.人力资本[M].梁小民,译.北京:北京大学出版社,1987:64.

这个概念包含三层含义:一是人力资本是由投资而形成的;二是人力资本可以投资;三是人力资本是由知识、技能、健康和态度组成的。因此,人力资本是生产增长的主要因素,具有重大的经济价值。

从这个定义出发,我们可以从以下五个方面进一步加深对人力资本的理解。

第一,由于人力资本以人为载体,主要表现为人能够从事劳动的能力,因而每一个人力资源个体都拥有人力资本。也就是说,全社会所有有劳动能力的人都拥有人力资本,只不过每个人身上的人力资本存量有多有少而已。

第二,人们从事劳动的能力,不管是把它理解为体力和智力也好,还是把它理解为健康、知识和技能也好,其形成和发展都与医疗、保健、教育、培训、学习等活动密切相关。由于这些活动的过程就是投资的过程,所以可以认定,所有人力资源个体的人力资本都是通过这种投资获得的。

第三,人力资本能够带来预期的回报。一方面,为形成人力资本的投资能够带来回报;另一方面,用人力资本来投资也能够带来回报。正因为此,国家、组织和个人都愿意为增加国家的人力资本、组织的人力资本和个人的人力资本而加大投资力度。

第四,人力资本的组成因素与人力资源相同,都可以表示为知识、技能、健康和态度,这就是为什么人力资源可以用人力资本存量来表示的道理所在。

第五,由于人力资本凝结在具体的人力资源个体体内,因而人力资本的价值必须通过这个人力资源个体的有效劳动才能得以实现。这说明,人力资本的存在具有私有性。不管是谁投资形成的人力资本,都要载在具体个体的身上,而一旦载在某个具体个体身上,谁也不能将人力资本从具体个体身上剥走。也就是说,没有具体个体的同意配合,谁也不能随意使用这个人力资本。

三、人力资本的特征

人力形态的资本之所以从根本上有别于其他形态的资本,是由人力资本的特征决定的,而人力资本的特性则是由其载体的人性决定的。人力资本与其他资本相比,除了具有资本的一般特性外,还具有比其他资本更加复杂的特征。人力资本的特征主要表现在以下几个方面。

1. 表现形态的无形性

传统概念的资本要么表现为货币形态,要么表现为物质资产形态,一言以概之,是有形的。而人力资本的表现形态则不同,它是无形性。虽然人力资本的载体——人是有形的,但作为人力资本的知识、技能、态度等因素则是无形的。人力资本的无形性意味着它能给载体本人带来的收益具有不确定性。这是因为作为人力资本的载体是有血、有肉、有思想、有感情、有理智的,是具有活生生的个性和公民权的个人,他们能够而且有权支配自己的行为,并能够决定自己在哪些方面、在多大程度上付出努力。

2. 存在形式的载体性

人力资本存在的载体性是指人力资本只有依附于人的身体才能存在和发挥作用。人是人力资本的天然载体,人力资本的一切职能和人的所有智慧都必须寄生于活生生的人体并通过人体的活动才能存在。离开了人的生命,作为整体的人力资本也就失去了存在的基础。而物质资本的存在可以完全独立于人的生命,不以人的生命为其存在的前提。

3. 资本累积的自我性

人力资本在"消费—生产—再消费—再生产"的运行过程中,可以不断地实现自我累积,并且在每一次的"补充"之后,在个人体内的人力资本会比上一过程有所提高,从而导致人力资本含量不断增加。例如,科研人员从事某项科研项目不但不会因此而损失掉自身所拥有的知识、技能等,而且相反会积累更丰富的经验,增加了自身的人力资本。而其他形态的资本则不具有这种特征,不可能自我实现资本积累。

4. 投资主体的多样性

人力资本的投资主体具有多样性的特点,投资主体可以是政府、组织、家庭或个人中的某一方,也可以是由其中的两方、三方甚至是多方组成的共同体。根据谁投资谁受益的原则,人力资本投资的收益由投资主体获得,或者是一方,或者是两方、三方甚至多方共同获得。但不管谁投资,投资的过程都必须靠载体个人本身的努力和配合才能得以实现,因此人力资本的真正形成还需另外一种投资,即个人自身已经形成的人力资本的投资。由此我们可以得出这样的结论:不管是哪种主体投资形成的人力资本,都含有承载该人力资本的个人自身原本所拥有的人力资本投资的成分。

5. 影响因素的社会性

人力资本影响因素的社会性是指由于每一个人力资本载体都生存在特定的社会环境中,都必然会受到各种社会条件的制约,因而这些社会条件不可避免地要影响到人力资本的存在和运行。人力资本除受到各种经济条件和人类生育条件的明显约束外,还受到一定社会的政治、经济、文化、历史等外在制度因素的制约和影响。而物质资本的形成和变化则一般较少受到这些因素的影响。

6. 价值实现的高增值性

人力资本和物质资本在社会生产过程中虽然都能实现价值增值,但是两者的价值增值的表现形态有截然的不同。首先,物质资本的价值实现过程即其消费过程,这一过程可以脱离其生产过程而单独存在;而人力资本的价值实现过程则是生产过程和消费过程的统一,人力资本会伴随着使用过程呈现出高增值性的收益递增规律。其次,物质资本在经济活动中只是转移其自身价值,其价值增值是在交换过程中通过重新分配体现的;而人力资本在经济活动中不仅转移了其自身的价值,而且在这一过程中还实现了价值的高增值。

四、人力资本与人力资源的关系

人力资本与人力资源是两个密切相关却又内涵各不相同的概念,各自有着不同的理论体系。但是,在许多理论和实践场合中,人们经常将它们相提并论,因而引起了很多的混乱。因此,有必要认识和理清人力资本与人力资源的关系。

1. 人力资本与人力资源的联系

从概念的角度来看,人力资源是指能够进入流通领域的劳动人口,而人力资本是指经过投资而形成的凝结在人体内的能够带来预期回报的知识、技能、健康和态度等因素的总和。这两个概念外表上虽然大相径庭,但本质上却有相通之处。作为能够进入流通领域的劳动人口——人力资源个体的构成因素就包括知识、技能、健康和态度,而人力资本则是知识、技能、健康和态度等因素的总和。因此,有些学者把人力资本看做是劳动者的劳动能力,这是很有道理的。也就是说,每个人力资源个体都拥有一定的人力资本,只不过是存量不同而已。通过开发能够使人力资源个体形成或是提升其体内的人力资本,这个过程就是投资的过程。

从人力资源再生产的角度来看,人力资源的生产环节就是对人力资本投资以形成人力资本的过程,人力资源的流通环节就是人力资本的配置过程,而人力资源的消费环节就是以人力资本进行投资获取预期回报的过程。所以,人力资源再生产的全过程与人力资本再生产的全过程高度一致,以至于可以这么说,人力资源再生产的全过程就是人力资本再生产的全过程。

因此我们可以断定,人力资源是一种资本性的资源。一方面,通过投资而形成人力资源,其质量的提高取决于后天社会和个人投资的程度;另一方面,人力资源投入消费的结果,人力资源个体能够获得预期的回报。

2. 人力资本与人力资源的区别

尽管人力资本与人力资源有着密切的联系,但两者毕竟是两个不同的概念。人力资源是一种资源,人力资本是一种资本,两者有着根本性的区别。作为一种资源,人力资源也是社会财富的来源,其消费能够产生社会财富;作为一种资本,人力资本也能带来剩余价值。因此,对于人力资本含量不太高的人力资源个体,我们一般都将其通称为人力资源;而对于人力资本含量较高的人力资源个体(如企业家、科学家等),我们一般可以将其直称为人力资本。

人们通常认为,人力资源是一种数量化概念,人力资本则是一种质量化概念。这是很有道理的,因为:人力资源可以量化(可以直接以人头计算),而人力资本则很难直接量化(不可以直接以人头计算);人力资源不能直接反映出个体的素质差异(要反映必须对其构成要素进行细致分析,而这种分析其实就是对人力资本进行分析),而人力资本则能直接反映出个体的能力差异。

引入人力资本的概念,对于人力资源管理在理论上大有裨益。比如人力资本投资、人力资本收益、人力资本价值等分析理论,对人力资源的教育培训、人力资源的效益、人力资源的薪酬回报等就有很大的帮助。再比如企业家人力资本理论和科学家人力资本理论,对企业特殊人力资源的配置和分配也有很大的帮助。在某种角度上可以这么说,人力资本理论就是人力资源管理的理论基础。

本章小结

1. 从经济学角度上来说,人力资源是一种生产性要素,指能够进入流通领域的劳动人口,既包括那些经过流通领域已经就业的劳动人口,也包括那些正在流通领域等待就业的劳动人口,还包括那些由于种种原因目前尚未进入流通领域但一旦相应条件具备就可以进入流通领域的劳动人口。

2. 作为生产要素而言的人力资源个体,是各种生产要素中唯一以人为载体的资源,通常认为是由健康、知识、技能和态度四大要素所组成的。

3. 人力资源作为一种特殊而又重要的资源,由于其载体人本身的生物性、能动性、智力性和社会性,决定了它具有自己的鲜明特性,主要包括:时代性、能动性、资本性和时效性等四个方面。

4. 人力资源再生产是社会再生产的组成部分,是指人力资源的生产、流通和消费及其循环往复的全过程。人力资源社会再生产包括三个环节,这就是人力资源生产环节、人力资源流通环节、人力资源消费环节。在人力资源再生产的全过程中,人力资源生产是起始环节,人力资源流通是中间环节,人力资源消费是最终环节。人力资源再生产的这三个环节在空间上是并存的,在时间上是继起的,在过程上是统一的,周而复始,往复循环,无始无终。而人力资源的个体再生产则包括人力资源个体的健康、知识、技能、家庭和社会关系等方面的内容。

5. 人力资本是指经过投资而形成的凝结在人体内的能够带来预期回报的知识、技能、健康和态度等因素的总和。人力资本的这个概念包含三层含义:① 人力资本是由投资而形成的;② 可以用人力资本来进行投资;③ 人力资本由知识、技能、健康和态度组成。

本章思考题

1. 什么是人力资源?
2. 人力资源与人口资源、人才资源的关系是怎样的?
3. 人力资源的性质有哪些?
4. 简述人力资源社会再生产的基本过程。
5. 人力资源个体再生产包括哪几个方面的内容?
6. 什么是人力资本? 它有哪些特点?

案例分析

小孙在 X 公司和 Y 公司的经历

小孙大学毕业后应聘到 X 公司做销售员,三个月过后,被炒了鱿鱼。小孙又来到 Y 公司,销售业绩却很不错,不到一年,就被提升为销售主管。同样一个人,为什么会有如此不同的表现? 让我们一起去看看在招聘过后,X、Y 公司都做了些什么。

小孙来到 X 公司后,人力资源部让他填写了各种表格,然后,就让他到销售部上班。销售经理将一摞产品和公司的介绍资料给了他,安排他去行政部领了笔、本等用具,向他介绍了部门的其他同事,最后,给他下达了销售指标,并让他坐到办公桌旁开始工作。小孙没有销售经验,由于拿到的资料是公司发给客户的宣传资料,对产品的介绍很简单,小孙对产品是什么也不甚了解,只能自己瞎闯,结果三个月过去了,仍是一头雾水,不要说完成销售任务,根本就没开张,结果被炒了鱿鱼。

在 Y 公司小孙有着不同的经历,到人力资源部报到后,人力资源部对他进行了关于公司文化、公司发展史、公司规章制度等方面的培训,使小孙对公司有了全面的了解。到了销售部,又受到产品知识、销售技巧等方面的培训,随后销售经理亲自带他到销售现场观摩其销售过程,在这之后,才让他独立进行工作。在每周的销售例会上,销售经理还会组织大家对销售中的疑难问题进行讨论,帮助大家分析问题,解决问题,不断提高大家的能力。小孙不笨不傻,在这种系统的训练和辅导下,很快就入了门,加上小孙勤奋敬业,销售业绩迅速上升,很快成为销售员中的佼佼者。

资料来源:中国课件站,论文网,2006-2-17.

思考题:

为什么小孙在 X 公司和 Y 公司的表现会有如此不同?

第二章 人力资源管理概述

本章导读

　　人力资源管理是一个以人力资源为管理对象的复杂系统,了解它的系统构成及其内在联系是我们顺利实现人力资源管理的基本要求。从职能的角度人力资源管理的基本框架要素可以划分为三个模块:人力资源管理的基础职能系统、人力资源管理的核心职能系统和人力资源管理的基本职能系统。从人力资源管理主体来看是一个系统,这个系统不仅包括人力资源管理部门,还包括组织的领导决策者、各部门的负责人以及组织内的所有员工自身。从人力资源管理的内容考察是一个体系,这个体系呈立体结构,分为若干层次,如事务的人力资源管理层次、组织的人力资源管理层次、文化的人力资源管理层次和战略的人力资源管理层次等。

　　了解人力资源的生产发展过程及国外人力资源管理的模式,对于形成有中国特色的人力资源管理模式将大有裨益。

　　通过本章学习,您将了解到:

　　人力资源管理的概念、功能与分类。

　　人力资源管理的基本框架要素:人力资源管理的基础职能系统、人力资源管理的核心职能系统和人力资源管理的基本职能系统。

　　人力资源管理的主体系统和人力资源管理的层次体系。

　　人力资源的生产和发展过程。

　　新时期人力资源管理的新特点和新挑战。

　　美国和日本的人力资源管理模式。

开篇案例

"金字塔"与"圣诞树"

　　世界快餐之王——麦当劳公司不仅经营艺术十分高超,在人力资源管理方面

37

也很有独到之处。在麦当劳公司有一本人力资源管理手册,将人力资源管理的所有内容都标准化了。如怎样面试?怎样招聘?怎样挖掘一个人的潜力?等等。手册的内容表明,麦当劳的招聘面试、对员工的考核、员工结构、员工发展系统等均比较独到,但其中尤其值得一提的是它的人才发展系统,堪称一绝。

发展包括两个方面:其一是能力的培养与提高,其二是职位的提高与晋升。因此人才发展系统也包括两个方面,一个是个人能力发展系统,另一个是个人职位发展系统。

麦当劳的个人能力发展系统跟其他公司既有相似之处,又有很大的差别。相似之处在于,麦当劳的个人能力发展系统也同大多数公司一样,主要靠培训。麦当劳北京公司总裁赖林胜先生说:"麦当劳北京公司每年都在培训方面有很大的投入",他还介绍了详细情况。首先,麦当劳是强行对员工进行培训,麦当劳在中国有三个培训中心,培训的老师全部都是公司里有经验的营运人员;其次,麦当劳餐厅部经理层以上人员一般要派往国外去学习,在北京的 50 多家麦当劳里,就有 100多人到美国的汉堡大学学习过。他们不单去美国学习,还去新加坡等地,因为麦当劳认为新加坡的培训做得很好,"他们的自然资源很少,主要靠人力资源开发增强综合国力"。而且,不论是出国培训还是平常培训,培训完了以后员工都要给他的上级经理写行动计划,然后由经理来评估,以保证培训效果。麦当劳希望通过这些措施让员工觉得在麦当劳有发展前途。

不同之处在于,除了培训中的细节,如前面提到的强制培训、行动计划等外,主要是麦当劳比较注重让员工在实践中学习和提高,即平常的"Learning by doing(干中学)"。员工进入麦当劳之初,就会有年长者专门辅导,告诉他工作经验,并带领他从事实际工作,麦当劳的管理人员 95% 以上要从员工做起,在实践中得到提高和提升,赖林胜先生就是这样。

尤为特别的是麦当劳的个人职位发展系统。一般企业的职位设置,高高在上的是公司最高管理层,如老板,或者是董事长、董事、总裁等;然后是高层经理人员,主要是全球职能部门总经理、产品部门总经理、地区总经理等;下面还有中层管理人员;最下面是广大员工,活脱脱一个"金字塔"。结果是越往上越小,路越窄,许多优秀人才为了争夺一个职位费尽心机,不能成功者多数选择了自起炉灶或另谋高就,很不利于公司和人才的进一步发展。麦当劳的职位系统更像一棵"圣诞树",公司的核心经营管理层就像树根,为众多树干和树枝提供根基,只要员工有能力,就可以上一层成为一个分枝,更出色者还可以"更上一层楼",又是一个分枝,甚至可能发展成树干,如此等等,永远有机会。正因为这样,麦当劳的离职率很低,成本无形中大大下降了。

麦当劳北京公司总裁赖林胜先生在解释这一点时说:"钱非万能,如果员工只是为了钱的话,他明天又可能为了更多的钱走掉。这 15 年来,包括我本人在内,都感觉麦当劳是陪我们一起成长的。因此对于连锁经营来讲,它的结构是很重要的,生产系统、采购系统重要,人力系统更重要,光有好的人永远都做不成事。因为只要连锁经营,你的机会就永远存在。我常跟同事们说:每个人面前都有个梯子,不用去想我会不会被别人压下来。你爬你的梯子,你争取你的目标。所以要给每个员工规划一个很长远的计划来改善现在的情形。所以,人一定要追求卓越,这是第一。还有,给每个人平等的机会,不搞裙带关系。一个企业在发展之初,还要记住维护你的社会地位。在发展员工的时候,你不要总是说:我发给他工资。工资不代表什么,人家还有给更高工资的。你给一千两千,别人也许会更高一些。没有钱是万万不能的,但钱也不是万能的。所以大家不论选择好的合作伙伴,还是找好的员工,都要建立一套规范的系统。这些系统建立好以后,我们的连锁经营才能发展壮大。"其中人力资源管理方面的系统就是"圣诞树"而非"金字塔"般的个人发展系统。

资料来源:《著名跨国公司在中国人力资源管理案例集萃》.

人力资源管理不仅是当前企业管理的重要内容之一,而且也是其他各类社会组织管理的重要内容之一。虽然人们对人力资源管理地位的重要性已经形成基本共识,但对于什么是人力资源管理却是认识不一。即使在理论界,专家们对人力资源管理的基本原理、框架要素甚至概念等基础性知识的理解也是仁者见仁、智者见智,众说纷纭。在这种情况下,进一步就人力资源管理的概念以及框架要素进行深入的研究和探讨,对于廓清人力资源管理的基本概念以及提高人力资源管理实践的有效性具有重大的现实意义。

第一节　人力资源管理的概念、功能及分类

对人力资源管理概念的界定并按一定的标准进行分类,这是开展人力资源管理研究以及有效地开展人力资源管理活动的基础性工作和前提。所有的人力资源管理研究都是首先从弄清人力资源管理是什么、分析人力资源管理的内涵和外延开始的。

一、人力资源管理的概念

小辞典

人力资源管理是对人力资源所进行的管理,它是一个系统。

人力资源管理的概念自从提出以后引起了管理学界和企业界的高度关注,各国学者也依据不同的视角对于人力资源管理的基本内涵提出了各种不同的观点和认识。虽然不同流派的学者对于人力资源管理的界定有很大的差距,甚至根本无法实现统一,但是对于人力资源管理的核心内容还是形成了一定的共识。这些共识主要有以下五点内容。

(1) 人力资源管理的对象是人力资源这种特殊的资源。几乎所有的学者都认为,人力资源这种资源完全不同于物力资源,它是一种能够自我补偿和成长的资源。例如德鲁克就认为,人力资源与物力资源的根本区别就在于人力资源是一种能够自我成长和自我发展的资源。

(2) 人力资源管理的对象不是仅指具有生命的自然个体,而是指一定组织关系内的个体,处于一定关系"包围"中的个体。正因为如此,我们所说的人力资源管理通常是指组织的人力资源管理,我们研究的重点也是如何来管理组织中的人力资源。

(3) 尽管人力资源管理的对象是人力资源,但其管理的内容却不是人力资源自身的问题,而是各种与人力资源有关的关系,管理的不是个别现象而是一个"集合"系统。在人力资源管理的研究和实践中,我们所重点研究的正是组织内各种与人力资源相关的关系,例如员工与岗位的关系、员工之间的关系、员工能力发展与组织发展关系、核心人力资源与组织核心竞争力的关系等。

(4) 人力资源管理是一个过程而不是一个瞬间。对于一个企业组织来说,人力资源管理工作不是一个阶段性的工作,而是组织的长期的持续的工作。今天,几乎所有具有相当规模的现代企业在人力资源管理过程中都会制订一定时期企业的人力资源发展规划,而且越是具有战略性的人力资源规划时间越长。

(5) 人力资源管理不是一个个别行为而是一个组织行为。因此,任何一个组织的人力资源管理都是在一定的制度约束和规范下开展的,都有着具体的实施目标、计划、活动方案以及相关的各类支持性政策。

基于以上理解,在本书中笔者将人力资源管理理解为:

人力资源管理即是对人力资源所进行的管理。我们不能把人力资源管理简单地理解为是若干项职能或是一种制度、一种政策,而要把它看成是一个系统。人力资源管理系统从纵向层次上看由四个部分组成:第一个层次包括人力资源的体制和机制;第二个层次包括人力资源的制度和策略;第三个层次包括人力资源的业务和流程;第四个层次包括人力资源管理的各种技术、方法和手段等。人力资源管理系统从横向职能上看由三个部分组成:第一部分是包括人力资源规划和工作分析在内的人力资源管理基础职能子系统;第二部分是包括员工的职业发展管理、绩效管理和薪酬管理等在内的人力资源管理核心职能子系统;第三部分是包括一系列基本职能在内的人力资源管理一般职能子系统。人力资源管理系统从内外在关系上看,由人力资源管理的外在环境子系统和人力资源管理的内在目标系统组成。任何一个组织的人力资源管理系统都在一定的外在环境条件下,从纵向的四个层次和横向的三个层次上展开,发挥各个职能的作用,动态运行和发展,从而实现组织的人力资源管理战略目标。

二、人力资源管理的功能

人力资源管理的功能可以从不同的角度给予认识,在这里主要从形成核心竞争力、取得组织绩效和提升人力资本三个方面进行概括。

第一项功能是形成核心竞争力。人力资源是组织的第一资源,是组织核心竞争力的构建者和支撑者,这一点已经为人们所充分认识和接受。但是,并非是所有的人力资源都能够形成组织核心竞争力,只有那些具有价值性、独特性、不可模仿性的人力资源才能够形成组织的核心竞争力,因此人力资源管理的最重要的功能就是识别和获取、保持、激励组织的核心人才,形成或是维持、发展组织的核心竞争力。只有有效的人力资源管理才能帮助组织形成核心竞争力。

第二项功能是取得组织绩效。组织绩效的取得和提高是依靠组织人力资源的合理配置和工作流程的合理设计以及有效的激励来取得的,而这一系列正是人力资源管理的基本功能。在人力资源管理过程中,管理者首先在工作分析的基础上对工作进行科学的设计和再设计,然后对组织现有的人力资源能力进行评估,最后进行科学配置实现人岗匹配,其目的就是为了取得组织绩效。对组织现有员工进行激励,调动他们的积极性,激发他们的潜能,发挥他们的作用,实现他们的价值,其目的还是为了取得组织绩效。通过人力资源管理,使员工在岗位上实现绩效,再进一步将所有岗位绩效集合成为部门绩效,这样无疑将会提升组织的绩效,并进一步将组织绩效转化为组织的市场效益。

第三项功能是提升人力资本。人力资本是通过投资形成的资本,其表现形态为员工的知识、技能、健康和态度开发、维护和发挥作用,其实现途径为通过人力资本的交换使组织获得相应绩效并使个人得到相应的回报。人力资源管理的主要功能之一就是通过各种形式的培训或是激励来提升组织成员人力资本的存量,这在本质上就是组织的人力资本的投资与开发过程。在这一过程中,不仅组织的人力资本总量得到提升,而且组织成员在个人素质提高的同时也提升了自己的人力资本,其在实现个人绩效和组织绩效的过程中自己人力资本的价值也得以实现。

三、人力资源管理的分类

人力资源管理因其主体、对象和范围的不同可以从宏观和微观的角度分成宏观人力资源管理和微观人力资源管理两大类别。

1. 宏观人力资源管理

宏观人力资源管理是社会层面的人力资源管理,是指一个国家或地区乃至一个行业系统,运用法律、政策以及各种经济手段和行政手段对范围内人力资源的供需、开发、流动、配置、使用、分配与保障所进行的管理。宏观人力资源管理的主体是政府或是能代表政府的有关部门,其追求的管理目标是:为社会的协调发展和可持续发展提供充足的、高素质的人力资源支持。

由于宏观人力资源管理就是对社会人力资源的管理,因而是政府的一项重要管理职能。宏观人力资源管理的主要内容包括:社会的人力资源需求供给预测及规划、社会人才发展战略的制定、有关社会人力资源发展和投资政策的制定;人力资源市场的完善和规范;社会收入分配制度和政策的制定及调节机制的设定;完备的社会保障体系的建立;就业政策的制定与就业管理;人力资源管理法律、法规的制定与实行与监督等。

宏观人力资源管理的基本架构包括政府的宏观调控体系、人力资源市场运行体系、现代企业用人制度、收入分配制度、社会保障体系和人力资源政策法律法规体系。宏观人力资源管理的基本构架,如图 2.1 所示。

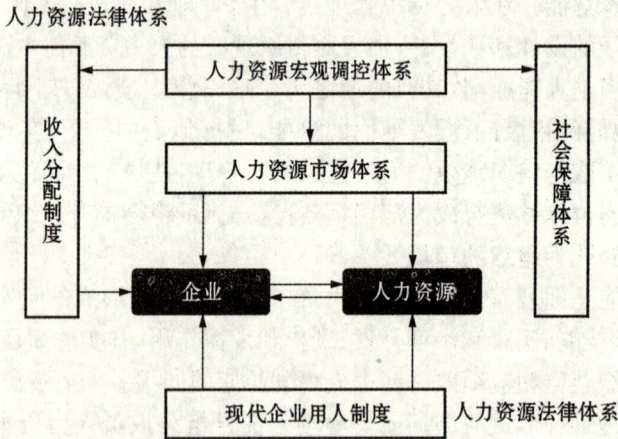

图 2.1　宏观人力资源管理基本构架示意图

政府的宏观调控体系由这样几个方面组成:人力资源政策法规的制定和完善、对宏观导向政策的制定和倾斜、对社会范围内人力资源开发与配置的整体规划,尤其是对市场紧需人力资源的开发、吸纳与管理工作的强化以及优惠政策的制定、对社会范围内人力资源配置和人才流动的引导和管理、对全社会收入分配的调节、建立和强化社会保障、对人力资源市场的监管等等。要想完善人力资源宏观调控体系，关键在于转变政府的职能，将传统的适应计划经济体制的政府职能转换为适应社会主义市场经济体制的政府职能。

人力资源市场的运行体系是宏观人力资源管理的核心部分。发挥市场机制在人力资源配置中的基础性作用，关键是培育和发展人力资源市场体系。为此，必须改革我国传统的人力资源计划配置模式，建立统一开放、竞争有序的人力资源市场体系。人力资源市场是市场经济的重要组成部分，人力资源市场的建立有利于人力资源的有效配置和充分利用。创造人力资源市场机制运行的环境和条件，加快形成人力资源价格的市场化，提高人力资源市场机制运行的效率，这是培育人力资源市场的重要内容和关键。

现代企业用人制度涉及的实际上是经过市场进入企业的人力资源的微观交易和使用的问题。我国当前的企业用人制度，是在国家的宏观调控和国家立法的指导下，企业与生产经营者之间、企业与一般员工之间在平等、互利、自愿的基础上，经过双向选择达成一致后建立在劳动关系的基础上的组织内部人力资源的开发与管理体系，即微观的人力资源管理问题。

在社会主义市场经济条件下，我国目前实行的收入分配制度为按劳分配和按生产要素分配相结合的多元化分配体制，坚持"效率优先，兼顾公平"的原则。这种制度追求的是：积极探索技术、管理等生产要素参与分配的形式，引入竞争机制，打破平均主义，提高人力资源的工作积极性。要使各层次人力资源的个人收入一方面与其劳动付出成正比；另一方面与其市场价值和对组织的贡献密切相关。同时，应采取切实有效的措施调节人力资源的收入分配，防止社会收入贫富差距过大，最终实现共同富裕的社会发展目标。

为了实现人力资源的合理流动及优化配置，促进经济发展，保持社会稳定，必须在对我国原有的人力资源社会保障体系进行改革的基础上，依据国情及人力资源的特点进一步建立和健全社会保障体系，从而为人力资源的流动扫除障碍。我国目前的社会保障体系主要由社会保险（包括养老保险、失业保险、医疗保险、工伤保险、生育保险）、社会救济和社会福利、社会优抚等内容组成，是我国政府通过立法或行政手段为保障有困难的社会成员基本生活而采取的基本措施。由于这些内容单凭市场和企业自身无法自行解决，所以国家和社会在这些方面扮演重要角色。在当前背景下，采取各种措施促进社会保障体系的进一步完善，使各类人力资源的社会保障度和他们的能力、市场价值、社会累积贡献和职业风险程度成正相关，解决他们的后顾之忧。

人力资源政策法律法规体系包括国家和各部门制定的与人力资源相关的政策法律法规的总汇。人力资源政策是党和国家及各级党委、政府制定的指导人力资源工作的规范性文件的总和,覆盖人力资源管理活动的各个环节,包括人力资源培养、选拔、使用、考核、奖惩、工资福利、流动、退休等人力资源工作的各个方面。人力资源法律法规体系由宪法中有关规定与人力资源相关的各类法律行政法规、部委规章、地方性法规组成。人力资源政策法规的内容总体上来说可从两个层面加以划分:一是从人力资源个人角度而言,是关于各类人力资源个体的有关个人的人力资本的投资、人力资源个体的流动、就业以及收入分配等活动的政策规定和法律规范。二是从组织和社会角度而言,是关于社会范围内的人力资源教育、培训、选拔、配置、吸引、任用、考核、监督、奖惩、工资福利等人力资源培养、使用与管理的各种政策规定和法律规范的总和。不管是宏观人力资源管理,还是微观人力资源管理,都要在人力资源政策法律法规体系的框架内展开和运行。

2. 微观人力资源管理

微观人力资源管理是企业的人力资源管理,实际上与宏观层次上的现代企业用人制度的内容是重叠的,指的是企业对于本组织的人力资源从获得、培养到配置、使用,以使人力资源在组织中与其他生产要素相结合,形成现实生产力,并取得预想的效率和效果的活动。具体的也就是人们通常所说的从人力资源战略与规划、工作分析与设计、员工招聘与选拔、工作绩效考核、员工薪酬管理、劳动安全与卫生、劳动关系管理以及员工使用、调配直到离开本组织的各个环节和各项任务的系统、综合的全过程管理。

微观人力资源管理的主体是企业等各种微观组织,管理的对象就是本组织内的员工,管理所追求的目标是:为企业的最大效益和可持续发展提供充足的、高素质的人力资源支持。通常情况下人们所说的人力资源管理指的都是微观人力资源管理,本书所探讨的人力资源管理指的也是微观人力资源管理。

第二节　人力资源管理的职能体系

根据国内外人力资源管理理论研究和实践研究的经验,以及我们的研究成果,我们从职能的角度把人力资源管理的基本框架要素划分为三个模块:人力资源管理的基础职能系统、人力资源管理的核心职能系统和人力资源管理的基本职能系统。

人力资源管理的职能体系由人力资源管理活动过程中的一个个紧密相连的管理环节构成,既体现了人力资源管理目标实现的主要方式,又体现了人力资源管理的主要内容。人力资源管理职能体系由人力资源管理的基础职能系统、核心职能系统和一般职能系统三大部分构成。具体来讲,基础职能系统包括人力资源规划、工作分析两项职能,核心职能系统包括绩效管理、薪酬管理、员工的职业发展管理三项职能,一般职能系统包括人力资源招募、员工遣散、岗位评价、员工素质评估、劳动关系管理、人力资源培训等多项职能。

一、人力资源管理的职能

1. 人力资源管理职能的概念

怀特·巴克(E·Wight Bakke)于1958年在《人力资源功能》一书中详细阐述了有关人力资源的管理职能。在该书中,巴克讨论了一个被人们忽视了的管理职能——人力资源管理,他认为人力资源管理的职能对于组织的成功来讲,与其他管理职能如会计、生产、营销等一样是至关重要的。巴克从人事行政管理、劳工关系、人际关系以及行政人员的开发等方面对人力资源管理的职能进行了概括。

巴克对人力资源管理职能作了专门的说明:

(1)人力资源管理职能并不是一个特殊的职能,它必须适应一定的标准,这个标准就是"理解、保持、开发、雇佣或有效地利用以及使这些资源成为整个工作的一个整体……"

(2)当所谓"真正重要"的职能,如生产和财务在平稳运行和盈利时,人力资源管理职能的方法已不是新提供的工具,确切地说,人力资源管理必须在任何组织活动的开始就要加以实施。

(3)人力资源管理职能的目标不仅是使个人快乐,而且要使企业所有员工能有效地工作和取得最大的发展机会,在最充分可能的范围内,利用他们所有的与工作相关的技能使工作达到更高的效率。

(4)人力资源管理职能不仅包括人事劳动相关的薪酬和福利,还包括企业中人们之间的工作关系。人力资源管理应该能改进员工的工作程序、工作关系和增加工作机会,并以此来减少由于厌倦和痛苦而产生的要求增加报酬的情况。

(5)人力资源管理职能并不只和员工有关,它和组织中各个层次的人员都息息相关,甚至包括首席执行官。

(6)人力资源管理职能必须通过组织中负责监督他人的每一个成员来实现,包括有工会存在下的经理人员。在这种情况下,直线管理(业务管理)在期望、控制和协调等其他的活动方面承担着基本的人力资源职能。

(7)所有人力资源管理的结果所关注的一定是企业和员工根本利益的同时实现。

巴克的理论为我们界定人力资源管理职能和具体分析人力资源管理职能提供了依据。

2. 人力资源管理职能体系的构成

人力资源管理的职能体系是指人力资源各职能的总和。其主要构成包括：

（1）人力资源规划。人力资源规划是将组织经营战略和目标转化为人力资源需求，从整体的、超前的和量化的角度分析、制定组织人力资源管理的一些具体目标。人力资源规划在整个人力资源管理活动中占有重要地位，是各项具体人力资源管理活动的起点和依据，直接影响组织整体人力资源管理的效率。

（2）工作分析。工作分析是一个系统化的过程，它是指通过一定的方法对工作的内容和有关方面的信息进行收集、分析、描述和研究的过程。工作分析有时也称作职务分析。

（3）人力资源诊断。人力资源诊断能帮助组织人力资源管理部门及其管理人员改进工作过程，提高工作效率和效用，开发人力资源，提高员工素质，实现组织目标。

（4）绩效管理。绩效管理是一种对员工在岗位上做出绩效的过程进行管理的制度，它是通过系统的原理和方法来对员工在职务上的工作行为和工作成果进行管理。绩效管理还是组织管理者与员工之间的一项管理沟通活动。绩效管理的结果可以直接影响到薪酬调整、奖金发放及职务升降等诸多员工切身利益。

（5）薪酬管理。薪酬是组织向为其工作的员工所提供的货币收入及服务，这是员工为组织实现其目标所应得的报酬。薪酬体系的建立是激发员工发挥工作主动性和创造性的有效手段。有效的薪酬制度在组织实现自己的竞争优势和战略目标的过程中具有关键的作用。

（6）员工的职业发展。员工的职业发展被认为是实现组织战略的一个重要环节。在这个环节中，由于能够使个人的职业潜能达到最大化，因而被看做是促进组织整体成功的一种有效方法。

（7）人力资源招聘。人力资源的招聘是组织根据其人力资源规划所确定的人员需求，采用各种有效渠道，招纳具备相应资格的人员进入本企业的一个过程。组织一般根据人力资源管理的规划及工作分析确定人员招聘的有关事宜。因此它与人力资源规划和工作分析是紧密联系在一起的，是上两个环节的具体实现过程。

（8）人力资源遣散。人力资源遣散是指组织对不符合要求或需要的企业人员（职工）单方面解除或终止劳动合约，终止劳动关系，遣送出组织的行为或措施。

（9）岗位评价。岗位评价是指在工作分析的基础上，综合运用各种理论和方法，按照一定的客观标准，从岗位的劳动环境、劳动强度、工作任务以及所需的资格和条件出发，对岗位在组织系统中的价值和位置进行系统衡量、评比和估价的过程。

（10）员工素质评估。素质评估是指采用科学的专业化方法与工具收集信息，通过测量与评价个人相关的行为取向与素质特征来预测其未来业绩，确定其对组织的价值的过程。

（11）劳动关系管理。劳动关系是指劳动者与用人单位在实现劳动过程中建立的社会经济关系。劳动关系管理的目的就是为了使劳动者进入用人单位后所建立起来的社会经济关系能够和谐化，从而进一步实现组织的战略目标。

（12）培训。培训是指组织为了提高劳动生产率和个人对职业的满足度，而对组织的各类人员所进行的教育培训投资活动。培训在培育和加强员工能力的过程中扮演了核心角色。这里所说的能力指的是综合了超越其他竞争者的知识和专业才能的核心能力。

二、人力资源管理职能体系的作用与结构关系

1. 人力资源管理职能体系的作用

人力资源管理职能体系的作用主要表现在三个方面。

（1）构成人力资源管理的基础。人力资源管理的任何活动都离不开人力资源管理职能体系。人员的进出等一系列活动无疑与人力资源管理职能体系密切相关。人员未进入组织前，企业需要进行人力资源规划、工作分析，对于企业所需的人员，企业需要运用招聘技术；对于企业内员工的管理，需要运作开发与培训、绩效考评、薪酬等职能体系进行支持；而人员离开企业，需要有人力资源遣散技术进行支撑。总之，组织进行的一切有关人的活动都将由人力资源管理职能体系作为其最基本的支撑点。

（2）有助于实现组织发展战略目标。组织发展战略目标的实现除了需要依靠技术、营销等系列技术支持外，其实现离不开人力资源管理职能体系。企业的战略发展最终需要由人来实现，离开了人，所有的一切将无从谈起。而人力资源管理职能体系恰恰是将人组织起来，协调其更好地为组织目标服务的职能体系。它通过合理配置人员，并对其进行激励，激发出员工的潜能，实现组织发展的战略目标。

（3）适应内外部环境的变化。21世纪，人力资源是企业最重要的资源，其优劣将直接关系到企业的成败与兴衰。社会价值观念的转变，科学技术的迅猛发展，企业内分工的细化，信息的高度发展，员工素质的变化，这一切都将影响组织对外部环境的适应性。而人力资源管理职能体系则能使企业从这一方面加强适应能力。

2. 人力资源管理职能体系的结构关系

按照人力资源管理各职能在整个人力资源管理中的地位的不同，可以将整个

人力资源管理职能分为三个大类的系统：人力资源管理基础职能系统、人力资源管理核心职能系统和人力资源管理一般职能系统。

其中人力资源管理基础职能包括：

——人力资源规划；

——工作分析。

人力资源管理核心职能包括：

——绩效管理；

——薪酬管理；

——员工的职业发展管理。

人力资源管理一般职能包括：

——人力资源招募；

——人力资源遣散；

——岗位评价；

——员工素质评估；

——劳动关系管理；

——人力资源培训；

……

人力资源管理职能体系的基本关系，如图 2.2 所示。

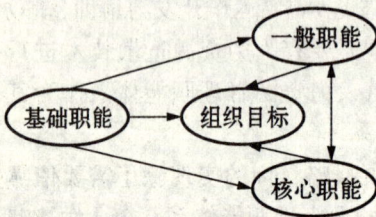

图 2.2　人力资源管理职能
体系的结构及关系

在图 2.2 中，基础职能是核心职能和一般职能得以实现的基础和前提，任何人力资源管理职能的实施都是在人力资源规划的指导下从工作分析开始的，人力资源规划还为人力资源管理核心职能和一般职能的实施提供了活动的方向和路径。

人力资源核心职能是人力资源体系有效运转的核心系统。组织优秀绩效的取得和组织目标的实现最终依靠的是组织员工的积极性和工作的创造性来完成，而员工积极性和创造性的源泉则在于合理的薪酬激励和员工实现自身职业生涯的渴望以及组织高水平的绩效管理。否则，即使组织拥有了最优秀的员工，组织目标仍然无法实现。

人力资源管理一般职能的直接目标，就是为组织寻找到适合组织发展的人力资源并把他放到适合的岗位上，实现人岗匹配，这是组织绩效取得和组织目标实现的基本途径。员工能否在各自的岗位上取得有效的绩效、员工能否在自己的工作中实现自己的职业发展计划，首先要取决于能否适应自己的岗位，能否胜任自己的工作。此外,员工的岗位价值和员工素质的评估还是组织薪酬设计的主要依据之一。

总之,人力资源管理的基础职能、核心职能和一般职能之间呈现出既相互区别、承担不同的责任,又密切相连、互相支持的关系,共同构成了一个有机的整体,共同服务于组织的战略目标。

三、人力资源管理的基础职能系统

人力资源管理的有效运转首先要有一个起点和依据,这个起点和依据就是人力资源管理的基础。人力资源管理的基础所要解决的问题是在实现人力资源管理活动目标时应该从哪里开始和以什么为依据的问题。解决这一问题的基础职能包括两个方面,即组织的人力资源规划和工作分析。

1. 人力资源规划的基础性职能地位

人力资源管理是一个持续的发展的过程,也是一个系统的工作,为要有效地进行人力资源管理必须首先有一个科学的计划和周密的实施方案,这就是组织的人力资源规划。组织的人力资源规划的直接目标就是确保组织在任何时候能够拥有合适的人力资源在适当的岗位上,此外它还要对组织未来的岗位体系甚至组织结构进行预先的设计和规划,以适应组织发展的实际需要。组织的人力资源规划从整体的、超前的和量化的角度分析和制定组织人力资源管理的一些具体目标,并以此作为组织人力资源战略制定的基础和重要依据。

人力资源规划是整个人力资源系统运作的首要工作,是为实现企业的经营战略目标在人力资源领域的有效传递的重要桥梁和纽带。人力资源规划的作用在于为组织内的管理人员提供一种管理的工具,以帮助管理人员预见未来复杂的管理环境,选择适当的实现途径,指导规范组织行为,完成组织的战略目标。人力资源规划的基础性地位表现在以下几个方面:

(1) 人力资源规划是组织经营战略制定和目标实现的基础和重要组成部分。对于任何一个组织来说,其组织经营战略目标的最终实现必须依靠组织的人力资源来实现。因此,在制定经营战略目标时,其现在和未来所能获得和拥有的人力资源数量是其要考虑的最关键因素。不仅如此,在企业经营战略执行过程中,能否把企业的经营战略目标转化为企业员工的行为直接决定了企业战略目标的实现。

(2) 人力资源规划是组织持续取得组织绩效的保证。一个组织绩效的持续获得在很大程度上依赖于其能够拥有适合组织发展需要的人力资源及其潜能的充分发挥,而这必须靠组织未来人力资源获取和配置以及促进其能力提升的前瞻性计划来做保证。人力资源规划以保证组织在适当的时间、地点能够获得适当数量的且具备特定技能的员工为直接目标,同时对组织所可能获取的人力资源在组织内全面发展给予计划性的指导,包括职业生涯规划、绩效的管理、培训等。所以,人力资源规划是一个组织能够持续取得组织绩效的保证。

(3) 人力资源规划能够确保组织对环境变化作出适当的反应。人力资源规划是组织在对现有人力资源盘点的基础上对未来人力资源需求和满足需求的一种预测和应对举措。在制定过程中,必然要充分考虑到内外环境的变化和各种不确定因素的影响,例如,经济发展态势的变化、政府宏观调控政策的实行、新技术的出现等等。组织在制定人力资源规划时,必须对未来的环境状态和不确定因素的风险进行分析、评估和预测,并围绕组织未来人力资源发展战略制定相应的政策措施。当组织面临突变的生存环境时,能够及时作出反应。

(4) 人力资源规划为组织内的各类人力资源活动确定统一的标准和明确努力的方向。人力资源规划为各部门及其人力资源各种职能的发挥提供了协同作业的方向和桥梁,也为组织内当前和未来有关人力资源管理的活动制定了统一的标准以及活动的方向,以聚焦组织内人力资源管理的各种力量并规范其活动。

2. 工作分析的基础性职能地位

工作分析是一个组织人力资源管理活动实践开展的起点,也是全部人力资源管理工作的基础,它的基础性体现在它提供了人力资源管理活动开展所需要的基本工作信息,还为完成人力资源管理活动的最基本工作实现人岗匹配提供依据。

(1) 工作分析对于组织内所有的工作和岗位信息给予了最翔实的描述,是所有人力资源管理工作的基本信息来源。在工作分析中,岗位和工作的所有信息都必须给予明确的确认,并最终体现在职位说明书中。主要内容包括:工作设置的目的、工作内容、任务、职务的隶属关系和主要职责、权力,以及工作条件、环境等。

(2) 工作分析对于特定岗位所需特定人员的要求给予了明确的规定,是组织因岗择人、以岗用人的基础。在工作分析过程中,在对各项基本工作的基本要求给予分析和确认的基础上,对于每一个工作岗位所需要人员的基本资格和要求给予准确说明,并最终形成任职说明书,用来表达对任职者所需的资格要求,如知识、技能、学历、训练、经验、相关素质及体能等。由此可以看到,工作分析在人力资源管理及整个企业管理中的基础性地位和重要性。

(3) 工作分析是组织内各项人力资源管理活动有效开展的基础。在一个组织的人力资源管理活动中,没有一项工作能在离开工作分析或背离工作分析的基础上进行的,相反几乎所有工作目标的实现都需要在工作分析的支持和规范下才能得以完成。例如,招聘需要工作分析提供岗位信息和人员资格要求,绩效管理需要工作分析提供岗位工作标准和目标,薪酬管理需要工作分析提供具体岗位的价值,培训需要通过工作分析确认培训需求等。

因此工作分析工作的质量不但直接决定了具体岗位工作绩效的取得,也关乎组织整个人力资源管理工作的效果和效益问题,进而影响到组织绩效和企业效益的提高和组织目标的实现。

四、人力资源管理的核心职能系统

人力资源管理的职能很多,但只有那些能够贯通人力资源管理各项职能、处于管理核心地位的能对组织的生存和发展起决定作用的职能才能成为核心职能。以此为出发点我们不难发现,基于人性化的员工发展、绩效管理、薪酬管理三要素构成了人力资源管理的核心职能系统。人力资源管理的核心职能系统,如图 2.3 所示。

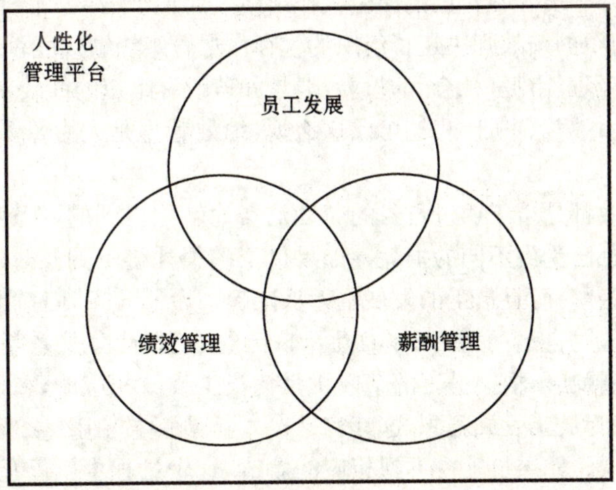

图 2.3　人力资源管理的核心职能系统

人性化是现代人力资源管理的新的特点,人性化管理是指组织为了实现预期目标,实现组织与人的协调发展和成长,而从人的需要出发,所建立的一种符合人性特点和有利于人的全面发展的管理方式。基于人性化的管理的前提在于对人性的充分理解,把员工看作是社会人,充分考虑到人的各层次的需求,通过员工的内在满足来实现对员工的激励,提高员工的工作绩效,实现员工绩效和组织绩效的目标统一。

现代激励理论认为,员工的行为动机和潜能发挥程度的决定因素是员工的需求满足程度。一种激励措施是否有效,要看它能否满足以及在多大程度上满足员工的合理需求,在多大程度上激发员工更高层次的需要。在知识经济的背景下,员工需求的兴奋点已经由追求经济利益转向追求工作成就以及个人价值的实现。因此,组织在人力资源管理过程中,必须及时识别本组织员工的需求,并以此为基础来制定基于员工需求和组织发展需要的员工发展生涯规划、设计出科学的绩效评价和管理体系以及合理的薪酬结构,以此来充分激励员工在努力实现个人发展目标的同时实现组织目标,实现个人发展和组织发展的统一。

任何一个具有独立利益和追求的组织,其今天生存的目的都是为了明天的发展,而组织明天的发展最根本的则要靠组织员工今天的发展作支撑。员工的发展是组织发展的可靠保证。也就是说,一个组织的员工如果今天得不到发展,则这个组织明天的发展也就成为一句空话。因此我们可以毫不夸张地说,员工发展是人力资源管理乃至组织管理的主题。

虽然说任何组织的生存都是为了发展,然而组织运行的结果却是要为社会提供产品或服务。组织的这些产品或服务的本质其实就是该组织的绩效,而组织的绩效则是由每一个员工在自己的岗位上作出绩效的集合结果。员工的绩效决定了组织的绩效,组织的绩效则决定了组织的生存。尽管组织绩效能否转变为市场(社会)效益最终要经过市场(社会)的检验,但是如若没有组织的绩效就肯定不会有组织的市场(社会)效益。所以我们可以这么说,绩效管理是人力资源管理乃至组织管理的主线。

所有的绩效都是员工通过自身的劳动消费而转化得到的,在这一过程中员工的体力和智力都会受到不同的损耗。如果员工的损耗得不到及时的补充,不但组织的绩效难以为继,而且员工的发展也无从谈起。为了维持员工个体的再生产,员工就必须不断地对自己的智力、体力乃至自己的家庭、社会关系等再生产进行投资。为此,组织就必须根据员工的绩效贡献为员工发放相应的薪酬。员工为组织作出绩效,组织为员工发放薪酬,这其实是人力资源个体与组织之间的劳动力交换在组织内的体现。如果员工得不到相应的薪酬,这个过程也就停止了。薪酬不仅决定了员工能否继续进行劳动消费,而且决定了员工能否继续留在这个组织中以及怎样留在这个组织中。因此可以这么说,薪酬管理是人力资源管理乃至组织管理的主动力。

通过以上分析不难看出,绩效管理和薪酬管理是组成一个系统的互相衔接的两个面。那么,员工发展与绩效管理、薪酬管理又有什么关系呢?其实员工发展涉及的就是未来的绩效管理和薪酬管理。这三个因素在人性化的基础上,互相关联,密不可分,共同组成了贯通整个人力资源管理体系的核心职能系统。

五、人力资源管理的一般职能

人力资源管理的一般职能也称为人力资源管理的基本职能,主要包括员工招聘与遣散、岗位评价与员工能力评估、人岗匹配、激励控制、绩效考评、培训、生涯管理、劳动关系管理等,是组织中人力资源管理的经常性的工作。人力资源管理一般职能的主要任务是实现人力资源管理活动的具体的基本性目标,即为组织提供数量充足的适应其发展的人力资源,并实现有效配置。人力资源管理一般职能在人性化理念和人力资源规划的指导下,在工作分析的基础上,围绕着员工发展、绩效管理和薪酬管理展开,服务于组织的宗旨、目标和战略,融入组织的业务流程和价值链。人力资源管理基本职能的主要任务有三个大的方面。

1. 获取人力资源

这是人力资源管理的首要职能。在人力资源管理过程中,依据人力资源规划的要求,人力资源管理部门根据组织岗位和工作的需要,在各业务部门的配合下,通过恰当途径和方式为组织获取进一步发展的人才。

2. 配置人力资源

拥有优秀的人力资源不等于拥有了工作绩效,还要看是否把人力资源安置在需要他们的岗位上。这就是人力资源的配置问题,是人力资源的基本职能之一,它的目标就是把合适的人才放置到合适的岗位,还包括让不适合的人员离开其原来的岗位甚至组织等。这一环节是员工绩效和组织绩效实现的基本保证。人力资源的调配的方式主要是通过工作分析、岗位评估和员工素质评估以及人员的遣散。

3. 开发人力资源

人力资源开发要解决的是人力资源发展中的两个问题,一是解决当前人力资源不能适应现有岗位的问题。此时,要根据岗位的具体需要和对人力资源素质的要求,给员工提供各种形式的培训,提高他们的知识和技能以适应当前工作岗位的要求;另一个问题是解决员工和工作的未来匹配问题。组织应依据具体岗位未来对人力资源素质的新要求,以及员工对将来从事工作的期望,根据员工的需求和特点以及员工的职业生涯规划,给员工提供进一步发展的机会,指导他们明确未来的发展方向和道路,激发他们的潜能,提高他们的工作能力,以始终满足组织发展的需要。

第三节　人力资源管理的主体与层次

组织中的人力资源管理主体是一个系统,这个系统不仅包括人力资源管理部门,还包括组织的领导决策者、各部门的负责人以及组织内的所有员工自身。人力资源管理是一个体系,这个体系呈立体结构,分为若干层次,如事务性的人力资源管理层次、组织的人力资源管理层次、文化的人力资源管理层次和战略的人力资源管理层次等。

　　大多数公司都有人力资源部。然而,并非只有这个部门才承担公司人力资源管理实践的责任,这个责任由人力资源专业人员和一线经理们共同承担。认为只有人力资源专业人员承担这个领域里的唯一责任的错误概念可能会导致严重问题。试举一例,某公司的人员流动率差不多在80%~90%之间,每年使组织付出的成本超过300万元。人力资源部在现场经理中间作了一项调查,以收集他们对该问题的看法。经理们把高流动率归因于好几个与人员有关的问题,如不良的招聘、薪资、培训、绩效反馈以及晋升机会。有意思的是,那些在某单位里经历了较高流动率的一线经理们可能更多地要求人力资源部负责解决这些问题,他们看不到这些问题如何与他们自己的行为有关。另一方面,那些经历较低流动率的经理们则坚持依靠他们自己去解决这些问题。适应现实的经理们试图使用下述方法解决这些问题:①首先对挑选决策提供投入;②试图以某种能创造一种团队情感的方式去实施监督;③提供培训与教练;④为下属们的职业发展创造机会;⑤为大学生及其他非全时性工作者提供弹性的时间安排。

　　事实上,经理们与人力资源专业人员之间的这种相互作用导致有效的人力资源管理实践。例如一个公司的绩效评估系统成功与否依赖于双方正确地完成其工作的能力,人力资源专业人员开发该系统,而经理们则提供实际的绩效评估。一线经理们与人力资源专业人员在每个人力资源管理领域里所起的特定作用是有所区别的,这些作用的性质因公司不同而不同,主要取决于组织规模。一般来说人力资源专业人员与一线经理的作用分别如下所示。

1. 人力资源专业人员的作用

　　人力资源专业人员一般承担四个领域的责任:

　　(1) 建立人力资源管理的程序。人力资源专业人员一般(按照较高管理部门的认可)决定:贯彻某项人力资源管理实践时要遵循什么程序。例如,人力资源专业人员可能会决定过程应当包括:让所有候选人①填一份申请表格;②参加一项电脑测试;③接受一位人力资源专业人员的面谈。

　　(2) 开发/选择人力资源管理的方法。为贯彻公司的人力资源管理实践,人力资源专业人员通常要开发或选择专门的方法。例如,人力资源专业人员可能会设计申请表格、形成一份结构化的面谈指南、或选择一项电脑测试。

　　(3) 监控/评价人力资源实践。人力资源专业人员必须保证,公司的人力资源管理实践被恰当地贯彻。例如,人力资源专业人员可能要评价招聘测验的用途、培训方案的成功以及人力资源管理结果(如挑选、流动、招聘等)的成本有效性。他们也可能会监控记录,以保证绩效评估已经被恰当地完成。

(4) 在涉及人力资源管理的事务上劝告/协助经理们。这也许是大多数公司中人力资源专业人员的主要责任领域。人力资源专业人员在一系列涉及人力资源管理的课题上进行咨询。他们可能通过在诸如挑选和法律、怎样做一次面谈、怎样评估员工的工作绩效或怎样有效地奖惩之类的课题上提供正式培训计划而加以协助。

2. 一线经理的作用

一线经理们指导员工们的日常工作。从人力资源管理的角度看,一线经理们是负责贯彻人力资源管理实践以及为人力资源专业人员开发有效实践而提供必要投入的主要人员。

(1) 贯彻人力资源管理的实践。经理们执行许多由人力资源专业人员设计的程序和方法。例如,一线经理们可能会完成以下这些任务:①面试求职者;②提供取向、教练和在职培训;③提供和传达工作绩效评定;④建议提薪;⑤执行奖惩制度;⑥调查事故;⑦解决投诉问题。

(2) 为人力资源专业人员提供必要的投入。人力资源管理程序和方法的开发经常要求来自一线经理们的投入。例如在做某项工作分析时,人力资源专业人员经常寻求来自经理们的工作信息,并且要求经理们评阅最后的书面报告。在人力资源专业人员确定某个组织的培训需要时,经理们经常建议:需要那些类型的培训以及特别谁需要培训。

资料来源:无锡惠山人才网,2008-9-28.

一、人力资源管理的主体

小辞典

人力资源管理是一个系统包括四个具体的主体,即组织领导、人力资源管理部门、直线经理和每个员工自身。

过去人们都认为,组织中的人力资源管理主体是人力资源管理部门,因而组织中凡是有关人的事都交到人力资源部门办理,人力资源管理上出了问题也统统由人力资源管理部门负责。比如,有的企业当某一个分公司人才流失或员工满意度不高时,企业的总裁往往不是批评分公司的总经理,而是批评总部人力资源部的部长,甚至这个分公司的总经理也指责人力资源部的部长。其实这是很不公平的,因为这个分公司人才流失或员工满意度不高的真正责任者正是这个分公司的总经理,而不是人力资源部的部长。由此可以看出,组织中的人力资源管理主体不仅有人力资源管理部门,组织的领导决策者和各部门的负责人以及每一个员工自身也都是人力资源管理的主体。

也就是说,人力资源管理不仅仅是人力资源管理部门的工作职责,组织内每一个部门和每一个岗位都具有人力资源管理的职责,组织内的任何一个层面的领导或管理者和每一个成员也都承担与其责任相当的人力资源管理责任。归纳起来说,组织中的人力资源管理主体是一个系统,这个系统包括四个具体的主体,即组织领导、人力资源管理部门、直线经理和每个员工自身。人力资源管理的四个具体的主体在人力资源管理过程中扮演着不同的角色,发挥着不同的功能作用。人力资源管理的主体及责任分担,如图 2.4 所示。

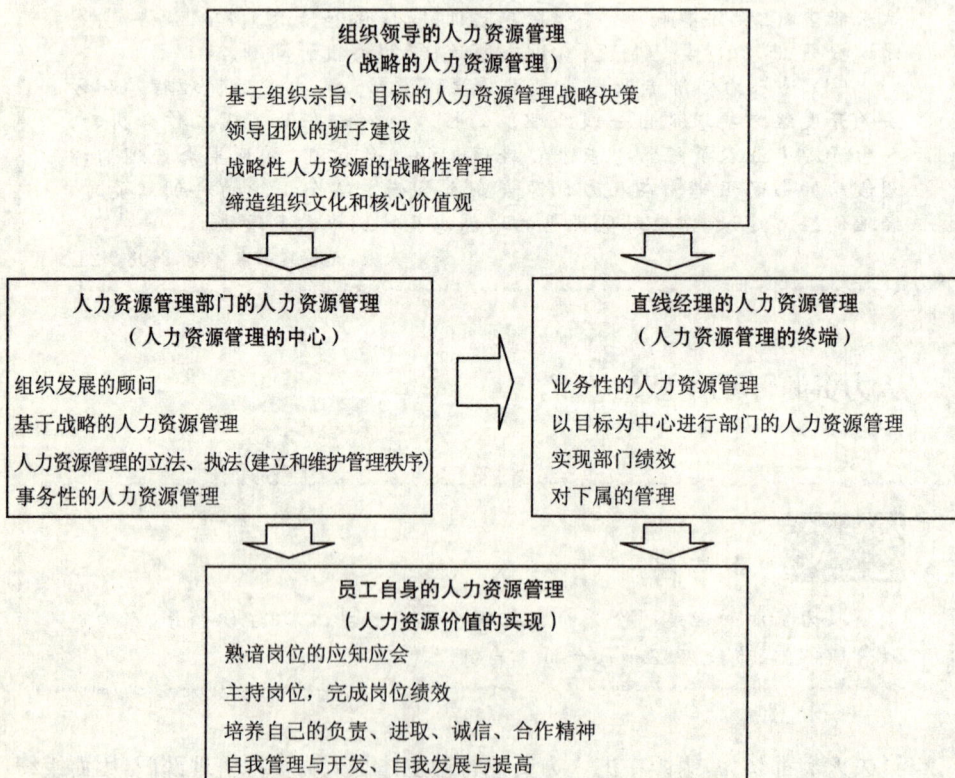

图 2.4　人力资源管理主体及其责任图

1. 组织领导的人力资源管理

组织领导的人力资源管理是战略的人力资源管理。组织领导的特殊身份决定了他是战略人力资源管理的引领者，他的职责在于实现人力资源管理战略与组织战略的紧密结合。组织领导在人力资源管理中承担的责任主要包括四个方面：基于组织宗旨、目标的人力资源战略决策；领导团队的班子建设；战略性人力资源的战略性管理；缔造组织文化和核心价值观。

由此可以看出，组织领导应该是组织人力资源管理的战略决策者，从组织的宗旨、目标出发，抓大事，抓要事，抓长远之事，抓事关组织发展的战略之事，牢牢把握住人力资源管理的大方向。凡是放任自流，或是事无巨细、事必躬亲的领导都不是好领导。

组织领导应该是领导团队的主心骨，配备好领导班子，明确责任，分工协作，建立激励与约束并存的机制，将组织的高管队伍建设成为团结坚强的领导集体和能够带领全体员工实现组织宗旨、目标的核心力量。

组织领导应该能有效识别组织中的战略性员工，并对他们进行战略性的管理。战略性员工是组织的核心资源，他们人数虽少，但对组织发展的作用影响巨大。对战略性员工要进行战略性的培养、战略性的配置、战略性的使用、战略性的激励、战略性的约束、战略性的薪酬和战略性的保障。

组织领导应该是组织文化和核心价值观的缔造者，不仅能为组织创造出积极向上的能为全体成员接受和认可的组织文化和核心价值观，而且还能使这种组织文化和核心价值观对全体成员既起到激励作用又起到约束作用，促进组织和成员得到同步发展。

2. 人力资源管理部门的人力资源管理

人力资源管理部门是一个组织当中专职管理人力资源的职能部门，一般称为人力资源部，也有称为人事部的。人力资源管理部门的职能决定了人力资源管理部门是组织中人力资源管理的枢纽，对组织中的所有与人力资源相关的工作都负有管理职能。人力资源管理部门在人力资源管理中的责任主要有四个方面：组织发展的顾问；基于战略的人力资源管理；人力资源管理的立法、执法（建立和维护管理秩序）；事务性的人力资源管理。

人力资源管理部门应该是组织发展的顾问，着眼于组织的未来发展，在整体上、全过程上宏观地、客观地分析问题，从人力资源上给予战略的支持。这就决定了人力资源管理部门不仅是组织的职能部门，而且还是组织的战略部门，在组织发展和战略管理上起至关重要的作用并负有重大责任。

人力资源管理部门的人力资源管理应该是战略的人力资源管理,这是因为当今的人力资源管理不仅要成为组织发展和战略管理的不可或缺的组成部分,而且还要从组织的宗旨、使命和战略目标出发对组织给以战略支持。这不仅是人力资源管理的出发点,而且也是人力资源管理的落脚点。

　　人力资源管理部门在一个组织里的人力资源管理体系中处在中心地位,人力资源管理的秩序由人力资源管理部门建立并维护管理,其他管理主体在人力资源管理秩序建立起来后只能遵循秩序规则而运转。因而,人力资源管理部门在组织内部具有人力资源管理立法、执法的权威地位,其管理职能是其他部门所不能替代的。

　　不管人力资源管理部门的地位有多么重要,但不能忽视的是大量的人力资源事务仍然要由人力资源管理部门承担。像具体的招聘、考核、培训、劳动合同管理、社会保险办理、劳资等事务性日常业务工作,只能由人力资源管理部门专人专办或组织协调办理。

3. 直线经理的人力资源管理

　　直线经理又被人们称为业务经理、部门经理、一线经理,尽管这些称谓的内涵不尽一致,但大致可以归为同一类人员,即有管理对象或下属的各级各类实际管理工作者。一个组织真正对人的具体管理其实不是由人力资源管理部门实现的,而是由各级各类直线经理完成的,因而直线经理是人力资源管理的终端。直线经理不仅要管业务,而且还要管人。由于所有的业务都是由人去完成的,所以能否管好人是能否完成业务的关键。直线经理在人力资源管理中的职责主要有四个方面:业务性的人力资源管理;以目标为中心进行部门的人力资源管理;实现部门绩效;对下属的管理。

　　直线经理的人力资源管理不应是职能性的管理,而应是业务性的管理。也就是说,直线经理不是为了管人而管人,管人只是为了完成业务工作。因此,直线经理要紧紧围绕着业务工作去管人,在完成业务工作的过程中去管人,通过管人去完成各项业务工作。对于直线经理来说,管人不是根本目的,完成业务才是根本目的,管人只能是一种实现目的的手段。然而直线经理应该充分认识到,管人虽然只是一种手段,但管不好人就难以完成业务工作,管好人是完成业务工作的前提。直线经理必须掌握相应的人力资源管理知识和技能。

　　不论是哪个部门,不仅是业务工作要围绕着目标展开,而且人力资源管理也要围绕着目标展开。直线经理要从整个组织的战略目标出发来制定部门的具体业务目标,并以这个业务目标为中心来进行本部门的人力资源管理。部门目标确定下来后,再逐层分解到每一个岗位和个人,使目标成为每一个员工的根本动力因素,在完成目标的过程中既对员工进行激励,又对员工进行约束。

直线经理对人力资源管理的本质应该是实现部门的绩效。直线经理对业务的管理归根到底要落实在部门的绩效上,管人的目的最终也要落实在部门绩效上。直线经理在部门绩效管理的过程中,通过对岗位的管理和对员工的管理,使得人岗匹配,设立岗位目标,完成岗位绩效,再集合各岗位的绩效,使之变成部门的总绩效。

直线经理人力资源管理的对象就是自己的下属,即本部门的员工。因此,直线经理的人力资源管理就是对部门下属的管理,以自己的魅力和权威管好自己的员工,尊重员工的人格和劳动,增强员工的归属感和认同度,调动员工的积极性,充分发挥员工的作用,实现员工的价值,打造一支作风硬、技术精的员工队伍,使员工和部门得到同步发展。

4. 员工自身的人力资源管理

人力资源管理的对象是员工,而员工又是具有能动性的活生生的人,如果没有员工内在因素的作用,人力资源管理是不可能取得成功的。组织人力资源管理的实现最终要通过员工体现出来:一个方面是通过员工的工作绩效来反映;另外一个方面还要通过员工自身的人力资源管理的自觉性和积极性体现出来。也就是说,每一个员工内在因素的发挥与外在人力资源管理的偶合是人力资源管理成功与否的关键。因此,每一个员工都是人力资源管理的主体,也要承担一定的人力资源管理责任。员工自身的人力资源管理是人力资源价值实现的内在因素条件。员工在人力资源管理中的职责主要有四个方面:熟谙岗位的应知应会;主持岗位,完成岗位绩效;培养自己的负责、进取、诚信、合作精神;自我管理与开发、自我发展与提高。

员工自身的人力资源管理首先要从熟谙岗位的应知应会入手。若某一员工不懂得某一岗位的应知应会,那他就不能在该岗位上工作。因此,所有的员工都应该努力学习并熟练掌握所在岗位的应知应会,同时还要不断拓展自己的知识,不断提升自己的技能,以使自己在更广阔的领域和更高的层次上得到发展。

员工熟谙岗位的应知应会的目的不是别的,而是为了能在该岗位上很好地工作,亦即主持该岗位,完成该岗位的绩效。为此,员工应该积极进入岗位,承担岗位的责任,完成岗位的绩效。在这一过程中,员工要以极大的热忱和严谨的态度去工作,通过岗位目标管理和全过程控制,使自己的价值体现在岗位绩效上,从而为部门绩效作出自己的贡献。

员工自身的人力资源管理不仅要体现在岗位的工作上,更重要的还要体现在自身人格的塑造上,要培养自己的负责、进取、诚信、合作精神,体现积极、健康、向上的组织价值观。负责精神就是要有责任心,敢于负责,敢于承担责任。进取精神就是要有事业心,勇挑重担,奋进有为,永不言止。诚信精神就是要严谨不妄,奉守诺言,诚而有信。合作精神就是要有团队观念,善于沟通,乐于助人,融入群体,维系大局。

员工自身的人力资源管理其实就是自我管理、自我开发和自我发展、自我提高。一方面通过自我管理和自我开发,员工不断地对自己进行激励、约束和完善,实现自身的价值。另一方面通过自我发展和自我提高,员工不断地为自己在未来的发展创造基础条件,提升自身的价值。只有这样,员工才能满足组织今天的需要,并进而满足组织明天发展的需要。

二、人力资源管理的层次

依据人力资源管理活动内容的性质和与组织发展目标以及战略实现的关系,企业的人力资源管理活动可以划分为事务的人力资源管理、组织的人力资源管理、文化的人力资源管理和战略的人力资源管理四个层次,如图 2.5 所示。

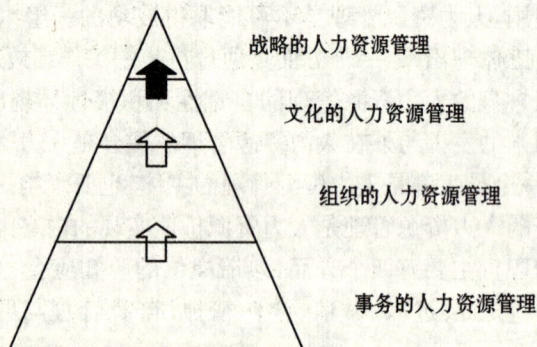

战略的人力资源管理

文化的人力资源管理

组织的人力资源管理

事务的人力资源管理

图 2.5　人力资源管理层次金字塔

在人力资源管理系统中,事务的人力资源管理和组织的人力资源管理是低层次的人力资源管理,文化的人力资源管理和战略的人力资源管理属高层次的人力资源管理。由于任何一个层次的人力资源管理都是在低一层次的人力资源管理的基础上进化而来的,因而不是所有的组织的人力资源管理都具有四个层次。仅就中国的企业而言,据有关专家估计,大约有 50% 的企业(一般都是个体、合作以及不具规模的小企业)没有专门的人力资源管理,30% 多(大量的中小企业)的人力资源管理只能算是事务的人力资源管理,能够称为组织的人力资源管理(指管理重心在组织的人力资源管理上,下同)的可能只有 10%,多一些能够称为文化的人力资源管理的不到 10%,真正能够称为(不是自称为)战略的人力资源管理的凤毛麟角,充其量只有 1%不到。

1. 事务的人力资源管理

事务的人力资源管理是人力资源管理层次的最底层,其目标是人力资源管理的常规化,主要工作内容是依照组织的现有管理制度和一般程序来完成保证组织有序运转的一些常规性事务工作。事务的人力资源管理主要包括两个方面的工作内容。

一个方面的工作内容是有关人力资源的行政管理工作。其工作主要包括三项内容:一是维护员工的档案和与组织的人力资源相关的文件、信息、数据库;二是接受员工有关福利、退休、保险、退出等类似工作的咨询以及为员工办理相应的事务手续;三是编辑和提交有关法律要求的报告等。

另外一个方面的工作内容是人力资源方面的常规事务管理。例如,与组织人员招聘有关的工作、普通员工的培训、员工的考核、薪酬管理以及员工的福利选择、员工关系管理等一般性的问题。这些工作都是具有广泛性和繁琐性的常规性任务。

事务的人力资源管理工作大多属于日常的事务工作,一般由人力资源管理部门专人专办或组织协调办理。不管在什么样的组织中,事务的人力资源管理都是人力资源管理系统的运转基础,不但面广量大,而且具有重复性和周期性。现在我国很多单位的人力资源管理还只能称之为传统的人事管理,也就是说尚处在事务的人力资源管理初级阶段。这些单位有必要花大力气实现大跨度的飞跃,使现行的传统的人事管理向现代的人力资源管理转变。

当前的一个趋势值得我们关注,那就是人力资源管理的事务性工作外包化。由于越来越多的组织把人力资源管理重点聚焦于组织的企业文化开创、人力资源规划、组织结构的设计以及领导团队建设等这些具有战略意义的人力资源工作,为了提高管理效率和效益,往往将那些与核心业务相关度不大的事务性人力资源业务或工作外包给外部的机构和人员来完成。比如不少企业将内部的保安、保洁等劳动密集型的业务包给专业的保安公司、保洁公司。还有一些公司干脆将一般性的招聘、培训、社保办理,甚至是新员工的人事关系管理等业务都交出来包给一些专业的人力资源公司。

2. 组织的人力资源管理

组织的人力资源管理是由事务的人力资源管理进化而来的,其目标是人力资源管理的组织化,管理手段是法律形式的劳动合同。实行组织的人力资源管理的前提是建设一个能够持续发挥组织内所有成员潜能并能充分实现组织成员个人绩效和组织绩效目标的组织管理系统。因此,组织应该做好有效组织架构的设计、科学的工作设计以及具有激励性的组织职业生涯设计三个方面的工作,并在此基础上,实现人岗匹配,通过岗位绩效和组织绩效最后达到组织效益最大化。组织层面的人力资源管理关注的是如何在组织内部有效地处理和协调其内在的各种关系,包括组织结构各层次之间、各工作流程之间和组织内各种人力资源之间的关系,使其各自内部结构以及组织结构与工作流程和人力资源之间相互协调,以发挥其协同作用。

由于组织层面人力资源管理的目标要通过设计和提供有效的人力资源流程和组织内部人员的发展,以及进一步通过工作再分析、工作再设计、业务流程重组、组织结构再造等来实现,又由于管理的手段是法律形式的劳动合同,因而与文化的人力资源管理相比,组织的人力资源管理带有较浓厚的刚性色彩。

3. 文化的人力资源管理

文化的人力资源管理属于深层次的人力资源管理,由组织的人力资源管理进化而来,其目标是人力资源管理的文化化,管理的手段是非法律形式的心理契约。文化的人力资源管理从员工的心理特点和行为特点出发,促成组织文化和价值观的形成和传播,即把组织文化和价值观内化为每一个组织成员的价值观、世界观,使所有的组织成员都能认可并接受组织的文化和价值观,增强每一个成员对组织的归属感和认同度。文化层面的人力资源管理所关注的是如何通过满足组织成员高层次的需求,例如自我实现、发展需要和成就需要等,激发员工充分发挥其内在的潜能,并和组织目标相统一。文化的人力资源管理主要从对组织新成员的文化灌输、组织内文化的整合、组织文化的强化和实现组织成员的跨文化管理等四个方面展开。

实行文化的人力资源管理的前提是组织要有能够为组织内全体成员接受和认可的积极、健康、向上的组织文化,这种组织文化一旦形成就能对全体成员既起到激励的作用,又起到约束的作用。文化的人力资源管理不仅要把组织文化所倡导的精神和价值观渗透到每个员工的思想和行为中,更重要的是要把组织文化所倡导的精神和价值观渗透到人力资源管理的各个方面和各个环节中,在人力资源管理过程中使组织文化得以弘扬和细化。与组织的人力资源管理相比,文化的人力资源管理带有更为浓厚的柔性色彩。

4. 战略的人力资源管理

战略的人力资源管理是人力资源管理系统的最高层次,其目标在于确保组织的人力资源管理战略化,使人力资源管理成为组织发展和战略管理的重要组成部分和战略支撑。一方面,组织的经营战略目标是战略人力资源管理的基础和目的,组织的人力资源管理战略目标要始终和组织的经营战略目标保持一致。另一方面,战略的人力资源管理是组织经营目标得以实现的根本保证,组织经营的目标最终要依靠有效的人力资源管理活动才能得以实现。

战略的人力资源管理所关注的是组织持续发展能力的培养和组织的长期发展目标的实现,其所要解决的主要问题是如何在复杂多变的竞争环境中从人力资源的角度为组织获取和保持竞争优势。战略的人力资源管理主要从四个方面展开:一是制定符合组织经营目标要求的人力资源发展战略;二是确保自己的员工比竞争对手素质更高和更有竞争力;三是对战略性的核心员工进行战略性的管理;四是构建学习型组织,实现组织有效性和员工能力的同步成长,实现持续的创新。

第四节　人力资源管理的发展过程

人力资源管理作为现代企业管理的一个主要内容,是一个具有历史性的概念,它是生产力和现代管理理论发展到一定阶段的产物,并且随着生产力水平和现代企业管理理论的发展而逐步发展。对人力资源管理的发展历史的考察和研究有助于提高对人力资源管理的概念、内容、职能以及作用的认识。从发展历程来看,人力资源管理的发展大致可以分为四个历史阶段。

1. 老板管理阶段

人力资源管理的概念虽然是 20 世纪 50 年代才在全球范围内得到推广,但对人的管理却是有着悠久历史和传统,在不同的历史时期都留下了丰富的管理思想,老板管理则是人力资源管理发展的第一历史阶段,也是最初雏形。

老板管理产生和发展于工业革命前的一段时期内。在这一历史时期,家庭手工业在经济生活中占主导地位,经济活动的主要组织形式是家庭手工作坊。这种产业结构形式的特点在于产业的所有者即老板自身就是管理者。由于经济规模较小、组织形式较为简单,管理中尚不需要专门的人事管理者,所以没有必要专门设立独立的对作坊成员进行管理的人员或部门。也就是说,老板既是生产管理者,又是员工管理者,管人与管事高度合一。在管理中,许多具体的企业管理职能,如生产、财务、人事、营销等,都由所有者本人负责。比如,老板亲自到劳动市场上去招聘工人,回来后亲自安排工人的工作,亲自检查监督工人的劳动,亲自给工人发放薪水,等等。

老板管理对应的是作坊制度,管理的主要形式是现场管理,感觉和经验是管理的主要依据。在管理观念上,把人等同于其他的物质资源,对人的管理侧重于指挥和监督,不重视关心人的需要。

2. 雇佣管理阶段

18世纪中叶,第一次科技革命的发生在大幅提高生产力发展水平的同时,也促使了人力资源管理发展到雇佣管理阶段。在这一历史时期,机器运作代替了手工操作,大规模的工厂取代了传统家庭手工作坊,诞生了现代意义上的工厂制度及与之相适应的大工业生产方式。工厂制度的建立和大工业生产方式从根本上改变了工作性质和雇佣关系。大批的农民被吸收进工厂,成为雇佣劳动者,按照现代工业生产方式,按照劳动分工进行生产。规模化的社会生产与集中的雇佣劳动,使企业管理的复杂程度和管理难度大大增加,因此,产生了专门的雇佣管理部门负责对员工的生产和对与员工有关的事务进行管理。这也是雇佣管理和老板管理的根本区别之一。在这一时期,雇佣管理部门的工作主要是关注企业人员的录用、安置、上岗培训,工时记录、退职、报酬支付体系等,让工人掌握科学的操作方法和技巧,强调提高劳动生产率,增加效率。

雇佣管理与工厂制度相对应,管理的指导理论基础是泰勒的"科学管理"思想。雇佣管理的特点主要有:

(1)把人看做是"物质人"、"经济人",以金钱衡量一切,把金钱作为主要的激励要素。

(2)分化出专业化的员工管理部门,出现了专门的雇佣管理者。

(3)科学地挑选工人,并对他们进行培训、教育和使之成长。同时,对工作的每一个要素开发出科学方法,用以替代老的经验。

(4)出现了最初的劳动计量奖励工资制度"差异计件率"系统,并产生了最早的将生产率改进所获得的收益在企业和工人之间分享的现象。

在科学理论的指导下,雇佣管理的主要目的是激励、控制和提高员工尤其是新员工的劳动生产力水平。在管理中,雇佣管理人员进行时间和运动姿势及特征的研究,并以此为基础来进行工作分析,通过工作分析制定工作说明书。在员工招聘和选择中,开始考虑员工的体力、脑力和工作相匹配的问题,生理和心理测试逐渐成为员工招聘的一种辅助手段。

然而,由于科学管理理论是以"经济人"为其人性假设,仅仅把员工作为和机器设备一样的生产资料来对待,认为只要给予经济上的激励,就能够提高员工的工作积极性,而忽视员工的其他需要,导致在管理中员工对工作不满情绪滋生,从而影响了其激励效果的发挥。在这种情况下,一些工厂开始注意采取一些举措来改善劳资关系,例如早期的员工福利计划,提供给员工必需的基本的生理、社会和教育的需求,为员工提供住房、贷款和实施保险计划等。这些福利计划的实施减少

64

了员工由于长时间工作、低工资、恶劣的工作环境和高压式的管理所造成的不满情绪。

3. 人事管理阶段

人事管理是人力资源管理发展的第三阶段,诞生在 20 世纪初。在这一时期,工人运动的兴起和经济危机的出现,一方面使得很多当时著名的工厂倒闭了;另一方面使得不少工厂成长为企业。对外企业开始关注市场,管理的重心从生产管理转向市场管理。对内企业主开始关注"劳资关系",重视工人的其他需要,使雇佣管理向人事管理进化。人事管理注重对人和事的关系的管理,重视劳资关系的协调。

人事管理对应于企业制度,管理的理论指导思想源于梅奥等人的行为科学理论。人事管理的特点主要有:

(1) 从内容上看,早期的人事管理活动仅限于人员招聘、选拔、分派、工资发放、档案管理之类较为琐细的具体工作,后来逐渐涉及职务分析、绩效评估、奖励制度的设计与管理、其他人事制度的制定、员工培训活动的规划与组织等。

(2) 从性质上看,人事管理活动的诸多工作基本上是属于行政事务性的工作,活动范围有限,以短期导向为主,主要由人事部门职员执行,很少涉及组织层次战略。

(3) 从地位上看,由于人事管理活动被视为是低档的、技术含量低的、无需特殊专长的工作,因而人事管理工作的重要性并不被人们所重视,人事管理只是属于执行层次的工作,无决策权力可言。

在人事管理阶段,梅奥的"霍桑试验"宣告了"工具人"管理时代的结束。在这一历史时期,科学家们开始关注工人的需要,研究工人的行为特点,并试图在管理中突出人的重要性。尤其是梅奥进行的著名的霍桑试验。霍桑实验证明,员工的生产力不仅受工作方式设计和报酬的影响,而且更重要的是受某些社会和心理因素的影响。梅奥等人发现员工的感情、情绪和态度受到工作环境的强烈影响,它包括群体环境、领导风格和管理者的支持等,而这些情感又对员工的生产力产生重要的影响。因而,对员工的尊重将会提高他们的满意度和劳动生产力。

梅奥等人的行为科学理论在这一时期的人事管理中被广泛的加以应用。很多企业对主管进行培训,在管理中强调对员工的关心和支持,积极采取各种举措增强员工和管理人员之间的沟通。梅奥的行为科学理论的最大意义在于它实现了管理开始从以"工作为中心"到"以人为中心"的转变。

4. 人力资源管理阶段

随着科学技术的发展,人类社会开始进入后工业化社会,现代企业制度的诞生与发展,不但催生了现代社会的高度文明与繁荣,而且催生了人力资源管理。在这一时期,组织中员工的素质和需求发生了变化,具有相当知识基础和技能的员工大量出现,经济需求不再成为人们的唯一需求,员工在组织中的人性地位发生了变化。曾经作为组织生产资料的劳动力——员工开始成为组织的一种资源。20世纪60年代,人力资源管理以其强大的生命力取代了人事管理。以著名管理大师杜拉克发表的《再见!传统的人事部门》为标志,各大公司纷纷摘下人事部的牌子,挂上人力资源部的招牌。从人事管理到人力资源管理,这不是简单的名称更迭,而是赋予全新的概念和内容。人力资源管理与传统的人事管理相比有了全方位的变革。

人力资源管理对应于现代企业制度,管理的理论基础是现代管理论和系统论。人力资源管理的特点主要有:

(1) 人力资源管理把员工看作为资源,这是人力资源管理与人事管理的根本区别。传统的人事管理把人视为成本,强调外部控制,着眼于如何降低成本。而人力资源管理则把人视为一种资源,而且是一种最重要的资源。由于人力资源投入到企业的生产经营活动中能够产生效益,因而要着眼于如何最大限度地挖掘、利用和发展人力资源,并从这一资源中获得最大的价值。

(2) 人力资源管理以人为管理的中心,这也是人力资源管理与人事管理的区别。传统的人事管理以事为中心,而人力资源管理的焦点则在于“人”,强调的是“以人为中心,人事相宜”。人力资源管理必须围绕着人性化展开,尊重员工,尊重员工的创造和需求,调动员工的积极性,发挥员工的作用,挖掘员工的潜能,实现员工的价值,使员工和组织得到同步发展。

(3) 人力资源管理的地位得到大幅度提升,这也是人力资源管理与人事管理的区别。传统的人事管理主要是按照上级决策进行组织分配和处理,人事部门在企业中处于执行层次,不参与组织的战略决策,并且多为事中和事后管理,因而为“被动反应型”操作式管理。人力资源管理由于是组织发展战略的重要组成部分,人力资源管理部门直接参与组织的战略决策,属于组织中的决策层次,因此使它呈现出主动开发的特点,所以人力资源多为“主动开发型”。

第五节　现代人力资源管理的新特点

随着经济全球化、信息技术的快速发展以及知识经济的到来,现代组织赖以生存的外部环境和组织的基本架构、内在管理方式发生了巨大的变革。到了20世纪末,现代人力资源管理正在经历着前所未有的变化并呈现出许多新的特点。

一、全球人力资源发展新特点

在新的时代背景下，人力资源作为最受关注的资源和生产要素，在全球化、知识化巨大力量的冲击下出现了许多的新的特点。

1. 人力资源全球一体化

人力资源全球一体化是由经济全球化所决定的。所谓人力资源全球一体化是指从人力资源作为生产要素或是资源的角度来讲，在全球范围内生产、流通和消费。人力资源全球一体化主要表现在三个方面。

（1）移民全球化。移民的主流是人才，越来越多的人才走出国门，跻身于移民潮。从科技、经济、文化到体育，移民的数量越来越多。不谈像美国这样的移民国家向来重视移民，就是近年来的日本、英国、德国、法国、加拿大等发达国家也越来越重视移民问题，以至于在欧洲不少国家甚至引发了新纳粹势力的抬头。值得注意的是，中国、印度等发展中国家自20世纪90年代以来也重视移民问题，加紧吸引世界上的优秀人才。

（2）劳务输出全球化。劳务输出的主流是低层次的体力劳动力或是专业性较强的技术人员，像家政、清洁工、建筑工人、护士等。韩国、我国台湾等新兴工业化国家或地区历史上都曾是劳务输出国家或地区，现在的印度、巴基斯坦、孟加拉、菲律宾、印度尼西亚等国家也都是劳务输出大国，有些国家甚至将劳务输出列为本国的主要经济支柱。与此相对应，欧美等发达国家、中东等地的资源型国家以及一些旅游、服务性国家，都是劳务输入国。

（3）人力资源劳动结果影响全球化。不用说知识型人才的创新成果影响全世界，就是一个普通的劳动者的劳动结果也很有可能影响到全世界。比如说苏北盐城一个农村妹子离开农田来到一个长毛绒玩具厂做工，生产出来的玩具卖到了欧洲市场，结果导致一个法国工人下了岗。这也是人力资源全球一体化的一种表现。

2. 人力资源再生产资本化

人力资源再生产的资本化也即是指人力资源的生产、流通、消费过程的资本化。人力资源再生产资本化最大的特点在于它是以获得更高投资收益为目的的再生产。作为一种资本投资，能否获得较高的收益率是投资主体作出投资决策的主要因素。由于知识经济的到来，具有丰富知识和技能的人才已经成为推动社会经济发展的主要力量，人力资源也成为各种生产要素中最能带来高收益率的资源。因此，在全球范围内，无论是政府、各类经济组织还是个人，都在加大对人力资源生产的投资，人力资源资本化趋势越来越明显。

在人力资本的使用上,资本化的人力资源也在很多现代化企业确立了自己的地位。高层次人才以自己的智力资本入股,把自己变成股东。企业管理者以股票期权等形式给予自己的优秀员工一定比例的股份,以此作为战略性激励的手段。

从人力资本的流通看,人力资本市场是国际资源市场上最活跃的市场之一。资本化的人力资源在生产中提高自己的价值,在流通中实现资本的转移,在消费中实现资本的价值增值。

人力资源再生产资本化带来的一个明显的变化在于,人力资本的产权保护制度也得以在全球范围内受到重视。近年来,世界各国都在探索,并且出台了许多人力资本的产权保护法律、法规和制度。

3. 人才竞争激烈化

随着知识经济时代的到来,现代经济的发展不再主要依赖于物质资本的投入和自然资源的拥有量,知识的积累以及知识、科技的创新成为经济发展的主体动力。由此,人才则成为最宝贵的和最稀缺的资源,而且越是高层次的人才越稀缺程度越高。世界各国都认识到,谁拥有了最优秀的人才,谁就可能取得竞争的优势地位。为此,当前世界各国都纷纷采取各种应对措施来培养、留住和吸引优秀人才,新一轮的人才争夺已经开始。例如,各国纷纷修改移民政策,吸引世界的高层人才;各国也都纷纷采取各种政策来改变本国的投资环境,以此来吸引国际优秀人才。

各国企业也是如此,也都在积极利用世界人力资源市场,争夺适合本企业发展需要的优秀人才。很明显,对于参与国际竞争的现代企业组织来说,仅仅拥有地区性人才显然难以取得竞争优势,是否能获得具有国际化竞争能力的人才则是其在竞争中能否获得优势地位的关键。人才的"国籍身份"越来越被淡化,各跨国公司都在努力实现人才雇佣的本地化。在许多的大型公司中,外国雇员的比例已经远远超过本国的职员。

人才竞争越来越激烈,发达国家在竞争中具有得天独厚的优势,而不发达国家则成为受害国。特别是世界上最发达的国家美国,已经成为人才竞争的头号得益国。随着发达国家之间的人才争夺进一步升级和一部分发展中国家人才竞争力的不断提升,可以预料国际间的人才竞争将更加激烈。

二、现代人力资源管理的新特点

在 21 世纪,人力资源管理环境出现了前所未有的变化,全球经济的一体化、信息的网络化、组织架构的扁平化、管理对象的知识化等无不对人力资源管理带来了强烈的冲击。人力资源管理正是在这种复杂多变、充满着未知的和不确定性的环境中发展,这也使现代人力资源管理呈现出许多新的特点。这些特点主要表现以下几个方面:

1. 人力资源管理国际化

这是经济全球化的必然结果。经济的全球化要求现代企业组织必须参与到全球市场的竞争之中,为此企业组织必须实现全方位的改变,包括经营战略、目标、组织结构以及人力资源管理等,而最重要的就是人力资源管理的国际化。因为,人力资源是现代企业组织参与国际竞争的最关键的资源,而人力资源管理的理念、机制、制度、方法等是否是最先进有效的则是赢得市场对抗的基础。

人力资源管理的国际化给现代企业的人力资源管理带来了很多新的挑战:首先要面对的是如何使自己的管理人员具备国际化竞争需要的基本素质。例如,树立全球化的观念、国际化的合作、管理技能。其次,要学会以全球的视野来选拔人才,以国际人才市场的价值而不是以区域市场的价值来衡量和判断人才价值。再次,跨文化管理也将成为人力资源管理的重要内容。管理者面临着如何实现组织内各种文化的整合,如何激励全球员工的积极性以及实现海外员工本土化等问题。

2. 人力资源管理战略化

现代人力资源管理的第二个特点是人力资源管理的战略化。这一特点主要表现在以下四个方面:

(1) 人力资源成为组织发展的第一资源,真正成为组织的战略性资源。人们都认识到,谁在人才资源上取得优势地位,谁将最终获得竞争优势。

(2) 人力资源管理部门已成为组织的战略部门。这突出表现在人力资源管理部门在组织中的地位显著提高。在很多组织中,人力资源管理部门在组织发展战略、目标、方针政策的制定过程中都扮演着非常重要的角色,组织的战略决策离不开人力资源管理部门的积极参与。

(3) 人力资源管理已成为组织发展和战略管理的不可或缺的组成部分。这不仅是指人力资源管理的各项职能都要与组织战略相衔接,而且还要能为组织发展提供战略支撑。

(4) 组织的战略层直接管到人力资源管理的战略决策。人力资源管理不仅仅是人力资源职能部门的责任,组织中的各级领导对人力资源管理都负有相应的责任。尤其是组织的高层领导,对人力资源管理更是负有战略责任。

3. 人力资源管理价值化

人力资源管理价值化主要是指人力资源管理要在企业价值创造中负起责任。这一特点主要表现在以下三个方面:

(1) 人力资源管理的价值创造主要体现在能为组织的客户提供附加价值上。任何组织的价值最终都体现在客户的身上,没有客户就没有市场,也没有市场地位。人力资源管理作为组织价值链的重要活动链,要为整个价值链提供价值支持,保证组织价值能够得以实现。

(2) 人力资源管理的价值创造也体现在能为组织的内部客户提供附加价值上。组织的内部客户即组织内的各个部门。人力资源管理把组织内的各业务部门和组织员工都看做是自己的客户,人力资源管理部门以通过为他们提供满意的服务来对组织的战略目标的实现提供支持。

(3) 人力资源管理的价值创造还体现在人力资源的价值增值上。人力资源管理不仅重视通过对全体员工进行系统开发来提升员工的价值,进而实现组织的价值,而且还讲求人力资源的投入产出,进而提升组织的市场效益。也就是说,人力资源管理通过对人力资源的组织和发展,投入组织的经营管理活动,不仅使人力资源的价值增值,而且增加组织的价值利润。

4. 人力资源管理的人本化

人力资源管理的人本化的核心是"以人为中心"的管理。对员工实行"人本主义"管理,是现代人力资源管理的基础理念。在管理过程中,管理者充分尊重员工的期望和自我发展,注重调动员工的积极性,强调员工个人与团队合作的协同,鼓励员工参与组织的管理活动。在管理活动中,人力资源管理部门过去普遍存在的那种对员工"重管理,轻开发"的思想也已经得到了根本改变,逐步变为以人力资源能力建设为中心的开发层面上。即围绕开发员工能力、调动员工积极性、提高员工满意度来开展好各项工作,实现人力资本的最大增值。

5. 人力资源合作团队化

随着网络技术及组织内信息技术的发展,传统的层级组织结构已受到挑战。现代组织正在向着组织层级减少,扁平化和开放化的方向发展,以团队合作为基础的组织和管理形式正在兴起。通过充分授权、民主管理、自我管理等管理方式,培养和管理有利于组织知识创造、整合和利用的团队是现代人力资源管理发展的方向。

人力资源合作团队化既包括组织之内员工的团队化合作,还包括与不同组织的员工进行有效合作。例如,处于价值链生产不同环节企业之间的合作,某些技术攻关需要来自价值链生产上游或下游组织人员带来的专门知识和专长。工作团队成员之间只有友好合作、相互信任和协同一致,才能高效率地完成任务。

第六节　美国、日本的人力资源管理

由于人力资源管理是现代社会大生产和市场经济高度发达的产物,因而不管是人力资源管理的理论还是人力资源管理的实践,其发源地都在西方发达国家。虽然如此,西方发达国家由于各国的历史背景、文化传统、风俗习惯、政治体制和经济制度以及各自所处历史发展阶段等因素的影响,人力资源管理既存在着共性同时又存在各自的特点。因此,在研究和借鉴西方国家人力资源管理活动的历史经验时,必须把其人力资源管理活动的内容、方法和他们特定发展内外条件和环境结合起来。本节和第四节选取美国和日本这两个比较有代表性的国家做典型分析。

一、美国的人力资源管理

美国一直能够维持其作为世界上最发达和最富强的国家的地位,最主要原因就在于对人力资源的高度重视。美国不仅通过各种政策吸引了世界上大量的最优秀的人才,更主要的是形成了自己独特的人力资源管理模式。美国人力资源管理模式的基本特点主要体现在以下五个方面：

1. 人力资源配置的高度市场化

在美国，人力资源在社会领域的配置是通过发达的人力资源市场实现的。对于企业来说，可以通过人力资源市场找到自己所需要的任何类型的人才。对于劳动者来说，从在校学习、选择专业开始就将市场的需要和将来的就业结合起来。因此，美国企业的人力资源管理对市场具有很强的依赖性。

相关链接

在美国，政府和企业需要的各种人才都可以从市场上获取，通过双向的选择流动，实现全社会范围内个人和岗位的最优化匹配；但缺点是企业员工的稳定性差，不利于人力资本的形成和积累。日本职工有 70％ 在一个企业工作时间超过 10 年，而美国仅为 37％。

资料来源：中国人力资源开发[J]. 2004 合订本，作者：戴军.

2. 以详细分工为基础的人力资源管理制度化

详细的职务分工是美国企业在人力资源管理上的最大特点，也是美国企业经营的基础。详细的职务分工不仅为美国公司实现高度的专业化打下了基础，而且对员工的录用评定、工资的制定、奖金的发放以及职务提升等等也提供了科学的依据。美国的详细分工是建立在科学的工作分析和完备的人力资源管理制度基础上的。详细的职务分析主要体现在分工明确、责任清楚的基础上，常规问题的处理程序和政策都有明文规定，因而使美国的人力资源管理实现了管理的制度化。如美国企业对每一个工种工作的工作职责、流程和注意的问题以及所需员工的素质、技术要求和工作责任，都有明文规定，新工人只要按工作规章进行操作，就能很快掌握生产的内容和程序。

当然，人力资源制度化也有缺点，这些缺点主要由于工人们了解的内容和程序仅限于自己的工作范围，因而就有可能导致他们在生产中的应变能力和协调能力相对较差。

3. 重视职业培训和继续教育

美国企业普遍重视对员工的职业培训和继续教育，他们认为培训是回报率很高的投资而不是消费。美国企业的员工培训主要有三个特点：

（1）在对象上是全方位培训。培训涵盖的面非常宽，包括岗位培训、换岗培训、科技培训等多方面内容。

（2）在深度上是多层次的培训。多层次的培训使员工在工作的各个阶段都能受到自身需要的多样化的教育，这些教育包括内容繁多的职业教育、知识范围广泛的继续教育以及公共教育和终身教育。

（3）在模式上是立体化培训。立体化培训包括企业自设培训机构、企业与学校联合培训、企业与企业联合培训等，各种模式之间相互衔接、相互渗透。立体化培训的特点在于更加着眼于未来的就业能力的培养，妥善地处理了短期利益和长远利益的关系，克服了单一培训模式只是考虑当前岗位和职业发展需要的不足。

总体上看，美国的培训主要包括五个方面内容。

（1）新员工培训：由富有经验的辅导教师对新员工进行公司的基本情况和规章制度的言传身教。

（2）应知应会培训：针对员工所在岗位所需的技术、技能等进行培训。

（3）继续教育工程：指帮助优秀员工再修学位、提高学历层次的学习，一般由公司支付全部或部分费用。

（4）职业发展：通过培训帮助优秀员工选择更好的职业。

（5）特殊培训：对一些特殊岗位上的员工进行特别的培训。

4. 完善的经济激励机制

美国企业的人力资源管理非常重视不断改进和完善员工工资福利对员工的激励作用，形成了比较灵活有效的分配制度。美国企业的工资分配具有两个特点：

（1）注意拉开员工的收入差距。美国企业十分重视核心人才，对他们给予优厚的待遇。例如：给人才以公司股票、提供交通、购房、住宿补贴等。对于引进的外国优秀人才，企业还可以帮助办理移民手续。而一般性员工，如工勤人员、普通雇员等，不但其收入与核心人才差距很大，而且很少有机会得到公司的股票和特殊的医疗保险。

（2）福利社会化。美国社会的福利具有社会化的显著特点。作为公司，只对员工提供与其个人的能力和贡献相当的薪金和保险，而住房、医疗等福利则完全是雇员个人与社会房产公司和医疗机构之间的事，与公司无关。这种灵活的分配制度不但为公司减去了不少的麻烦，而且在一定程度上有效地调动了雇员的工作积极性。

5. 人才提拔"快车道"

美国人力资源管理中的一个显著特点,就是体现在企业员工职业通道上的"快车道"。在美国企业中,知识和能力是能否得到重视和提拔的关键因素,同时进入企业的员工,受教育较多的人通常比受教育水平低的人获得更高的职位,具有管理学硕士学位的人甚至可以直接进入管理阶层。企业的高层领导既可以从企业内部提拔,也可以在其他企业工作卓有成效者中选拔。人才提拔的快车道使那些在工作中有所建树、能力得到证明的新员工有可能很快得到提拔。

美国的人力资源管理模式是典型的西方式人力资源管理模式,这种人力资源管理模式在世界上有很大的影响。从人力资源规划到招聘、激励、绩效管理等方面都已形成了一个完整的管理体系。但是,我们也可以看出,在这种管理模式下,员工与企业的劳动关系具有一定的对抗性,很难使劳动者的工作积极性得到不断提高。

二、日本的人力资源管理

日本国土狭小,资源贫乏,二战时又遭到重大打击,经济一蹶不振,但经过几十年的飞速发展,日本已发展成为世界经济大国。尽管日本的经济腾飞归因于多种因素,但对人力资源管理的高度重视无疑是最主要的原因。日本在学习美国的基础上,结合日本的具体情况,创造了具有东方文化色彩的日本人力资源管理模式。日本人力资源管理模式的特点主要有以下七个方面:

1. 终身雇佣制

终身雇佣制是日本管理制度的重要特征,并且得到法律的支持。日本的法律明文规定,"除一年以内的临时工外,不得规定雇佣年限"。这使得日本的大中型企业基本上都实行终身雇佣制,因此,日本的工人就业非常稳定,更换工作的人数很少。正因为如此,日本的人力资源市场与欧美发达国家相比显得很不发达。日本企业的终身雇佣制得以长时间和广泛推行,也与日本国民的观念以及传统有关。在美国,通常都认为,二次选择工作可以发挥人的潜能,因而是很正常的事。而日本则与美国有很大不同,更换工作会被人们看不起,在市场上也会受到歧视。例如,对于中途更换工作者,工资平均要损失一半左右,所以员工一般都不愿意更换工作。而从日本企业的角度来看,因为对员工进行了大量的培训,所以一般都不愿意员工离开企业,即使是企业不景气时,一般也不会轻易解雇工人。在今天,大部分日本制造业企业仍然保持着稳定的就业政策,但是这种稳定的就业政策由于日本经济的衰退,企业利润的下降而受到了挑战。

2. 年功序列制

　　在日本,年功序列制是将工资和工作年限密切挂钩的制度,它包含着缓慢而有序的提升机制。日本企业人力资源管理的"年功序列制"与"终身雇佣制"是一套相互作用的管理制度。由于年功序列制的优点在于能够使员工充分感受到在同一企业持续工作的好处和中途退职的损失,因而它可以达到鼓励员工持续的努力工作以获得晋升的机会的目的。年功序列制的另一个优点在于能够创造一种健康的竞争环境。由于每一个员工对于自己的晋升前景都非常清晰,而且也清楚在岗位上若无出色的业绩表现就很难获得晋升机会,因而就会促使员工努力提升个人的素质和技能。根据年功序列制,即使管理人员的使用和晋升也都有相应的资历条件要求,因此,日本企业中各级管理人员的地位高低与资历之间呈现出较为一致的对应关系。

3. 企业内工会制度

　　日本企业内虽然也有制度健全的工会组织,但与美国跨企业和跨行业的工会相比却有天壤之别。日本的工会以企业为单位组成,称为企业内工会,它和"终身雇佣制"、"年功序列制"一起,被称为日本企业人事制度的"三大支柱"。日本工会的负责人大多曾在企业担任过管理职务,而企业的管理人员很多也在工会担任过职务,因此日本的企业工会在代表员工利益发表意见时,一般对企业并不采取对抗性态度。这样就容易使劳资双方就关心的问题进行充分的沟通和协商,有利于解决劳资之间的矛盾和分歧。

4. 内部提拔为主的晋升制度

由于终身雇佣制和年功序列制的实行,日本企业员工的晋升具有"按部就班、内部提拔"的特点,职位晋升多通过内部提拔来实现。这是因为,一方面由于终身雇佣制的实行使企业在劳动力市场上很难找到具备企业所需专业知识的人员;另一方面即使能找到具备工作所需专业知识的人员,他也一般不具有工作所需的软知识和软技能。因此,日本企业通常都认为通过培训来提高组织内员工的素质比引进外来人员成本更低而且更为有效。

5. 弹性工资制

在分配制度上,日本企业实行的是"弹性工资制"。根据企业经营状况的好坏来发放红利,这是日本分配制度的一大特色。弹性工资制的优点在于:企业经营状况不佳时,员工的收入自然减少,劳动力成本下降,产品价格也相应地下降,所以企业竞争力加强。反之,企业经营状况良好时,企业盈利增加,员工的收入也相应地增加,正好补偿员工因增加工作量而多付出的代价。这样就把员工的收入与企业的经营发展联在一起,极大地增加了员工的团队精神和奋斗精神。

6. 质量圈管理

日本企业十分重视质量管理,其主要方式是实行"质量圈管理制度"。质量圈管理由一线的员工实行,他们是质量控制的主要责任者。以控制质量为主要责任的生产员工的组织被称为"质量圈",大约每八人中就有一人参加质量圈。在质量控制过程中,质量圈的成员彼此都熟悉生产过程中的每个细小环节,他们定期集中在一起讨论发现的问题以及如何提高工作质量,改善工作条件等内容。通过这种方式不仅使员工参与了企业的管理,而且也调动和发挥了员工的积极性和创造性,因而在很大程度上提高了日本企业的管理水平。

7. 基于精神因素的评估和激励

在日本的人力资源管理中,非常重视精神因素的作用,这充分表现在日本企业的评估制度和激励制度上。日本企业在评估时除了评估职工的工作表现和知识外,更重要的是评估其对企业的忠诚度、工作热情及合作精神。在日本企业中,如果一个员工不具备上述素质,即使他取得了优良的工作业绩,具有渊博的知识和熟练的专业技能,也不会被认为是一个好的员工。

同样,日本企业激励的主要形式也是以精神上的表扬和鼓励为主,例如开表彰会等。这是由于日本企业普遍实行"终身雇佣制",员工的一生命运和企业紧密联系在一起,对于心理上的奖励需求度要远大于经济上的奖励,所以精神激励往往更能激发员工们的工作热情。

不难看出,日本的人力资源管理模式表现出的思想、理论和方法与西方的人力资源管理模式截然不同。这种以东方文化为基础的人力资源管理模式,虽然有能够较好地调动广大员工的工作积极性的优点,但也暴露出非常明显的缺点。这些缺点主要表现为两个方面:一是日本的人力资源市场化程度较低,不利于实现社会的人力资源优化配置;二是企业的人力资源配置老化,效率下降。20 世纪 90 年代以来,随着世界经济进入知识经济时代,日本企业反而往往感到无从适应,以致在竞争中逐渐处于劣势,究其根由,人力资源管理问题无疑是一个重要原因。

本章小结

1. 人力资源管理即是对人力资源所进行的管理。不能把人力资源管理简单地理解为是若干项职能或是一种制度、一种政策,而要把它看成是一个系统。人力资源管理系统从纵向层次上看由四个部分组成:一是人力资源的管理体制和运作机制;二是人力资源的管理制度和发展策略;三是人力资源的业务和流程;四是优化人力资源结构和效益、提高人力资源素质和效率的技术、方法和手段等。

2. 人力资源管理系统从横向职能上看由三个部分组成:一是包括人力资源规划和工作分析在内的人力资源管理基础职能子系统;二是包括员工的职业发展管理、绩效管理和薪酬管理等在内的人力资源管理核心职能子系统;三是包括一系列基本职能在内的人力资源管理一般职能子系统。人力资源管理系统从内外在关系上看,由人力资源管理的外在环境子系统和人力资源管理的内在目标系统组成。任何一个组织的人力资源管理系统都在一定的外在环境条件下,从纵向的四个层次和横向的三个层次上展开,发挥各个职能的作用,动态运行和发展,从而实现组织的人力资源管理战略目标。

3. 人力资源管理因其主体、对象和范围的不同可以从宏观和微观的角度分成宏观人力资源管理和微观人力资源管理两大类别。宏观人力资源管理就是对社会人力资源的管理,是政府的一项重要管理职能。微观人力资源管理是企业(用人单位)的人力资源管理,指的是企业对于本组织的人力资源从获得、培养到配置、使用,以使人力资源在组织中与其他要素相结合、形成生产力,并取得预想的效率和效果的活动

4. 组织中的人力资源管理主体是一个系统,这个系统不仅包括人力资源管理部门,还包括组织的领导者、各部门的负责人以及组织内的所有员工自身。人力资源管理是一个体系,这个体系呈立体结构,分为若干层次,如事务的人力资源管理、

组织的人力资源管理、文化的人力资源管理和战略的人力资源管理等。

5. 人力资源管理作为现代企业管理的一个主要内容,是一个具有历史性的概念,它是生产力和现代管理理论发展到一定阶段的产物,并且随着生产力水平和现代企业管理理论的发展而逐步发展。从发展历程来看,人力资源管理的发展大致可以分为四个历史阶段,老板管理阶段、雇佣管理阶段、人事管理阶段、人力资源管理阶段。

6. 在新的时代背景下,人力资源作为最受关注的资源和生产要素,在全球化、知识化巨大力量的冲击下出现了许多的新的特点。主要表现在:人力资源全球一体化、人力资源再生产资本化、人才竞争激烈化。

7. 美国一直能够维持其作为世界上最发达和最富强的国家的地位,最主要原因就在于对人力资源的高度重视,并且形成了具有自己独特特点的人力资源管理模式。美国人力资源管理模式的基本特点主要体现在五个方面:人力资源配置的高度市场化、以详细分工为基础的人力资源管理制度化、重视职业培训和继续教育、完善的经济激励机制、人才提拔"快车道"。日本在学习美国的基础上,结合日本的具体情况,创造了具有东方文化色彩的日本人力资源管理模式。日本人力资源管理模式的特点主要体现在七个方面:终身雇佣制、年功序列制、企业内工会制度、内部提拔为主的晋升制度、弹性工资制、质量圈管理、基于精神因素的评估和激励。

❓ 本章思考题

1. 什么是人力资源管理?
2. 简述人力资源管理的基本架构要素。
3. 人力资源管理的主体有哪些?
4. 人力资源管理层次体系是怎样的?
5. 简述全球人力资源的新特点。
6. 现代人力资源管理有哪些新特点?
7. 美国和日本的人力资源管理模式各有哪些特点?

案例分析

西安杨森:文化是魂

西安杨森制药有限公司是目前我国医药工业规模最大、品种最多、剂型最全的先进技术型合资企业之一。合资中方为陕西省医药工业公司、陕西省汉江制药厂、中国医药工业公司和中国医药对外贸易总公司,以陕西省医药工业公司为代表,外方为美国强生公司的成员,比利时杨森制药有限公司。

强生公司是当今世界上规模最大、产品最多元化的生产消费者护理品、处方药品和医疗专业产品的企业,迄今为止在世界上 50 个国家拥有 168 个子公司,并向 150 个以上的国家销售产品。目前,强生公司在中国有 7 家合资、独资企业。比利时杨森公司创办于 1953 年,1961 年加入美国强生公司。到现在,比利时杨森已成功研制出 80 多种新药,成为世界上开发新药最多的制药公司之一。

比利时杨森是以发明新药为主的公司,创始人杨森博士一生的主要追求是将更多更好的新药介绍给更多的人。他对中国怀有好感,说"如果我发明的新药不能供占全世界人口 1/4 的中国人使用,那将是莫大的遗憾。"于是,在中国改革开放之初,比利时杨森公司就主动到中国尝试进行合作。

经过 3 年的谈判,1985 年 10 月,西安杨森制药有限公司成立了。总投资 19 亿元人民币,注册资本比例为外方占 52%,中方占 48%,合资期限 50 年。

一、严格管理,注重激励

合资企业的工人和中层管理人员是由几家中方合资单位提供的,起初,他们在管理意识上比较涣散,不适应严格的生产要求。有鉴于此,合资企业在管理上严格遵循杨森公司的标准,制定了严格的劳动纪律,使员工逐步适应新的管理模式,培养对企业和社会的责任感。

他们通过调查研究发现,在中国员工尤其是较高层次的员工中,价值取向表现为对高报酬和工作成功的双重追求。优厚的待遇是西安杨森吸引和招聘人才的重要手段,而不断丰富的工作意义,增加工作的挑战性和成功的机会则是公司善于使用人才的关键所在。在创建初期,公司主要依靠销售代表的个人能力,四处撒网孤军奋战,对员工采用的是个人激励。他们从人员——岗位——组织匹配的原则出发,选用那些具有冒险精神、勇于探索、争强好胜又认同企业哲学对企业负责的人作为企业的销售代表。他们使用的主要是医药大学应届毕业生和已有若干年工作经验的医药代表。这两类人文化素质较高,能力较强,对高报酬和事业成就都抱有强烈的愿望。此时,西安杨森大力宣传以"鹰"为代表形象的企业文化,他们自己这样解释:"鹰是强壮的,鹰是果断的,鹰是敢于向山巅和天空挑战的,他们总是敢于伸出自己的颈项独立作战。在我们的队伍中,鼓励出头鸟,并且不仅要做出头鸟,还要做搏击长空的雄鹰。作为企业,我们要成为全世界优秀公司中的雄鹰。"

二、注重团队建设

在培养"销售雄鹰"的同时,他们还特别注重员工队伍的团队精神建设。在1996年底的销售会议中,他们集中学习并讨论了关于"雁的启示"。

"……当每只雁展翅高飞时,也为后面的队友提供了向上之风。由于组成V字队形,可以增加雁群71%的飞行范围"。

启示:分享团队默契的人,能互相帮助,更轻松地到达目的地,因为他们在彼此信任的基础上,携手前进。

"当某只雁离队时它立即感到孤独飞行的困难和阻力。它会立即飞回队伍,善用前面同伴提供的向上之风继续前进"。

启示:我们应该像大雁一样具有团队意识,在队伍中跟着带队者,与团队同奔目的地。我们愿意接受他人的帮助,也愿意帮助他人。

经过大力进行企业文化建设,员工的素质得到了不断的提高,对公司产生了深厚的感情,工作开展得更为顺利。特别明显的是,在20世纪80年代后期困扰公司的员工稳定问题得到了很好的解决。当时由于观念的原因,许多人到西安杨森工作仅是为了获得高收入,当自己的愿望得不到满足时就产生不满,人员流动性曾连续几年高达60%。如今,他们已使员工深深地认同公司,喜爱公司的环境和精神,1996年和1997年人员流动率已处在6%～10%左右。

三、充满人情味的工作环境

西安杨森的管理实践,充满了浓厚的人情气息。每当逢年过节,总裁即使在外出差、休假,也不会忘记邮寄贺卡,捎给员工一份祝福。在员工过生日的时候,总会得到公司领导的问候,这不是形式上的、统一完成的贺卡,而是充满领导个人和公司对员工关爱的贺卡。员工生病休息,部门负责人甚至总裁都会亲自前去看望,或写信问候。员工结婚或生小孩,公司都会把这视为自己家庭的喜事而给予热烈祝贺,公司还曾举办过集体婚礼。公司的有些活动,还邀请员工家属参加,一起分享大家庭的快乐。西安杨森办的内部刊物,名字就叫《我们的家》,以此作为沟通信息、联络感情、相互关怀的桥梁。

根据中国员工福利思想浓厚状况,公司一方面教育员工要摒弃福利思想;另一方面又充分考虑到中国社会保障体系的不完善,尽可能地为员工解决实际生产问题。经过公司的中外方高层领导之间几年的磨合,终于达成共识:职工个人待业、就业、退休保险、人身保险由公司承担,有部门专门负责;员工的医疗费用可以全部报销。在住房上,他们借鉴新加坡的做法,并结合中国房改政策,员工每月按工资支出25%,公司相应支出35%,建立职工购房基金。这已超过了一般国有企业的公积金比例。如果基金不够,在所购房屋被抵押的情况下,公司负责担保帮助员工贷款。这样,在西安杨森工作4~6年的员工基本上就可以购买住房了。

四、加强爱国主义的传统教育

1996年11月22日,西安杨森的90多名高级管理人员和销售骨干,与来自中央和地方新闻单位的记者及中国扶贫基金会的代表一起由江西省宁冈县茅坪镇向井冈山市所在地的茨坪镇挺进,进行30.8公里的"96西安杨森领导健康新长征"活动。

他们每走3.08公里,就拿出308元人民币捐献给井冈山地区的人民,除此以外个人也进行了捐赠。公司还向井冈山地区的人民医院赠送了价值10万元的药品。

为什么要组织这样一次活动呢?董事长郑鸿女士说:"远大的目标一定要落实在具体的工作中去。进行健康新长征就是要用光荣的红军长征精神激励和鞭策我们开创祖国美好的未来。"参加长征的员工说:"长征是宣言书,宣布了我们早日跨越30.8(远期销售目标)的伟大誓言;长征是宣传队,宣传了西安杨森'忠实于科学,献身于健康'的精神;长征是播种机,播下了西安杨森团队合作、勇于奉献、敢于挑战的火种。"

1996年冬天的早晨,北京天安门广场上出现了一支身穿"我爱中国"红蓝色大衣的300多人的队伍,中国人、外国人都有,连续许多天进行长跑,然后观看庄严肃穆的升国旗仪式,高唱国歌。这是西安杨森爱国主义教育的又一部分。

前任美籍总裁罗健瑞说:"我们重视爱国主义教育,使员工具备吃苦耐劳的精神,使我们企业更有凝聚力。因为很难想象,一个不热爱祖国的人怎能热爱公司?而且我也爱中国!"

思考题:

根据案例资料,结合本章内容,谈一谈你对人力资源管理的认识。

第三章　人力资源战略与规划

本章导读

　　人力资源战略与规划是人力资源管理的重要构成部分,也是组织战略规划的重要内容之一。人力资源战略是人力资源规划的基础,人力资源规划是人力资源战略的具体延伸。在激烈的市场竞争中,要保证组织战略目标的实现,就必须对组织现在和未来的各种人力资源进行科学预测和规划,以保证组织在未来特定时间、特定岗位能及时得到合适的人员。实施人力资源战略和规划的目的是要提高人力资源的利用效率,使组织获得赢得竞争优势的机会。

　　通过本章学习,您将了解到:

　　人力资源战略与组织战略的关系。

　　人力资源规划的内容及流程。

　　人力资源供求预测的方法。

开篇案例

陈经理的困惑

　　陈林今年 40 不到,一年前还是某集团制造部的经理,现在被任命为一家分公司的总经理。陈林抱着试试看的心理,接任了分公司总经理的职位。不过他最近颇为烦恼,得到晋升的喜悦还没来得及品尝,公司里就出了一些问题。他前思后想也没理出头绪,于是给某高校的人力资源管理专家刘教授打去电话。

　　"我接管这家公司不久就发现一名副经理一年后要退休,于是我准备从外部招聘一个人来填补空缺。我刚一宣布这个决定,就有一个部门经理前来辞职。她说她想得到副经理这个职位已经 8 年了。她是我们公司的业务骨干,我希望她能留下。但由于我们准备从外部招聘人,她生气准备走人。我怎么能知道她想得到这个职位呢?"

"你是否准备重新考虑这个职位的人员选拔?"

"有这方面打算。但问题是适合这个岗位的内部人选最少有两个,我担心最后没有被选上的落选者的士气会受到影响。这些人都是我们公司的核心员工,对公司的发展很重要。一旦他们的积极性受到影响,甚至流失到竞争对手那里去,对我们的打击将是致命的。"

"你们对这些后备人选都进行过考核吗?"

"还没仔细考核过,不过他们目前的工作绩效都十分突出。另外,我发现公司还存在其他比较严重的情况,比如在过去几年中,一些关键岗位的中青年专业人员流失率非常高,导致这些岗位经常出现人手不足的情况。"

"有人问过他们为什么要离开吗?"

"问过,他们有的说在这里没有前途,有的说别的公司提供了更好的待遇和工作条件。我该怎么做才好呢?"

思考题:

1. 你认为这家公司有合适的人力资源规划吗? 说明理由。

2. 如果你是人力资源顾问,你会向陈林提出什么样的建议?

第一节 人力资源战略与组织战略

一、人力资源战略

小辞典

人力资源战略指从组织整体的和长远的利益出发,通过科学论证制订的具有方向性、指导性、可操作性的人力资源管理目标、策略与行动计划。

1. 人力资源战略是组织战略的重要组成部分

战略最初源于军事领域,近代以来,战略从军事延伸到组织、经济、科技与社会领域。组织战略是指为实现组织使命与目标,对一个组织整体性、长期性、基本性问题的谋划。它是组织战略体系的主题和基础,起着统帅全局的作用。组织战略是一个系统,可以分为若干层次,按照组织战略涉及的范围及功能可以分为组织层、经营层、职能层三个层次。

组织层战略是组织经营与发展的总体目标与方针政策,追求的是组织的整体利益。大型组织通常是由一些相对独立的业务单位构成,这些相对独立的业务单位在西方被称为战略事业单位(即 SBU)或事业部。

经营层战略,有时也称事业部战略或竞争战略,是在组织战略的指导下,为经营某一特定经营单位而制定的战略,是组织战略下的子战略。

职能层战略,是为贯彻、实施和支持组织战略与经营战略而在特定的职能领域内所制定的实施战略,包括生产战略、营销战略、财务战略、人力资源战略和研发战略。组织职能战略主要解决资源利用效率问题,使组织资源利用效率最大化。如果说组织战略和经营战略强调"做正确的事",那么职能战略则强调"将事情做好"。与组织战略及经营战略相比,职能战略更为具体,详细和具有可操作性,它是由一系列详细方案和计划构成。职能战略实际上是组织战略、经营战略与实际达成预期战略目标之间的一座桥梁。

人力资源战略是组织战略的重要组成部分。根据人力资源管理学者库克(Cook,1992)的观点,人力资源战略是指员工发展决策以及对员工具有重要和长期影响的决策。它表明了组织人力资源管理的指导思想和发展方向,而这些指导思想和发展方向又给组织的人力资源计划和发展提供了基础。科迈斯-麦吉阿(Comez-Mejia,1998)等人则把人力资源战略定义为,组织慎重地使用人力资源,帮助组织获取和维持其竞争优势的一个计划或方法。

根据学者们的观点,我们可以将人力资源战略阐释为,从组织整体的和长远的利益出发,通过科学论证制定的具有方向性、指导性、可操作性的人力资源管理目标、策略与行动计划。而人力资源战略的核心内容,就是要解决组织在不同发展阶段所需要的人力资源类别、数量和管理模式。

2. 人力资源战略的类型

人力资源战略指导着组织的人力资源管理活动,它使人力资源管理的活动之间能够有效地互相配合。不同的人力资源管理理念必然会形成不同的人力资源战略。美国学者舒勒(1989)将人力资源战略分成三种类型:累积型、效用型和协助型。

累积型的战略。即用长远观点看待人力资源管理,注重人才的培训,通过甄选来获取合适的人才。以终身雇佣为原则,以公平原则来对待员工,员工晋升速度慢。薪酬是以职务及年资为标准,高层管理者与新员工工资差距不大。

效用型的战略。即用短期的观点来看待人力资源管理,较少提供培训。组织职位一有空缺随时进行填补,非终身雇佣制,员工晋升速度快,采用以个体为基础的薪酬。

协助型的战略。即介于积累型和效用型战略之间的人力资源战略,个人不仅需要具备技术性的能力,同时在同事间要有良好的人际关系。在培训方面,员工个人负有学习的责任,组织只是提供协助。

哈佛大学商学院著名的战略管理学家迈克尔·波特在其《竞争战略》一书中提出了三种经营(竞争)战略,即成本领先战略、差异化战略和集中战略。美国康奈尔大学的一份研究报告中提出了与三种经营战略相匹配的人力资源战略:吸引战略、投资战略和参与战略。

(1) 吸引战略。采用吸引战略的组织,其竞争战略是以廉价取胜。因此,组织要求员工具有一定的稳定性和可靠性,掌握简单的操作技术,高效率地进行生产,并对员工进行严格的监督和控制。组织尽量减少一切与业务无关的开支,对人工成本实行严格的控制,人员的配置以"人少高效"为目标,在人员培训方面的投入够用就行。组织与员工的关系纯粹是一种简单直接的利益交换关系。

(2) 投资战略。采取投资战略的组织,其竞争战略通常是以创新性产品取胜。因此,组织常常聘用多于实际工作需要的员工,注重专门人才的储备和培养,高度重视对员工教育培训,不断提高员工个体素质和组织的整体素质,并通过较高的薪酬福利保险,与员工建立长期稳固的关系。组织将人才作为投资的主要对象,以求获得技术与产品创新的竞争优势。

(3) 参与战略。采取参与战略的组织,其竞争战略通常是以高品质产品取胜。因此,组织将决策权下放到基层,使每个员工都有参与决策的机会,为员工提供必要的信息和技术上的支持,培训的重点放在员工的沟通、协调以及解决问题的能力方面。

赵永乐从人力资源发展战略的模式角度,将人力资源战略分成稳定型、增长型、收缩型和混合型四种,见表3.1[①]。

表3.1　人力资源战略的类型

人力资源战略类型	适 用 情 形
稳定型	在组织外部环境因素和人力资源内部条件变化不大的情况下采用
增长型	在有利的外部环境下或面临人力资源发展良好机遇时采用
收缩型	当外部环境因素成为威胁组织人力资源发展的主要因素时采用
混合型	由于各种因素的交替、混合作用,以上三种战略同时使用或交替使用

① 赵永乐. 现代人才规划技术[M]. 上海:上海交通大学出版社,1999:189-193.

• 稳定型人力资源发展战略。该战略通常是在组织人力资源外部环境因素和人力资源内部条件变化不大的情况下所采用的战略。如果将这种战略再进一步细分，可以分成继承型战略、维持型战略和谨慎型战略。

继承型战略通常是在前期的人力资源发展战略已经取得成功，形成了一种固定发展模式的基础上保持继续发展的一种战略。继承型战略的目的在于巩固前期战略的成果，使组织的人力资源优势能够继续保持下去，实际上是一种无变化的战略。

维持型战略的采用，并不是为了保持前期成功战略的成果，而是因为组织自身人力资源系统并不存在竞争优势，但是由于外部环境的压迫，使组织无法采取进取性的战略扭转劣势。为此，组织只能暂时维持现状，等待外部环境的好转。这种战略是一种停滞不前的战略。因此，这种战略只能是临时性的权宜之计，不能作为中长期的发展战略实施。

谨慎型战略是一种特殊的稳定型战略，该战略的采用往往是由于外部环境因素的不确定、无法把握，或人力资源系统自身并没有形成适合组织实际应用的人力资源发展战略模式，组织只能采取"走一步瞧一步"的谨慎型战略来发展人力资源。

• 增长型人力资源发展战略。增长型人力资源发展战略通常是在有利的外部环境下或面临人力资源发展良好机遇时所采用的战略。采用这种战略的目的就是要最大限度地利用良好的外部环境和机遇，尽快地发展人力资源系统，增强实力，提高效率，形成组织重要的核心竞争优势，使组织的整体经营战略目标能够顺利实现。增长型的人力资源发展战略可以分成规模增长型、结构优化型、效益增长型和重点发展型战略。

规模增长型战略可以分成外部增长型和内部增长型两类。组织外部增长型战略一般是在组织人力资源系统发展的初期，即初创组织所采用的战略，组织的人力资源系统只能依靠外部补充才能发展壮大。

人力资源的内部增长型战略又分成结构优化型和效益增长型两种。结构优化型战略是在组织人力资源系统发展成熟时所采用的战略，一般在发展中组织采用较多。战略重心从初期的规模增长开始转移到人力资源系统的结构优化上。例如人力资源的素质结构、能级结构、年龄结构、专业结构等各种结构的优化。

效益增长型通常是组织人力资源系统发展到成熟期时所采用的战略，战略的重心注重于人力资源系统的使用效益、人力资源的作用发挥和人力资本存量的增加等方面。人力资源的增长型战略是一种进取型的战略，这种战略的实施往往需要在组织经营环境等外部有利因素的配合下才能进行，而且这种战略的采用必然会打破原有人力资源系统的平衡。因此，对这些进取性战略实施所带来的负面影响必须给予充分的重视。

• 收缩型人力资源发展战略。人力资源重点战略是根据外部环境变化对组织人力资源系统提出的特殊需求而进行的战略选择,通常发生在组织经营目标变化、产业结构调整,产生对某一特殊人力资源需求的时候。

如果外部环境因素成为威胁组织人力资源系统发展的主要因素,组织的人力资源发展战略就需要采用收缩型的消极战略。利用收缩战略来调整人力资源系统使其能够更有效地适应环境的变化,摆脱组织所处的不利局面,为组织的当前生存和今后的发展创造条件。收缩型战略可以分成适应性收缩战略和调整性收缩战略。

适应性收缩战略往往用于外部环境的变化对组织的发展产生了威胁、甚至威胁到组织的基本生存时,组织人力资源系统必须适当收缩,应付环境的威胁,度过当前危机,以便东山再起。此时,人力资源系统的规模收缩、系统的重新组合势在必行。

调整性收缩战略则是针对系统内部不能适应外部环境变化要求,在规模、结构、配置和效能等方面所进行的合理的优化收缩。但是不管哪一种收缩型战略,都具有一种共同的特点,即在人力资源的规模上都需要收缩。这就涉及员工的个人去留,与个人利益密切相关,在实行前必须做好员工的退休、解聘规划,实施时也要慎之又慎,以免影响全体员工的士气。

• 混合型人力资源发展战略。在组织人力资源战略的选择中,由于各种因素的交替、混合作用,使组织的人力资源发展战略常常将以上三种战略同时使用或交替使用,以求获得更好的效果。混合型战略的应用关键在于对各种战略的组合。这些战略组合主要有这样几种:①某些类型的人力资源采用稳定发展战略,而其他类型人力资源则采用增长战略;②有的人力资源类型采用稳定发展战略,其他类型人力资源则采用紧缩战略;③有的人力资源采用紧缩发展战略,其他类型人力资源则采用增长战略;④三种战略在不同类型人力资源的发展中同时采用。

还有一种类型的战略组合是按照战略的执行顺序进行,其中包含:①先采取稳定战略,然后再采取增长战略;②先采取增长战略,然后再采取稳定战略;③先采取紧缩战略,然后再采取稳定战略;④先采取增长战略,然后再采取紧缩战略。通常,当组织面对的环境各种因素变化速度不同时,组织各种产品处于生命周期的不同阶段时,或组织各个职能部门的业绩与发展潜力不平衡时,对不同类型的人力资源开发战略选择就会不同。此时,组织人力资源的发展战略就应该采用混合型的战略组合。

二、人力资源战略与组织战略的匹配

在整个组织战略层次结构中,人力资源战略属于职能战略。人力资源管理要想在组织战略管理中发挥更大的作用,就必须建立在由组织管理层共同确定的、符合组织内外各方面利益,且得到组织全体员工一致认同的组织发展战略目标的基础之上,即必须使人力资源战略和组织战略相适应,为组织的战略目标服务。美国管理学者莱文和米切尔(Lewin & Mitchell,1995)指出,人力资源战略与组织战略相配合,可以帮助组织增加利用市场的机会,提升组织内部的竞争优势,帮助组织实现其战略目标。不同的组织战略要求不同的人力资源战略与之相适应。

1. 与组织竞争战略匹配的人力资源战略

迈克尔·波特认为组织竞争战略有三种,即成本领先战略、差异化战略和集中战略。不同的竞争战略下人力资源战略重点是不同的。

(1) 基于成本领先战略的人力资源战略。成本领先战略是指组织致力于将其总成本降到本行业最低水平的战略。采用这种战略的核心是争取最大的市场份额,使单位产品成本最低,从而以较低的价格赢得竞争优势。

强调成本领先的组织多为集权式管理,精力主要放在高效率的生产方面,因而在人力资源战略上,组织主要追求的是员工的可靠性和稳定性,即员工在制定的工作范围内有稳定一致的表现。人力资源管理部门应本着能岗匹配的原则做好人员的选拔和配置工作,从而使每位员工发挥其最大价值。具体人力资源管理配合可以从以下方面进行:明确界定员工所需要的技能,并针对性地进行培训;以行为为中心的绩效评估系统;通常采取内部晋升,更多地关注组织内部一致性,拉开管理人员与普通员工之间的工资差别;吸收员工参与管理并广泛听取员工意见来提高生产效率。

(2) 基于差异化战略的人力资源战略。差异化战略是指组织为了满足顾客特殊的需求,形成自身竞争优势,而提供与众不同的产品或服务的战略。由于不同组织的产品之间各有特色,顾客难以直接比较其优劣,从而可以有效抑制顾客对价格的敏感程度。

在差异化战略指导下,组织需要提供独特的产品、服务和技术等与对手竞争,这时,人力资源管理部门应致力于建立一支能创新的队伍。要建成这样的队伍,首先需要构建人力资源的差异化和多元化。这种差异化和多元化主要表现在年龄的多元化、地理来源的多元化、学识的多元化。具体可以采取以下人力资源策略:工作分析中界定较宽泛的工作范围,留给员工较大的自主权,并激发其创造性;更多地从外部招募员工,为员工提供宽广的职业通道;建立以结果为基础的绩效管理系统;薪酬系统更加关注外部的公平性。建设创新文化,通过鼓励创新小组活动,营造创新氛围,实现组织的不断创新。

(3) 基于集中战略的人力资源战略。集中战略是指组织把经营的重点放在一个特定目标的细分市场上,为特定的顾客提供产品或服务的战略。成本领先战略和差异化战略都是在整个市场中谋求竞争优势,而集中战略则是在整个市场中的某些特定的细分市场中谋求竞争优势,这种竞争优势可以在特定的细分市场中通过成本领先来获得,也可以通过差别化来获得。

集中战略关注市场份额和运营成本。采用集中战略的组织通常具有规范的职能型组织结构、集权的层次指挥系统以及规范化的运作程序。这就要求人力资源战略强调工作所需的特定技能培训;保留关键员工的薪酬计划;以行为为基础的绩效考核。

2. 与组织发展战略匹配的人力资源战略

(1) 基于内部增长战略的人力资源战略。内部增长主要是组织自身的增长,关注市场开发、产品开发、创新等内容的战略构成了内部增长战略,它强调将所有资源组织起来以强化现有的优势。内部增长有两种形式,一种是市场开发;另一种是产品开发。

市场开发是指组织用一个产品开发多个市场的策略。人力资源管理在这种战略下应特别注重员工的培训和甄选。因为,此时组织扩张非常迅速,以一种产品开发很多个市场,需要外派大量的销售人员,这就要求把组织的产品情况、价值观念等迅速传递给销售人员,使他们在外地执行销售任务的时候能和组织保持一致,所以需要对营销人员加强培训,培训的内容主要集中在员工对组织的认知方面。另外,绩效评价往往要把行为与结果两个方面结合起来。

产品开发是指针对一个市场提供多个产品的策略。人力资源管理在这种战略下应特别加强对员工的培训和知识管理。此时的培训和市场开发战略中的培训是不一样的,市场开发中的培训主要是针对销售人员,而这时的培训主要是针对技术人员。组织要通过技术培训把新技术、新观念、新知识、新方法不断地传递给技术人员,使技术人员具备为一个市场提供更深更广服务的能力。此外,人力资源部门还要做好知识管理,这项工作包括知识保护、产权保护以及产品知识积累。人力资源部门应把员工对产品和服务的认识、经验以及想法汇集起来,编成册,形成体系,形成本组织特有的知识。

(2) 基于外部增长战略的人力资源战略。外部增长是指组织通过兼并、重组方式的扩张。外部增长战略是横向、纵向和多元化的一体化战略。组织间的购并和各种形式的公司重构在 20 世纪的最后 20 年间不断兴起。华尔街的一个商业调查显示:在 1/3 的组织合并事件中,人力资源高层管理人员发挥了重要作用,而且在合并交易达成后,人员安置成为首当其冲的问题。

组织兼并或重组的目的是为了使组织能够保持持续、稳定的发展,为了实现这一目标,人力资源部门应关注两个不同组织文化的融合。人力资源战略要考虑两家公司合并后如何实现人力资源管理的一体化;包括冲突技能培训,公司文化的融合与冲突解决,工资结构调整,内部意见一致性达成,岗位、部门、事业单位的人员调整。

(3) 基于稳定战略的人力资源战略。稳定战略是指组织在经过一段时间的增长之后,强调投入少量或中等程度的资源,保持现有的规模和市场占有率,稳定和巩固现有竞争地位的策略。这种战略适用于效益处于高水平、而暂时又没有进一步发展机会的组织。

在稳定战略下的组织,明显特征就是组织没有新的职位产生,只希望在市场中处于一个平衡的状态。这种情况对于处于组织中层职位的年轻人来说会有很大的限制,因为他们希望通过自己的努力有更快的发展,而此时组织却不能给员工更多的机会。此时组织的优秀中青年骨干流失利率高是一个严重的问题。稳定战略下的人力资源管理应重视员工激励和员工的职业生涯发展。员工激励的重点应通过组织文化来激励员工,不应放在薪酬方面。组织应给员工提供比较清晰的职业生涯发展通道,使员工了解自己的发展方向以及如何发展。

(4)基于收缩战略的人力资源战略。收缩战略是指在组织内外部环境发生重大变化时,组织业务领域受到巨大的挑战,组织为了在未来有更大的发展,实行有计划战略收缩的策略。在收缩战略下,组织会适当地退出某些经营领域或地区,因此会适当地裁减员工来降低人员成本。人力资源管理在组织收缩战略中扮演的角色是,保持适度规模和提高工作绩效。具体的人力资源策略有:科学地评估绩效,区分绩优与绩劣员工;加强沟通,向员工公布裁员的目的,培养员工对组织的信任感。组织在制定裁员计划时,要清楚组织未来的战略是什么,用组织未来的战略来评判组织需要什么样的人,把那些符合未来战略需要的人才保留下来,淘汰那些不符合未来战略需要的人员。

总之,人力资源战略要与组织战略相适应。只有人力资源战略与组织战略协调一致,才能充分发挥人力资源管理在组织战略管理中的独特作用,达到提高组织绩效的目的;才能正确的指导人力资源管理活动,避免由于人力资源管理不善而造成的人力资源浪费,才能实现组织的战略目标,为组织创造竞争优势。

〰〰〰〰〰〰〰〰〰〰〰〰〰〰〰〰〰〰〰〰〰〰〰〰〰

热点话题

企业的人力资源新战略——打造雇主品牌

当前,全球化下的企业竞争已经由过去资本、资源、科技的竞争转向了以人力资本为主的竞争,人力资本已经取代了金融资本成为企业打造核心竞争力、保持可持续发展和保持长期竞争优势的最重要的资源。强大的雇主品牌有利于吸引一流的人才,获取一流的人力资本,因此,通过有效的人力资源管理营造强大的雇主品牌,可以为企业的成功奠定基础。

雇主品牌这一重要概念是由英国资深管理专家赛蒙·巴洛和伦敦商学院的提姆·安博拉教授在20世纪90年代初率先提出来的。他们借用营销学中的"产品品牌"的概念并将其应用到人力资源管理领域。雇主品牌的思想是强调企业要应用市场营销学的方法找到企业在人力资源市场上的定位,在目标人才群体中建立独特的雇主形象,更好地吸引、激励和挽留最需要的人才,从而实现自己的竞争优势。因此,所谓雇主品牌实质是一种企业人力资源品牌,其重点是提升企业的信誉度、美誉度、知名度等正面的企业社会形象。

雇主品牌具有以下特点:

第一,雇主品牌是潜在员工和在职员工心目中的一种声望。这一点在海尔公司体现得最为明显。无论是海尔的在职员工还是有意谋职海尔的人才无不将海尔引以为荣。这种声望一方面强化了企业内部员工的忠诚与献身精神;另一方面吸引求职人才的向往,因而有助于获得组织发展所需的最优秀人力资源。

第二,雇主品牌是招聘时候选人选择的一种尺度。在当今的人力资源市场始终是一种双向的选择。一个声名在外的雇主品牌可以作为求职人才选择的一个尺度,一旦雇主品牌与目标人才所预期的企业文化一致时,则促使求职者在选择时心理上更加倾向于品牌雇主。

第三,雇主品牌可以像产品品牌一样管理和培育。雇主品牌也是一种无形资产。雇主品牌一旦塑造就能形成一定的品牌效应,这种效应在人力资源市场上是一个宝贵的无形资产。

资料来源:中国劳动[J]. 2008(4). 朱国勇,丁雪峰.

第二节　人力资源规划

组织的人力资源规划是人力资源战略的延伸。缺乏战略的人力资源规划会失去规划的方向与目标,缺乏规划的人力资源战略只能是空谈式的观点,难以落地变成现实。人力资源规划将组织人力资源战略具体化,从整体的、超前的和量化的角度分析和制定组织人力资源管理的具体目标。人力资源规划在整个人力资源管理活动中占有重要地位,它以组织战略和人力资源战略的确立为依托,又是各项具体人力资源管理活动的起点和依据,直接影响着组织整体人力资源管理活动的方向和效率。不同的组织战略下有不同的人力资源战略,不同人力资源战略的规划重点是不一样的,见表3.2。

表 3.2 人力资源规划与组织战略

组织战略	一般组织特征	人力资源战略	人力资源规划
成本领先战略	结构化的组织和责任；严密监督员工；经常、详细的成本控制；低成本的配置系统	重视提高生产率；以定量目标为基础的绩效评估和薪酬激励；强调开展与工作有关的培训	周密的总体规划，降低成本，提高生产率是影响组织人员补充、配置和培训等的首要因素
差异化战略	以品质或科技领先；重视产品的开发与设计；基本研究能力强；强大的营销能力	营造轻松的工作氛围吸引创新型人才；强调自我激励	灵活的总体规划，创新能力是影响组织人员补充、配置和培训等的首要因素
集中战略	针对某一客户群提供更高效的服务，实现成本领先优势或差异化优势	强调员工有特定的技术专长；通过长期激励留住核心员工	适应性的总体规划，专业技术能力是影响组织人员补充、配置和培训等的首要因素

一、人力资源规划概述

1. 人力资源规划概念及分类

小辞典

人力资源规划指根据组织内外部环境和条件的变化，运用科学的方法对组织人力资源需求和供给进行预测，制定相应的政策和措施，从而使组织人力资源供给和需求达到平衡。

按规划的期限，人力资源规划分为长期规划、中期规划和短期规划。一般来讲，短期规划通常为一年的规划，这种规划要求明确、任务具体、措施落实。中期规划一般为 3～5 年，虽然总体要求明确，方针政策明确，但没有短期规划具体。长期规划则在五年以上，它要求对总的方向、总的原则和方针政策有概括的说明，并能指导中、短期规划的制定和实施。组织应根据不同的内外部环境及其自身状况、发展战略来选择适当的规划期限。

按规划所涉及的范围,人力资源规划可以分为两个层次:人力资源总体规划和人力资源业务计划。人力资源总体规划与组织的发展战略直接相关,是指在规划期内人力资源管理的总目标、总政策、实施步骤及总体预算的安排。人力资源业务计划则包括人员补充计划、人员配备计划、人员晋升计划、人员教育培训计划、薪酬计划、劳动关系计划和退休计划等。总体规划是制定各项业务计划的依据,而业务计划的实施又是为了保证人力资源总体规划目标的实现。各项人力资源规划所涉及的内容,见表3.3。

表3.3 人力资源规划的类型及内容

计划类别	目　　标	政　　策
总规划	人力资源总量适度 人力资源质量、结构优化;总供求平衡	人力资源总体发展战略 人力资源政策
人员补充计划	人员补充类型、数量 人力资源结构改善 绩效的改善	人员标准 人员来源 起点待遇
人员配备计划	部门人员编制 人力资源结构优化 绩效改善	任职条件 职务轮换 范围及时间
人员晋升计划	后备人才计划 人才储备 优化人才结构	选拔标准、资格 试用期,提升比例 未提升人员的安置
人员培训计划	培训类型数量 员工素质及绩效改善 提供新人力资源	培训时间的保证 培训效果的保证
薪酬计划	人员流失率降低 士气水平提升 绩效改进	激励重点 工资政策 奖励政策 反馈
劳动关系计划	减少非期望离职率 劳资关系改进 减少投诉率及不满	参与管理制度 员工沟通制度
退休计划	劳动成本降低 生产率提高	退休政策 解聘程序等

2. 人力资源规划的目标

当组织的目标发生变化时,人力资源就要重新规划,使组织内部人力资源配置状况足以保障组织目标的实现。一般而言,对人力资源的需求变动大部分是由组织战略决策的变化引起的。组织的战略目标指明了人力资源规划的方向。人力资源规划五个重大目标：

（1）防止人员配置过剩或不足。如果拥有过多的员工，组织就会因工资成本过高或产量过高而损失经营效益；如果员工过少，又会由于组织不能满足现有顾客需求而导致销售收入减少。而且，由于人员配置不足而不能满足现有产品和服务需求，还会导致未来的顾客损失，将顾客推到竞争对手那里。人力资源规划不仅有助于保证有效经营而且可以及时响应顾客需求。

（2）保证组织在适当的时间、地点有适当数量的且具备技能的员工。组织必须从技能、工作习惯、个性特征、招募时间等方面预计其所需要的员工类型，这样才能招聘到最好的员工，并对他们进行充分的培训，使他们能够在组织需要的时候产生最高的工作绩效。但是，人力资源规划过程必须考虑到各种因素，包括技能水平、员工个人与组织的适应程度、培训、工作体系、计划需求等，并将这些因素整合，成为组织人力资源战略的一个关键的组成部分。

（3）确保组织对环境变化作出适当的反应。人力资源规划过程要求决策者考虑与环境中各个领域相关的各种情形。例如，经济可能增长或停滞或收缩，本行业可能保持现状，或竞争变得更加激烈或不激烈，政府规章约束可能不变或放松，或变得严厉，技术可能或不能进一步发展。人力资源规划促使组织对环境状态进行思索和评估，预测和规划任何可能的变化，而不是被动地对这种情况作出反应，这能使组织总能比竞争对手先行一步。

（4）为所有的人力资源活动和体系确立方向和一致的标准。人力资源规划为其他各种人力资源职能，如人员配置、培训与开发、工作绩效测评、薪酬等确立方向。它还确保组织采用比较系统的、一致的观点看待人力资源管理活动，理解人力资源规划和其他职能的相互关系，以及一个职能领域的变化会对另一个职能领域产生什么影响。例如，一个整体性的人力资源规划能够确保对员工进行培训的领域与对员工进行工作绩效测评的领域相一致，并且在薪酬决策中也特别要考虑这些因素。

（5）将直线管理人员与职能管理人员的观点结合起来。虽然人力资源规划通常由组织人力资源部发起和进行，但它也需要组织中所有管理人员参与协作。部门负责人最了解其所负责的那个领域的情况，所以，人力资源部与其他部门管理人员之间的沟通是确保任何人力资源规划活动成功的基础。组织人力资源部门必须帮助所有管理人员参与规划过程，只是在安排他们参与规划时，应考虑到其业务专长和既定的工作职责。

3. 人力资源规划的内容

人力资源规划大致包括人力资源需求预测、人力资源供给预测和人力资源供求平衡三部分,规划的结果编制成人力资源规划文件。人力资源规划中最重要的是人力资源需求预测与人力资源供给预测。表3.4详细罗列了人力资源规划的工作内容,它包括人力资源规划信息的收集、人力资源需求预测、人力资源供给预测、所需要项目的规划和实施、人力资源规划过程的评估与反馈五大项。

表3.4　人力资源规划的工作内容

人力资源规划信息的收集	A. 组织外部信息 B. 组织内部信息
人力资源需求预测	A. 短期预测和长期预测 B. 总量预测和各个岗位需求预测
人力资源供给预测	A. 内部供给预测 B. 外部供给预测
所需要项目的规划和实施	A. 增加或减少劳动力规模 B. 改变技术组合 C. 开展管理职位的继任计划 D. 实施员工职业生涯计划
人力资源规划过程的评估与反馈	A. 规划是否精确 B. 实施的项目是否达到要求

4. 人力资源规划的制定

一旦确定了组织的人力资源战略,就可以开始制定人力资源规划了。人力资源规划就是要将组织人力资源战略目标转化为一套前后一致、整体化、完善的员工管理计划和政策。

传统意义上的人力资源工作主要由人力资源部门承担,例如招聘、培训、员工发展、薪金福利设计等方面的工作。随着现代企业对人力资源部门工作要求和期待的提升,人力资源部门角色逐渐发生了转变,人力资源部门不再是单纯的行政管理的职能部门,而是逐步向组织管理的战略合作伙伴关系转变。同时,现代的人力资源管理工作不仅仅是人力资源部门的责任,也是各层管理者的责任,人力资源规划也是如此。

人力资源规划应有专任小组来推动,可以组成人力资源规划小组。参与规划小组的人员包括人力资源职能人员、高层管理人员、直线经理以及普通员工,他们在人力资源规划中分别承担着不同的职责,如图3.1所示。

在组织中制定人力资源规划的方法,一般通过自上而下的方式来进行,或采用自上而下为主、自下而上为辅的方式。

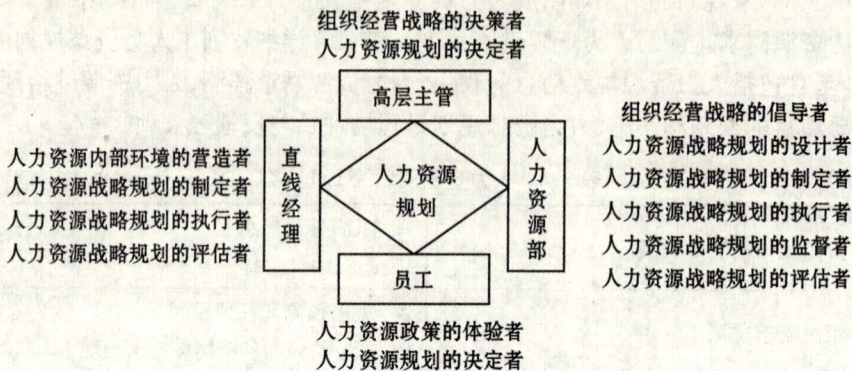

组织经营战略的决策者
人力资源规划的决定者

高层主管

组织经营战略的倡导者
人力资源战略规划的设计者
人力资源战略规划的制定者
人力资源战略规划的执行者
人力资源战略规划的监督者
人力资源战略规划的评估者

人力资源内部环境的营造者
人力资源战略规划的制定者
人力资源战略规划的执行者
人力资源战略规划的评估者

直线经理

人力资源规划

人力资源部

员工

人力资源政策的体验者
人力资源规划的决定者

图 3.1　人力资源规划的承担者

二、人力资源规划流程

组织必须根据自身整体的发展战略和人力资源战略来制定人力资源规划。人力资源规划过程由组织内外部环境分析、人力资源需求预测、人力资源供给预测、人力资源供求平衡分析、人力资源规划的制定、人力资源规划的实施与效果评价六个部分组成,如图 3.2 所示。

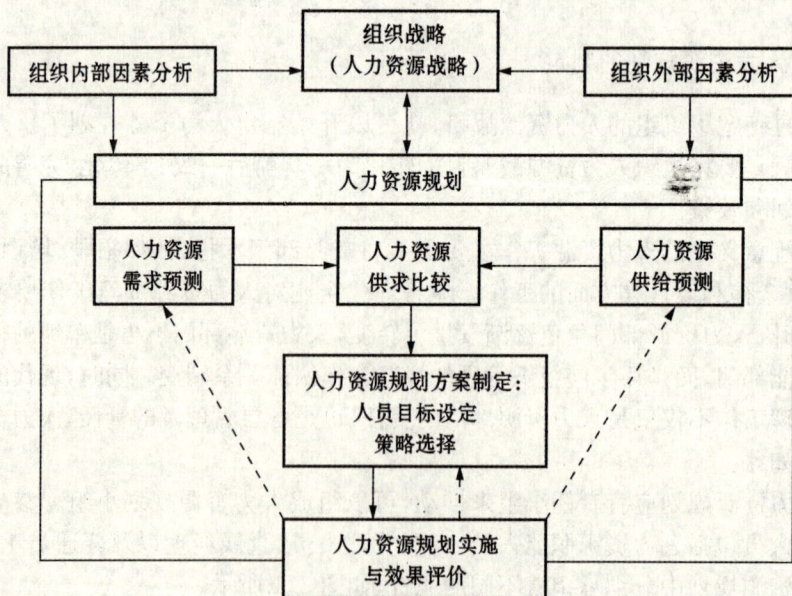

组织内部因素分析　　　组织战略（人力资源战略）　　　组织外部因素分析

人力资源规划

人力资源需求预测　　人力资源供求比较　　人力资源供给预测

人力资源规划方案制定:
人员目标设定
策略选择

人力资源规划实施与效果评价

图 3.2　人力资源规划流程

1. 组织内外部环境分析

人力资源规划客观上受到诸多因素的制约,包括组织外部环境因素和组织内部环境因素。因此制定人力资源规划时必须研究影响人力资源的因素。

影响人力资源规划的组织外部环境因素有:

(1) 劳动力市场供求关系。这包括总的劳动力供求关系和各类人才的供求关系。当前劳动力市场的总体情况是专业技术人员和优秀管理人员供不应求,因此组织的人力资源规划则应加强高级人才的补充更新计划、员工培训计划、薪酬激励计划,吸引、留住短缺人才,并设法培养合格的人才。

(2) 行业发展形势和内部竞争态势。行业的发展状况是影响人力资源规划的重要因素。通常朝阳行业有较大的发展潜力,相关组织应着重于吸引和激励人才。传统行业则应考虑调整经营结构,开拓新的增长点,相关组织一方面要引进能带动组织重新发展的高级人才;另一方面也要设法安置和遣散富余人员,降低劳动力成本。此外行业内部竞争态势也影响人力资源规划,竞争程度高的行业,行业性专业技术人员是需要重点关注的群体。

(3) 科学技术发展。科学技术变革将引发组织战略的变革,从而导致组织结构、工作流程、工作性质和结构的变化,这些都将影响组织人力资源的规划。

(4) 政府的政策法规。例如就业政策、人才流动政策、户籍制度、用工制度、工资最低限制线、员工的保险制度等都会不同程度地影响到组织的人力资源规划。

另外,工作价值观的变化也不容忽视,如崇尚职业的新奇性,热衷于体验不同工作的乐趣,那么人力资源在各组织中的流动率就会高。

影响人力资源规划的组织内部环境因素主要有:

(1) 组织目标变更。组织由于领导人员的变化,会使组织的战略目标发生变化,进而影响到组织的人力资源规划。

(2) 技术的更新换代。市场的激烈竞争推动了技术的进步,新技术在组织中的运用一方面会增加对高技能人力资源的需求;另一方面也会减少对低技能人员的需求。这样组织内部原来的人力资源供求状况将发生改变。

(3) 组织经营状况。如果组织的经营状况明显好于预期,或者与预期有差距,两种状态都会影响到组织的人力资源规划。

(4) 员工素质。一个组织的人力资源规划既要适应员工素质不断提高的变化,也要能通过人力资源规划进一步提高员工的工作胜任力。

2. 人力资源需求预测

进行人力资源需求预测,即根据组织的战略目标和组织内外条件,利用收集到的信息,选择适当的技术,预测在某一目标时间内组织所需要人员的数量、质量和结构。这是一项技术性很强的工作,其准确程度直接决定了人力资源规划的效果和成败,它是整个人力资源规划工作中最困难,也是最关键的工作。

一般来说,商业因素是影响员工需求类型、数量的重要变量,预测者要善于分离这些因素,并且要善于收集历史资料,为预测打好基础。例如,一个组织的产量和所需求的员工数量之间经常存在直接的关系,产量增加时,一般劳动力成比例地增长,但是在现实中员工数量并不是单纯由产量增加引起的,技术、工作方法和员工工作方式等非商业因素等都会增加效率,从而导致产量和劳动力之间的关系发生变化。从逻辑上讲,人力资源的需求是产量、销售量、科技等的函数,但对不同的组织,每一因素的影响并不相同。

3. 人力资源供给预测

所谓人力资源供给预测是组织根据内外部条件,对未来一段时间内,组织空缺岗位能获得补充的人员总数,以及何时何地能获得供给的一种估算。人力资源供给预测包括两个方面:一是内部人员拥有量的预测,即根据现有人力资源及其未来变动情况,预测出规划期内各时间点上的人员拥有量;另一方面是外部供应量,即确定在规划期内各时间点上可以从组织外部获得的各类人员的数量。一般来说,内部人员拥有量是比较清晰的,预测的难度较小;而外部人力资源的供给则有较大的不确定性。组织在进行人力资源预测时应把重点放在内部人员拥有量的预测上,外部供给量的预测主要是侧重于关键人员。

4. 人力资源供求平衡分析

人力资源的供求平衡分析是将本组织人力资源需求预测的结果与同期内组织内部和外部可供给的人力资源数进行比较分析,测算出组织对各类人员的净需求。对组织人力资源供需平衡的分析可达到两个相互关联的目的:一是可以测算出某一时期内组织总体人员的短缺或过剩情况;另一则是可以具体地了解到某一具体岗位上员工余缺的情况,从而可以测出需要具有哪一方面的知识、技术档次方面的人,这样就可有针对性地从组织外部物色所需人才或对本组织内部员工开展有针对性的培训,并为组织制定有关人力资源相应的政策和措施提供了依据。

5. 人力资源规划方案的制定

人力资源规划方案的制定主要由人员目标设定和策略的选择所构成。人员目标设定就是要确定在未来一定时期内组织内各种岗位人员增加或减少的具体数目,以确保组织发展的各阶段、各时间点上人力资源供给和需求的平衡。

策略选择就是选择合适的策略解决人员过剩或短缺的问题,即人力资源的平衡问题。避免人员短缺的策略有临时雇佣、人员租赁、招募新人、培训后换岗等,减少人员过剩的策略有裁员、工作轮换、工作分享、退休等。

(1) 需求大于供给时的人力资源平衡计划,即解决人员短缺的政策和措施,见表3.5。①加班。延长员工工作时间或增加工作负荷量,给予超时超工作负荷的奖励;②临时雇佣。雇佣全日制临时工或非全日制临时工;③外包。将非核心业务外包给专业机构完成;④降低流失率。采用正确的政策和措施调动现有员工的积极性,增强归属感;⑤再培训后换岗。培训本组织职工,对受过培训的员工据情况择优提升补缺并相应提高其工资等待遇;⑥外部招聘。制定招聘政策,从组织外部进行人员招聘;⑦工作再设计和技术创新,提高员工的工作效率。

表3.5 避免劳动力短缺的方法及其产生作用的速度

方法	加班	临时雇佣	业务外包	降低流失	再培训	外部招聘	工作设计	技术创新
产生作用的速度	快	快	快	中等	慢	慢	慢	慢

(2) 供给大于需求时的人力资源平衡计划,即解决人力资源过剩的一般策略,见表3.6。①裁员。永久性地裁减或辞退员工,以强化组织竞争力;②减薪。有计划地减少雇员的工资与薪水;③降级。降低员工所承担的工作责任;④工作轮换。增加员工所从事的工作的复杂性,并为员工提供有价值的交叉在职培训;⑤工作分享。这是一种工作时间上安排的革新方式,是指两个或两个以上的员工通过平均负担的方式做满一周40小时的工作;⑥提前退休。组织实行提前退休计划,不仅可以减少预期出现的人员过剩,还可以降低组织的成本;⑦自然减员。组织人员的自然减少如退休、病休、辞职等也将起到缓解人员过剩的作用;⑧再培训。组织预测到有员工过剩的时候,可以采用待岗再培训的方法。一方面解决了人员过剩;另一方面提高了员工的知识与技能水平。

表3.6 减少劳动力过剩的方法及其产生作用的速度

方法	裁员	减薪	降级	工作轮换	工作分享	提前退休	自然减员	再培训
产生作用的速度	快	快	快	快	快	慢	慢	慢

6. 人力资源规划实施与效果评价

人力资源规划是一个动态的开放的过程,对其过程及结果必须进行监督、评估,并重视信息的反馈,不断调整,使其更切合实际,更好地促进组织目标的实现。人力资源规划流程的最后阶段,主要是执行人力资源规划方案并对人力资源规划方案进行评估。

前期所形成的人力资源规划最终还要在方案实施阶段付诸实践。在实施过程中要注意以下几点：

（1）必须要有专人负责既定方案的实施，要确保这些人拥有保证人力资源规划方案实现的必要权力和资源。

（2）要确保严格按规划执行。

（3）在实施前要做好准备工作。

（4）要有关于实施进展状况的定期报告，以确保所有的方案都能够在既定的时间里执行到位，并且方案执行的初期成效与预测的情况是一致的。

人力资源规划的评价是一项重要的工作，其目的是找出计划与目标之间的差距并分析产生差距的原因，从而改进未来的人力资源规划活动。人力资源规划的评价工作，应在明确审核必要性的基础上，制定相应的标准。同时还应该注意选取正确的评价方法。

人力资源规划效果评价的主要内容有：

（1）实际招聘人员数量与预测所需人员数量的比较。

（2）实际的人力资源流动率与预测的理想水平的比较。

（3）实际生产率水平与预先确立的目标水平比较。

（4）实际行动方案进展与规划的行动方案进展的比较。

（5）实际行动方案的结果与预测结果的比较。

（6）实际的行动方案的收益与方案费用的比较等。

第三节　人力资源需求预测

人力资源供求预测是指以组织的战略目标、发展规划和工作任务为出发点，综合考虑各种因素的影响，对组织未来人力资源需求和供给的数量、质量和时间等进行评估的活动。人力资源供求预测包括人力资源需求预测和人力资源供给预测。人力资源需求预测，是指在组织变化和发展的条件下对未来一段时期内的各类人员需求量的预测；人力资源供给预测，是对未来一段时期内组织内部和外部各类劳动力补充来源情况的预测。

人力资源需求预测首先应当全面而综合地分析决定或影响人力资源需求变化的相关因素。影响人员需求的因素有组织的发展战略、生产率、自然减员、管理水平、顾客需求等多种因素，见表 3.7。任何组织总会制定新的发展战略及发展目标，如扩大组织规模、扩大产品产量、增加销售额、开发新产品、提高技术等，这些发展目标的确立，意味着未来人员需求的变化。外部环境中新的竞争力量会对人员需求产生显著的影响,具体反映是岗位工作特性及相关技能也会有所变化。此外,生产自动化程度、管理现代化程度、部门机构的增减、劳动力成本的高低等,也会不同程度地影响人力资源需求的变化。

表 3.7　影响人力资源需求的因素

组织内部因素	组织外部因素
组织发展目标	宏观经济状况
组织结构	行业发展状况
技术水平	社会科技发展状况
产量	竞争对手状况
财务状况	顾客需求
管理水平	供应商状况
⋮	⋮

　　人力资源需求预测的方法有判断性预测和统计预测两种。判断性预测简单易行,在实际工作中使用比较广泛,包括专家预测法(又叫德尔菲法)、经验预测法(由管理者进行预估)、描述法等。统计预测可以通过简单线性回归和多元线性回归来进行分析,常用的方法有比率分析、趋势分析、回归分析等。

一、德尔菲法

　　德尔菲法(Delphi Method)是利用专家的知识、经验和智慧,以调查咨询的形式来进行直观的集体预测方法。它以问卷的方式,由预测机构分别收集专家对未来人力资源需求量的分析信息,归纳专家意见后再反馈给专家,经过 3～4 轮咨询,最终达成一致意见。它有利于对人力资源的未来需求作出预测。

　　德尔菲法的预测程序包括四步:

　　(1)预测准备。预测准备工作包括:确定预测的目标、要求及各预测项目;设立负责预测组织工作的临时机构;确定专家小组(10 人左右),准备有关材料,征求专家意见。

　　(2)由专家进行预测。预测机构将包含预测项目的预测表及有关背景材料送给各位专家,各专家以匿名方式独自对问题作出判断和预测。必须避免专家们面对面的集体讨论,因为成员间存在着身份、地位的差别,会使一些人不愿意批评他人而放弃自己合理的主张。

　　(3)进行统计与反馈。专家意见汇总之后,预测机构对各专家意见进行统计分析,综合成新的预测表,把统计结果和新的预测表再分别寄送给各位专家,由专家们对新的预测表作出第二轮判断和预测。如此反复几轮,通常为 3～4 轮。

　　(4)表述预测结果。即由预测机构把经过几轮专家预测而形成的结果以文字的形式或图表的形式表现出来。

使用德尔菲法应注意以下几点：①提供给专家们充分的信息，使其能够作出判断；②所提问题应该是被问者都能够回答的问题；③不要求精确，允许专家们估计数字，并让他们说明预计数字的肯定程度；④尽量简化，特别是不要问那些没有必要问的问题；⑤保证所有的专家都能够从同一角度去理解相关定义、概念；⑥向高层领导和决策人说明预测的益处，特别是其对生产率和经济收益的影响，以争取他们的支持。

专家的选择是基于他们对影响组织内部因素的了解程度。专家可以是第一线的管理人员，也可以是组织的高层管理人员和外部专家。例如，在估计企业未来对人力资源的需求时，可以选择企业的计划部、市场部、生产部和销售部等部门主管作为专家。

表3.8是某公司人力资源需求预测专家的意见综合反馈表。从该表中可以看出，第一轮专家们的预测比较分散，第二轮预测要集中一些，第三轮要更集中，并且第三轮的最低需求量、最可能需求量和最高需求量等各项指标的平均值，与第二轮各项指标的平均值基本上是一致的。如第三轮各项指标的平均值分别为 80、110、150，第二轮各项指标的平均值分别为 80、110 和 160，因此该项预测到第三轮即可结束。

表 3.8　某公司人力资源需求预测专家的意见综合反馈表

专家编号	第一次判断			第二次判断			第三次判断		
	最低需求	最可能需求	最高需求	最低需求	最可能需求	最高需求	最低需求	最可能需求	最高需求
1	100	150	180	120	150	180	110	150	180
2	40	90	120	60	100	130	80	100	130
3	80	120	160	100	140	160	100	140	160
4	150	180	300	120	150	300	100	120	250
5	20	40	70	40	80	100	60	100	120
6	60	100	150	60	100	150	60	120	150
7	50	60	80	50	80	100	80	100	120
8	50	60	100	70	80	120	70	80	120
9	80	100	190	100	110	200	60	100	120
平均	70	100	150	80	110	160	80	110	150

该公司未来一定时期内对人力的需求量可以通过对第三次判断的数据进行处理得到。处理数据的方法有以下三种：

（1）计算人力资源的最低需求、最可能需求和最高需求的算术平均值，得到人力资源需求量。

$$人力资源需求量 = (80 + 110 + 150) \div 3 = 114（人）$$

（2）计算人力资源的最低需求、最可能需求和最高需求的加权平均值，得到人力资源需求量。一般地，最低需求、最可能需求和最高需求所赋的权重分别为0.2、0.5、0.3。

$$人力资源需求量 = 80 \times 0.2 + 110 \times 0.5 + 150 \times 0.3 = 116（人）$$

（3）用中位数计算人力资源需求量。将第三次判断按预测值由高到低排列，见表3.9。表3.9显示，第三次判断人力资源最低需求、最可能需求和最高需求的中位数分别为80、120、155，各权重仍然取0.2、0.5 和0.3。

$$人力需求量 = 80 \times 0.2 + 120 \times 0.5 + 155 \times 0.3 = 123（人）$$

表3.9　第三次判断按预测值由低到高排序

人力资源需求层次	预测值由低到高排序
最低需求	60　70　80　100　110
最可能需求	80　100　120　140　150
最高需求	120　130　150　160　180　250

二、经验预测法

经验预测法又称为管理人员判断法。经验预测法就是利用现有的情报和资料，根据有关人员的经验，结合组织的发展要求，对人员需求加以预测的方法。具体做法是由部门主管根据各个部门的工作任务、技术设备等变化情况对本部门未来某一时期的人员需求情况进行预测，然后由组织中专业人力资源计划人员汇总并进行综合平衡分析，从中预测出组织未来某一时期的人员需要量。

目前不少组织经常采用这种方法来预测未来的某一段时期内对人力资源的需求。例如，根据以往的经验，制造车间的一名管理人员一般管理20人左右为最好。因此根据员工总数，管理人员凭经验和判断可以预测所需车间及管理人员数。这种方法对管理人员的素质要求比较高，比较适用于技术稳定的企业的中短期人力资源预测。当然个人的判断往往偏差较大，因此必须要采取多人集合的经验判断来使误差减小。

三、描述法

所谓描述法是指人力资源计划人员可以通过对本组织在未来某一时期的有关因素的变化进行描述或假设,从描述、假设、分析和综合中对将来人力资源的需求进行预测。例如,对某一组织今后三年的情况变化描述或假设可能会出现这样几种情况:第一种是在三年内,同类产品可能稳步增长,同行业中没有新的竞争对手出现,同行业中在技术上也没有新的突破;第二种可能是同行业中出现了几个新的竞争对手,同行业中技术方面也有了较大的突破;第三种可能是同类产品跌入低谷、物价暴跌、市场疲软、生产停滞,但同行业中在技术方面可能会有新的突破。人力资源计划人员可以根据不同的描述和假设的情况预测和制定出相应的人力资源需求备选方案。但是,这种方法对于长期的预测有一定的困难,因为时间跨度越长,对环境变化的各种不确定因素就越难以进行描述和假设。

四、比率分析法

比率分析法是基于以下两种因素的比率进行预测:①某些原因性因素(如销售额);②所需要的员工数量(如销售人员数量)。比率分析法的目的是将组织的业务量转化为人力资源的需求。该方法是一种有效的短期需求预测方法。以一家医院为例,假设病床数的数量增加一个百分比,护士就相应要求增加一个百分比,否则就难以保证对病人的看护。这实际是根据组织过去的人力需求数量和某一个影响因素的比例来对未来的人力资源需求进行预测。比率分析法一般假设组织的劳动生产率是不变的。

如果考虑到劳动生产率的变化对员工需求量的影响,可以使用以下公式:

计划期末人力资源需求数量=(目前业务量+计划期业务增长量)
/目前人均业务量/(1+生产率的增长率)。

按照上述方法以医院病床数与护士人数的比例为例,如果目前的病床数为200,共有50名护士,人均病床数为4。计划要增加50个床位,如果护士的效率不变,那么计划期末护士的需求量为(200+50)÷4=63(人)。如果通过技能培训预计护士工作效率能提高20%,则根据公式:63÷(1+20%)=52.5(人),大约需要护士53人,因此只需增加3名护士就可满足新增业务需要。

五、趋势分析法

趋势分析法通常利用组织在过去5年左右时间中的用工水平来预测组织未来的人力资源需求。

趋势分析法的预测步骤如下:

（1）选择恰当的商业要素。所选择的商业要素应是组织中与人员数量和结构关系最大的因素,通常是销售额或毛利。

（2）分析历史上商业要素与人员的关系,其比值常为劳动生产率,如人均销售额等。

（3）计算过去至少五年的生产率,并计算其平均值。

（4）用目标年份的商业要素除以历史上生产率的平均值,得到目标年份人员的需求预测数,见表 3.10。

表 3.10　人员需求趋势分析法范例(* 值是目标年份预测值)

年份	商业要素 （销售额,万元）	÷劳动生产率 （销售额/员工数量,万元/人）	＝人员需求 （员工数量,人）
2004	1 900	22.2	86
2005	2 000	22.0	91
2006	2 500	22.6	111
2007	2 700	22.4	121
2008	3 000	23.5	128
2009	3 200	22.5	142*
2010	3 400	22.5	151*

趋势分析法只作为一种初步的预测方法,因为:①影响组织人员需求量的因素很多,而趋势分析法只考虑了一个因素;②趋势分析法在预测时使用的是过去几年劳动生产率的平均值,而随着技术的进步,未来年份的劳动生产率是变化的;③目标年份的商业要素(如销售额)受市场供求影响,往往难以准确预测。

六、回归分析法

回归分析法是运用数学中的回归原理对人力资源需求进行预测。这种方法通过寻找人力资源需求量与其影响因素(一种或是多种)之间的函数关系,从影响因素的变化推知人力资源需求量的变化。回归分析通常包括一元线性回归分析、多元线性回归分析和非线性回归分析。在这种方法中,通常将人力资源需求量称为因变量(用 y 表示),将影响因素称为自变量(用 $x_1, x_2, \ldots, x_n$ 表示)。

在人力资源需求预测中,如果只考虑组织的某一因素对人力资源需求的影响,可以使用一元线性回归分析进行预测。下面以某公司销售额对销售人员需求量的影响举例,见表 3.11,预测该公司销售额达到 5 000 万元时所需销售人数。这种一元线性回归预测大体分两步进行。

表 3.11　某公司销售额与销售人员数据

销售额 x(万元)	800	1 700	2 000	2 100	2 500	3 000	3 500	3 700	4 200
销售人员数 y(人)	195	270	210	335	480	430	520	470	490

第一步,建立预测模型。由表 3.11 中的数据可知两个变量分布大体成线性趋势。可建立一元线性回归模型:

$$y=a+bx$$

模型中,x 代表自变量(销售额),y 代表因变量(销售人员数)。这时关键是要根据以往的销售额和销售人员数据估计 a、b 的值。根据最小二乘法可以得到 $b=9.74$,$a=117$,于是得到回归预测模型:

$$y=117+9.74x$$

第二步,求出期望销售额的所需的销售人员数量。将期望销售额带入回归预测模型,可以预测当销售额(x)为 5 000 万元时,销售人员的期望人数(y)为 604 人。

在实际预测过程中情况要复杂得多,影响销售人员需求量的除销售额外,可能还有销售产品的质量状况、产品的种类多少、销售人员的销售技能等因素的影响。如果考虑两个以上因素对人力资源需求的影响,则必须采用多元线性回归分析方法。其基本原理和步骤与一元线性回归分析相似,但计算要复杂得多,需要计算机的。

如果历史数据与人力资源需求量之间不存在线性关系,那么则使用非线性回归分析方法进行预测。由于该模型计算难度更大,通常将其转化为线性模型后再进行相关人力资源需求的预测。

以上介绍了人力资源需求预测的一般方法。总的说来,判断性方法简洁方便但准确性不高。统计方法准确科学但前提条件太多,可能使预测结果和实际相差较大。所以,在进行人力资源需求预测时,首先是采用判断性方法在人员数目、结构上作出大概的判断,然后运用统计方法进行精确分析,之后应当再请管理人员或外部专家进行修正和主观判断,这样往返几次,就可以得到比较精确的人力资源需求量了。

第四节　人力资源供给预测与供求平衡分析

一、人力资源供给预测

人力资源供给预测同人力资源需求预测一样,是组织进行人力资源规划必不可少的关键环节。它包括两个内容:

(1) 内部人力资源预测。它的主要目的是对组织内部员工的情况进行分析,包括员工的人数、年龄、技术水平、发展潜能、流动趋势等,从而预测未来一段时间内组织内部可以有多少员工稳定地保留在组织当中,有多少员工具有发展和晋升的可能性。

(2) 外部人力资源供给预测。它的主要目的是对劳动力市场的供求状况、可能为组织提供人力资源的渠道、与组织竞争相同人力资源的竞争对手进行分析,从而得出组织可能从外部获得各种人力资源的情况,并对获得这些人力资源所需的代价,以及可能出现的困难和危机作出提前预计。

1. 内部人力资源供给预测

进行内部人力资源供给预测时,首先要考察现有各个工作岗位上员工的存量,然后根据组织内外条件对未来的留存员工进行预测。在预测过程中要充分考虑到组织中的晋升、降职和调职等因素,还要考虑到员工辞职、解聘、退休、工伤的影响。

组织人力资源内部预测一般包括以下几个方面内容:①分析组织现有的人力资源供应状况,如通过信息收集,掌握组织现有员工的部门分布、技术知识水平、工种、年龄构成等;②分析组织员工流动的现状及产生原因,预测未来员工流动趋势,从而有利于采取相应的措施避免不必要的流动,或是及时给予替补;③掌握员工提拔和内部调动情况,预测未来员工流动的趋势,以便采取相应的措施避免不必要的流动,或及时给予替补;④分析工作条件(如作息制度、轮班制度)的改变和出勤率的变动,对组织人力资源供给的影响;⑤掌握组织人员的供给来源和渠道。员工可以来源于组织内部(如富余人员的安排,员工潜力的发挥等),也可来自组织外部。

内部人力资源供给预测的主要方法有两种:判断性预测和统计预测。通常使用的判断性方法主要有继任计划和替换计划。两种方法均使用图表来显示组织中各职位目前在职者的姓名,以及可能替换该职位人员的姓名。继任计划与替换计划相类似,不同的是继任计划更趋向长期化,更具有开发性,也更具有弹性,主要面向管理人员,而替换计划主要面向一般员工。

统计方法经常使用员工流动可能性矩阵图和马尔可夫转换矩阵模型。两种方法也有类似处,模型假设过去组织内部的人事变动的模式和概率与未来的趋势大体相同,从而分析一个人在某一阶段内由一个职位变动到另一个职位的概率。这种方法通过对组织内部人力资源流动趋势和概率的分析,为内部的人力资源调配提供依据。

下面介绍常用的人力资源供给预测方法。

（1）管理人员继任计划。管理人员继任计划根据各位管理人员的当前工作绩效、晋升的可能性和所需要的培训内容等，决定有哪些人员可以补充组织的重要职位空缺。其最终目标是确保组织在未来能够有足够的合格的管理人员供给。制定管理人员继任计划的过程是：首先，预测和估计未来组织内部因晋升、离职、退休等原因可能产生的管理职位空缺情况，准备制定各层级各部门的管理继任计划；其次，确认计划的工作岗位范围、确定每个关键职位上的继任人选；再次，评价继任人选当前的工作表现和是否达到晋升的要求，可以依据评估的晋升潜力大小将继任人选分为不同级别，如分为可以晋升、有待改善、问题较多三个等级；最后，当出现职位空缺时，由具备晋升条件的继任人选接任。图 3.3 为某公司管理人员继任计划图（部分）。

世界上很多公司运用管理人员继任计划都取得了良好的效果。IBM 公司自 20 世纪 60 年代以来就实施了管理人员继任计划。该公司认为，从公司分部经理到总经理，都负有执行该计划的责任，具体工作则由人事部门的专门人员来做。通用汽车公司每年也为公司的高层管理人员作一次鉴定，分析其今后 5 年内的升迁、接替问题。在 1990 年对 400 多家美国大公司董事会所作的调查中，大约 3/4 的公司都有管理人员继任计划。

通过像图 3.3 这样的继任计划图，使得组织既对其内部管理人员的情况非常清楚，又体现出组织对管理人员职业生涯发展的关注。如果出现人员不能适应现职或缺乏后备管理人才的情况，则组织可以提前做好充分的准备。

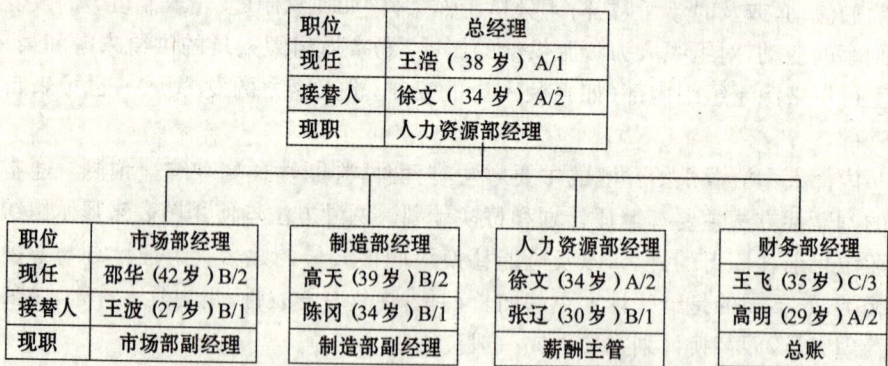

职位	总经理
现任	王浩（38 岁）A/1
接替人	徐文（34 岁）A/2
现职	人力资源部经理

职位	市场部经理
现任	邵华（42 岁）B/2
接替人	王波（27 岁）B/1
现职	市场部副经理

职位	制造部经理
现任	高天（39 岁）B/2
接替人	陈冈（34 岁）B/1
现职	制造部副经理

职位	人力资源部经理
现任	徐文（34 岁）A/2
接替人	张辽（30 岁）B/1
现职	薪酬主管

职位	财务部经理
现任	王飞（35 岁）C/3
接替人	高明（29 岁）A/2
现职	总账

说明：晋升潜力代码：　　　　　　　　　　当前绩效代码：
　　　　A：现在即可晋升　　　　　　　　1：优秀
　　　　B：需要进一步培训　　　　　　　2：令人满意
　　　　C：现职位不很合适　　　　　　　3：需要改善

图 3.3　某公司管理人员继任计划例图

（2）员工替换计划。员工替换计划的关键是根据工作分析中的工作说明书所提供的信息明确工作岗位对员工的知识、技能和能力的具体要求，然后确定可以达到这一要求的候选员工，可以经过培训后胜任这一工作岗位。对于组织内各个岗位上普通员工的供给预测，如图 3.4 所示。

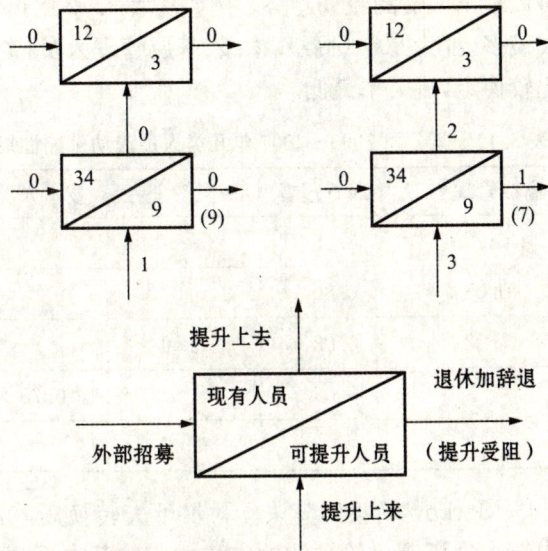

解释：
某岗位员工的内部供给量＝该岗位上现有人员数量－流出总量＋流入总量
流出总量＝退休人数＋辞退人数＋提升上去的人数
流入总量＝从外部招募来的人数＋提升上来的人数
可提升人员数＝提升上去的人数＋提升受阻的人数

图 3.4　员工替换计划图

（3）员工流动可能性矩阵图。组织内部的人力资源处于流动状态，而流动的方向和数量是复杂的，例如，B 类员工中的某些人员会流向 A 类员工，C 类员工的部分人又会流向 B 类，每一类员工的流出数量与流入数量并不一定相等。此外，每一类员工中总有一些人会退休、解聘或辞职。内部员工流动可能性矩阵图可以展示历史上组织内每类员工流动的方向及流动的概率。

建立员工流动可能性矩阵图，关键是要以组织前几年的人员流动的统计数据为基础，分别计算出每一类人员流向另一类人员的平均概率。例如某公司 2003 年至 2007 年的技术人员数分别为 125、135 和 140 人，这 4 年中每年从技术人员流向管理人员的人数分别为 5、6、9 人，那么，这 4 年技术人员流向管理人员的平均概率是：

$$p = (5 + 6 + 9) \div (125 + 135 + 140) = 0.05$$

按这种方法可以计算出该公司这四年中每一类人员流向另一类人员的平均概率,由此可得出各类人员之间的流动概率,见表3.12。表3.12中,框中的数字是人员流动的平均概率。例如5%的高级管理人员降职成为中级管理者,5%的高级管理者流失,90%的高级管理者在此期间仍然是高级管理者。

从矩阵中可以看出人员的流动趋势。例如从表3.12中可以看出,技术人员和基层管理者流失最多,都为20%;高级、中级、基层管理人员都有降级;高级管理人员和操作工都比较稳定,流失率最低。

表 3.12 某公司 2003～2007 年几类人员流动可能性矩阵图

工作类别	高级管理者	中级管理者	基层管理者	技术人员	操作工	流失
高级管理者	0.90	0.05				0.05
中级管理者	0.05	0.80	0.06			0.09
基层管理者	0.02	0.08	0.60		0.10	0.20
技术人员		0.05		0.75		0.20
操作工			0.05		0.90	0.05

(4) 马尔可夫(Markov)转换矩阵法。马尔可夫转换矩阵法也是一种可以用来进行组织的内部人力资源供给预测的方法。它的基本思想是找出过去人员变动的规律,以此来推测未来人员变动的趋势,与员工流动可能性矩阵图类似。该方法首先要建立员工流动可能性矩阵图,然后根据预测年份前一年的各类人员数量和前几年各类人员的流动概率,计算出预测年份各类人员的内部供给数,见表3.13。

表 3.13 马尔可夫转换矩阵模型

(a)

工作类别	员工流动可能性矩阵				
	A	B	C	D	流失
A	0.8	0.1	0	0	0.1
B	0.05	0.7	0.05		0.2
C	0	0.1	0.6	0.1	0.2
D	0	0	0.05	0.9	0.05

	员工供给预测矩阵					
	期初人员数	A	B	C	D	流失
A	100	80	10	0	0	10
B	200	10	140	10	0	40
C	300	0	30	180	30	60
D	400	0	0	20	360	20
预计人员供给量		90	180	210	390	130

表 3.13(a)表示某组织过去几年 A、B、C、D 四类人员流动的可能性矩阵。假如表 3.13(b)中的"期初人员数"表示的是该组织 2008 年度 A、B、C、D 四类人员数,分别为 100、200、300、400 人,结合表 4.13(a)中的人员流动平均概率,便可以预测出 2009 年各类人员的供给总数。2009 年 A 类人员的供给数为 90 人,其中80 人原来就是 A 类人员(100×0.8),另外 10 人来自于原来的 B 类人员(200×0.05)。2009 年 B、C、D 三类人员的供给数分别为 180、210 和 390 人。

2. 外部人力资源供给预测

如果组织内部没有足够的合格的候选人来填补预期的职位空缺,或者因其他原因需要从外部招募人员,那么就需要努力预测外部候选人的可获得性。通常外部人力资源供给的可能性应考虑劳动力市场的供求情况、行业竞争态势、就业机制、用工制度、劳动力流动情况等因素。所以预测外部人力资源供给的方法有:

(1) 资料查阅。外部人力资源供给的可能性可以通过查阅资料了解总体情况。如查阅国家和地区的统计部门、人事和劳动部门定期发布一些统计数据,及时关注国家和地区的政策和法律变化。互联网的普及使得查阅相关的信息资料更加便捷。

(2) 直接调查。组织可以就自己关注的特定人力资源的状况进行调查,例如对专业对口高校提供的毕业生源进行调查。组织也可以与提供生源的院校保持长期的合作关系,共同培养所需人才。

(3) 对雇佣人员和应聘人员的分析。通过对组织已经雇佣人员和应聘人员的分析,也可以了解未来的人力资源供给状况。这里所需要分析的内容主要有:组织近期雇佣的人员主要来自哪些行业和组织、他们为什么要到本组织来、各个空缺职位的应聘者数量和质量如何。

二、人力资源供求平衡分析

组织在完成人力资源的供给和需求预测后,要进行平衡分析,比较人力资源供给和需求的结果,以确定人力资源供求是否平衡。人力资源供求预测比较的结果,经常反映出的是需求和供给两者间的不平衡。一是总量上的不平衡,表现为人力资源供大于求或供不应求。二是结构上的不平衡,表现为一些类别的人力资源供大于求,而另一些类别的人力资源则供不应求。人力资源规划的任务就是要对这些人力资源总量和结构上的失衡进行调节,使之尽可能达到平衡。

对于总量失衡的问题,可以从两方面考虑:

(1) 人力资源供不应求。应通过人才的引进、招聘增加人力资源供给;也可通过提高员工技能、革新技术和改进流程等减少未来对人力资源的需求。

(2) 人力资源供过于求。可以考虑通过扩大经营规模、开发新产品、实行多种经营增加对人力资源的需求;也可以采取转岗培训、工作分享、提前退休和解聘等方式减少人力资源的供给。

对于结构失衡的问题,可以考虑通过转岗培训、内部人员重新配置和内外部人员交换来平衡人力资源供求。

(1) 转岗培训。对于供过于求的人员,有针对性地进行专门培训,提高他们的工作技能,使他们重新变成组织需要的人才;或者通过培训提高他们在组织外部的重新就业能力。

(2) 内部人员重新配置。通过组织内部人员纵向、横向转岗等措施促进人得其职、职得其人,提高人——岗匹配的程度。

(3) 内外部人员交换。通过人员内外交流,补充组织急需的人力资源,释放一部分富余人员。

本章小结

1. 人力资源战略与规划是人力资源管理的重要构成部分,也是组织战略规划的重要内容之一。人力资源战略是人力资源规划的基础,人力资源规划是人力资源战略的具体延伸。组织战略可以分为组织层、经营层、职能层三个层次。在整个组织战略层次结构中,人力资源战略属于职能战略。

2. 人力资源战略指从组织整体的和长远的利益出发,通过科学论证制定的具有方向性、指导性、可操作的人力资源管理目标、策略与行动计划。人力资源战略可以分成稳定型、增长型、收缩型和混合型四种。人力资源战略与组织战略相配合,可以帮助组织增加利用市场的机会,提升组织内部的竞争优势。

3. 人力资源规划指根据组织内外部环境和条件的变化,运用科学的方法对组织人力资源需求和供给进行预测,制定相应的政策和措施,从而使组织人力资源供给和需求达到平衡。人力资源规划可以分为两个层次:人力资源总体规划和人力资源业务计划。组织必须根据自身整体的发展战略和人力资源战略来制定人力资源规划。

4. 人力资源规划过程由组织内外部环境分析、人力资源需求预测、人力资源供给预测、人力资源供求平衡分析、人力资源规划的制定、人力资源规划的实施与效果评价六个部分组成。其中人力资源供求预测是人力资源规划的中心任务。人力资源需求预测的方法有德尔菲法、经验预测法、描述法、比率分析、趋势分析、回归分析等。人力资源供给预测的方法有继任计划、替换计划、员工流动可能性矩阵和马尔可夫转换矩阵。

⑦ 本章思考题

1. 组织战略、人力资源战略与人力资源规划的关系如何?
2. 与波特竞争战略相匹配的人力资源战略的特点是什么?
3. 人力资源规划的主要内容是什么?
4. 由谁参与人力资源规划,分别承担什么样的职责?
5. 如何进行人力资源需求预测? 有哪些主要方法?
6. 如何进行人力资源供给预测? 有哪些主要方法?

案例分析

百特公司的人力资源规划

百特公司是一家机械制造企业,公司董事会决定下个月开会研讨公司的长远发展战略问题,并要求人力资源部向董事会提交一份本公司 5 年期的人力资源规划。人力资源部的刘经理组织了 4 名工作人员,决心拿出一份像样的人力资源规划。经过几天的讨论和思考,刘经理认为,要编制好公司人力资源计划,必须考虑下列各项关键因素:

首先是全面了解本公司人力资源现状。公司现有生产与维修工人 825 人,行政和文秘职员 143 人,基层与中层管理人员 79 人,技术人员 38 人,销售员 34 人。

其次了解公司各类人员的流动情况。据统计,近5年来员工的平均离职率为5%,未来可能将维持在这一水平。不过,不同类别的员工的离职率并不一样,生产技术工人离职率高达8%,而管理人员则只有3%。再者,按照既定的扩产计划,销售员将要新增10%左右,技术人员要增加6%左右,生产操作人员要增加5%,中、基层管理人员规模基本保持不变。还有一点特殊情况要考虑:最近本地政府颁布了一项政策,要求当地企业招收新员工时,要优先照顾下岗职工。本公司一直未曾有意排斥下岗职工,只要他们来申请,就会按同一种标准进行甄选,并无歧视,但也未予特殊照顾。如今的事实却是,34人的销售员队伍中只有5人是下岗再就业职工,其他类别的员工中也仅有8%的下岗职工,而且都集中在最底层的劳动岗位上。

人力资源部还有20多天就得交出人力资源计划,其中包括各类员工的需求人数、内部人力资源的供给数、应从外部招收的各类人员数,以及如何贯彻市政府关于照顾下岗人员政策等。此外,百特公司刚开发出几种有吸引力的新产品,预计公司销售额五年内可能会翻一番,人力资源部还得提出一项应变计划以应对这类快速增长所带来的人力资源需求。

资料来源:人力资源网,2007-8-23.

思考题:

1. 在编制人力资源规划时要考虑哪些情况和因素?
2. 在预测公司人力资源需求时,可以采用哪些技术?

第四章 工作分析

本章导读

　　组织进行人力资源管理的一个重要前提是,了解组织中各种工作的特点以及能够胜任相应工作的人员的特点。这就是工作分析的主要内容。工作分析是人力资源管理活动的平台,它为招聘选拔、培训发展、绩效考核和薪酬管理等人力资源管理职能的有效实施提供必要的依据。工作分析是人力资源管理中的一项重要的常规性技术。人力资源管理者只有掌握工作分析的方法和技术,才能为组织建立合理的岗位系列框架,才能了解各个岗位的工作职责和工作要求,在人力资源管理中做到有的放矢。

　　通过本章学习,您将了解到:

　　工作分析的内容和作用。

　　工作分析的流程。

　　工作分析的方法。

　　工作说明书的编写。

开篇案例

如何修改工作描述

　　大正公司的销售部主管王大伟急匆匆地来找他的直接上司秦阳天。他说:"秦总,你下发的这份文件要求我在一个月内修改好销售部全部40份工作描述,是吗?"

　　"是的,有什么问题吗?"

　　王大伟解释说,"这段时间我还有市场调查项目要赶着完成,修改工作至少需要两周时间,让我放下手头的市场调查项目去修改工作描述,恐怕有些难办。"

　　"但是我们已经有3年没有修改过工作描述了。"秦阳天道。

　　"工作描述是需要修改,这我承认,可问题是工作描述修改后,我的下属往往意见很大。比如,3年前,我们对工作描述进行了调整,当把调整后的工作描述下发给员工后,立即就在员工中引起混乱,大多数员工都不认同。"

"怎么会出现这种情况呢?"秦阳天问道。王大伟回答:"这个事情很复杂,我们销售部员工的工作内容往往变化比较大,很多事情通常是临时分派下去的,工作描述中没有规定的工作员工就不愿去做。如果我把销售部员工现在正在做的工作写进工作描述里,无形中就强调了这些工作的迫切性,同时也就忽视了另一些工作。我现在可承担不起士气低落和工作混乱的结果。"

秦阳天说:"大伟,你的建议是什么呢?上面已命令我一个月内完成这项任务。""我根本不想做这件会引起混乱的工作,而且市场调查项目是不能停下来的。我建议你向上面反映一下,修改工作描述这件事暂且缓一缓,等我有空闲时间再做。"王大伟回答道。

思考题:

1. 工作描述修改后为什么会引起混乱? 修改工作描述之前,应该做好哪些工作?
2. 谁需要市场部的工作描述,秦阳天? 王大伟? 还是员工自己? 阐明理由。

第一节　工作分析概述

一、工作分析的概念

小辞典

　　工作分析指综合应用各种方法,收集有关工作和工作者的相关信息,对信息进行分析和整理,最后形成各种有关工作和工作者的描述性信息的活动。

工作分析是人力资源管理的基础环节,是有效进行人力资源开发与管理的前提。关于工作分析的定义,在其发展的进程中,国内外学者根据其对工作分析不同的理解以及差异化的假设,对工作分析的外延和内涵给出了不同的界定。

加里·德斯勒认为,工作分析是确定工作职责以及这些岗位任职人特征的程序。

雷蒙德·A·诺伊等人为,工作分析是指获取与工作有关的详细信息的过程。

亚瑟·W·小舍曼等认为,工作分析是遵循一系列事先确定好的步骤、进行一系列的工作调查来收集工作岗位的信息,以确定工作的职责、任务或活动的过程。

罗伯特·L·马希斯认为,工作分析是一种系统的收集、分析与工作有关的各种信息的方法。

韦恩·R·蒙迪等认为,工作分析是确定完成各项工作所需要的技能、职责和知识的系统过程。

综合上述观点可以看出工作分析有以下特点:

(1) 工作分析是一个研究活动过程,研究对象是组织中的某一具体工作及从事该工作的人。

(2) 工作分析是综合应用各种方法,收集有关工作和工作者的相关信息,对信息进行分析和整理,最后形成各种有关工作和工作者的描述性信息。

(3) 工作分析的最终目的是要形成工作描述和任职资格。工作描述包含一种工作中所包含的任务、职责以及责任(TDRs)的目录清单。任职资格是一个人为完成特定的工作所必须具备的知识、技能、能力以及其他特征(KASOs)的目录清单。

小辞典

工作描述指有关工作的描述性信息,包括一种工作中所包含的任务、职责以及责任等信息。

任职资格指有关工作者的描述性信息,包括一个人为完成特定的工作所必须具备的知识、技能、能力以及其他特征的信息。

二、工作分析的内容

工作分析主要包括两个方面的内容。首先,工作分析应先确定工作岗位的内涵,即工作岗位本身的性质、内容、难度、强度、环境、工作联系、岗位职责与职权等进行分析。对这些要素的系统表达,通常称之为工作描述。典型的工作描述主要说明工作做什么,如何做,在什么条件下做等问题。其次,工作分析应包含工作岗位对员工的要求,即岗位任职人员的资格,包括所需知识、技能、素质、经历等进行分析。对这些要素的系统表达,通常称为任职资格。任职资格指担任某种工作所需具备的最基本的资格条件,其描述的是对任职者完成岗位工作必须具备的基本资格要求,而不是对承担该工作的最理想的任职者的描述。工作分析的内容,如图4.1所示。

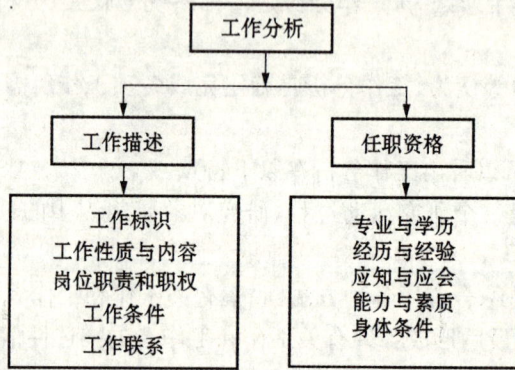

图 4.1　工作分析的内容

三、工作分析的原则

1. 岗位原则

工作分析的出发点是岗位,必须根据岗位的实际情况来分析岗位的性质、关系、职责、工作环境以及任职资格等。

2. 参与原则

工作分析需要组织各级人员的广泛参与,需要各部门主管的通力配合,任职员工的积极协助,也需要得到高层管理者的支持。

3. 实用原则

工作分析的结果将应用于人力资源管理的各个方面,因此工作分析产生的信息必须有实用性。这就要求在实施工作分析的时候必须根据实际需要确定工作分析的内容、方法等。

4. 经济原则

工作分析是一项复杂的技术工作,同时涉及组织的方方面面。因此,组织应本

着经济原则来选择工作分析方法,尤其要把握好分析时机。通常可以选择以下时间点实施工作分析:

(1) 组织在进行战略调整,工作内容和性质发生变化时。

(2) 业务发展,扩充增加生产线时。

(3) 引进新设备、新工艺和新技术时。

(4) 劳动生产率提高,需要改变编制,重新定岗定员时。

(5) 新组织投入运行时。

5. 动态原则

工作分析是人力资源管理的一项常规性工作,它的结果不是一成不变的。要根据组织的战略、结构和业务等因素的变化,对工作分析结果进行经常性的调整。

四、工作分析的作用

1. 为人力资源管理奠定基础

工作分析是人力资源管理的基础性工作,对于人力资源管理具有非常重要的作用,人力资源管理的任何一项工作几乎都需要用到工作分析的结果。全面和深入地进行工作分析,可以使组织充分了解工作的具体特点和对工作人员的行为要求,为人力资源管理决策奠定坚实的基础。工作分析对工作设计和评价、人力资源规划、员工招聘甄选、培训方案设计、绩效评估标准的确定、薪酬福利决策、职业生涯规划等提供客观依据,有利于组织做出科学的决策。图4.2说明了工作分析在整个人力资源管理工作中的地位。

2. 诊断组织潜在的弊端

(1) 工作分析提供的与工作有关的信息,可以帮助管理者理解工作流程,组织暴露出的不合理性,可帮助管理者对某些方面进行再设计,从而提高工作效率或有效性。

(2) 管理者通过工作分析对人员编制和人员结构进行管理和研究,摒弃不合理的人员结构,减少人力资源的浪费、重叠或不足等现象。

(3) 管理者可以通过工作分析了解每一项工作所需完成的各项任务,这个过程可视为对组织结构潜在问题的全面检索过程。

3. 帮助组织察觉正在发生的变化

工作总是不断发生变化的,从事工作的人经常会对工作进行细微的调整,以适应环境条件的变化,或适应个人在完成工作方面的习惯。工作分析过程中出现偏差的主要原因往往是工作描述变得过时。因此,工作分析过程除了要对工作进行静态的界定以外,还应当探查工作性质所发生的变化。

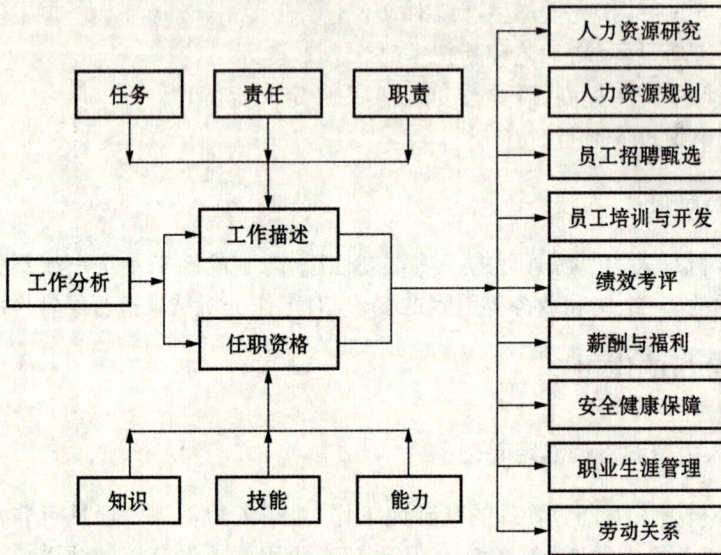

图 4.2 工作分析——人力资源管理的基石

第二节 工作分析流程

工作分析是一个系统的过程,这个过程可以分为四个阶段,即准备和计划阶段、信息收集与分析阶段、结果描述阶段、应用反馈阶段。在每一阶段里,又包括若干步骤,如图 4.3 所示。

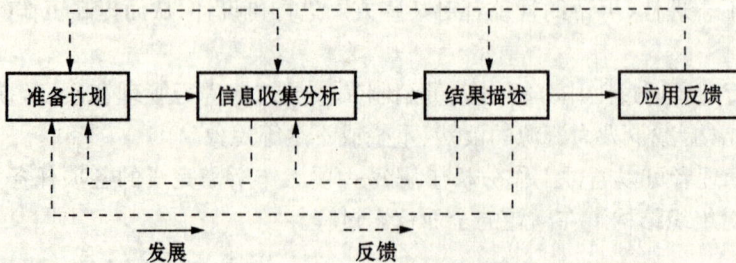

图 4.3 工作分析流程

一、工作分析的准备和计划阶段

1. 明确工作分析的目的,制定工作分析的计划

不同的组织、组织在不同的阶段进行工作分析,其目的都不尽相同。比如,新成立的组织或一个刚刚进行重组的组织进行工作分析,其首要目的是将组织的职能进行层层分解,明确各岗位的职责,明确组织中的纵向隶属关系和横向关联关系;而工作分析如果是为空缺岗位招聘员工,则工作分析的目的则在于确定该岗位的工作职责和对该岗位任职者的要求。因此,进行工作分析,首先要确定工作分析的目的所在,它决定了在进行工作分析的过程中需要获取哪些信息以及采用哪些工作分析的方法。

2. 使组织全体成员了解工作分析的意义和目的

在工作分析实施前与组织的沟通,向组织成员传递工作分析的意义、目的、方法和步骤,并让其了解时间进度安排和一些可能会用到的方法可以取得组织员工的理解和支持,消除其内心的顾虑和压力,避免他们不配合工作分析的工作,并增强工作分析的有效性。

3. 选择分析样本

在确定调查和分析对象的样本的时候要考虑样本的代表性。其代表性体现在纵横关系上,以销售经理为例,从纵向来看,组织内部对销售经理的工作内涵比较了解,易发表意见;从横向来看,几乎每个经理都有相同的岗位,那么纵横两方面衡量和比较,就容易确定该销售经理在组织内工作分析的具体参数。

4. 选择收集信息的方法

收集工作信息的方法有很多种,各有其优缺点。在实际运用时,是选择一种方法还是同时选用几种方法,需根据进行工作分析的目的和组织的实际情况,有针对性进行选择,这样才能取得较好的效果。

5. 确定并培训工作分析成员

工作分析是一个系统工程,不是人力资源管理部门单独所能完成的,工作分析人员通常有三种类型:工作分析专家、工作任职者和任职者的直接上司。

工作分析专家在分析过程中的优点是,能运用专业知识选择工作分析方法,确保分析的科学性;比较客观公正,易保持信息的一致性。缺点也非常地明显,价格

昂贵,而且他们可能会因对组织的情况缺乏了解而忽略工作中某些无形的方面。

工作任职者。一般来说,工作任职者最了解工作的内容,他们能够提供关于工作的真实可靠的信息。使用工作任职者收集信息有以下各项优点:

(1) 工作任职者能够提供关于工作的较完整的信息。

(2) 通常可以使用大量的任职者对同一岗位工作提供信息。

(3) 当需要对大量的岗位进行工作分析时,使用工作任职者来搜集工作信息是最有效率的方法。

(4) 任职者参与工作分析,保证了工作分析的民主性与参与性,使得工作分析的结果容易为各类职务人员所接受。但使用工作任职者收集信息应该注意的是,一部分工作任职者往往会带有功利目的,夸大他们所从事工作的重要性与复杂性,以期提高自己的薪酬或其他利益。

任职者的直接上司。任职者的直接上司监控任职者从事工作,他们有机会观察任职者的工作,能够客观地提供工作信息,收集工作信息的速度也比较快。一般情况下,任职者的直接上司并不作为主要的工作信息收集者,而是要求他们对已收集的信息进行检查与核实。

以上参与工作分析的各类人员各有优缺点,在工作分析中的作用也不尽相同,因此这几类人员必须通力合作,取长补短,共同完成工作分析。

在确定工作分析人员之后,接着就要对他们就如何开展工作分析进行培训。培训由有关专家进行,对工作分析的意义、使用方法的特点进行具体讲解,对项目用语的标准含义、施测指导语、施测过程的引导和控制进行统一规定,回答成员的质疑,并对有歧义的地方进行讨论和确定。在培训过程之中,还要提供给每位分析人员有关操作的书面材料。

二、工作分析信息的调查分析阶段

调查分析阶段是工作分析流程中十分关键的一个阶段,主要任务是收集工作信息和分析整理工作信息两个方面。

收集工作信息具体包括:编制调查问卷与提纲;灵活运用各种调查方法如面谈法、问卷调查法、观察法、关键事件法等收集信息;广泛收集有关工作特征及要求的各种信息,并要求被调查人对各种工作特征和人员特征的重要性进行权重评定;在调查过程中保持严谨客观的态度,科学地选取有代表性的样本,并控制工作信息的准确性。

收集的工作信息应尽可能全面,当今工作分析发展的一大趋势是要将该工作岗位的内在顾客与外在顾客,业务流程的上下游环节都纳入到工作分析的信息来源之中,形成对工作的全面信息的收集与判断。工作分析的信息来源一般有四个方面：一是组织所在的行业与产业的工作标杆或是工作标准；二是组织内在的组织层面的信息与期望；三是来源于组织内部与岗位相关的各类人员；四是来源于外部的组织或客户，见表4.1。

分析工作信息的任务是对调查结果进行统计分析，具体有审核已收集到的各种信息；运用科学的方法创造性地发现有关工作的关键点；归纳、总结出工作分析的必须材料和要素。在分析环节，运用科学的统计技术是关键。

表 4.1　工作分析的信息来源

工作分析的信息来源	
来源于产业行业的标杆	来源于组织内部的文献
其他组织的工作说明书 职业数据 职业信息网	组织现有的政策、制度、文献 以前的工作说明书或岗位职责描述 劳动合同 人力资源管理文献
来源于与岗位相关的组织成员	来源于外部组织或是客户
该岗位的任职者 该岗位的同事 该岗位的上级 对该岗位产生影响或受该岗位影响的其他人员	组织的客户 组织策略联盟者 组织的上游供应商 组织销售渠道外部专家

三、工作分析的结果描述阶段

仅仅分析一组工作信息，并未完成工作分析，分析人员必须将分析所得的信息予以整理并写出报告。工作分析的报告，其编排应该根据分析的目的加以选择，以简短清晰的字句，撰成说明式的报告初稿，送交有关主管和分管人员，获取补充建议后，再予修正定稿。此阶段的主要任务就是根据规范和标准编制工作说明书，它包括"工作描述"和"任职资格"两部分。

编制"工作描述"。将涉及工作本身的信息以文字说明的方式，对工作名称、工作任务和职责、工作权限、工作关系、工作设备与材料、工作环境及工作条件等加以描述。

编制"任职资格"。将涉及工作任职者的信息以文字说明的方式，对任职者的任职资格，包括知识、技术、能力、身体素质、心理素质等加以描述。

四、工作分析结果的应用反馈阶段

此阶段是对工作分析成果的验证。只有通过实际的检验，工作分析才具有可行性和有效性，才能不断适应外部环境的变化，从而不断地完善工作分析的运行程序。

工作分析是人力资源管理中的一项基础性工作。通过工作分析所获得的工作描述和任职资格对后续的各项人力资源管理活动中都有重要的作用，因此，工作分析的应用十分广泛。

1. 岗位评价与设计

工作评价是根据工作分析的结果，按照一定的标准，对岗位的性质、强度、责任、复杂性以及所需的任职资格等因素的差异程度，对特定工作对组织整体目标实现的相对价值的大小进行综合评估的过程。其主要目的是衡量组织内部每一个的价值，并建立各个岗位价值间的相对关系。岗位评价是一项非常重要的工作，其结果会为确定薪酬提供有力的根据。岗位评价的内容主要包括完成工作所需要的技能、工作任务、工作责任、工作环境和风险等。这些内容恰恰是工作分析所提供的信息，因此工作分析是工作评价的基础。

工作分析所获取的信息不仅可以为我们进行岗位评价提供基础，还可以为我们思考当前的工作流程设计与工作内容设置是否合理提供依据。通过工作分析，收集到各个岗位工作内容、工作职责、工作联系、工作结果方面的信息，对此加以分析和研究，就可以确定是否需要对某些岗位进行重新设计。

2. 人力资源规划

人力资源规划就是要对组织岗位人员的安排与配置制定有效的计划，并根据市场环境、生产任务和组织战略的发展变化趋势，进行人力资源需求的长期预测。人力资源工作者在动态的环境中分析组织的人力需求时必须要获得广泛的信息。工作分析所形成的工作说明书为人力资源规划提供了详细的资料，在组织内工作任务的分配状况可从工作分析中得到较详细的资料，根据这些资料可以作为利润分配时的准绳。另外在组织不断发展中，工作分析可作为预测工作变更的基础资料，让该岗位上的员工及其主管预先对需要改变的相关工作做好心理和技能上的准备。

3. 人员甄选与配置

在工作分析的实施过程中，组织可以发现是否存在岗位工作负荷偏重的情况，任职者的实际技能水平和该岗位要求的技能水平是否有差距。如果出现上述情况，组织就必须考虑进行人员招聘了。工作分析产生的工作说明书，对特定工作的性质、内容，及担任此工作应该具备的资格条件都作了详尽的说明和规定。这就为人力资源管理人员明确了招聘对象的标准,在进行选拔、聘任的考评时就能选择合适的考核科目和考核内容。

此外,每个岗位应该配备多少任职者,也要通过工作分析收集的信息来决定。可见,组织进行人员招聘和配置,离不开工作分析的指导。

4. 绩效考评

工作分析是组织进行绩效考评的前提。它为绩效考评的内容、指标体系以及评价标准的确定提供依据。

员工绩效是员工外显的行为表现,这种行为表现受多种因素的影响,其中最直接的因素是工作描述。因此要想有效地进行绩效管理,必须首先有清晰的工作描述信息。对绩效考评来说,主要利用的工作描述方面的信息有:工作职责和任务、各项职责和任务所占的比重、与组织内外其他部门和人员的关联关系。

首先,工作职责和任务是对任职者的绩效进行管理的依据,对任职者的考评主要是将其实际完成的工作结果与工作职责和任务的要求相比较,就可以得出其绩效水平。

其次,对任职者绩效进行考评的权重应该参照各项职责和任务所占的比重。

再次,工作关联关系表明了任职者工作结果的输出方向,那么在对其工作进行考评时,接受其工作结果的对象就有权力对其绩效进行考评。

5. 员工培训与开发

员工培训开发的前提是组织对员工的任职资格有明确说明,而每项工作的工作规范列出了任职者要胜任该项工作必须具备的资格条件。工作分析过程中收集的信息和工作说明书对培训工作有极大的价值。它们能够确定培训需求,提供有效培训计划所需要的有关详细信息,诸如培训课程的内容、培训的形式、所需培训的时间、培训对象的遴选、准备培训活动所应安排的资料等。工作任务分析通常用以确定新员工的培训需求,即通过对工作任务的详细研究来确定新员工需要什么样的专门技能培训才能胜任工作。

此外,工作分析信息还可用于员工激励、员工的生涯管理,以及人力资源管理的研究工作。

第三节　工作分析方法

工作分析的方法有很多种,从分析切入点划分,工作分析有工作导向方法和工作者导向方法两种类型。工作导向型分析,是指从工作任务调查入手的工作分析活动,它主要针对工作本身的要素进行分析和评价。这类方法主要有职能性工作分析(FJA)、管理职位描述问卷(MPDQ)、任务清单(TI)、职业分析调查(OAI)等。

工作者导向型分析,是指从工作者行为调查入手的工作分析活动,这类方法主要侧重于描述工作者如何完成工作。常用的经典方法主要有,工作分析问卷(PAQ)、岗位描述问卷(PDQ)、通用标准问卷(CMQ)、工作元素调查(JEI)、Fleishman工作分析调查(F—JAS)、关键事件技术(CIT)和现场工作日记等。

依据工作分析方法适用的范围不同,可以将其分为三类[①]。一是适于所有工作的通用工作分析方法,如职能性工作分析(FJA)、通用工作分析问卷(CMQ)、工作分析问卷(PAQ)等。这些方法由于适用范围广,因此方法的标准化程度一般比较高,不同工作间的比较和归类也比较容易。

二是针对某一类别工作的分析方法,如管理类等来编制相应的测量方法。这类方法有管理职位描述问卷(MPDQ)、专业与管理岗位问卷(PMPQ)等。这类方法适用范围较第一种思路编制出的方法适用范围要窄,但比第一类方法更能切合特定类别工作的特点,因而在某种程度上其可接受程度和准确性也更高一些。

三是针对某一具体工作的分析方法,主要用于特定岗位的招聘、选拔。因此按这种思路编制的方法针对性最强,可接受性也最高,但适用范围也最小。

另外,从工作分析人员所采用的信息收集方式来划分,可以将工作分析方法分为问卷法、访谈法、观察法、参与法、文件资料法等几大类。

工作分析的方法有多种,但在通常情况下,工作分析很少单独使用一种方法来收集信息,往往是将几种不同的方法加以组合运用,以便获得各种工作所需要的信息。下面介绍的是几种常用的方法:

一、问卷法

问卷法就是使用预先设计好的调查问卷来获取工作分析的相关信息,从而实现工作分析的目的。这类方法是国内外工作分析中运用最普遍的一种方法。采用问卷法,首先需要考虑如何安排问卷结构以及提一些什么样的问题。从理论上讲,有两种极端的做法:在一种极端情况下,设计一份结构极其完备的问卷,问卷上罗列若干种备选的特定任务和工作,要求员工回答其是否做这些工作。在另一种情况下,完全将问卷设计成开放式的,并要求员工回答诸如"描述你的主要工作任务"之类的问题。在实际操作中,问卷通常都是介于这两种极端情况之间。

问卷主要可以分为两种类型:一般工作分析问卷和特定工作分析问卷。

---

① 杨杰,方俐洛等. 工作分析的定义、理论和工具探析[J]. 自然辩证法通讯,2003,145(3):50-59.

1. 一般工作分析问卷

一般问卷的内容具有普遍性,适合于多种工作,见表4.2。在国外组织中常用的通用性工作分析问卷是职位分析问卷(PAQ)。

表4.2 一般工作分析问卷(部分)

姓名		职称		现任职务		工龄	
性别		部门		直接上司		进入公司时间	
年龄		学历		月平均收入		从事本工作时间	

工作时间要求	1. 正常的工作时间每日从( )时至( )时结束
	2. 每日午休的时间为( )小时,(%)情况下可以保证
	3. 每周平均加班时间为( )小时
	4. 实际上下班时间是否随业务情况经常变化。(总是、有时是、偶尔是、否)
	5. 所从事的工作是否忙闲不均。(是、否)
	6. 若工作忙闲不均,则最忙时常常发生在什么时间
	7. 每周外出时间占正常工作时间(%)
	8. 到外地出差平均每年几次( ),每次平均需要( )天
	9. 本地外出情况平均每月( )次,每次平均( )小时
	10. 外地出差所使用的交通方法按使用频率排序:
	11. 本地外出时所使用的交通方法按使用频率排序:
	12. 其他需要补充说明的问题

工作职责	主要职责	其他职责
	1.	1.
	2.	2.
	3.	3.
	4.	

工作活动内容	名称	结果	占全部工作时间的百分比(%)	权限		
				承办	需报审	全权负责

职位分析问卷是国外目前研究最透彻的一种工作者导向的工作分析技术。它是由迈考密克（Ernest McCormick）在 1972 年设计制作的。该方法是一种结构严密的实用性较强的方法。

职位分析问卷由 194 个项目或工作元素所组成，这 194 个项目或工作元素又分属信息输入、心理过程、工作输出、人际关系和工作环境五个工作要素范畴。每一个分属于以上五个范畴的项目或工作元素，都将用一个评定量表对它进行评定。PAQ 一共有 6 个评定量表，每个量表根据程度不同分成了若干个等级。这六个量表分别是：使用程度(U)、重要性(I)、耗用时间(T)、发生可能性(P)、适用性(A)和特殊记分(S)。运用这五个范畴和六个评定量表，基本上就可以在沟通和决策、技能工作操作、体力劳动和环境条件、使用的方法设备以及信息加工过程这五个方面决定一个工作的性质，并在此基础上对工作进行比较和分类，从而成为制定工作描述和工作要求的指导。例如在图 4.4 中，书面材料被评为第四等级，这表示书面材料在工作中扮演了重要的角色。

职位分析问卷法的优点在于，它将工作按照五个基本领域进行排序并提供了一种量化的分数顺序或顺序的轮廓。这五个基本领域是：

（1）是否负有决策/沟通/社会方面的责任。

（2）是否执行熟练的技能性活动。

（3）是否伴随有相应的身体活动。

（4）是否操纵汽车/设备。

（5）是否需要对信息进行加工。因而职位分析问卷的真正优势在于：它对工作进行了等级划分。换而言之，职位分析问卷法可以使你根据决策、熟练性活动、身体活动、汽车/设备操纵以及信息加工等特点对于每一项工作分配一个量化的分数。于是，你就可以运用职位分析问卷法所得出的结果对工作进行对比，以确定比如说哪一种工作更富有挑战性，然后你可以根据这一信息来确定每一种工作的奖金或工资等级。

工作元素调查是以 PAQ 为模式发展起来的，它包括 153 个与工作成功有关的工作元素，由任职者在一个三点量表上评定每一个元素：

（1）在工作中不存在。

（2）在工作中存在但不重要。

（3）存在，且很重要。这种方法最大的优点就是使用简单，只请任职者完成，而不是由专业人员进行，因此可以大幅节省费用。除此以外，数字化的评定结果还有利于计算机存储信息和对数据进行分析。

			使用工作信息的程度

1.工作信息的输入

　1.1 工作信息的来源
　请将下列的每一项要素根据它们被工人在
　工作中当作信息来源使用的程度划分等级

使用工作信息的程度
0 不使用
1 很少不太经常
2 偶尔
3 中等
4 比较经常
5 常常

　　1.1.1 工作信息的视觉来源

1　__4__　书面材料（书、报告、办公记录、文章、工作指导书、签名等）

2　__2__　数据材料（与数量或数字有关的材料，例如图、会计报表、明细表、数字表格等）

3　__1__　画面材料（作为信息来源的图画或类似图画的材料，例如草图、蓝图、线路图、地图、痕迹图、照片、X光线图、电视画面等）

4　__1__　模型或与之相关的装置（在使用中被观察并且被作为信息源使用的模板、型板、模型等，不包括在上述第3项中已经描述过的要素）

5　__2__　视觉装置（罗盘、仪表、信号灯、雷达显示器、速度仪、钟表等）

6　__5__　测量仪器（用以获得物理量度的视觉信息方法，如直尺、卡尺、轮胎压力仪、秤盘、厚度仪、滴管、温度计、量角器等，不包括在上述第5项中已经描述过的装置）

7　__4__　机械装置（被当作信息源加以观察使用的方法、设备及其他机器装置）

8　__3__　被加工的材料（在被改造、加工的过程中成为信息来源的零部件、材料、物体等，如正在被搅拌制作面包的面粉、正在变成一台车床的零部件、正被切割的布匹、正在被换底的鞋子等）

9　__4__　未被加工的材料（那些现在并未处于改变或修造过程之中，然而当他们被检修、处理、包装、分配和挑选的时候，同样能够成为信息来源的部件、材料、物体等，例如那些正处于库存、储藏或分配渠道之中的或正被检查的部件或材料等）

10　__3__　自然特征（风景、田野、地理类型、植被、云的构成以及其他一些被观察者作为信息来源的自然特征）

11　__2__　人为的环境特征（结构、建筑、堤坝、公路、桥梁、船坞、铁路以及其他一些"人造"的或其他与之相关的被观察者作为工作信息来源的室内室外环境，不考虑在第7项中已经提到的工人在工作过程中所使用的机器设备等）

图 4.4　一份已完成的工作分析问卷中的一部分[①]

2. 特定工作分析问卷

　　该方法的问卷内容具有特殊性，适合于某种特定的工作，如管理工作、销售工作等，国外常用的管理工作分析问卷有管理岗位描述问卷（MPDQ）。

---

① 加里·德斯勒.人力资源管理(第九版)[M].北京:中国人民大学出版社,2005:94.

管理岗位描述问卷是一种以工作为中心的分析方法,是专门为管理人员设计的工作分析系统,是所有工作分析系统中最有针对性的一种系统。它与 PAQ 法十分相似,通过各种问题的设计,该问卷提供关于管理岗位的多种信息,涉及工作行为、工作评价、工作范围、决策过程、素质要求及上下级间的关系等。包括 197 个用来描述管理人员工作的问题,涉及管理者所关心的问题、所承担的责任、所受到的限制,以及管理者的工作所具备的各种特征。这 197 个问题被划分为 13 类工作因素,包括产品、市场和财务与战略计划、与组织其他部门和人事管理工作的协调、内部业务控制、产品和服务责任、公共关系与客户关系、高层次的咨询指导、行动的自主性、财务审批权、雇员服务、监督、复杂性和压力、重要财务责任、广泛的认识责任。

使用 MPDQ 进行工作分析时,首先要求管理者按照 0~4 五个等级评定每个项目所描述的工作活动对管理者岗位的重要性程度,然后写下管理者认为在某一因素中尚未被包括的工作活动作为补充。MPDQ 对评价管理工作、决定该岗位的培训需求、工作分类、薪酬评定、制定选择程序和绩效评估方案等人事活动都具有重要的意义和指导作用。

二、职能性工作分析

职能性工作分析法始于 20 世纪 40 年代,美国劳工部训练与就业署对《职业名称辞典》的工作进行分类时开始使用的一种工作导向的分析技术。职能性工作分析方法有多种,目前使用较普遍的就是美国劳工部的职能性工作分析。职能性工作分析主要收集四个方面的工作信息:

(1) 工作内容,包括工作动作和对象。

(2) 工作目标,即工作期望的结果是什么。

(3) 工作方法,包括工作中使用的工具、设备或其他辅助物,以及工作指导的来源(上级指令、工作规则或工作惯例)。

(4) 工作人员的职能,即工作人员在工作中发生的关系,这方面信息是职能性工作分析的重点。

职能性工作分析方法认为,员工在工作中与数据、人、物这三种要素发生关系,这三种工作关系也即三种工作职能。数据是指工作涉及的数字、符号、概念、思想等信息,处理数据的工作行为是综合、协调、编辑、计算、复制、比较等,这些工作消耗员工脑力资源。人是指工作中发生关系的其他人,如上级、同事、下属、客户等。工作中与人发生关系的行为是指导、谈判、指示、监督、转变、劝说、通告、服务、接受指示性帮助等,这些工作行为涉及人际资源。物是指工作中涉及的机器设备等工作客体,员工在工作中与物发生关系的行为包括装配、精确操作、运行控制、驱动、操纵、照看、保养、手工操作等,诸如此类的工作行为消耗员工的体力资源。

工作中与数据、人、物发生关系所形成的三种职能占整个工作的比重不完全相同,一般来说,专业技术人员在工作中投入的处理数据的职能量较大,行政管理人员投入的处理人际关系职能量较大,而生产线上的操作人员大部分时间与物发生工作关系,体力消耗较大。依据数据、人、物在工作中的重要程度不同,可以用百分比的形式来估计三种职能的比重。例如,某机械厂车工的数据、人、物的职能比率,可以分别确定为15%、10%、75%。在职能性工作分析中,三种职能的比重关系说明了职能倾向性。

表4.3 美国劳工部制定的工作职能项目及等级表

数 据	人	物
0 综合	0 指导	0 装配
1 协调	1 谈判	1 精确操作
3 分析	2 指示	2 运行控制
4 汇编	3 监督	3 驱动
5 计算	4 转变	4 操纵
6 复制	5 劝说	5 照看
7 比较	6 通告	6 保养
	7 服务	7 手工操作
	8 接受指导或帮助	

表4.3为三种职能中的各项工作行为可以按难易程度或复杂程度列出等级序列。在表4.3中,数字越大,表示工作行为更为简易,且数字小的工作行为一般包含数字大的工作行为。例如计算项工作行为包含复制和比较,但不包括汇编、分析、协调、综合。美国劳工部的训练与就业署,曾用该表中列出的职能项目及职能工作分析技术,对3万多种工作做了工作分析,并由此编制了《职业名称辞典》。

最新版的FJA使用7个量表来描述工作者在工作中所做的事情,具体包括:物;数据;人;工作者指示;推理;数学;语言。每个量表都采用有具体行为描述和任务说明的锚点。

三、关键事件技术

关键事件技术是由福莱纳格(John Flanagan)于20世纪50年代设计出的一种工作者导向的工作分析方法。它要求调查人员、工作任职者及与职位有关的人员(如任职者主管)将工作过程中的"关键事件"详细加以记录,在大量收集信息之后,对工作职位的特征和要求进行分析研究的方法。所谓关键事件是指在工作过程中给工作任务造成显著影响(如成功与失败,赢利与亏损,高效与低产,等等)的事件。

关键事件的记录应包括:

(1)导致该事件发生的背景、原因。

(2)当事人有效的或无效的行为。

(3) 关键行为的后果。

(4) 当事人控制上述后果的能力。将各项详细记录之后，可以对这些数据做出分类，并归纳总结出该职位工作的主要特征和具体要求。该方法的操作步骤，见表 4.4。

表 4.4　关键事件技术的操作步骤

步骤	内　容　描　述
1	要求对某工作十分熟悉的人向工作分析人员描述最近 6 至 12 个月中最能代表有效和无效工作行为的关键工作事件
2	让任职者写下 5 个在该工作中他们最擅长的事件或描述一个在该工作中表现最出色的人的工作行为
3	让任职者描述这些事件或行为的起因、行为后果以及是否在他的控制之下等信息
4	在发生次数多少、重要性和操作需要的能力范围三个方面评定每一个关键事件
5	按性质划分关键事件。先由 3 至 4 名任职者任意归类，再由工作分析员综合、命名并定义
6	让另外 3 名任职者对工作分析员的归类进行检核：定义是否简明，事件归类是否清晰准确
7	创建关键事件类目与频率表

采用关键事件技术时应该注意：

(1) 调查的期限不宜过短。

(2) 关键事件的数量应该足够说明问题，事件数目不能太少。

(3) 正反两方面事件要兼顾，不得偏颇。

总体而言，该方法集中于描述工作行为，既保证了可观察性和可测量性，又使工作分析结果同时包含工作的静态维度和动态特征。但收集有关工作关键事件并进行描述和归类非常耗时，难以评定平均绩效行为，比较适于进行胜任力分析和诊断。

四、访谈法

正在承担一项工作的员工对这项工作的职责和要求是最有发言权的，因此对工作承担者进行访谈是收集工作信息的一种有效的方法。访谈法是指工作分析人员通过与某项工作有关的员工（如现任者、主管、曾任者等）进行面对面的交谈而获得工作信息的方法。任职者的访谈主要是为了获得有关工作内容和工作背景的信息。由于工作承担者有长期担任此工作的经验，他们对于工作本身的责任和工作要求的体会都会较别人深刻得多。主管所起的作用在于评审和证实任职者回答的准确性，并提供有关工作重要性、期望的绩效水平、新员工的培训需要和工作的必要条件等相关信息。为确保信息的完整性和一直性,工作分析人员应与多位相关员工进行交谈。

成功访谈法的关键取决于两个方面:

一是访谈提纲的质量。为了使访谈能获得全面的信息,工作分析人员应事先拟订一份访谈提纲。访谈提纲的问题应能覆盖准备工作的所有方面(如工作的职责和任务、工作标准、相关部门或岗位、工作环境、知识技能要求、经验要求等等),为此,通常要预先对分析工作进行了解。

二是交谈技巧。工作分析员必须掌握一定的交谈技巧才能取得成功。首先,工作分析员要与部门主管密切合作,以便找到对工作最为了解的员工。其次,要尽快与被访者建立起融洽的关系,建立的方法有很多,如知道对方的姓名;用通俗易懂的语言交谈;简单介绍访谈的目的等等。最后,在访谈结束后,与被访者本人或其上级主管人员一起对所收集的工作信息进行核查。

访谈法主要有以下几种类型:

(1) 个别员工访谈法。主要是适用于被分析对象的工作有明显差别,而工作分析时间又比较充分情况下使用。

(2) 群体访谈法。群体访谈法运用于多个员工从事同样或相近工作的情况。

(3) 主管人员访谈法。是指把一个或多个主管作为访谈对象,因为他们对工作非常熟悉,这有利于减少分析时间。

在实际运用中,进行工作分析访谈需把握以下几个关键点:

(1) 访谈者培训:工作分析访谈是一项系统性的、技术性的工作,因此在做访谈前的准备工作时应对访谈者进行培训。例如,积极地倾听与沟通技巧、引导访谈者提供真实信息的能力、对访谈内容随时进行准确记录的能力等。

(2) 事前沟通:应在访谈前取得直接主管的支持,并且应在访谈前一星期左右通知访谈对象,并以访谈指引等书面形式告知访谈内容,使其提前对工作内容进行系统总结,并且容易获得访谈对象的支持。

(3) 技术配合:在访谈前,访谈者应对访谈的职位进行文献研究,初步信息收集,形成对职位的初步印象,找到访谈重点,使访谈能够有的放矢。

任何一种信息收集方法都不是完美的,它总是优点和缺点共存的,访谈法也是如此。访谈法的优点是,可以收集到更丰富的信息,对工作方面的信息可以了解得更为深入,尤其是可以对工作者进行心理特征分析,例如工作态度、工作动机等;可以简单快速收集工作分析信息,应用面广;能及时进行控制和引导;能有机会使被访者更加了解工作分析的目的和必要性。

访谈法存在上述优点的同时也存在着一些缺陷,主要是工作时间成本高;受访者会将个人利益与访谈联系,尤其是任职者本人的访谈,他们往往容易夸大工作的难度与重要性;由于工作分析人员缺乏沟通技巧,会导致工作信息的不完全。

五、直接观察法

直接观察法是指在工作现场用感觉器官或其他方法,观察员工的实际工作运作,用文字或图表形式记录下来,来收集工作信息的一种方法,见表4.5。这种方法主要用来收集强调人工技能的那些工作信息。例如一位车工的工作,它可以帮助工作分析人员确定工作体力任务与脑力任务之间的关系。使用观察法应注意以下几点:

(1)观察法适用于标准化或大部分标准化的、周期短的体力活动为主的工作。

(2)调查之前要了解工作行为样本的代表性。

(3)观察的对象工作必须是相对静止的,即在一段特定的时间内,工作内容、工作时间、工作方法与程序及对工作人员的要求都不会发生明显的变化。

(4)观察法并不适用于脑力技能占主导地位的工作。

(5)观察人员应当尽量隐蔽自己的观察行为,以便观察到真实而有代表性的目标工作。

(6)对于观察人员来说,目标工作可能是复杂、不熟悉的,在观察时不容易抓住重点。因此一份详细的完备的观察提纲是必需的,以便于及时记录观察结果。

表4.5 工作分析观察提纲(部分)

被观察者姓名:_____ 日 期:_____
观察者姓名:_____ 观察时间:_____
工 作 类 型:_____ 工作部门:_____
观 察 内 容:
  1. 什么时候开始正式工作?_____
  2. 上午工作多长时间?_____
  3. 上午休息几次?_____
  4. 第一次休息时间是从_____到_____
  5. 第二次休息时间是从_____到_____
  6. 上午完成产品多少件?_____
  7. 平均多长时间完成一件产品?_____
  8. 与同事交谈几次?_____
  9. 每次交谈时间约_____分钟
10. 室内温度_____度
11. 抽了几支香烟?_____
12. 喝了几杯水?_____
13. 什么时候开始午休_____
14. 出了多少次品?_____
15. 噪音是多少分贝?_____

六、文件资料法

文件资料法即利用组织现有的有关组织发展、职位工作和工作人员的文件资料进行工作信息的收集。可利用的文件资料包括组织现有的政策、制度、文献;以前的工作说明书或岗位职责描述;劳动合同;人力资源管理文献;人力资源信息系统数据;现场工作日志、人事档案、会计记录、项目报告、备忘录等。由于文件资料提供的信息比较纷杂,因此,需要对其所涉及的内容进行提炼,将主要信息进行归纳。实际工作中常用资料信息归纳表,见表 4.6 的形式来实现这一目的。

文件资料法的突出优点是耗费时间少、成本低,信息质量较高,但要从纷杂的技术性强的原始资料中整理出清晰的合乎需要的信息,需要有技术熟练的分析专家。

表 4.6 资料信息归纳表

资料收集时间:

资料整理时间:

资料份数:

来自于领导层的主要信息:

来自于各部门的主要信息:

来自于组织内部个人的主要信息:

来自于外部的主要信息:

整理人签名: 时间:

现场工作日志是文件资料法收集工作分析信息的重要来源之一。现场工作日志法是指按时间顺序记录工作过程，然后进行归纳、提炼、总结，取得所需工作信息的一种方法。表 4.7 为该方法的一个范例。

工作日志法获取信息准确，且获得信息的过程简单，成本较低。缺点是该方法只适合工作循环周期短的，工作状态稳定的岗位，对于一些特别是高层次的岗位，由于工作的灵活性和前瞻性，通过工作日志取得信息，往往不能反映岗位的真正要求。另外，工作日志法需处理的信息量大，归纳工作繁琐。如果由工作承担者自己填写工作日志，则往往容易漏填很多实际上对工作分析很重要的东西，但如果由第三者填写，人力投入就会非常多，而且通常不会取得很好的综合效果。

表 4.7　工作日志写实记录范例(部分)

花费时间		工作活动内容	业务完成量	备注
开始	延续			
8:00	5	打电话到销售科	1	
8:05	2	接电话	1	
8:07	4	帮办事员登记材料	2 份	
8:11	4	帮办事员校对	5 页	
8:15	4	准备广告材料	1 页	
8:19	1	张厂长电话	1	
8:20	1	李厂长电话，要一信件	1	
8:21	6	和办事员商议工作	1	
8:27	5	找李厂长要的信	1	
8:32	5	安排当天的工作	1	
8:37	3	找王科长	1	
8:40	4	找工程师	1	
8:44	1	送李厂长所要的信	1	
8:45	2	为张厂长打文件	1	
8:47	13	同张厂长商量，布置简报	1	
9:00	2	开始复印李厂长的材料	0	
9:02	10	把张厂长材料归档	3	
9:12	4	继续复印材料	0	
9:16	5	同李厂长商议工作	1	
9:21	2	给办事员布置复印任务	1	
9:23	9	继续复印	2	
9:32	8	分发信件	5	
9:40	15	继续复印	2	
9:55	10	整理档案	4	
		(略)		

七、工作分析方法的评价与选择

1. 工作分析方法的评价

工作分析的方法有很多,各自有其特点,没有任何一种方法可以提供非常完整的有关工作的信息。因此对于这些方法应当综合使用、灵活搭配,以达到较好的效果。如何选择合适的方法进行工作分析是组织工作分析实践中应考虑的重要问题。合理选择的前提是对各种工作分析方法的"可用性"和"实用性"有一个清晰的认识。以下选择"工作导向"和"工作者导向"的经典方法各三种加以说明。工作导向方法有职能性工作分析、管理岗位描述问卷、职业分析调查。工作者导向方法有工作分析问卷、工作元素调查、关键事件技术等。

（1）工作分析方法可用性评价。工作分析的结果可用于人力资源规划、招聘选拔、绩效评估、培训发展、薪资福利和职业生涯设计等人事活动中,各种不同的方法可运用于人力资源管理各职能的程度是不同的,表 4.8 对六种工作分析方法的可用性做了一个总结。

表 4.8　工作分析方法可用性评价

方法 职能	工作导向方法			工作者导向方法		
	职能性 工作分析	管理岗位 描述问卷	职业分 析调查	工作分 析问卷	工作元 素调查	关键事 件技术
HR 规划	4	4	4	4	4	4
招聘选拔	4	4	4	4	4	4
绩效评估	3	3	3	3	4	4
培训发展	4	3	5	3	4	4
薪资福利	3	3	3	3	4	3
职业生涯设计	5	4	4	4	4	2

表中:"5"表示可用性程度最高;"4"表示可用性程度较高;"3"表示可用性程度一般;"2"表示可用性程度较低;"1"表示可用性程度最低。

（2）工作分析方法实用性评价。关于工作分析方法的实用性,近百名经验丰富的工作分析专家从多用途性、标准化、可接受性、可理解性、所需的培训、立即可用性、耗费时间、信度和效度、成本等八个方面对一部分工作分析方法分别进行了5 级评价,其评价结果,见表 4.9。

表 4.9　工作分析方法实用性评价

方法\实用标准	工作导向方法			工作者导向方法		
	职能性工作分析	管理岗位描述问卷	职业分析调查	工作分析问卷	工作元素调查	关键事件技术
多用途性	5	4	4	4	4	5
标准化	5	5	5	5	5	3
可接受性	4	4	4	4	5	4
可理解性	4	4	4	4	5	5
所需培训	3	3	3	3	3	3
立即可用性	5	5	4	5	4	4
耗费时间	4	4	3	3	4	3
信度和效度	4	4	4	3	4	3
成本	4	4	3	3	3	3

表中："5"表示实用性程度最高；"4"表示实用性程度较高；"3"表示实用性程度一般；"2"表示实用性程度较低；"1"表示实用性程度最低。

2. 工作分析方法的选择

（1）考虑工作分析结果的最终用途。各种分析方法各有所长，因此方法的选择一定要与目的相结合。工作导向方法是运用历史最久远的工作分析技术，所收集的信息包含了工作者实际工作的细节，也包含了工作者必须将工作做到什么样的程度的信息。

工作者导向方法最适于确定与工作有关的活动类型，如判断、人际关系等，而不是工作者实际所做的细节。如工作分析问卷使用了 187 项工作者导向的工作要素刻画对工作者行为的要求。它揭示了任务绩效中通常为工作分析所忽略的人际关系等。

（2）考虑选定方法的成本效益。在选择一种工作分析方法时，必须明确以下几个方面：①究竟需要花费多少时间；②参与工作分析的人员规模有多大；③需要进行什么样的培训；④如何获得相关问题专家；⑤如何证实专家的判断；⑥活动所需的总成本。可以根据表 4.9 提供的实用性标准判断各种工作分析方法可能发生的成本和效益。

（3）综合应用各种方法。表 4.8 和表 4.9 对工作分析方法的上述区分是相对的，只具有参考价值。实践中必须清醒意识到，各种方法之间的差别通常是比较模糊的。由于工作的性质在不断地变化,对工作者的知识技能提出了更广更高的要求,没有单一的方法能够提供工作分析的所需的全面信息。因此,未来工作分析的发展趋势是以多种方法的有机结合来取代功能单一的工作分析。

第四节 工作说明书的编写

小辞典

工作说明书是工作分析成果的书面表达形式,包括工作描述和任职资格两个部分。

工作说明书包括两个部分:一是工作描述,说明有关工作的特征;二是任职资格,主要说明对从事工作的人的具体要求。

一、工作描述

工作描述是一种关于工作中包含的任务、职责以及责任的目录清单。其主要内容包括工作标识、工作概述、工作职责、工作权限、工作联系、工作条件等。工作描述是任职次格编写的依据。表4.10是某公司人力资源部经理的工作描述范例。

表 4.10 工作描述范例

职务名称:人力资源部经理
部　　门:人力资源部
报告对象:公司分管人力资源部的副总经理
编 写 人:张山
编写日期:2007 年 10 月 10 日
批 准 人:李志
批准日期:2008 年 4 月 1 日

1. 工作概述
为合理利用和有效开发公司人力资源,以实现公司的发展战略及可持续发展目标,在国家人事、劳动工资政策法规及本公司相关政策和发展方向要求下,经公司总经理授权,制定公司人力资源管理各项制度,合理配备本部门的人、财、物,为公司的各个部门提供相关的服务、指导和监督。

2. 工作任务和职责

（1）组织制定人力资源规划。根据公司近期与远期发展规划,进行人力资源供给和需求预测,确立工作目标,收集信息,组织制定公司人力资源规划。

（2）组织实施公司中层管理人员的绩效评估,根据公司有关制度,组织制定中层管理人员考核测评表;组织实施对中层管理人员的考察、考核、调配、调动和奖惩。

（3）负责员工招聘和甄选。组织制定雇员招聘计划;根据工作说明书的要求引进人才,对候选人进行面试、筛选。

（4）审查雇员调配,审查雇员的调进和调出。

（5）组织实施雇员的培训与开发。进行培训需求预测,确定培训目标,制订培训计划,组织培训的实施,评估培训效果。

（6）制定薪酬与福利制度。在公司总经理的领导下,组织编制公司薪酬计划、奖励计划,制定包括健康保健和养老金在内的企业福利和服务项目的详细计划。

（7）负责劳动合同与劳动争议管理。组织公司统一的劳动合同的签订;审查劳动合同执行的情况;调查并化解劳动合同纠纷。

（8）负责签证管理。审批出国出境人员的任务报告,并为其办理出境证明。

（9）组织落实有关下岗职工的政策。根据政府及公司的有关规定,做好下岗职工的政策落实、手续落实和待遇落实等项工作。

（10）负责本部门的管理。培养、激励、考核、发展本部门员工;制定部门预算;主持部门会议;对本部门的人、财、物等资源进行合理配置。

（11）负责员工的思想政治工作。负责本公司职工的思想、政治教育和反腐倡廉工作。

（12）其他。完成公司领导交办的其他工作。

3. 工作权限

（1）考核权。按公司的规定和总经理的要求,对公司中层管理人员实施全面考核。

（2）监督权。全面监督公司各部门的劳动用工、工资总额使用情况及本部门的日常工作活动。

（3）批假权。按公司规定审批员工的请假报告。

（4）建议权。可对公司人力资源的合理使用向总经理提出建议。

（5）调配权。对中层以下的员工,在与相关部门协商的基础上,可对其进行调配。

4. 工作关系

副手1名,人力资源部有6人;直接上司是公司主管行政的副总经理;需要经常交往的内部部门是总经理办公室、财务部、生产部和其他各职能部门,需要交往的外部部门有省劳动厅、省人事厅和市社会养老保险局。

5. 劳动条件和物理环境

90%以上时间在室内工作,温度和湿度适中,光照充足,无噪音,无有毒气体。有外出要求,一年中有10%左右的工作日出差在外。工作地点在本市。

6. 聘用条件

每周工作 40 小时,国家法定的节假日放假;年薪 8 万元;本岗位是公司中层管理岗位,可晋升为公司主管行政的副总经理。每三年有为期一个月的带薪假期,可以报销 8 000 元的旅游费用。

1. 工作标识

工作标识主要规定工作的一般状况,通常包括工作名称及工作代码;工作身份;工作描述编写人和编写日期。工作名称应尽量标准化,采用通用名称。一个好的工作名称,不仅仅能给人们一种理念上的认识,同时,它还能够增加人们对该项工作的感性认识。如人力资源部经理,从该工作名称上可以得出这些信息:

（1）该工作岗位上的人员在人力资源部工作。

（2）该岗位主管人力资源工作。

（3）职务是经理。工作名称必须与工作任务、职责等相匹配,不然就会给具体工作带来不便。工作代码便于对各种工作进行识别、登记、分类以及确定组织内外的各种工作关系。

工作身份的内容包括工作所属部门、工作所属职系、工作的直接上级或报告对象、工资等级等。通过工作身份的描述,可以将该工作与类似的其他工作区别开来。

2. 工作概述

工作概述简要描述工作的总体特征,包括工作性质、工作职能、工作目的和工作职责。如某公司人力资源部经理的工作概述可以描述为"经公司总经理授权,制定和执行公司人力资源政策和措施"。某公司市场营销经理的工作概述可以描述为"规划、指导和协调公司产品（或服务）的市场经营和销售"。

3. 工作职责

工作职责在工作说明书中也可称为工作内容或工作域,它是工作描述以致整个工作说明书的主体部分。工作职责分析主要涉及工作任务和工作责任的分析。

每个工作岗位都有它规定的任务,工作岗位因任务而存在。工作任务分析就是分析任务的性质、任务的内容、实现任务的形式和执行任务的步骤和程序。

工作责任分析主要对工作任务对应的工作责任大小、重要程度进行分析。分析的项目包括：

（1）在资金、设备、仪器仪表、方法器具、原材料的使用与保管上的责任。

（2）在与他人的分工、协作和安全生产上的责任。

（3）在完成工作任务的数量、质量以及劳动生产率上的责任。

（4）在维护组织信誉，搞好市场开发、产品设计、生产工艺、质量检验、行政管理、员工业务素质培养上的责任，等等。

4. 工作权限

工作权限分析就是对工作承担者的权限范围进行分析。权限范围包括决策的权限、对其他人实施监督的权限以及经费预算的权限等。比如，工作承担者有权批准购买 5 000 元以下的物品，有权批准雇员请假或缺勤的时间；有权对部门内的人实施惩罚；有权建议加薪；有权进行新雇员的面谈和雇佣，等等。

5. 工作联系

工作联系主要是指任职者与组织内外其他人之间的正式工作关系，它指明了组织中的权力链。工作联系分析具体包括的内容有：

（1）该工作需要接受的监督。

（2）该工作需要进行的监督。

（3）完成工作所要求的人际交往数量和程度，包括与内部其他部门的联系和与组织外部的联系。如人力资源经理的工作联系可以这样说明：

报告工作对象：员工关系副总裁；

监督管理对象：招聘专员 1 名、培训专员 1 名、薪资调查专员 1 名、员工关系专员 1 名、秘书 1 名；

工作合作对象：所有部门经理和高级管理人员；

公司外部联系：职业机构、高级人才招募机构、劳动人事局、社会保障局。

6. 工作条件

工作条件指与工作相关的特殊环境条件。工作条件分析主要包括以下因素：

（1）工作场所。指从事工作的地理位置，如室内工作或室外工作，地面工作或高空作业，出差的频率等。

（2）工作时间。主要说明工作的时间特征，如白天工作或晚间工作，每日或每周工作时数，是否有弹性工作时间等。

（3）工作的物理环境。工作的物理环境包括工作场所的温度、湿度、噪音、光照强度、空气中含尘量、气味等的情况。

（4）工作的危险性和职业病。工作危险性指任职者在工作中所承受的身体损伤或生命风险，如工作可能对任职者造成何种伤害、伤害的部位和程度等。职业病指承担该工作是否会引起疾病，疾病的类型及对任职者危害程度等。关于上述因素的定性、定量分析应结合国家各主管行业公布的各项标准进行。

最后，如果必要，也可以对工作强度和聘用条件进行分析。工作强度是指在作业时间内人体做功的多少，能量消耗的大小。对工作强度的分析主要围绕以下指标展开：工作负荷、工作紧张程度、工时利用率、工作姿势和工作班制等。聘用条件分析包括薪酬水平与结构、支付薪酬的方法、福利待遇、晋升机会、工作的季节性、进修的机会等。

二、任职资格

工作说明书中的任职资格，是指一个人为了完成某种特定的工作所必须具备的知识、能力、技能以及其他特征的一份目录清单，是对任职者完成某个岗位工作所必须具备的基本资格要求。任职资格主要包括以下几方面：

（1）一般要求。主要包括学历、资历、专业、年龄、性别等。

（2）人格特征。主要包括性情、工作态度、责任感、忍耐力、成就动机、价值观等。

（3）心理能力要求。心理能力即从事心理活动所需要的能力。不同的工作要求员工运用不同的心理能力。心理能力包括七个维度，即算术运算能力、言语理解能力、知觉速度、归纳推理能力、演绎推理能力、空间视知觉能力和记忆能力。

（4）体质能力要求。体质能力对于工作的成功是非常重要的。比如，一些工作的成功要求具有耐力、手指灵活性、腿部力量以及其他相关能力。表 4.11 表示体质能力包括 9 项基本能力。若能确定某一工作对这 9 项中每一项能力的要求程度，并保证从事此工作的员工具备这种能力水平，则能确保工作绩效。

表 4.11　九种基本的体质能力

力量因素	1. 动态力量：在一段时间内重复或持续运用肌肉力量的能力
	2. 躯干力量：运用躯干部肌肉（尤其是腹部肌肉）以达到一定肌肉强度的能力
	3. 静态力量：产生阻止外部物体力量的能力
	4. 爆发力：在一项或一系列爆发活动中产生最大能量的能力
灵活性因素	5. 广度灵活性：尽可能远地移动躯干和背部肌肉的能力
	6. 动态灵活性：进行快速、重复的关节活动的能力
其他因素	7. 躯体协调性：躯体不同部分进行同时活动时相互协调的能力
	8. 平衡性：受到外力威胁时，依然保持躯体平衡的能力
	9. 耐力：当需要延长努力时间时，保持最高持续性的能力

表 4.12　是某公司人力资源部经理的任职资格的范例。

表 4.12 某公司人力资源部经理的任职资格

职务名称：人力资源部经理
部　　门：人力资源部
报告对象：公司分管人力资源部的副总经理
编 写 人：张山
编写日期：2008 年 10 月 10 日
批 准 人：李实
批准日期：2009 年 4 月 1 日

1. 概要：
   具体描述本职位在学历、体质、知识、技能、能力及其他特征方面的要求,上述方面将是成为一名合格的人力资源部经理的必备条件

2. 年龄要求：
   45 岁以下

3. 性别要求：
   男女皆可

4. 教育程度要求：
   大学本科及同等学力以上

5. 专业要求：
   人力资源管理、工商管理、工业心理学或其他相关专业

6. 经验要求：
   具有 3 年以上的人力资源管理或人事管理工作经验

7. 体质能力要求：
   健康状况良好,具有充沛的精力,能胜任办公室工作
   视力方面必须能看清电脑屏幕、数据报告或其他文件
   在听力方面,必须能够足以与同事、员工和顾客交流,能参加各种会议
   能站立和行走,能攀登、俯身和跪蹲,举、拉、推能力良好

8. 知识、技能和心理能力要求：
   熟悉国家和地方政府有关人事、劳资和劳保方面的方针、政策、法规;熟悉《劳动合同法》
   掌握现代公司人力资源管理理论和操作实务
   熟悉行业管理机制和人员编制、劳动用工、工资使用、人才引进等方面的管理规定
   了解公司产品和为顾客提供的服务
   英文的听、说、写能力较好
   会使用人力资源管理软件
   具有较好的沟通能力、分析能力、组织协调能力、解决冲突能力和文字表达能力
   责任心强,具有奉献精神,与他人合作能力强

三、工作说明书编写原则

工作说明书的编写应遵循以下几个原则：

1. 同一规范

工作说明书的具体形式虽然有多种，但其核心内容却不应当有太大改变。对于工作说明书中的重要项目，诸如工作名称、工作概述、工作职责、任职资格等，必须建立统一的格式要求，否则工作说明书很难发挥管理的作用。

2. 清晰具体

工作说明书是任职者的工作依据和具体要求，内容必须具体明了，使任职者或监督者可以理解、可以操作、可以反馈。语言方面应当符合任职者的水平，不能让人看不懂。

3. 明确范围

在界定工作岗位时，要确保指明工作的范围和性质，如可以用"为本部门"、"按照经理要求"这样的句式来说明。此外，还要把所有重要的工作关系也包括进工作说明书。

4. 共同参与

工作说明书的编写不应当闭门造车，而应有担任该职务的工作人员、上级主管、人力资源专家共同分析协商。只有将各方面的意见参考在内，制定出来的工作说明书才会为各方面所接受，才能在工作中发挥作用。

~~~~~~

热点问题

职位弱化与工作说明书

传统上，雇员是按照工作说明书规定的内容来从事工作。随着组织外部环境的快速变化，组织结构扁平化、信息化及柔性化，工作职位变得越来越无定形，职位出现了弱化的趋势。职位弱化（dejobbing）就是扩大公司工作的职责，鼓励员工，而不用其工作说明书的内容去限制他们。

职位弱化的趋势必然伴随着工作边界的模糊,工作变得越来越无形和难以定义。越来越多的公司采用基于绩效的工作说明书来替代传统的工作说明书。例如,阿肯色州小石城的 Acxiom 公司最近采用新的系统替代了比较传统的工作说明书。在软件开发员的工作说明书的任职资格中,它现在强调的是行为能力,比如自我指导式学习能力,而不是具体的语言能力(如 Java 语言)。这是因为该公司确信,这种自我指导式学习能力对于保持软件开发员的创新能力确实非常重要。目前在该公司,一般的工作说明书只包含几句关于总体职责的描述。然后,主管人员提出一些具体的期望,确定员工当时必须掌握的技能。于是,工作说明书变成了一种更为灵活、实用和以绩效为基础的文件。

职位的弱化引起了一些人力资源问题,例如,员工招聘的难度将大大增加,甚至要在没有工作说明书提示系统的情况下找到能够做好工作的人。人员的培训将转变为教育,从告诉雇员其工作"如何"做转变为加深他们对某工作"为什么"而存在的的了解和理解。

资料改编自:加里·德斯勒.人力资源管理(第九版)[M].

北京:中国人民大学出版社,2005:107-109.

本章小结

1. 工作分析是人力资源管理的基础环节,其研究对象是组织中的具体工作及从事工作的人。工作分析的最终目的是要形成工作描述和任职资格。工作描述包含工作标识、工作职责、工作条件、工作联系、工作权限等内容;任职资格包括工作者的一般资格要求(KSA)、心理能力要求、体质能力要求等。

2. 工作分析是一个系统的过程,这个过程可以分为四个阶段,即准备和计划阶段、信息收集与分析阶段、结果描述阶段、应用反馈阶段。

3. 工作分析的方法有多种,但工作分析很少单独使用一种方法来收集信息,往往是将几种不同的方法加以组合运用,以便获得各种工作所需要的全面信息。

4. 工作分析的方法从分析切入点划分,有工作导向方法和工作者导向方法。工作导向型分析,是指从工作任务调查入手的工作分析活动。工作者导向型分析,是指从工作者行为调查入手的工作分析活动。工作分析方法从适用范围划分,有三种:适于所有工作的通用工作分析方法、针对某一类别工作的分析方法、针对某一具体工作的分析方法。从工作分析人员所采用的信息收集方式来划分,可以将工作分析方法分为问卷法、访谈法、观察法、参与法、文件资料法等几大类。合理选择工作分析方法的前提是对各种方法的"可用性"和"实用性"有一个准确的评价。

5. 工作说明书是工作分析成果的书面表达形式，它包括两个部分：一是工作描述，说明有关工作的特征；二是任职资格，主要说明对从事工作的人的具体要求。工作说明书的编写应遵循同一规范、清晰具体、明确范围、共同参与的原则。

ⓘ 本章思考题

1. 工作分析在组织发展中有何作用？
2. 为什么说工作分析是人力资源管理的基石？
3. 工作分析流程由哪些环节构成？
4. 工作分析常用技术方法有哪些？各有何特点？
5. 工作描述应该包括哪些构成要素？
6. 请用访谈法、观察法、甚至直接参与法收集你的父母或朋友、熟人的工作信息，制作一份工作说明书。

案例分析

A公司的工作分析

A公司是一家房地产开发公司，公司现有的组织机构是基于创业时的公司规划逐渐扩充而形成的。随着近年来业务发展，规模持续扩大，组织与业务上的矛盾已经逐渐凸显出来。部门之间、工作之间的职责与权限缺乏明确的界定，扯皮推诿的现象不断发生。人员招聘方面，用人部门给出的招聘标准往往含糊，招聘主管往往无法准确地加以理解，使得招来的人大多差强人意。面对这样的形势，人力资源部开始着手进行人力资源管理的变革，变革首先从进行工作分析、确定工作价值开始。

首先，开始寻找进行工作分析的工具与技术。在阅读了国内目前流行的几本工作分析书籍之后，他们从其中选取了一份工作分析问卷作为收集工作信息的工具。然后，将问卷发放到了各个部门经理手中，同时他们还在公司的内部网上也上发了一份关于开展问卷调查的通知，要求各部门配合人力资源部进行问卷调查。

据反映，问卷在下发到各部门之后，却一直搁置在各部门经理手中，而没有发下去。很多部门是直到人力部开始催收时才把问卷发放到每个人手中。同时，由于大家都很忙，很多人在拿到问卷之后，都没有时间仔细思考，草草填写完事。还有很多人在外地出差,或者任务缠身,自己无法填写,而由同事代笔。另有部分员工不了解这次问卷调查的意图,也不理解问卷中那些陌生的管理术语,想就疑难问题向人力资源部进行询问,可是也不知道具体该找谁。因此,在回答问卷时只能凭借自己个人的理解来进行填写。结果问卷调查没有发挥它应有的作用。

与此同时,人力资源部也着手选取一些工作进行访谈。出乎意料的是,访谈中大部分时间都是被访谈的人在发牢骚,指责公司的管理问题,抱怨自己的待遇不公等。而在谈到与工作分析相关的内容时,被访谈人往往又言辞闪烁,似乎对人力资源部这次访谈不太信任。访谈结束之后,访谈人都反映对该工作的认识还是停留在模糊的阶段。这样持续了两个星期,访谈了大概1/3的工作。人力资源部经理认为时间不能拖延下去了,因此决定开始进入项目的下一个阶段——撰写工作说明书。

可这时,工作的信息收集还不完全。怎么办呢?人力资源部在无奈之中,不得不另觅他途。于是,他们通过各种途径从其他公司中收集了许多工作说明书,试图以此作为参照,结合问卷和访谈收集到一些信息来撰写工作说明书。

最后,工作说明书终于出台了。人力资源部专门与相关部门召开了一次会议来推动工作说明书的应用。人力资源部经理本来想通过这次会议来说服各部门支持这次项目。但结果却恰恰相反,在会上,人力资源部遭到了各部门的一致批评。同时,人力资源部由于对其他部门不了解,对于其他部门所提的很多问题,也无法进行解释和反驳,因此,会议的最终结论是,让人力资源部重新编写工作说明书。后来,经过多次重写与修改,工作说明书始终无法令人满意。最后,工作分析项目不了了之。

案例改编自:唐志敏.中国人力资源网,2007-5.

思考题:

1. 该公司决定从工作分析入手来实施变革,这样的决定正确吗? 为什么?
2. 在工作分析项目的整个组织与实施过程中,该公司存在着哪些问题?
3. 该公司所采用的工作分析工具和方法主要存在着哪些问题?

第五章　员工招聘

本章导读

员工招聘是人力资源管理的基本职能之一,是关系组织的生存与发展,培养组织竞争气氛的重要途径。它要保证组织拥有足够数量的适应其发展的人力资源。

通过本章学习,你将了解到:

员工招聘的基本概念、原则等具体内容。

员工招聘的流程,包括人员招聘的各个阶段的主要内容,操作方法等。

员工招聘的途径。

员工选拔的方法。

开篇案例

宝洁公司的校园招聘

宝洁公司完善的选拔制度得到商界人士的首肯。在 2003 年中华英才网首次"英才大学生心目中最佳雇主企业"评选活动中,宝洁名列综合排名的第五位和快速消费品行业的第一位。宝洁的校园招聘程序主要包括:前期的广告宣传、派送招聘手册、邀请大学生参加其校园招聘介绍会、网上申请、笔试、面试、公司发出录用通知书给本人及学校等六个程序。笔试主要包括 3 部分:解难能力测试、英文测试、专业技能测试。

宝洁的面试分两轮。第一轮为初试,一位面试经理对一个求职者面试,一般都用中文进行。面试官通常是有一定经验并受过专门面试技能培训的公司部门高级经理。一般这个经理是被面试者所报部门的经理,面试时间大概在 30～45 分钟。通过第一轮面试的学生,宝洁公司将出资请应聘学生来广州宝洁中国公司总部参加第二轮面试，也是最后一轮面试。为了表示宝洁对应聘学生的诚意，除免费往返机票外，面试全过程在广州最好的酒店或宝洁中国总部进行。第二轮面试大约需要60分钟，面试官至少是3人。为确保招聘到的人才真正是用人单位(部门)所需要和经过亲自审核的，复试都是由各部门高层经理来亲自面试。如果面试官是外方经理，宝洁还会提供翻译。

发放录取通知后，宝洁的人力资源部还要确认应聘人被录用与否，并开始办理有关入职、离校手续。除此以外，宝洁校园招聘的后续工作还包括：招聘后期的沟通；招聘效果考核等。

资料来源：中国人力资源开发网.

第一节 员工招聘概述

一、员工招聘的含义和作用

1. 员工招聘的含义

员工招聘是组织为了生存和发展的需要，根据人力资源规划和工作分析的数量和质量的要求，通过合理的程序和科学的方法，寻找、吸引和获得组织所需的适合人员，并将其安排到适合的岗位的过程。招聘过程是一个组织与应聘者个人之间双向选择和匹配的动态博弈过程。在这一过程中，组织和应聘者的地位是平等的，都扮演着积极的主体角色。

在这个定义中，包含了以下意思：

(1) 指出了招聘的目的。招聘的目的是为了满足组织自身生存和发展的需要，解决人力资源的供求矛盾。

(2) 强调招聘的计划性。人力资源规划、工作分析以及招聘计划的制订是招聘前的基础性工作，人力资源规划从全局和发展的角度决定人力资源的需求数量和质量；工作分析为招聘提供科学的选人标准或依据；招聘计划对招聘工作实施起到指导和保障作用。这三项工作的顺利、高效完成促使招聘工作得以有序开展。

(3) 指出招聘工作是一项系统性工作。招聘工作由一系列环节构成，具体包括:招聘计划、员工招募、员工筛选、员工聘用和招聘评估。这些环节前后连续,紧密联系,构成了一个完整的招聘系统。

(4) 指出科学的方法和途径是招聘成功的重要因素。招聘计划的顺利实施和取得高效结果需要科学方法来推动。如招聘中的甄选环节,甄选方法决定了能否从众多的应聘者中选拔到适合的人员予以录用。甄选方法包括资料筛选、笔试、面试、心理测试、体检、背景调查等,通过这些科学的方法对应聘者进行综合评价,然后根据综合评价的结果作出录用决策。

(5) 强调能岗匹配。最优秀的人员并不一定最适合组织的人选,候选人的能力应与组织相应的岗位相匹配。组织应该选择最适合岗位要求和组织发展的人员。

2. 有效招聘的作用

招聘是人力资源管理的一项基本职能,有效的招聘不仅是组织人力资源管理工作顺利开展的前提和基础,同时也是组织生存和发展的重要基础。有效招聘的作用表现在以下五个方面:

(1) 为组织及时提供发展所需的人力资源。在动态变化的市场环境下,组织处在不断地变化和发展过程中,这一变化过程也是人力资源拥有量扩张过程和人员替换的过程;同时作为个体的组织内部员工经历着动态的变化,包括人员晋升、降职、解雇、辞职、退休、死亡等人力资源流动。这意味着组织的人力资源需要不断的补充,以保持人力资源的动态平衡。而招聘作为一项经常性的任务,为组织提供补充所需人员,确保企业的顺利发展。

(2) 确保录用人员的质量,提高工作效率,增强组织内部的凝聚力。有效的招聘能够帮助组织获得在组织文化、岗位需求等方面保持一致的新员工,新员工的岗位工作胜任能力的拥有能够确保工作效率的提升,而新员工对组织文化、组织发展目标的认可,无疑在一定程度上可以促进组织内部凝聚力的增强。

(3) 降低招聘成本及组织用工成本。成本的降低表现在:一是通过科学的方法和途径缩短招聘的时间、范围,减少招聘的直接成本;二是有效的招聘能够获取适合企业需要的员工,在一定程度上降低组织员工流动率,这样可以避免重新招聘带来的招聘成本增加;三是对于适合需要的员工,组织支付合理的薪酬,一定程度上可以降低薪酬支出成本;四是适合需要的员工在一定程度上能够降低组织的管理成本。

(4) 为组织注入新的活力,创造组织的竞争优势。有效的招聘工作将吸引适合企业需要的优秀人才加盟,他们将带来新思维、新观念、新技术和新的管理方式,这为企业的观念创新、技术创新、制度创新和管理创新等将注入新的生机和活力。

（5）扩大组织知名度，树立组织良好形象。一次成功的招聘活动就是组织的一次成功的公关活动，是对组织形象的绝好宣传。招聘工作的涉及面广，从招聘信息的发布，招聘过程中应聘者的接待与交流、沟通，直至最后的录用，都为公众提供了一次了解组织的机会和动力。良好的招聘将使应聘者和公众对组织形成良好印象和认可，从而能够达到提升组织知名度和树立组织良好形象的目的。

二、员工招聘的原则

不管是什么组织，招聘都需要坚持一定的原则。只有这样，才能确保整个招聘工作的有效性。

1. 公开、公平和公正的原则

公开是指组织应将所需招聘的岗位名称、数量、任职资格要求、测评方法、时间和内容等信息在组织内外公布，公开进行招聘，这样有利于防止不正之风，同时能够广纳贤才。公平是指组织在招聘中不能人为制造各种不平等的限制或条件，以及各种不平等的优先政策。常见的不平等现象有性别歧视、年龄歧视、容貌歧视，此外还有身高歧视、血型歧视等，这些都有违反国家关于平等就业的相关法律、法规。对此，一方面应聘者应该增强法律维权意识；另一方面，招聘人员应该了解相关法律、法规，正视并严格按法行事。国家应加大力度建立健全劳动者就业等相关法规。公正要求组织在招聘的过程中客观、公正地选拔人员，避免个人好恶偏见等主观判断。

2. 全面考察的原则

全面考察的原则，要求组织重视应聘者的综合素质和潜在发展能力。一是要求组织多角度地考察应聘者，不仅查看其学历、专业、工作经历、个人学习成长和培训经历、工作成果等，还要了解求职者的品德、性格倾向、求职动机、职业态度等；二是要求组织全方位考察应聘者，通过对应聘者的上级、下级、同事以及直接或间接客户的调查，确保应聘者信息提供的真实性。此外，考察过程中还要注意根据岗位层级和工作性质选择应用多种科学的甄选方法对其进行选拔，包括心理测试、笔试、面试等。通过全面的考察，确保所选员工的能力与岗位需求、组织发展需求相适应。

3. 能岗匹配原则

招聘应该遵循能岗匹配原则，既不可过度追求低成本，造成小材大用；也不可盲目攀比，造成大材小用。能岗匹配原则要求组织在招聘中"不求最好，但求合适",即挑选能较大程度满足岗位能力要求的人员,同时挖掘具有一定的提升空间和培养潜力的人才。坚持能岗匹配原则可以有效提高人员稳定性,减少新员工流失率。

4. 前瞻性原则

前瞻性原则要求组织不仅要关心人员能否胜任当前的工作,而且还要关注组织长远发展,关注所招聘人员能否支持组织战略目标的实现。为此,组织必须从战略高度制定人力资源规划,并以此制定出切实可行的招聘计划,以指导招聘工作,减少招聘的盲目性,提高招聘工作的效率。

三、员工招聘的影响因素

影响招聘的因素很多,可以归纳为外部、内部和应聘者个人三大方面因素。这些因素影响和制约着应聘人员的来源、招聘方法的选择、招聘标准的确定以及招聘效率等。

1. 影响员工招聘的外部因素

影响员工招聘的外部因素包括国家法律法规政策、宏观经济形势、行业特性以及外部人力资源市场等因素。

(1)国家法律法规政策。国家相关的法律法规和政策是约束组织招聘和录用行为的重要因素。我国的劳动法、劳动合同法以及还有许多与企业用人有关的法律法规、条例、政策(如《人才市场管理规定》、《女职工禁忌劳动范围的规定》、《反不正当竞争法》以及《未成年人保护法》等),不但保护了企业和劳动者双方的利益,维护了社会的和谐稳定,而且为企业合法招聘人员和求职人员合法流动起到规范作用。因此,企业在招聘时,应依法办事,以免因违反法律法规而受到惩罚。国家对招聘活动的影响还表现在对劳动就业保障的宏观管理上。这在保障劳动者合法权益的同时,对企业的招聘成本和用人成本都有直接影响。此外,国家对产业、行业的扶持、限制或调整政策也无疑对招聘产生巨大影响。

(2)宏观经济形势。宏观经济状况良好,企业的劳动力需求旺盛,人力资源市场上的人力资源供给相对不足,市场竞争加剧,企业招聘的难度加大。而宏观经济状况出现危机,人力资源供给相对过剩,虽然企业招聘相对较容易,但由于企业普遍不景气,招聘的次数、规模以及招聘人数都会受到影响。同样,一旦出现通货膨胀,有可能会导致企业的招聘费用和用人成本大幅上升,也会影响到招聘。宏观经济状况对招聘的影响尤其明显地表现在对企业高级管理层和技术人员的招聘上。

(3)行业特性。行业特性表现在行业的性质、技术发展、生产资料价格以及行业竞争状况方面。传统行业内人力资源供给相对充足,企业很容易招聘到合格员工;一些新兴行业对人力资源质量要求较高,而市场上人力资源供给相对匮乏,企业在招聘过程中将面临较大的竞争压力。行业技术水平提高,一方面会使企业对人员的素质和能力的要求提高,另一方面也会因为劳动生产率的提高而使得企业对人员数量的需求减少。行业生产资料价格下降,市场需求增加,组织为满足市场需求而扩大生产规模,增加对人力资源的需求;反之,生产资料价格上涨,企业就会减少人力资源需求。行业的竞争状况与行业的属性有关,新兴行业发展快,前景好,行业内人力资源竞争相对激烈,而成熟行业的情况就会恰恰相反,企业若在行业中竞争优势明显,该企业就相对容易吸引应聘者,招聘工作任务也就相对容易完成。

(4)外部人力资源市场。人力资源供给状况、人力资源价格、人力资源市场的成熟程度和地理区位等因素都会影响企业招聘。人力资源供给充足时,企业空缺岗位就会有相当数量的求职者应聘,招聘工作就有可能顺利完成;相反,人力资源供给相对短缺时,组织招聘难度加大,可能导致招聘成本上升,录用标准降低等问题。当人力资源价格上扬时,企业对人力资源的需求就会受到抑制,招聘活动就会减少,招聘数量也会减少,甚至暂时不招聘。成熟而完善的人力资源市场降低了企业在招聘中的成本和风险。依据地理区域的范围大小,人力资源市场可以分为局部性的、区域性的、全国性的和国际性的,招聘不同素质要求的人力资源应该选择合适的人力资源市场。

2. 影响员工招聘的内部因素

内部因素包括企业的经营状况与发展战略、组织文化与形象以及薪酬水平和发展机会等。

(1)企业的经营状况与战略。从企业规模来看,良好的经营状况和发展前景意味着市场对企业产品的需求增加,企业便会扩大生产规模,从而增加对劳动力的需求。经营状况决定了一个企业在同行业中的竞争地位,也是吸引求职者的关键因素。经营状况也决定了企业对招聘的投入资金数额,因而对招聘有着重要影响。企业的战略决定了企业的发展方向、速度、规模和市场占有率等方面的水平,因此也会影响到对人力资源的需求,进而对招聘产生重大影响。

(2)组织文化与社会形象。组织文化是全体成员所认可和接受的共同价值观和行为准则的聚合。不同的组织文化会导致不同的招聘行为。组织文化是能否吸引较多求职者的重要因素,也是招聘双方在进行双向选择时必定要重点衡量的内容。此外,招聘人员的态度、行为方式和招聘方式的选择也都受组织文化的影响。而名气大、形象好的企业一般会更容易吸引优秀人才加盟。

（3）薪酬水平和发展机会。薪酬问题不管是对企业还是对应聘人员都是最为敏感和关心的问题之一。对于应聘者来说，如果对企业给出的薪酬不满意，则一般不会接受该企业的邀约。但对企业来说，过高的薪酬意味着运营成本的增加，而较低的薪酬又很难招聘到满意的人员。企业是否能吸引到优秀的人才和该企业能否提供人才发展机会密切相关。企业若能为员工制定明确的职业生涯规划，为员工提供清晰的发展和提升通道，则更能吸引到优秀人才。

3. 应聘者因素

从应聘者角度来看，影响企业招聘的因素有应聘者求职动机、个性特征、受教育背景、工作经验和职业生涯规划等。

（1）应聘者的求职动机强度。求职动机强度是指应聘者在寻找职业过程中的努力程度。一般来讲，家庭经济条件、受教育程度、以往求职成败的经历、求职时是否有工作经历、个性特点、个人的工作技能与经验等因素都会影响求职动机的强度。对此，企业在招聘时需要充分了解应聘者的求职动机，以及求职动机强度的大小。

（2）应聘者的个性特征。应聘者的能力、气质、性格等个性心理特征是影响其择业的重要因素。通常外向、活泼好动、乐于与人交往的应聘者愿意应聘跟人打交道的工作，而内向、文静、不善于跟人交往的应聘者则倾向于应聘较少与人打交道的工作。

（3）应聘者的受教育背景。受教育背景对应聘者择业的影响表现在：一方面应聘者所学的专业是其选择职业的主要影响因素；另一方面教育程度的高低是其择业期望值的重要影响因素。教育程度越高，应聘者越趋向于选择较高的职位，很难"低就"；反之，应聘者对职位的期望值就较低。

（4）应聘者的工作经验。目前，具有一定的工作经验已经成为很多企业招聘的一项重要要求。从应聘者方面来看，工作技能和工作经验也是影响应聘者择业期望值的重要因素之一。一般来讲，接受过多种专业训练或有着多年相关工作经验的应聘者，对职位的要求会高于没有相关经历和技能的应聘者。

（5）应聘者的职业生涯规划。由于人们在工作中的追求是不同的，因而应聘者的职业生涯导向也是不同的。随着工作经历的丰富，个人的职业生涯规划会被不断调整甚至重新规划。而这些都将影响应聘者的择业，进而影响企业的招聘。

第二节　员工招聘的流程

员工招聘是一个连续的程序化操作过程，在程序上一般包括前期准备、招募、甄选、聘用和招聘评估五个阶段。每个阶段的主要工作任务虽然有所区别，但它们的目标导向是一致的，都是为组织招收优秀合适的人才。在招聘工作的不同阶段，对求职者有不同的称谓。对于求职者来说，求职面试的整个过程，就是求职者到应聘者、应试者，到最后成为新员工的过程。员工招聘的流程，如图 5.1 所示。

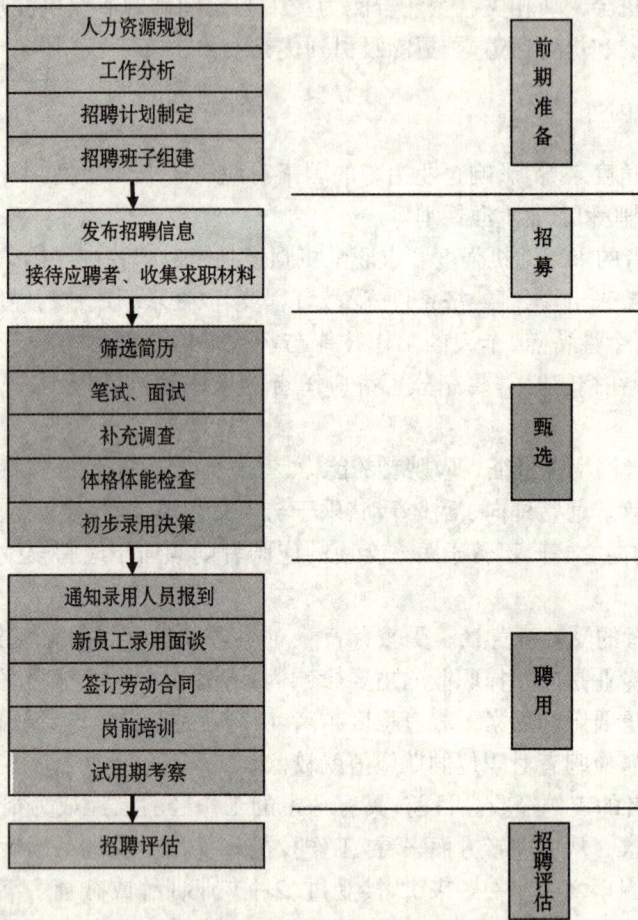

图 5.1　员工招聘流程图

一、前期准备

招聘的前期准备主要包括人力资源规划、工作分析、招聘计划制订、组建招聘班子四项工作。

（1）制定人力资源规划。狭义人力资源规划的含义就是人力资源的供需预测，亦即预测企业为达到未来战略目标所需要人力资源的数量、质量等。人力资源规划的目的,就是在企业发展战略规划的基础上,从数量和质量两方面确定企业的人力资源需求,并将这种需求与现有的人力资源相比较,从而确定需要招聘员工的数量和类型。

(2) 开展工作分析。工作分析就是对工作岗位相关信息的收集、整理和加工过程。工作分析形成的职位说明书和任职说明书是企业招聘、选拔和配置人力资源的依据,对员工的招聘、选拔和调整起着相当大的作用。具体来说,工作分析在招聘中能够为发布招聘信息、确定招聘面试方法和制定录用标准三个方面提供依据。

(3) 制定招聘计划。组织要根据发展战略和人力资源规划的结果,审核部门的用人需求并确定采取招聘替代方案(例如内部招聘)还是进行实际招聘。如果采取替代方案就按照替代方案执行人力资源补充计划,如果要开展招聘就要进行招聘组织工作。完整的招聘计划包括招聘时间、地点、策略、欲招聘人员的类型、数量、条件、具体职位的具体要求、任务等。

(4) 组建招聘工作班子。要组成招聘工作班子或招聘工作组,落实工作人员,进行工作任务分工,明确工作职责,这是进行招聘工作的人员和组织保证。招聘小组一般由主管人力资源工作的组织负责人牵头,以人力资源管理部门为主,必要时还可以邀请相应的人力资源管理专家参加。招聘小组的组成是否合理关系到招聘工作是否有效。招聘工作组要结合内外部环境和组织的实际情况,进行招聘策略的抉择,根据组织对人力资源的实际需要情况(需求人数、到位时间等)和招聘成本预算,制定出具体的工作计划,以便使招聘工作能按部就班地进行。

二、招募

在整个招聘工作过程中,招募是比较重要的一个环节。如果找不到求职者,就无人可选,无人可聘,招聘任务也就无法完成。如果找来的求职者达不到要求,就会给筛选和聘用工作带来极大的难度,使招聘成本提高,影响招聘工作的效率和效果。招募阶段主要有两项任务,一是选择合适的招聘渠道发布招聘信息;二是接受应聘者的咨询,收集应聘人员信息。

首先,招聘单位要根据不同的招聘职位,选择采取不同招募渠道。如果是采用内部招募,一般采取公告或部门推荐的方式进行。如果采用外部招募,就要分析各种招募渠道的可行性和效果。现在外部招募方法主要有网络招募、报纸广告、人才交流会、员工内部推荐、人才机构等,这些招募方法都有其优点和局限性,对不同的职位有不同的适应性。应该综合考虑招聘职位的特点(工作内容、职位要求、应负责任等)、招聘时间和地点及招聘成本等因素,统筹考虑,精心安排,采取最有效的方法或组合使用这些方法来发布企业的招聘信息,以吸引求职者前来应聘。

因招聘信息传递的信息量是有限的，所以招聘信息发布以后，招聘工作人员在接下来的时间里一般还要接受求职者的电话或邮件咨询，招聘工作人员要向求职者介绍本单位招聘的有关情况，回答求职者提出的问题，一般要求求职者填写"求职人员登记表"，或提交其个人求职材料。当然有的应聘者不会来电或上门咨询，会直接将他们的求职材料邮寄到指定的邮箱或信箱中，然后等待面试通知。最后，招聘工作人员要定期整理应聘人员信息，要总结招聘的效果；开展人员筛选准备工作，如发现没人应聘应及时改变招聘渠道，调整招聘方法。

三、甄选

甄选的主要工作步骤一般包括以下内容：首先，是要对求职者的求职材料进行审核，根据录用标准，排除明显不合适的人选，确定需要进一步面试的人选，并发出面试通知。然后，便是按照预定的笔试或面试流程或方案对应试者进行一系列的甄选测试和面试，选出最佳最合适的人选，对于一些重要或特殊职位的员工招聘，还需要对拟录用人员进行背景补充调查或体格体能检查等，以保证招聘工作的可靠性。最后，将甄选结果送交用人部门和主管部门进行审核并决定是否录用。

这一环节说起来简单，但实际上是整个招聘工作中最复杂、最难做的一个阶段。对求职者来说，这一阶段直接决定了他是否被录用；对企业来说，这一阶段是最能体现一个企业招聘工作水平的阶段，直接决定了企业招聘工作的效率和招聘工作的效果。

甄选一般都要经过审查简历、测试测评和录用决策三个过程，其中简历审查和录用决策相对容易一点，最复杂的就是测试测评阶段。现在对应聘者进行测试测评的方法很多，不仅有传统的笔试和面试方法，而且还有心理测试、笔迹分析、评价中心等方法。这些测试测评方法同招募方法一样，也有其一定的适应性，企业应该根据不同的职位性质选择合适的测试测评方法。一般来说，很多企业都会根据实际情况，将多种测试测评方法组合起来使用，以提高测试测评的效度和信度。

经过层层甄选，企业就可以综合各项测试的结果做出初步的录用决策。

四、聘用

聘用工作的主要任务是根据录用决策的结果，通知录用人员报到，对新员工进行录用面谈，签订劳动合同或聘任合同，安排岗前培训，并在一定期限的试用期内对新员工进行实际考察。

在做出录用决策之后，企业应该尽快向求职者发出录用通知书，录用通知书的基本内容一般包括报到的详细时间、详细地点，报到时必须携带的文件和物品以及其他需要说明的信息。新员工录用面谈是指在签订劳动合同之前与新员工的更深层次的交谈,使双方彼此更加了解。签订劳动合同是组织与新招聘来的员工以契约的方式确定双方的责任、权利和义务。这个环节是聘用过程中最重要也是最需要谨慎的步骤。用人单位与劳动者签订劳动合同时,劳动合同可以由用人单位拟订,也可以由双方当事人共同拟订,但劳动合同必须经双方当事人协商一致后才能签订。岗前培训,是向新进人员介绍企业基本情况、岗位职责、部门人员等的一种培训,包括一般性培训和专业性培训两大部分,分别由企业的人力资源部门和新员工的直接上级共同协作完成。试用期是指企业与新进人员约定的互相考察的时期。从企业角度出发,试用期提供企业与新进人员一个较长时期接触的机会,企业人力资源部和新进人员所在部门主管对其在试用期的工作、行为表现进行考察,以了解新进人员更多的信息,以此作出是否正式录用该人员的决定,同时试用期考察结果也提供了甄选过程和结果评价的依据。试用期满后的员工,经考核合格,可转正定级。

五、招聘评估

招聘聘用工作结束后,还应有一个评估阶段,即对整个招聘工作进行检查、评估,以便及时总结经验,纠正偏差。

招聘评估是指企业按照一定的标准,采用科学的方法,对招聘活动的过程及结果进行检查和评定,总结经验,发现问题,在此基础上不断改进招聘方式,提升招聘效率的过程。在实际的招聘过程中有可能会出现这样或那样的问题,如招聘渠道不畅、招聘方法不当,招聘地点不合适,选人标准过高或过低等,这些都会影响招聘成本和招聘效果。在招聘活动结束以后对招聘工作进行一次全面、深入、科学和合理的评估,不仅可以及时发现问题并加以解决,而且能为以后的招聘工作提供改进依据。

招聘评估的内容包括对招聘数量和质量、招聘人员的工作情况、招聘方法、招聘成本和投资收益等方面所进行的评估。其中招聘数量评估主要是对应聘人数、录用人数与计划招聘人数的相关数值比较来分析招聘的效果。招聘质量评估是对招聘人员对企业的适合度、新员工绩效、新员工离职情况分析招聘效果。招聘人员工作情况评估是对招聘的组织和过程实施是否及时、高效、顺利进行等情况进行评估。招聘方法主要是指招聘过程中的测试方法。招聘方法评估主要是对测试方法的信度、效度进行评估。招聘成本评估是指对在员工招聘工作中所花费的各项成本进行的评估。招聘成本是评价招聘工作的一个重要指标,随着人才竞争的日益激烈,人才招聘的成本亦有增加的趋势。招聘成本包括招募、选拔、录用、配置以及适应性培训等活动中所产生的成本。招聘投资收益评估是指对新员工入职后在岗位上所做出业绩所进行的评估,一般通过与历史同期或同行业的标准作比较来确定。企业招聘投资收益包括录用的新员工为企业带来的直接经济利益、企业产品质量的改善、市场份额的增长幅度、市场竞争力的提高以及未来支出的减少等方面。企业在招聘中投入了大量的人力、物力和财力，但这些投入不一定能给企业带来相应的回报，因此要对招聘投资收益进行评估。通过有效招聘获得的新员工入职后，不仅能够完成岗位要求的工作，为组织创造出预期的收益，而且随着新员工创造性潜力的发挥，还能够创造出更多的新价值。结合招聘成本，对招聘投资收益进行定量分析，可以帮助企业掌握招聘投入产出的比例，为以后的招聘决策提供依据。

招聘评估的结果要形成文字材料，一方面向有关领导报告，另一方面为下次招聘提供参考。

以上介绍了企业招聘工作过程的五个阶段及各个阶段应完成的主要任务。当然这个程序也不是固定不变的。企业在招聘的具体操作过程中，可以根据实际情况的需要，对其中的一两个环节进行变通，灵活安排，以节省招聘成本，提高招聘效率。

这个程序仅仅是对一个或某一批应聘者进行应聘处理的全过程。在实际工作中，有时招聘工作需要连续进行，这个过程就会不停地叠加在一起，有些应聘者刚刚发来简历，而有些应聘者已经被录用了。所以，招聘人员要不断对招聘和人员录用情况进行统计和总结，一方面要了解招聘工作的进展，与招聘工作计划的差距；另一方面要总结招聘工作中存在的问题，便于及时解决，保证招聘工作任务的顺利完成。

第三节　员工招聘的途径

员工招聘途径的选择，对于整个招聘活动具有重大影响。如果选择不当，那么招聘活动就吸引不了空缺岗位的合适应聘者。员工招聘主要分为内部招聘和外部招聘。

一、内部招聘的对象和方法

内部招聘是指在组织内部发布信息为某岗位招聘新员工。

内部招聘的对象包括：公司现有员工及其亲友，以前的员工和以前的求职者。晋升、降职以及调任也能为组织中的各部门提供求职的人选。

内部招聘的方法主要有以下几种：

1. 发布职位招聘公告

这是最常用的内部招聘方法。通常针对组织中所有的员工，通过醒目的公告向求职者通报现有职位空缺。公告应置于组织内人员都可以看到的地方且保留一定时间，以便所有相关人员均有机会申请空缺职位并避免有些人因工作外出看不到。

2. 员工推荐

组织的成员不仅了解公司的概况和文化背景，而且对于求职者所要应聘的职位要求及报酬待遇也有一个比较细致的了解。组织通过发动内部员工推荐，员工都知道该推荐什么样的人，因此，推荐来的人一般都能符合要求，招募效率比较高。内部员工推荐方法的成本比较低廉，比通过猎头公司的方法要便宜得多，尽管有时申请者来自于组织外部。通过这一计划能为组织招聘到具有特殊技术和资历的人员，但是由于采用员工推荐计划，可能导致"近亲繁殖"，从而给工作带来消极影响。

3. 人事记录

组织的人事记录通常包括了所有员工的背景资料，如教育背景、培训、工作经验、兴趣爱好、绩效和技能等，选拔人才可以通过对这些资料的查询初步确认人员资格，以便进一步考察和任用。使用这种方法进行内部招聘的时候，要注意档案的真实性和全面性，还要及时更新人事记录的内容，保证挑选人员的质量

4. 人员后备库

组织的人员后备库专门记录具有特殊技能的员工资料，如组织需要某种特殊技能的人员，则可以通过查询人员后备库去遴选。

实践证明，内部调配或晋升的方法，在及时填补组织的职位空缺、保持工作的连续性和稳定性方面，以及在为组织内部员工提供发展机会，调动员工积极性方面都有一定的功效。

要达到这种功效，必须要具备两个前提条件：一是组织要有一个科学完善的绩效管理系统，只有这样才能在出现职位空缺时准确及时地确定合适的晋升或调配人选；二是组织拥有一整套先进的员工职业生涯设计技术，要事先确定一批培养发展对象，并进行有针对性的培养与训练。否则，采取内部调配或晋升的方法，一方面很可能会发生调配或晋升人员不合适新的岗位，无法在新岗位上做出新业绩的情况；另一方面造成同事的嫉妒与不合作等。因此，不要随意地或是硬性地从内部进行提升或调配。

二、外部招聘的途径和方法

根据招聘的对象不同，外部招募方法还可以分为社会招募和应届生招募两种。

应届生招募一般是通过到学校举办专场招聘会,或到人才市场获取信息。组织招聘应届毕业生,面试工作量小、招聘成本比较低,但也有应聘人员缺少实际工作经验后续培训成本提高,短时间内无法报到上岗等缺点。社会招募是组织发布信息寻找或吸引求职者前来应聘的方法。

组织进行外部招聘,方法主要有以下几种。

1. 广告招募

广告招募是指通过网络、报刊、电视和行业出版物等传播媒介向公众传递组织的人力资源需求信息,吸引求职者应聘的招募方法。与其他招募方法相比,广告招募的方法成本低,效率高,有助于树立组织形象,扩大组织知名度,因而被绝大多数组织广泛应用。广告招募一般还与其他招募方法配合使用以吸引更多的求职者,达到最佳的招募效果。

近几年,随着互联网和宽带技术的发展,网络的利用越来越广泛,到网上工作也越来越成为求职者的首选方式。因此通过网络发布招聘信息现在逐步成了组织的首选方法。网络广告具有收费低、受众广、速度快等特点。另外招聘网站还可以为组织提供多种个人化的服务,如招聘信息自助发布、简历搜寻、简历筛选、发送面试通知等,都使网络招聘具有其他招聘方法不具有的优势。其缺陷在于这种招募方式受限于上网求职的人数。

2. 人才市场招募

我国人才市场包括各级人才市场、劳动力市场和职业介绍中心等。这些机构是各级政府人事部门和劳动部门为指导服务就业而开设的管理服务机构,既帮助组织招募员工,同时又帮助求职者寻找合适工作,在指导和服务就业方面发挥着巨大的作用。人才市场招募可以使组织在最短时间内掌握众多求职者的情况因而也是组织常用的招募方式。近年来,许多地方出现了一些专业性人才市场和人才集市,这为组织招聘有关专业人员提供了方便,且取得较好的结果。

3. 校园招募

校园招募是直接到高等院校招应届毕业生。高等院校作为人才的教育和培训基地,是各类人才较为集中的地方,也是大多数组织初级管理人员专业技术人员的主要来源。校园招募可采用多种方式进行,如直接通过浏览学生的简历和成绩等有关资料来选择合适的人选,也可以通过召开专场招聘会或宣讲会,或直接请高等院校推荐优秀合适人选。

校园招募与人才招聘一样,需要先与高等院校指导学生就业的职能机构或部门联系,并提供必要的证件和招聘材料。成功的校园招聘,需要组织付出一定的努力。如与大学建立友好的关系,支持学校的建设,定期到学校作招聘宣传,组织学生到公司参观等。

在校园招聘实践中,招聘效果会受到多种因素的影响。除了要在合适的时间和地点进行招聘外,组织提供的工作岗位类型、组织的社会知名度和招聘工作人员的态度等因素对招聘的效果也有大的影响。对于招聘工作人员来讲,可以通过有效的工作来改善组织及工作在学生中的声誉和形象,提供组织的最新发展情况和未来发展前景以及能为获聘者提供较高福利待遇的信息等。此外,招聘工作人员的态度和言谈举止会直接影响学生对组织的印象,这对于维护组织的形象至关重要,切不可疏忽大意。

4. 内部推荐

内部推荐主要通过组织员工向相关部门推荐的招募方法。一般情况下,内部员工推荐的方法省时省力并能取得较好的效果,实践表明,通过这种方法招募的职工比其他方法招募的人员跳槽率低,尤其是在发展前景看好的组织更是如此。因此,一些组织有时还提供少量报酬以激励内部员工推荐合格的求职者。但内部推荐又有可能给那些搞不正之风或裙带关系的人打开方便之门,这就需要在招聘筛选过程中坚持择优录用和任人唯贤的原则,认真鉴别和严格筛选。

5. 专业人才机构招募

专业人才机构主要是指猎头公司、人才租赁公司等职业介绍机构。职业介绍机构这类机构都存有大量的各类应聘人员的信息,以便提供给寻找人员的单位。它们在提供服务的同时,收取一定的费用。组织采用这种方法的优点在于能节省时间,获取的应聘人信息面广,尤其对那些没有设立人力资源管理部门的小组织而言能得到专业服务和咨询,但不足之处在于要花费一定的费用。

猎头公司是指专门为组织选聘有经验的专业人员和管理人员的机构。近几年来,以猎头公司形式出现的专业人才机构在我国有了较大发展,猎头公司与一般的人才市场不同的是,它的工作对象和重点目标是各行业管理方面或技术方面的较高层次的人才。它一般不为个人服务,且每次服务无论组织是否招聘到中意的候选人,都必须向猎头公司付费。因此,这是一种成本相对较高的招募方法。猎头公司和客户组织一般按照“提出需求——签订协议——人才寻访挖掘——面试筛选”的程序进行合作,为组织寻找和挖掘稀缺的高级人才。一些猎头还为客户提供市场情况分析、薪酬状况调查和提供人才市场信息等服务。

6. 其他途径

组织进行外部招聘时,可利用的其他途径包括失业人员、复员转业军人以及退休人员等。作为可供选择的劳动力队伍的一部分,组织不应忽视这些潜在的人力资源供给,尤其是在劳动力市场供不应求的情况下,有效地利用这些资源,可以为组织缓解人员招聘中竞争的压力。

如前所述,外部招聘方法很多,这些招聘方法也各有优缺点,这些方法优缺点的比较,见表5.1。

表 5.1　各种外部招聘方法的优缺点比较

方　法	优　点	缺　点
广告招募	1. 网络广告成本较低 2. 吸收较多的求职者 3. 有树立企业形象和其他辅助功能	1. 因应聘者较多,筛选工作量和难度较大 2. 投入成本高
人才市场	1. 快捷,可在较短时间内收集较多求职者的信息 2. 招募成本低	1. 异地招募成本高 2. 一般招募不到高级人才
校园招募	1. 人才集中,有一定的知识和技能 2. 成本随招聘人数上升而下降	1. 异地招聘的成本高 2. 大多数人才缺少实践经验,培训成本高
内部员工推荐	1. 快捷 2. 成本低 3. 求职者被聘用后跳槽率低	1. 易造成内部结派和小集团 2. 推荐不成功将使推荐者难堪
专业招聘机构	1. 可用于招聘高级经营管理人才或高级专业技术人才 2. 被聘用的人员素质有保障	1. 成本高 2. 聘请到的人员日后可能也会被"猎走"

组织在进行招聘时应根据不同的职位需求和招聘方法的适用性,选择是合适、经济、高效的招聘方法。可以单独使用一种招聘方法,也可以组织使用多种招聘方法,尤其是组建一个新部门,或在人力资源需求量非常大和非常急的情况下,组织应综合考虑并同时运用以上各种招聘方法,以提高招聘的效率和效果。

通过外部招聘不仅能为其组织引进人才,而且还能为组织引进新的思想和观念。特别需要大量高层次的专家、技术人员和管理者时,从外部招聘往往能取得较好效果。外部招聘方法的选择非常重要,因为招聘的来源都在组织外部,若选择不当,潜在的应聘者就无法获知企业的招聘信息。

总的来说,内部招聘与外部招聘方法各有优缺点,两者的比较,见表5.2所示。组织可比较这两种招聘方法的优缺点,同是考虑其他的制约因素,权衡招聘策略。

表 5.2 内部招聘和外部招聘的优缺点比较

	内 部 招 聘	外 部 招 聘
优点	1. 员工熟悉本组织情况,易进入新角色 2. 招聘和培训成本低 3. 能提高组织员工士气和工作意愿	1. 可引入新的理念 2. 新的员工会带来新的工作方法不因循守旧 3. 可引入组织没有的知识和技能
缺点	1. 易引起员工因竞争而产生不和 2. 员工来源偏窄,易将不具备条件的员工提升到较高职位 3. 未得到聘用者情绪低落	1. 新员工不能迅速适应新环境 2. 可能会降低现有员工的士气和投入感 3. 新老员工间需要一定的磨合期

第四节 人员选拔的方法

人员选拔工作是整个招聘过程中最复杂、最主要、也是最容易出现失误的环节。因此,组织应根据应聘者的类型、数量等多种因素,采取科学有效的选拔方法,以保证选拔出合适的人员。人员选拔的方法主要有以下方法:

一、求职材料审查

通过审查求职者的"求职人员登记表"和其他求职材料,可以大概了解应聘者的学历、专业特长、年龄等基本情况,然后对照组织的招聘要求,就可以直接做出是否进一步面试或测试的决定。通过这个方法,可以直接排除那些不符合要求的应聘者;这样不但可以减少选拔的工作量,而且有助于降低成本。

简历筛选是常用的审查求职者材料的方法。简历筛选一般有两种方法:一种是直接筛选法,另一种是加权申请表法。直接筛选法,就是审查求职材料中是否职位说明书所规定的学历、经验等必备条件,采用排除法剔除明显不合格的应聘者。因此这是一种比较简单的人员选拔方法,只能确定求职者是否具有基本的条件,而不能判断求职者是否一定能适合职位的要求。

加权申请表是近来被组织所广泛使用的新方法。加权申请表法的使用,是将

165

逐个应聘者求职材料中的有关情况根据加权申请表的相应权数算成分数,然后依次排列,以作为聘用决策的依据。

二、素质测试

素质测试主要包括智力、知识、品德、心理等方面的测试。通过测试,可以了解应试者多方面的素质,并进而测试其将来能否胜任某项工作。常用的测试方式主要有三种:笔试、面试和评价中心。

笔试是以书面试卷的形式对应试者提问,要求应试者书面作答,而不是采用口头表述的方法。面试又称面谈,是招聘员工最常用的方法,由面试考官与应试者当面交谈,从而判断应试者的知识水平、能力、兴趣等因素,对其作出正确的判断。评价中心又称为管理评价中心或人才评价中心,它是指一系列挑选、提升管理人员的技术和方法。由于评价中心技术运作成本较高,组织大多在选拔高级管理人员时才采用。

一般来说,对应聘者的测试主要包括七项内容:

1. 知识测试

知识测试主要包括文化类知识和工作类知识两大类,其中工作类知识又可分为基础知识和专业知识。对应聘者的知识测试应分类进行。知识测试一般以笔试为主,特殊情况下也可以面试。

2. 神经类型测试

神经类型测试在我国多采用由张卿华、王文英研制的"80.8 神经类型测试表",该表除可确定神经类型外,还可评定注意力的集中程度、记忆力、一般智力水平和心理稳定性,个体多次重复测试还可以评定其机能的集成度。

3. 智力测试

智力测试属于一般能力测试,主要针对应聘者的基本能力素质加以测量和评价。目前,颇具权威性的智力测试是"韦氏成人智力测试",该测试分为两个部分:言语测试和操作测试。通过考察受试者测试完成情况,就可以得出智力商数(IQ)的测试结果。但有时智力测试结果的高低与知识的多少相关度并不高,因此智力测试通常只用作一般性甄别。

4. 个性测试

个性测试一般在面试中较为常用,用于测试和分析应聘者的个性心特征,是否与工作需求相匹配。个性测试可分为两大类:一是自陈法测试,即通过应聘者个人对一系列标准问题的回答,然后根据已经确定的评分标准对应聘者做出个性评价。二是投射法测试,这种测试往往是在应聘者不知道测试真正目的的情况下进行,这时应聘者回答的问题可以反映其个人的心理特征。

5. 职业兴趣测试

此类测试在人员选拔工作中经常被使用,主要是用于甄别个人的职业兴趣和爱好方向。只有那些同时具备职业能力和职业兴趣的人员,才会在工作中取得较佳的工作业绩。

6. 特殊能力测试

这项测试的目的是用于考察某些工作所需的特殊能力的要求,如常用的业务知识测试、协调测试、文书测试、创造能力测试、视觉测试、机械能力测试等均属此类。此类测试的选用应根据具体工作内容的要求而定,如果不是工作内容所必需的,不必要使用。

7. 成就测试

成就测试又称模拟测试,在采用评价中心方法时经常使用,此法较接近于应聘工作岗位的实际操作,其目的在于测量应聘者对完成任务工作所需的技能和知识的掌握运用程度。因此,成就测试的内容大多是从工作内容本身的要求出发来设计和组织实施的。成就测试的设计和组织实施通常借用情景模拟和角色扮演的技术来完成。

三、补充调查

有时基于对求职者的简历和推荐材料存有疑点或某些特别重要而又不便于向求职者个人调查的情况,组织需要向有关方面调其个人档案或组织其他内容的补充调查,弄清求职者的社会关系及历史背景以防上当受骗。

在多数情况下,通过调查应聘者的历史背景和以往学习工作成绩等情况,也可以来预测其将来的工作绩产,具有较高的信度和效度。一般财经、管理、公共安全、卫生等特殊岗位招聘,还应对应聘者进行个人背景的补充调查。

补充调查一般首先要从有关部门调阅应聘者的个人原始档案,从中查阅应聘者过去的背景资料和相关信息。个人的原始档案在反映应聘者的历史背景、成长经历以及工作学习成绩方面具有相当的权威性。如通过电话询问或个人访谈等形式与应聘者所工作或学习过的单位联系,了解其真实情况。

企业在对应聘者进行补充调查时，往往会涉及应聘者原单位出具的推荐书或个人工作学习情况的鉴定材料。一般说来，这些鉴定材料对应聘者的评价或证明具有一定的参考价值，但有时也需要加以甄别。正规的推荐书或鉴定材料应包括个人的优点，也应包括其缺点，正所谓"人无完人"。但是现在有些单位的推荐或鉴定材料只有应聘者的优点和其工作学习的成绩，而很少有提示应聘者短处和不足的内容，即使有也是闪烁其词或一笔带过，这就使这些材料的客观性和可信度大为下降。因此，这些鉴定材料只能作为聘用决策的一种参考，不能作为依据来使用。

四、用人单位和主管部门的录用决策

有时招聘机构或招聘工作人员只是依据岗位规范和工作说明书来进行招聘，这不适用于一些专业性很强或非常重要的工作岗位，把握人选可能会有一定的难度。因此，必要时还应将选拔或测试结果交由用人部门或上级主管部门甚至组织的最高层领导，由他们来亲自面试或决定录用与否。

五、体能和体格检查

在涉及体力劳动岗位或对身体健康程度有一定特殊要求的招聘时，还应通过运动或医学手段对应聘者进行体能和体格方面的检查。体能检查一般包括身体的力量、运动速度、耐力等方面，体格检查一般检查求职者是否患有疾病或岗位所不允许的生理缺陷。

员工的身体素质和健康状况对其将来的工作会有很大影响，身体素质好、精力充沛的员工更能发挥自己的才能，体弱多病的员工则往往会因身体状况不佳而影响工作的正常开展。实际上，大多数企业在新员工报到后，都会安排体检以排除乙肝病毒携带者或其他具有传染性疾病的人员，一是保证录用的是健康人员，另则也是为了保护现有职工的健康。

六、培训和试用期考察

对拟录用的应聘者必要时还要对其进行培训和试用，并进行跟踪考察和绩效考评，最后决定是否聘用为正式员工。这是选拔工作的最后环节，也是聘用工作的开始环节。

大多数组织都倾向于利用审查求职材料和面试的选拔方法，因为这两种方法具有很强的适应性，对任何类型的应聘人员都可采用，而笔试和体检的方法通常仅适用于某些类型的工作。例如，对于容易学会、相对简单的工作类型，如某些体力劳动岗位，可能只对身体上有些简单要求，一般不需要采用笔试或其他较为复杂的选拔方法。对于一些从事高水平和复杂工作的人员，如律师、教授等，一般需要使用评价中心或补充调查等方法,而使用笔试的方法则不宜,一方面是由于对这些人员的笔试组织较难;另一方面是由于他们在获得这些职称时已经通过比较严格的笔试或评定。

体检方法一般只适用于相对要用力量的工作,如搬运工、汽车驾驶员等,或工作性质要求必须保证健康的工作如食品加工业中的一些操作工。补充调查方法一般是涉及金钱、大型设备或公共安全的工作,对求职者作补充调查以了解其人品和为人,以免聘用后对他人或组织造成损害。

对于高级管理人员和重要岗位的人员,一般都要采用评价中心的方法,以保证选拔结果的准确性,防止因其决策失误可能给组织造成巨大的损失。这些方法各有优劣之处。因此,组织应扬长避短,提高选拔的效率和效果。

本章小结

1. 招聘是指通过各种方式,把具有一定知识、技能和其他特性的申请人吸引到组织空缺岗位上来的过程。招聘实际上是一种组织与应聘者个人之间双向选择和匹配的动态过程。在这一过程中,组织和应聘者的地位是平等的,都应扮演积极的角色,而不是组织主动,应聘者被动的不平等关系。

2. 员工招聘工作是一个连续的程序化操作过程,在程序上一般包括准备工作、员工招募工作、员工筛选工作、员工聘用工作等四个阶段。每个阶段的主要工作任务虽然有所区别,但它们的目标导向是一致的,都是为组织招收优秀合适的人才。

3. 员工招聘途径的选择,对于整个招聘活动具有重大影响。如果选择不当,那么招聘活动就吸引不了空缺岗位的合适应聘者。员工招聘主要分为内部招聘和外部招聘。

4. 人员选拔工作是整个招聘过程中最复杂、最主要、也是最容易出现失误的环节。因此,组织应根据应聘者的类型、数量等多种因素,采取科学有效的选拔方法,以保证选拔出合适的人员。

本章思考题

1. 简述招聘的概念、意义及原则。
2. 员工招聘的步骤有哪些? 具体是怎样操作的?
3. 员工招聘的途径有哪些? 应该怎样来进行选择?
4. 简述人员选拔的具体方法。

耐顿公司招兵买马之误

NLC 化学有限公司是一家跨国企业,主要以研制、生产、销售医药、农药为主,耐顿公司是 NLC 化学有限公司在中国的子公司,主要生产、销售医疗药品。随着生产业务的扩大,为了对生产系统的人力资源进行更为有效的管理开发,2000 年初始,耐顿总经理决定在生产部设立一个处理人事事务的职位,负责生产部与人力资源部的协调工作,人选通过外部招聘来确定。

接到总经理的指示后,人力资源部开始了工作。在招聘渠道的选择上,人力资源部经理王建华设计两个方案:在本行业专业媒体上做招聘宣传,费用为 3 500 元。这样做的好处是对口人才比例会高些,招聘成本低;不利条件是企业宣传力度小;另一个方案为在大众媒体上做招聘宣传,费用为 8 500 元。好处是企业影响力度很大;不利条件是非专业人才的比例很高,前期筛选工作量大,招聘成本高。王建华向总经理建议选用第一种方案。总经理看过招聘计划后,认为公司在大陆地区处于初期发展阶段不应放过任何一个宣传企业的机会,于是选择了第二种方案。

其招聘广告刊登的内容如下:

您的就业机会在 NLC 化学有限公司下属的耐顿公司

职位:发展迅速的新行业的生产部人力资源主管

主管生产部和人力资源部两部门协调性工作

抓住机会! 充满信心!

请把简历寄到:耐顿公司人力资源部 收

在一周内的时间里,人力资源部收到了 800 多份简历。王建华在 800 份简历中筛出 70 份有效简历,经筛选后,留下 5 人。他将此 5 人的简历交给了生产部经理于欣,并让于欣直接约见面试。于欣经过筛选后认为可从两人中做选择——李楚和王智勇,他们将所了解的两人资料对比如下:

姓名/性别/学历/年龄/工作时间/以前的工作表现/结果

李楚,男,企业管理学士学位,32,有 8 年一般人事管理及生产经验,在此之前的两份工作均有良好的表现,可录用

王智勇,男,企业管理学士学位,32,有 7 年人事管理和生产经验,以前曾在两个单位工作过,第一位主管评价很好,没有第二位主管的评价资料,可录用

从以上的资料可以看出,李楚和王智勇的资料基本相当。但值得注意的是:王智勇在招聘过程中,没有上一个公司主管的评价。公司通知两人,一周后等待结果。在此期间,王智勇打过几次电话给人力资源部经理王建华,第一次表示感谢,第二次表示非常想得到这份工作。

于欣与王建华商谈何人可录用,于欣说:"两位候选人的资格审查都合格了,唯一存在的问题是王智勇的第二家公司主管给的资料太少,但是虽然如此,我也看不出他有何不好的背景,你的意见呢?"王建华说:"很好,于经理,显然你我对王智勇的面谈表现都有很好的印象,人嘛,有点圆滑,但我想会很容易与他共事,相信在以后的工作中不会出现大的问题。"于是,最后决定录用王智勇。

王智勇到公司工作了6个月,经观察发现,王智勇的工作不如期望的好,指定的工作他经常不能按时完成,有时甚至表现出不胜任其工作的行为,所以引起了管理层的抱怨,显然他对此职位不适合,必须加以处理。

然而,王智勇也很委屈:招聘所描述的公司环境和情况与实际情况并不一样。原来谈好的薪酬待遇在进入公司后又有所减少。工作的性质和面试时所描述的也有所不同,也没有正规的工作说明书作为岗位工作的基础依据。

那么,到底是谁的问题呢?

思考题:
请分析此次招聘工作失败的原因。

〰〰〰〰〰〰〰〰〰〰〰〰〰〰〰〰〰〰〰〰〰〰〰〰〰〰〰〰〰〰〰〰〰〰〰〰〰〰

第六章 绩效管理

本章导读

绩效管理是人力资源管理的核心职能。在组织中,无论是对人力资源的规划、招聘和甄选,还是对人力资源的开发和调整,或者是对人力资源进行薪酬设计和激励,抑或是对人力资源的考核与评价,无不是以个人绩效、团队绩效和组织绩效的改善为目的展开的。学者玛丽·凯·阿什说,"一家公司的好坏取决于公司的人才,而人才能量释放多少就要取决于绩效管理了。"

通过本章学习,您将了解到:

绩效和绩效管理的基本概念。

绩效管理流程。

绩效考评指标的选择。

绩效考评方法。

战略性绩效管理的导入。

开篇案例

L公司的绩效管理

L公司是一家成立仅4年的公司,为了更好地进行各级人员的绩效评价和激励,在刘总经理的领导下公司建立了一套绩效管理制度。这套方案用人力资源部经理的话说是细化了传统的德、能、勤、绩4项指标,同时突出了工作业绩的一套考核办法。其设计的重点是将上述4个一级指标细化延展成10项二级指标;二级指标又进一步分解为具体的、可量化的指标20~30项,并把每个指标都划分出五个等级,同时描述各等级定义。考核时只需将被考核人实际行为与描述相对应,就可按照对应成绩累计相加得出考核业绩。

但在实施考核过程中却发现了一个奇怪的现象,实际工作比较出色和积极的员工,考核成绩却常常排在多数人后面,而一些工作业绩并不出色,有些许错误的员工却排到了前面。让刘总经理感到左右为难的是,如若对排在后面的这部分人实施降职和降薪,无疑会伤害一批认真工作的员工;若不落实,很容易破坏考核制度的严肃性和连续性。另外,本次考核中,考核绩效统计工作量太大,人力资源部只有3名员工,却要统计300多员工的考核成绩,每个员工平均有5份表格,需要对考核表进行数据统计分析及排序发布,最后还要和这些员工分别谈话。在进行考核的一个半月中,人力资源部几乎天天都在做这件事情,而其他工作都耽搁了。鉴于此,刘总经理请工程部、设备养护部、财务部和研发部的负责人到办公室深入了解一些实际情况。

各部门经理如约来到了总经理办公室,当总经理简要地说明了原因之后,设备养护部李经理首先说道:"我认为本次考核方案需要尽快调整,因为它不能真实反映我们的实际工作。我们设备养护部主要负责公司设备的维护管理工作,总共只有20名员工,却管理着公司近600台的大型设备,为了确保它们安全无故障地运转,我们主要工作就是按计划到基层去检查和抽查设备维护的情况。在日常工作中,我们不能有一次违规和失误,因为任何一次失误都是致命的,也是会造成重大损失的,因此我们的考核只有"合格"和"不合格"之说,不存在分数等级多少。"

财务部王经理紧接着说道:"对于我们财务部门,工作基本上都是按照规范和标准来完成的,平常填报表和记账等都要求万无一失,这些如何体现出"创新"的标准? 还有一个问题,我认为应该重视,在本次考核中我们沿用了传统的民主评议的方式,我对部门内部人员评估没有意见,但是让其他部门人员打分是否恰当? 因为我们财务工作经常得罪人,让被得罪的人来评估我们财务人员,这样公正吗?"

……

思考题:

1. L公司的绩效管理存在哪些问题?
2. 你认为L公司目前所存在的问题应该怎样解决?

第一节 绩效管理概述

一、绩效的内涵

小辞典

　　绩效可以从"绩"和"效"两个方面理解。所谓"绩"是一个静态的概念，指的是主体工作行为所产生的结果，即业绩。而"效"则是一个动态的概念，指的是业绩具有的效能，即业绩对目标的逼近度。

1. 绩效定义

　　绩效的含义非常广泛，不同时期、不同发展阶段、不同对象，绩效都有不同的含义。学术界对绩效内涵的看法归纳起来主要有三种观点：①绩效是"工作结果"或"产出"；②绩效是"行为"；③绩效是"实际收益"和"预期收益"的总和。

　　绩效概念存在于不同的层次上，如个人绩效、团队（部门）绩效和组织绩效。组织绩效是一定时期内组织任务完成的数量、质量、效率及赢利状况，一般来讲是组织内所有岗位所产生的绩效的集合。

　　在组织目标实现过程中，团队或部门是基本的业务单位。团队（部门）绩效包括团队或部门的任务目标实现情况，以及为其他团队或部门的服务、支持、协调、沟通等方面的行为表现。

　　团队或部门是由个人组成的，团队（部门）绩效的实现在于激发团队（部门）中每一个成员的积极性。个人绩效是一定时期内员工个人在既定的岗位上所实现的绩效，也称为岗位绩效。员工在岗位上工作，就是生产绩效，众多岗位绩效汇集成团队（部门）绩效，团队（部门）绩效又汇集成组织绩效，组织绩效体现在市场上，转化为组织的市场效益。

　　任何组织的生存都是着眼于发展，但组织的发展是以为社会提供产品和服务为前提的。组织提供的产品和服务本质上就是该组织的绩效，而组织的绩效是由每一个员工在自己的岗位上作出的绩效结果汇集而成的。员工的绩效决定了组织的绩效，组织的绩效则决定了组织的生存。尽管组织绩效能否转化为市场效益最终要通过市场的检验，但若没有组织的绩效就肯定不会有组织的市场效益。所以，将绩效管理可以看作人力资源管理乃至组织管理的核心职能,是组织谋求可持续发展的基本要求。

2. 绩效的基本特征

(1) 绩效的多因性。绩效的优劣不是由单一因素决定的,受到主客观的多种因素的制约和影响,一个员工的绩效是其自身素质和工作环境交互作用的结果。不同的学者提出了形式不同的绩效函数,具体的影响因素及其之间的相互作用,可以从以下三个模型中得到认识:

工作绩效=f(能力×动机×环境)。

有关工作绩效影响因素的一种较为普遍的观点是,个体的工作绩效受到其能力、动机、态度及环境条件的共同影响。其中,能力和动机是最基本的两个因素。

工作绩效=f(陈述性知识×程序性知识×动机)。

Campbell 等人(1993)提出,工作绩效取决于三个因素:陈述性知识、程序性知识和动机。McCloy 等人(McCloy, Campbell & Cudeck, 1994)的研究发现,有且仅有三个因素决定着绩效测量的真实变异:陈述性知识、程序性知识和意志选择(动机与态度)。

工作绩效=f(知识(K)×技能(S)×能力(A)×人格(P))。

这一影响工作绩效的因素的模型是由胜任力理论提出的。

(2) 绩效的多维性。绩效的多维性指是需要从多个角度或方面去分析与评价绩效。例如考察生产线上工人的绩效,不仅要求产量,而且要综合考虑产品质量、原材料消耗、出勤情况、团队意识、服从意识、纪律意识等,通过综合评价得出最终结论。但是,根据不同的评价目的,可能选择不同的维度和不同的评价指标,而且各个维度的权重也可能不同。因此在设计绩效评价体系时,往往要根据组织战略、文化以及岗位特征等方面的情况设计出一个由多维度评价指标、不同权重组成的评价指标体系。

(3) 绩效的动态性。绩效的动态性指员工的绩效随着时间的推移会发生变化。在绩效管理中,对员工的绩效考评,其考察的内容只是过去一段时间内工作情况的反映。随着时间和环境的变化,绩效差的可能会有所改进,而绩效好的则也可能会发生逆转。因此管理者一定要充分注意绩效的动态性,根据实际情况来进行绩效考评,而不能用一成不变的思维来看待有关绩效的问题。

绩效的多因性、多维性为进行绩效考评与绩效管理提出了多角度、全面系统的绩效考评思路;绩效的动态性解释了为什么绩效考评和绩效管理中存在一个周期的问题。

二、绩效管理的特性

在绩效管理的概念中,有几个值得特别注意的特性:

(1)绩效管理的战略目标一致性。通过绩效管理过程,将组织战略目标分解为各部门的目标,并进一步将部门目标分解为岗位目标,从而具体落实到员工个人,以确保员工工作行为和产出与部门、组织的目标一致。因此可以这么认为,绩效管理是综合管理组织和员工个人绩效的过程。绩效管理可以有效整合员工的工作目标与组织目标,使两者协调发展。

(2)绩效管理的系统性。绩效管理是一个完整的系统,在这个系统中,管理人员和员工全部参与进来并通过沟通的方式,将组织的战略规划和经营目标、管理人员的职责、管理的方式和手段以及员工的绩效目标等管理的基本内容确定下来。在持续不断沟通的前提下,管理人员帮助员工清除工作过程中的障碍,提供必要的支持、指导和帮助,与员工一起共同达成绩效目标,从而实现组织的远景规划和战略目标。

(3)绩效管理的工具性。通过绩效管理,及时向员工反馈绩效信息,使之不断提高技能,改进工作方法,提高个人或团队工作效率和效果。同时,绩效管理可以使组织有效掌握发展动态,并及时采取相应的措施,以保证组织整体目标的实现。

三、绩效管理的目的

赫尔曼·阿吉斯认为绩效管理的目的有战略目的、管理目的、信息传递目的、开发目的、组织维持目的和档案记录目的共六个方面。我们认为,阿吉斯所说的信息传递目的、组织维持目的和档案记录目的都可以归入管理目的范畴,所以绩效管理的目的主要有三个方面,即战略目的、管理目的和开发目的。

1. 战略目的

绩效管理就是要确保组织内的所有活动都支持实现其战略目标。优秀的绩效管理体系能将员工个人目标与组织目标有效地整合和统一起来,它提供给员工通过实际绩效与组织战略对话的空间,成为组织战略实现过程中巨大的推进机制。

2. 管理目的

组织在多项员工管理决策中都要使用到绩效管理信息,尤其是绩效考评信息、薪资管理决策、晋升决策、岗位调整决策、保留或解雇决策、对个人绩效的承认等,无一不以绩效管理系统收集的信息为依据。同时,绩效管理体系还是一种重要的沟通手段,一方面员工借此可以了解组织和上级对自己的期望和要求;另一方面,组织也可通过绩效管理体系对内部人力资源现状做出精确盘点,了解现有员工数量、质量和结构，员工拥有的知识技能存量、潜在能力和从事过的工作等。

3. 开发目的

一个组织的进步在于其能够充分利用各种工作提供的信息带来的变革的机会，通过绩效管理既可实现对员工的开发，也可实施组织开发。合格的管理者能从绩效管理体系所收集的信息中对组织的优劣势和员工的优弱点作出正确的判断，分析产生目前情形的组织和员工双方的深层次原因，强化对组织发展有重大贡献的员工绩效行为，发现导致低绩效的障碍，如态度问题、行为缺陷等，并努力寻求组织和员工的双方面的转变，提供提升员工个体素质的各种培训活动和改变员工工作方式的咨询活动，甚至重新审定员工的生涯计划，通过新的员工能力倾向性和职业倾向性的评估，转变员工的生涯通道，重新帮助员工建立其生涯目标。当造成低绩效的原因不在于员工时，组织就要反思自身不足。

四、绩效管理循环

罗伯特·巴克沃(2001)提出，绩效管理是一个系统，包括绩效计划、持续的绩效沟通、绩效评价、数据收集、绩效诊断和辅导等一系列要素，要想得到最大的收益，需要完成绩效管理的全部环节，而不是一个部分。我们认为可以将绩效管理循环分为绩效计划、绩效实施、绩效考评、绩效反馈与改进四个环节，绩效沟通是贯穿绩效管理循环系统的核心职能，如图 6.1 所示。

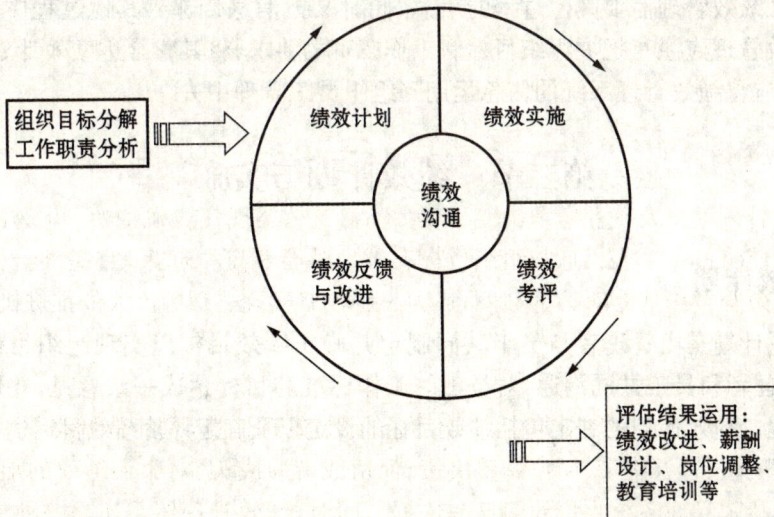

图 6.1　绩效管理循环

177

绩效计划是绩效管理过程的起点。制定绩效计划的主要依据是战略目标的落实。管理者和下属一起研讨，以确定计划期内下属应该做什么、做到了什么程度、为什么要做、何时做完，以及其他的具体内容，如下属的权限范围等。通常绩效计划可以是一年期的，也可以是半年的、季度的或月度的，制定绩效计划的周期往往视员工所在职位的性质、组织特点等情况而定。

绩效实施是管理者和下属共同完成绩效目标的过程。在这一阶段，管理者和下属就绩效目标、内容进行阶段性的回顾与检查，审查工作进度，辨别为达到期望绩效所需要改善的方面，帮助、支持员工达成工作目标，并根据需要对绩效计划进行调整。

绩效考评是指管理者评价员工目标成果并与员工面对面进行沟通的过程。该阶段管理者依据期初或期中制定和调整的绩效目标，综合收集考核信息，并公正、客观地评价员工。

绩效反馈与改进。经过充分准备后，管理者就考核结果向员工进行反馈，内容包括肯定成绩、指出不足并确定下一阶段的目标。

绩效沟通位于整个绩效管理循环的中心，贯穿于绩效管理全过程。这种绩效管理模式强调了绩效沟通的核心地位，指出在绩效管理的任何阶段中绩效沟通是必须要做的核心工作。该模式其实是将被管理者置于整个管理过程的中心，调整了管理者与被管理者的主从地位，从而保证了对被管理者应有的关注。

绩效管理真正发挥效益的条件是，将绩效管理系统与组织的其他过程紧密联系起来。绩效管理需要其他过程的信息，同时又把信息传递到其他过程中去。一方面绩效管理应注意把握组织目标和工作职责的要求，将其整合进绩效计划中；另一方面，应将绩效管理系统的信息运用到组织员工管理中去。

第二节　绩效计划与实施

一、绩效计划

绩效计划是由管理者与员工共同制定并修正绩效目标以实现组织目标的过程，是管理者和员工共同沟通，对员工的工作标准和目标达成一致意见，并形成协议的过程。绩效计划的制定包括绩效目标的设定以及确定评价绩效目标达成的标准两个部分。

1. 设定绩效目标

目标的典型特征是必须具有挑战性。绩效目标的设定是组织目标、期望和要求的压力传递过程,同时也是牵引工作前进的关键。通过绩效目标的牵引使得组织、部门和员工向一个方向努力,形成全力共同完成组织的战略目标。

组织的目标体系分成公司、部门、员工三个层次。如果某年组织有了明确的战略规划,那么由战略规划就可以确定当年的公司的绩效计划。由组织将绩效计划填写在目标责任书中,由组织总经理负责实施和完成。组织计划确定后要分解到各个部门,部门的绩效计划再分解到员工,落实到具体责任人。这样就保证了公司、部门和员工的目标成为一个完整的体系,都直指公司战略。所以,通常员工的绩效目标有三个来源:

第一,来源于"公司的战略目标或者是部门目标",体现出对公司或是部门绩效的支撑。员工绩效目标一般直接来源于管理者,也就是部门绩效目标,也只有如此,才能使员工的努力目标和公司的战略目标保持一致。

第二,来源于岗位职责。岗位职责描述一个岗位在组织中所扮演的角色,即岗位对组织的贡献是什么或产出是多少。岗位职责通常比较稳定,因为它是依附于岗位,除非岗位本身发生根本性的改变。而绩效目标是对一定条件下、一定时间范围内所达到的结果的描述,具有一定的时间性和阶段性。

第三,来于内外部客户的需求。组织的产出是通过流程生产的,而流程的目标和手段是由内外部的客户需求驱动的,所以,员工绩效目标的设定一定要兼顾内外部客户的需求,从而实现"1+1>2"的效果。

2. 确定评价绩效目标达成的标准

设定了绩效目标之后,就要确定评价绩效目标达成的标准。绩效管理必须有标准作为分析和考察全体员工的尺度。标准一般可分为绝对标准和相对标准。绝对标准如出勤率、废品率等是以客观现实为依据,而不以考核者或被考核者的个人意志为转移的标准。相对标准,就是先进与落后的区分。通常情况下,绩效目标的考评标准可以从数量、质量、成本和时间四个方面来考察。

没有明确标准的目标不是真正意义上的绩效目标,因为它们都是无法考评的。在区分一个标准是否符合要求时,有很多种方式,比如 SMART 原则、5W2H 原则等。这些原则反映的基本是一个思想,就是要求标准必须是可考评的或是可考核的

3. 绩效计划的确定程序

绩效计划的确定程序基本上可以分为三个阶段:准备阶段、沟通阶段和确认阶段。

(1) 准备阶段。准备必要的信息是充分沟通的条件。这里的信息主要三类:

一是关于组织的信息。对于基层部门和员工来说，了解组织的发展战略和经营计划有助于在工作中保持正确的方向；二是团队的信息。团队的信息是根据组织整体目标分解而来的，它是确立员工个人绩效的主要来源；三是个人的信息，主要包括考评对象的工作描述和上个考评期的评估结果。

（2）沟通阶段。沟通是绩效计划确定的核心环节。首先，沟通时应在一个相对宽松和良好的环境和气氛，尽可能减少外界的干扰和环境带来的压力；其次，双方在沟通中是一种平等关系，都应该认真听取对方的意见和建议；再次，考评者的主要责任在于如何使被考评者的工作目标与组织的目标保持一致；最后，双方应该一起作决定，而不是考评者依靠自己的权威代替员工进行决定。实践证明，被考评者自己所做决定的成分越大，绩效管理的阻力越小，最终越容易成功。

（3）确认阶段。经过认真准备和充分沟通之后，形成了初步的绩效计划。最后还需要对绩效计划进行审定和确认，以保证绩效计划的顺利完成。

相关链接

一般而言，绩效计划主要包括以下内容：
- 员工在本绩效期间内工作的主要内容和相应职责。
- 本绩效期间内员工工作应达到的效果。
- 员工在本绩效期间内为保证整个工作目标的实现，在各分阶段所采取的实现各种目标的具体措施。
- 各项工作目标在绩效结果中的权重。
- 对这些工作结果进行考评的方法和标准。
- 需要组织提供的资源和支持。
- 工作结果的信息获取渠道和方法及手段。

二、绩效实施

绩效实施阶段是绩效管理循环中耗时最长的一个环节，是体现管理者和员工共同完成绩效目标的关键环节，这个过程的好坏直接影响着绩效管理的成败。绩效管理强调员工与管理者的共同参与，强调员工与管理者之间形成绩效伙伴关系，共同完成绩效目标的过程。这种员工的参与和绩效伙伴关系在绩效实施阶段主要表现为持续不断的沟通。

在绩效实施阶段,员工在完成绩效计划的过程中可能会遇到外部障碍、能力缺陷或者其他意想不到的情况,这些情况都会影响计划的顺利完成。员工在遇到这些情况的时候应当及时与管理者进行沟通,管理者则要与员工共同分析问题产生的原因。如果属于外部障碍,在可能的情况下管理者则要尽量帮助下属排除外部障碍。如果是属于员工本身技能缺陷等问题,管理者则应该提供技能上的帮助或辅导,辅导员工达成绩效目标。

绩效实施过程中持续的绩效沟通可以达到以下目的:①通过持续地绩效沟通对绩效计划进行调整;②通过持续地绩效沟通使员工了解计划执行中的信息;③通过持续地绩效沟通管理者获得员工工作情况的信息;④通过持续地绩效沟通对员工进行辅导。持续绩效沟通可以采用以下方式:①正式的沟通方式,如书面报告、定期面谈、管理者参与的小组会议或团队会议;②非正式的沟通方式如非正式的交谈、休息时的闲聊、郊游或聚会时的谈话、走动式管理、开放式办公等。

在绩效实施过程中,作为员工的上级管理者应在以下方面承担主要责任:

(1) 员工绩效信息的收集与分析。员工上司应每天观察记录员工的绩效,保持对有效绩效和无效绩效关键事件的记录。这样做可以达成以下目的:一是提供绩效考评的事实依据;二是提供绩效改善的事实依据;三是发现绩效问题和优秀绩效的原因。

(2) 持续的绩效指导。绩效实施应是一个改善员工知识、胜任特征和技能的过程。辅导的主要目的是及时帮助员工了期自己工作进展情况如何,确定哪些工作需要改善、需要学习哪些知识和掌握哪些技能。在必要时,指导员工完成特定的工作任务,使工作过程变成一个学习过程。

(3) 清除绩效任务实现的障碍,并提供必要的领导支持和智慧帮助。员工上司应及时提供员工所需的培训和各种资源,使员工有完成绩效目标所需的知识、技能、设备、时间、资金等。

(4) 适时更新绩效目标。组织面临的外部环境复杂而多变,组织目标因此会发生相应改变,因而有必要适时更新先期制定的绩效目标、绩效标准、工作的关键职责和胜任力。

(5) 制定纠偏行动计划。在绩效实施过程中,管理者可以建立起绩效实施纠偏行动计划对员工的有效行为和无效行为进行强化。绩效实施纠偏行动计划是在组织行为矫正的基础上提出来的,它是利用强化理论以组织中个体在绩效形成的过程中出现的偏差为依据,对个体形成绩效所需的人员、资金、环境等各种资源的支持和对其采用有规律的、循序渐进的方式进行督导,并使员工绩效向绩效契约目标方向发展的过程。

管理者对绩效进行监控有许多形式,其中包括:

- 对工作的观察,如参观工作设施、考察办公室或工厂、观察完成一项任务的过程。
- 书写书面报告,如行为概要、进展报告、计算机打印结果等。
- 观看视频显示的员工行为资料。
- 检查工作样品或服务的质量。
- 举行有个体或小组参加的进展考查会议。
- 在客户和顾客中进行调查以了解他们对公司产品和服务的满意程度。
- 在一项活动完成之后举行会议,以确定工作的进展情况。

表 6.1 对员工和上级管理人员在绩效实施过程中应承担的责任做了一个清晰的总结。

表 6.1　员工和管理者在绩效实施过程中应承担的责任

员　工	管理者
承诺达成绩效目标	员工绩效信息的收集与分析
收集和分享绩效信息	持续的绩效指导
主动与上级进行绩效信息交流	清除绩效任务实现的障碍,提供必要的支持
进行自我绩效反馈和指导	适时更新绩效目标
	制定纠偏行动计划

第三节　绩效考评

绩效考评是评估者对照工作目标或绩效标准,采用一定的考评方法考核和评价员工在确定时期内的工作行为和工作成果与组织期望的一致程度的过程。

一、绩效考评与绩效管理

绩效管理与绩效考评是两个差别很大的概念,两者既不能混淆,更不能等同。绩效管理的目的是为了帮助员工提高绩效能力,使员工的努力与公司的远景规划和目标任务一致,使员工和组织实现同步发展。绩效考评则是绩效管理的一个环节,是对员工一段时间的工作绩效进行的考核评价,是前段时间的工作总结,同时考核结果为相关人事决策(晋升、解雇、加薪、奖金)等提供依据。绩效考评是绩效管理的一个不可或缺的组成部分,通过绩效考评可以为组织的绩效管理的改善提供信息,帮助组织不断提高绩效管理的水平和有效性,使绩效管理真正帮助管理者改善管理水平,帮助员工提高绩效能力,帮助组织获得理想的绩效水平。

绩效管理与绩效考评的区别如下:①绩效管理是一个完整的系统,绩效考评只是这个系统中的一部分;②绩效管理是一个过程,注重过程的管理,而绩效考评是一个阶段性的总结;③绩效管理具有前瞻性,能帮助组织和经理前瞻性地看待问题,有效规划组织和员工的未来发展,而绩效考评则是回顾过去的一个阶段的成果,不具备前瞻性;④绩效管理有着完善的计划、监督和控制的手段和方法,而绩效考评只是考核一个手段;⑤绩效管理注重能力的培养,而绩效考评则只注重成绩的大小;⑥绩效管理能建立经理与员工之间的绩效合作伙伴的关系,而绩效考评容易使经理与员工站到对立的两面,距离越来越远,制造紧张的气氛和关系。

表 6.2　绩效管理与绩效考评的关系

绩 效 管 理	绩 效 考 评
完整的管理过程	管理过程的一个环节
结果与过程并重	阶段性总结
组织与个人双赢	排序、确定优势
规划性、前瞻性	回顾过去
完善的计划、监督和控制手段	只有考核一个手段
注重能力的培养	注重成绩的大小
事先的信息沟通和承诺,易形成合作关系	强调事后评价,易产生对立关系

二、绩效考评主体

当前许多人都存在一种误解,认为绩效考评只是人力资源管理部门的责任,而与其他部门和人员无关。这是夸大了人力资源部门的作用，也增加了人力资源部门的负担。事实上，人力资源部门在绩效考评系统中的作用主要体现在以下方面：一是扮演政策制定者和参谋的角色，协助设计和改善绩效考评方案和评估工具，宣传和解释评估的目的、内容和要求；二是负责对评估人员进行培训以提高评估技能；三是监督本组织的绩效考评系统的运行，检查评估结果并提供人事决策依据。组织中真正承担绩效考评责任，如实反映员工绩效的主体根据绩效信息来源的不同有以下几种情形。

（1）直接上级评估。传统绩效考评系统中，多数组织都采用直接上级评估的方式。因为直接上级在观察和评价下属的工作绩效方面占有最有利的位置，而且直接上级最了解被评估者的工作性质、工作内容和绩效要求。直接上级有机会与下级进行更好的沟通，了解下级的需求和想法，发现下级的潜力。在许多组织中，对下属作出准确评价已经成为直接上级的重要职责。

从消极方面来看，直接上级在组织中的职位层级导致他没有足够的时间去全面观察员工的工作情况，尤其是一人评估多人时，对绩效记录的依赖性高，直接上级的个人偏见、个人喜恶、与下属的关系、感情因素等都可能在下属评估结果中反映出来，直接上级的长官意志也会影响绩效结果的客观公正。同时，直接上级掌握着奖惩权，考评时下级心理负担较重，导致上级的考评常常沦为说教，造成单向沟通，挫伤员工的积极性。

（2）下属评估。下属考评上级在开放的西方组织中亦是最近10年来的新生事物，但它对组织民主作风的培养、组织员工之间凝聚力的提高等方面起着重要作用。组织引入下属评估形式充分体现了下属在组织活动中的参与权利和监督权利，对权利的尊重和组织的信任使下属的绩效考评信息特别有价值。

下属应是最有资格承担评估上级绩效的责任人，通过观察上下级互动中的上级表现，上级的绩效能够比较全面地反映。下属的评估权利对上级而言也是一种压力，它的优势在于能够帮助上级发展其管理才能，促使上级改善工作方法和领导艺术，使工作更有效。同时达到权力制衡的目的，使上级在工作中也受到有效监控。

但是下属评估也是有缺点的，下属对上级的工作不可能做到全盘的了解，在评估时会片面夸大某个方面，匿名评估的后果使某些下属因工作冲突挟私报复或觊觎上级岗位故意贬低，使结果偏离事实，而且下属的这种权利会使一些上级只注重人际关系的协调而忽视其他工作业绩的取得。下属的意见如果不能得到及时反馈，上级的承诺若没有真正付诸行动，也会影响下属参与评估的积极性和评估结果的真实性。

（3）同事评估。同事在组织活动中有着直接上级或是下属无可比拟的优势，他们对被评估者的工作职责和要求认知比较清楚，经常性的接触与合作使同事间的了解和观察非常方便。同事能够发现直接上级或下级无法看到的某些方面，特别是在被评估者的工作活动脱离直接上级或下属的观察视线时,同事的评估信息就非常重要。现在的组织中经常采用小组或团队的工作形式,同事对被评估者的工作态度、实际表现和贡献程度都能有比较清楚和深刻的认识,同事的权利压力是对成员的最有力的促进因素。心理研究表明,人在被观察的情况下工作成果会超出平时水平。

同事评估也有弊端,同事之间沟通了解较深,致使同事评估讲个人交情胜过实际绩效,日益紧张的竞争关系使得同事评估的真实性会被利益冲突污染。还有事例证明,当评估结果用于员工开发而不是管理决策时,同事之间对评估的反应更为积极一些。

(4)自我评估。当组织要提高员工在绩效考评中的参与程度,并且员工了解和领会了组织绩效期望时,自我评估的方法是非常有效的。一般来说,员工对自己的工作绩效是比较清楚的而且是应该清楚的,自我评估给员工带来在绩效完成之后有重新审视的机会,对自己的优缺点有更深的认识,并引发员工对绩效障碍的思考和改进绩效的意见传达。

自我评估的缺点也很明显,大多数研究表明,员工对自己绩效作出的评价一般比他们的直接上级或同事对他们所得出的绩效等级要高,这是因为如果绩效结果与管理决策如晋升加薪等方面相关,员工很有理由倾向于夸大自己的绩效,而且人的趋利避害心理使员工在自我评估时会多突出自己的优势绩效而少谈劣绩,甚至将不良绩效多归咎于外部因素的干扰而非自己本身的问题。

(5)客户评估。目前越来越多的组织将客户也视为绩效考评的责任方。根据客户的隶属性可分为外部客户和内部客户。客户考评的优势在于客户不受组织内部利益机制左右,因此考评会具有真实性和公正性,并使每个被考评者都强化了要以客户满意度为导向的观念;它的弊端在于客户考评缺乏统一标准,而且比较费时费力,成本较高,因此并不是所有的情况都适用此考评方法。

有两种情况的绩效考评最适合采用客户考评进行。第一种情况是,员工所从事的工作需要他直接为客户提供服务,或者需要他为客户联系在公司内部所需要的其他服务。第二种情况是,当公司希望通过搜集信息来了解客户希望得到什么样的产品或服务时,利用客户考评的方式也是很合适的。这时客户的考评成为了将组织的市场营销战略与人力资源活动及政策联系在一起达到战略目标的服务工具。从这种目的出发让客户进行的考评不仅有助于考评员工的绩效,而且有助于确定组织是否应当为改善客户服务质量而在其他人力资源活动方面(例如培训、薪酬体系等等)也做出调整。

相对于外部客户,组织内部市场为绩效考评产生了许多内部客户,这种客户关系是建立在组织部间的合作关系上面,如销售部门要从人力资源部门获取招聘和培训员工的支持,从生产部门获得高质量的产品支持,这时候销售经理就成为人力资源部和生产部的内部客户,他有提供绩效信息的权利和责任。对于一个具体的岗位而言,内部客户是多样化的,有可能包括业务流程的下游岗位、服务对象岗位或人员、管理对象岗位或人员等等。

此外,外请专业人士对员工绩效进行考评也是一种选择,如外部咨询专家或专业的管理顾问公司。由外请专业人员进行考评具有特殊意义,因为外请人员具有较强的专业技能,与被考评者之间也没有利害关系,因而往往客观公正,考评结果也容易为组织员工所认同。但这样做的缺点是成本较高,而且对于专业性很强的内容,专家也不一定十分了解。

如果以上评估主体都围绕一个受评者展开评价,那么这种评价就称为360度评估,如图6.2所示,也称为全视角评估。360度评估就是由被考评者上级、同事、下级和(或)客户(包括内部客户、外部客户)以及被考评者本人担任考评者,从多个角度对被考评者进行全方位考评,再通过反馈程序达到改变行为、提高绩效等目的。360度评估具有管理性评价和开发性评价的双重功效。管理性评价主要是利用考评结果进行诸如人员晋升、薪酬设计等人事决策;发展性评价则是着眼于未来,在考评的各阶段都以如何更进一步发展员工个体使其具有更高的绩效表现为目的。一般认为,360度评估系统运用于开发性目的的效果优于管理性目的的效果①。自20世纪80年代以来,360度评估方法日趋完善,已成为众多追求卓越的组织人力资源评价与绩效考核的首选工具。

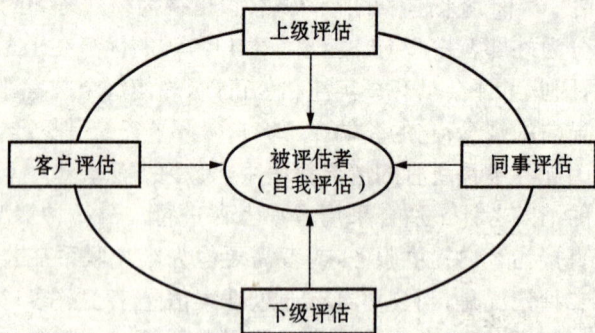

图6.2　360度评估

360度评估涉及组织中各个层面的人,甚至还包括组织外部的人员。因此,实施360度评估技术只有得到高层领导的全力支持,才有可能真正顺利地开展起来,实施过程中出现的问题也才能及时地得以解决。否则,就可能使潜在的问题升

---

① 加里·德斯勒. 人力资源管理(第9版)[M]. 北京:中国人民大学出版社,2005:346.

级,影响员工正常工作绩效,甚至造成组织中不可控制的混乱局面。

实施360度评估还要求组织具有一定的稳定性和组织成员间的彼此信任。当组织面临重组、裁员或者合并时,员工的不安全感比较高,这时采用360度反馈很可能加重这种体验,从而导致负面的影响。组织可以通过整个实施过程中的不断沟通,使员工建立起对上级和他人的信任,对反馈保持开放接受的态度,克服对360度评估技术的抵触情绪。因此,建议组织在刚开始实施360度评估时,最好只以能力开发为目的,不作为考核、晋升的依据。这样,员工能较容易地接受并认同这个技术。然后,再逐步将其应用领域(如考评、提升等人事决策)拓展。

相关链接

360度绩效评估:利耶? 弊耶?

支持者的观点:

1. 由于信息是从多方面收集的,因此绩效信息比较全面。

2. 信息的质量比较好。

3. 由于这种方法更重视内部/外部客户和工作小组这些因素,因此它使全面质量管理得以改进。

4. 由于信息反馈来自多人而不是单个人,因此减少了存在偏见的可能。

5. 来自同事和其他方面的反馈信息有助于员工自我发展。

反对者的观点:

1. 综合各方面信息增加了系统的复杂性。

2. 有时会出现小团体主义倾向。

3. 如果员工感到参与考核者在联合起来对付他,他可能会感觉受到威胁,易导致内部矛盾和冲突。

4. 有可能产生相互冲突的考核结果。

5. 需要经过培训才能使系统有效工作。

三、考评信息来源的选择

绩效考评责任主体决定了组织可以选择多种信息来源的方式,但是每一种信息来源都有其优势和缺点,究竟组织会采取哪一种方式或那几种方式的结合形式?两种目的决定了组织的选择。一是组织希望得到最能反应员工绩效的信息,见表6.3;二是绩效考评的信息用于什么目的,见表6.4。

表 6.3　采用不同信息来源监督雇员行为活动的频率①

	绩效信息来源				
	上级	同事	下级	被评价者本人	客户
与任务有关的					
行为	偶尔	经常	很少	总是	经常
结果	经常	经常	偶尔	经常	经常
与人际关系有关的					
行为	偶尔	经常	经常	总是	经常
结果	偶尔	经常	经常	经常	经常

表 6.4　评价信息的来源与用途②

用途	评估信息来源				
	直接上司	同事	下级职员	自己	客户
人事决策	适合	适合	不适合	不适合	适合
自我发展	适合	适合	适合	适合	适合
人事研究	适合	适合	不适合	不适合	适合

四、考评者的准备

绩效考评是与组织战略密切相关的人力资源管理活动,相对于绩效考评的内容和工具,考评者给组织的压力更大,因为考评者的个体差异在对绩效考评的理解和投入上会很明显地显示出来,并最终影响绩效考评的结果,所以在绩效考评开始之前,组织必须做一些考评者的准备工作。

(1) 对全体员工渗透绩效管理理念,强化考评者对评估的重视态度。考评者不想承担评估责任或是怀疑评估的结果是否有用,以致对评估活动不重视,少投入,采取一种应付的态度是组织绩效考评活动顺利有效开展的最大敌人。个体的差异,能力的缺陷都可以通过相关培训来解决或弥补,但如果考评者从根本上就对评估不重视,将使绩效考评流于形式,产生不了应有的效果。组织只有在慎重选择考评者的基础上,通过宣传和教育甚至用制度制约来强化考评者对评估的重视态度才是关键所在,这是开展绩效考评的前提。

(2) 对考评者进行评估标准和内容的培训。绩效考评标准和内容形成文字不是非常的困难,但是考评者仅从文字上去理解评估标准和内容是不可靠的,文字的

---

① 雷蒙得·诺伊等.人力资源管理:赢得竞争优势 [M].刘昕译.北京:中国人民大学出版社,2001:375.
② 韦恩·卡肖.人:活的资源——人力资源管理[M].张续超,等译.北京:煤炭工业出版社,1989:285.

描述经过考评者的脑子加工，就变成了考评者自己的理解，所以再完美的文字也不一定能保证考评者能够掌握其原本想要传递的意思。向所有考评者讲解评估的标准和内容的具体含义，解释采用这种标准和内容的原因是有很必要的。这也有利于考评者尤其是管理人员能够清楚的传达组织的绩效期望，并能独立处理绩效考评过程中的员工在绩效标准和内容上的疑惑。

（3）提高考评者绩效工具的操作能力和控制误差的能力。在绩效考评具体实施阶段，由于考评者的原因会出现各种各样的误差，影响评估结果的真实性。为了避免这些误差，组织必须严格培训考评者，而且评估内容不仅仅是列举这些误差，更重要的是通过情景模拟或录像讨论等具体形式让考评者对这些误差有切身感受，这样他们才会在绩效考评具体操作中有意识的避免这些误差。

相关链接

韦恩·卡肖推荐的培训评估者的一个具体程序：

1. 受训者首先看一部一位员工工作情景的录像带。

2. 受训者根据确定的评价方法对这位员工进行评价，并把评语写在卡片上。

3. 教员引导受训者对不同的评价及其原因进行讨论。

4. 受训者就工作标准和有效与无效工作的界限达成一致。

5. 重新播放录像带。

6. 受训者在看录像时记录典型的工作行为，然后重新对该员工进行评估。

7. 根据上一批受训者最终达成的共同的评价结果，对本批受训者的评价进行考评。

8. 给每位受训者以具体的反馈。

（4）提高考评者绩效反馈的能力。员工绩效如果没有得到有效的反馈，那么员工就没有途径了解他们的实际绩效与组织期望绩效的差距，了解组织对他们绩效的期望，这样的绩效考评是没有太大意义的。考评者尤其是管理者人员应当以一种积极的方式向员工提供明确的绩效反馈，这样组织就必须培训考评者把握绩效反馈的能力。绩效反馈不仅仅是将员工的绩效传达给员工，它更是考评者与员工的互动沟通过程。人的复杂性和反馈过程中的不确定性决定了考评者必须有驾驭沟通和处理突发事件的能力，必须掌握沟通的艺术和技巧。

第四节　绩效反馈、改进与沟通

绩效考评的目的并不仅仅是为了获得员工绩效结果,如果员工在绩效考评结束后不能对自己的绩效有全面的了解,不知道组织对他的绩效评价,那么也无从谈起在以后的工作中采取行动强化组织认可的绩效,积极改善与组织预期不一致的绩效和避免无效工作,所以组织必须采取一种诱发员工积极反应的方式向员工提供绩效反馈。

所谓绩效反馈就是管理者与员工共同针对绩效考评结果所做的检视与讨论,是使员工了解自身绩效水平的各种管理手段。通过有效的绩效反馈,员工更易于接受基于绩效考评基础上的各种管理和开发决策。绩效反馈应当是经常性的,而不是仅仅在绩效考评完成之后。当管理者发现或者通过观察预期到员工的绩效可能存在缺陷时,就应向员工提出并要求其改变。绩效反馈的目的主要在于减少或避免工作中不良绩效的发生,而不是在这种绩效发生后的惩罚和批评。给员工提供经常性的绩效反馈,还可以使员工在工作中提高对自己绩效的警觉性,对最终的绩效考评结果不会感到突然。

一、绩效反馈面谈

绩效反馈是实现绩效考评目的的重要过程,而反馈面谈则是管理者和员工共同讨论工作绩效并挖掘其在工作中可提高和发展的领域的机会,使管理者全面了解员工的态度和感受,促进与员工的双向交流。反馈面谈可以分为日常性面谈和关键性面谈,也可以分为正式面谈和非正式面谈。组织要收获反馈面谈的果实,必须遵循以下原则。

(1)反馈面谈之前应该先把组织的绩效评价结果反馈给员工。在反馈面谈之前将绩效结果反馈给员工,使员工能够先了解到组织对自己的评价,促进其对自己绩效的重新思考,寻找自身的优缺点;也可以对组织评价不满意之处寻求信息支持,为自我申告做准备;还能够使员工在面谈中参与进来,形成互动并将讨论的重点放在有分歧问题上提高反馈的效率。

(2)肯定成绩是反馈面谈的催化剂。员工都很在乎组织对他们的评价而且希望能够得到组织的认可。反馈面谈中应该对员工优点和工作业绩进行赞扬,以使面谈顺利进行,因为这会减少员工的抵触情绪并更加愿意讨论其不足之处。赞扬还有助于强化员工的相应行为。管理者应注意赞扬的方式和时间,但是千万不要将赞扬形式化,使员工视其为进入批评主题的前奏。

(3)反馈面谈应针对绩效标准而不是对人的价值进行评价。在面谈中管理者必须对绩效低的员工进行批评,要注意批评的度,尽量选择最严重的问题或对工作最重要的问题着重与员工讨论。面谈的重点必须放在员工的行为和结果上,而不是对员工的存在价值提出疑问,这也是为什么绩效标准建立在行为和结果上,而不是员工个人能力上的重要原因。如果管理者采用"你这个人怎么会这样做"或是"我不敢相信这种事你也能做出来"这种刺激性的语言,只会导致员工产生抵触情绪和强烈的反感。相反如果采用"你这方面没有做到位是因为在那件事上花的时间太多了"这种语气较平和的语言会让员工易于接受。

(4)反馈面谈的重点放在解决问题上。当人听到批评时,本能的会寻求其他原因的救助。在反馈面谈中也会出现这样的现象。员工有权利对组织的评价作出自己的解释,但是很可能会出现管理者和员工就绩效原因相互责备,喋喋不休,陷入无止境的有关事情原因的争论之中。管理者要尽快与员工达成共识,即寻找原因不是要搞秋后算账,而是为了解决问题。管理者应悉心听取员工有关绩效原因的解释,尤其是涉及组织结构或职能的意见,与员工共同商讨这些原因,寻求个人和组织双方的改进方法。

(5)为反馈面谈提供适宜的环境。首先是面谈地点,办公室是原来大多管理者首选之处,因为这里代表着他们的权力和地位,但是对于员工而言往往将办公室和不愉快的会面联系在一起,心里感到压抑,自然是希望这种会面越早结束越好,而且不愿意参与到面谈中去。面谈地点的非正式性能够淡薄管理者和员工的上下级观念,使评估会谈成为一种开诚布公的对话。其次是面谈氛围,谈话的氛围应该是和谐和轻松的,以消除员工的防御心理。

相关链接

一般绩效反馈面谈的程序与内容如下:

1. 营造积极和谐的面谈氛围。
2. 说明面谈的目的和时间。
3. 根据设定的绩效指标讨论员工工作完成的情况。
4. 讨论分析成功与失败的原因。
5. 讨论员工行为表现与组织价值观的一致性程度,识别有效行为和无效行为。
6. 讨论员工工作能力上的强弱项及有待改进的方面。
7. 讨论员工的培训发展计划。
8. 为员工下一绩效周期的工作设定目标和绩效指标。
9. 讨论员工完成绩效目标所需资源与帮助。
10. 双方签字认可。

二、绩效诊断与改进

无论员工绩效突出或未达到预期的要求都受到很多因素的影响,所有因素大致可以分为两大类,组织内部因素和组织外部因素。组织内部因素又可以分为两类,一类是员工个体因素,如员工能力高低或努力程度等方面因素;另一类是组织或系统因素,如工作流程,组织制度等因素。绩效诊断是通过对比期望绩效和实际绩效之间的差距,分析鉴别这些绩效差距的重要性,找出关键绩效问题,然后确定是否有必要采取改善措施。通常关键绩效问题是由主观原因造成的,而非客观原因,为此负责的员工就是绩效不良员工。

1. 绩效诊断

绩效是员工能力水平、行为激励、机会和环境条件等因素相互作用的结果,可以用以下的函数式表示:

$$P = f(A、M、O、E)$$

式中　P（Performance）——绩效;

A（Ability）——能力;

M（Motivation）——激励;

O（Opportunity）——机会;

E（Environment）——环境。

这说明在其他因素不变的情况下,员工的能力越高,受到的激励越大,机会越多,内外部环境越好,他们的绩效会越显著。

能力是指员工的基本素质和专业技能的水平。尽管一个人能力的高低与个人智力、天赋、受教育的程度和经历有关,但是他的能力并不是固化的凝滞的,完全可以通过及时有针对性的培训,不断提高其能力水平,从而提高工作绩效。

员工行为激励是指员工的工作态度、积极性、主动性和创造性的状态和水平。行为激励的状态是实现绩效目标提高工作业绩的心理条件和心理基础。激励本身又取决于员工的需要层次、个性、感知、学习过程与价值观等个人特点,其中需要层次影响最大,员工在谋生、安全与稳定、友谊与温暖、尊重与荣誉、自为与自主以及实现自身潜能层次的需要方面,各有其独特的强度组合,组织中的管理者要善于运用多种激励措施和手段,激发员工的工作积极性、主动性、创造性。

机会是指员工个人或组织所面临的机遇,以及发展的可能性。这是外部的客观环境和条件的变化所引起的,有些人善于把握机遇,好凭借风力,送我上青天;有些人优柔寡断,没有及时抓住发展的良机,使机会与自己擦肩而过。机遇是变化的条件,内因是变化的依据,有时机遇再好,如果自身缺乏主动性、创造性,也很难取得良好的业绩。机会具有偶然性,例如某项重要任务主管分配给甲员工,但乙员工不在或因纯随机性原因而未被指派承担此任务,其结果是甲乙二人的绩效存在明显的差异,其实乙的能力与平时绩效均优于甲,却没有表现的机会。实际上,在现实的绩效考评中不可能做到真正的彻底而完全的平等,机会对绩效来说是一个不可控制的变量。

环境是指员工进行工作的客观条件,如物质条件(生产、技术、组织、资本等条件)、组织文化、制度环境、人际关系等要素。组织内部的客观条件是环境因素中最基本的要素,如工作场所的物质条件、设施设备、原材料的供应以及工作程序等,而上级的领导作风、监控方式、组织结构、规章制度、工资福利以及组织文化等要素也是不容忽视的。

此外,环境因素还包括某些起间接作用的因素,如社会政治和经济状况、市场竞争强度及劳动力市场状况等。这些要素对员工或组织的绩效有重要的制约和影响作用,在绩效管理的活动中应引起足够的重视。

图 6.3 的绩效诊断综合模型可以帮助组织分析和诊断员工绩效不佳的原因。一旦诊断出绩效的原因,管理者应思考解决问题的策略和寻找具体的解决方法来帮助下属解决他们存在的问题,以实现预期结果。如果是知识和技能方面的问题,

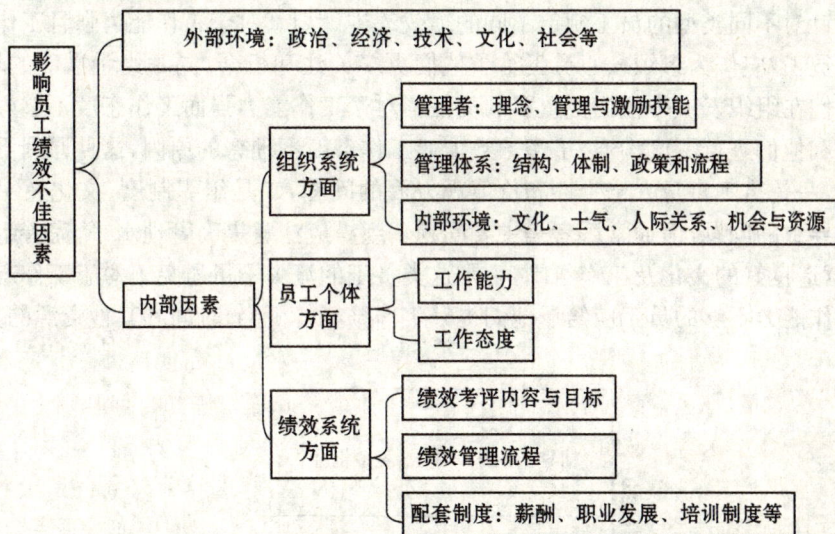

图 6.3 绩效诊断综合模型[①]

① 杨序国,何稳根.绩效管理何以见绩效[M].长沙:湖南科学技术出版社,2006:156.

一般用"发展策略"进行改善。"发展问题"的解决方法一般以在职训练和自我启发为主,脱产培训为辅。如果是"态度"和"外部障碍"的问题,一般用"管理策略"解决。不能用解决"发展问题"的方法来处理"管理问题"。如果存在"外部障碍",管理者应该首先在本人权限范围内,最大限度地排除它们,或尽可能减少其影响。如果存在"态度问题",管理者必须在解决"发展问题"之前解决"态度问题"。"态度问题"不解决,一切预期的变化就不可能发生。

2. 绩效改进

一旦发现绩效出现问题,就要加以改进修正。而要改进修正,首先要制定改进计划。所谓绩效改进计划就是主管与部属就未达到绩效目标的部分,或员工技能不足的部分,拟订下一个绩效周期的改进方向与计划;对部属表现优异的专长的部分,由主管与部属共同讨论未来的发展,并规划适当的训练与工作以配合部属的发展。制定绩效改进计划应遵循以下原则:①计划要切合实际;②计划内容要具体;③计划要有时间性;④计划要获得认同;⑤要有绩效改进指导。

当排除了员工不可控制的组织内外部因素导致的绩效障碍,绩效欠佳的原因一是工作能力问题,二是工作态度问题,所以我们可以用图 6.4 的绩效改进方案矩阵图针对不同类型的员工制定不同的绩效改进计划。对于工作能力强且工作态度好的员工,应作为组织核心员工给予他们更多关注和机会,同时给予潜能的培养,使他们在组织发展中担当更重要的责任。对于工作能力强而工作态度不够好的员工应和他们进行深度沟通,了解导致他们工作态度不理想的原因,这种原因不外乎两类,一是员工自身人格个性和价值观方面的问题,二是组织制度、文化及工作氛围所导致的问题,但通常后者是主要问题。组织应注意提高管理水平,完善组织制度,营造良好的文化及工作氛围,否则这类员工的流失不可避免。对于工作态度好但工作能力不够的员工应给予他们提升工作技能的机会、时间和其他资源的支持。

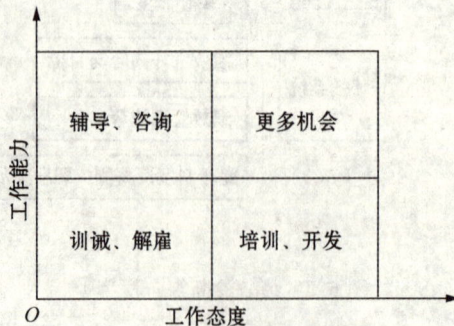

图 6.4 绩效改进方案矩阵

当然这部分员工中提升绩效最好的方法可能是岗位调整,而不是培训开发。对于既没有工作能力也工作态度欠佳的员工应该进行训诫,予以解雇。

绩效改进应注意以下几个方面:

(1) 重审绩效不足的方面。主管的评价是否都合乎事实? 也许主管没有真正察觉员工发生问题的缺点;也许主管认为的缺点事实上却是员工的优点。

(2) 从员工愿意改之处着手改进。这可能激发员工改进工作的动机,因为员工通常不会选取他根本不想改进的地方着手。

(3) 气氛。员工必须在一种鼓励他改进绩效的环境工作,而造就这种工作的气氛,最重要的因素就是主管。员工可能因畏惧失败而不敢尝试改变,这时需要由主管去协助他们,帮他们建立信心。

(4) 奖励。如果员工知道行为改变后获得奖赏,那么他较易去改变行为。奖励的方式可分为物质和精神两方面,物质方面包括加薪、奖金,或其他福利;精神方面则包括自我的满足、表扬、加重责任、更多的自由与授权。

绩效改进是绩效管理的主要目的。绩效改进必须自然地融入日常管理工作之中才有其存在的价值。帮助下属改进绩效、提升工作能力与完成其他管理任务一样,都是管理者人员义不容辞的责任。

三、绩效沟通

沟通在绩效管理中起着决定性的作用。绩效管理循环以绩效计划开始,以绩效反馈改进结束,在整个绩效周期内,管理者与员工进行持续的沟通是绩效管理最核心的环节。设定绩效目标要沟通,帮助员工实现目标要沟通,绩效周期结束考核时要沟通,分析原因寻求进步要沟通。总之,绩效管理的过程就是员工和管理人员持续不断沟通的过程。离开了沟通,组织的绩效管理将流于形式。许多管理活动失败的原因都是因为沟通出现了问题,绩效管理就是致力于管理沟通的改善,全面提高管理者的沟通意识和沟通技巧,进而提高组织的管理水平。

1. 持续不断的绩效沟通的必要性

持续不断的绩效沟通就是指管理者与员工在共同工作过程中分享各类与绩效有关的信息的过程。这些信息主要包括工作进展情况、有关员工工作中潜在的障碍和问题,各种可能的解决问题的措施以及管理者帮助员工的方式等。

首先,竞争迫使组织不断地进行战略的局部改进和调整,工作内容、目标和重点可能随时会发生改变。此外,由于外部不可预期障碍的出现,需要组织或是部门对绩效目标的标准、完成的期限以及工作的权重进行一定程度的调整。所以必须保持管理者和下属持续的沟通以及员工之间的沟通,使得组织的发展能够适应环境变化的需要。

其次,沟通是管理者实现有效管理的需要。对于管理者来说,为了保证工作的顺利开展,他需要协调下属的工作,需要了解工作的进展状况,需要避免意外的发生,需要将一些潜在的问题消灭在萌芽之中。这些都必须通过持续的沟通才能实现。

第三,沟通是帮助员工改善绩效的需要。管理者的一项日常工作就是收集并向员工反馈他们的工作绩效信息,以帮助他们完成绩效目标。而绩效信息的获取和反馈也要通过持续的沟通才能有效地获得和及时地反馈。

2. 数据收集形成记录

绩效实施阶段,经理在与员工保持绩效沟通和辅导的同时,还有一项重要的工作就是进行数据的收集和记录,为下一阶段公正地评价员工的绩效水平提供依据。

绩效管理是一项长期、复杂的工作,对作为评估基础的数据收集工作要求很高,同时,绩效结果作为员工努力工作之后的一种报酬,公正而客观的评价是非常重要的。为了保证评价的正确性,经理必须注重数据的收集工作,随时收集员工绩效的相关数据,使数据收集工作形成一种制度。

相关链接

绩效数据收集的主要做法:

1. 生产记录法:对于生产、加工、销售、运输、服务的数量、质量、成本等,按规定填写原始记录和统计。

2. 定期抽查法:定期抽查生产、加工、服务的数量、质量,用以评定考核期内的工作情况。

3. 项目评定法:采用问卷调查形式,指定专人对员工逐项评定。

4. 关键事件记录法:就是对员工特别突出或异常失误的情况进行记录。关键事件的记录有利于经理对下属的突出业绩进行及时的激励,对下属存在问题进行及时的反馈和纠偏。

5. 减分搜查法:在职位要求规定的基础上,定出违反规定扣分方法,定期进行登记。

3. 绩效沟通的方式

管理者与员工的每一次交流都是一次具体的绩效沟通。主要有以下两种方式：

其一，正式的绩效沟通。正式沟通是指在组织系统内，依据一定的组织原则所进行的信息传递与交流。例如组织与组织之间的公函来往，组织内部的文件传达、召开会议，上下级之间的定期的情报交换等。它又分为两类：正式的书面报告和管理者与员工之间的定期会面。正式的书面报告一般是管理者要求员工定期上交的工作汇报，以了解员工的工作情况和遇到的各种问题。它的优点是简单易行，而且能够提供文字纪录。但是书面报告减少了管理者与员工面对面的交谈，从而使沟通成为一种单方面的信息流动。这种单方面的信息流动常常使信息成了摆设。还有，很多员工将这个工作视为额外的负担，写作时敷衍了事。所以，书面报告不能代替员工与管理者之间的双向沟通，这种面对面的会谈不仅是信息交流的最佳机会，而且还有助于管理者与员工之间建立一种亲切感。

正式沟通的优点是，沟通效果好，比较严肃，约束力强，易于保密，可以使信息沟通保持权威性。重要的信息和文件的传达、组织的决策等，一般都采取这种方式。其缺点是由于依靠组织系统层层的传递，所以显得较刻板，沟通速度慢。

其二，非正式的绩效沟通。非正式沟通渠道指的是正式沟通渠道以外的信息交流和传递，它不受组织监督，自由选择沟通渠道。例如团体成员私下交换看法，朋友聚会，传播谣言和小道消息等都属于非正式沟通。非正式沟通是正式沟通的有机补充。在许多组织中，决策时利用的情报大部分是由非正式信息系统传递的。同正式沟通相比，非正式沟通往往能更灵活迅速的适应事态的变化，省略许多繁琐的程序；并且常常能提供大量的通过正式沟通渠道难以获得的信息，真实地反映员工的思想、态度和动机。因此，这种动机往往能够对管理决策起重要作用。

非正式沟通的优点是，沟通形式不拘，直接明了，速度很快，容易及时了解到正式沟通难以提供的"内幕新闻"。非正式沟通能够发挥作用的基础，是团体中良好的人际关系。其缺点表现在，非正式沟通难以控制，传递的信息不确切，易于失真、曲解，而且，它可能导致小集团、小圈子，影响人心稳定和团体的凝聚力。

第五节　组织战略与绩效管理

一、导入战略性绩效管理的总体思路

为了减少和避免绩效管理与组织战略脱节现象的发生，在组织中导入战略性绩效管理十分必要。随着市场环境和组织内部状况的变化，组织管理者在不同时期会设定不同的战略目标，管理者在不同时期的关注重点也会有所区别，这种变化必须通过绩效指标的变化和调整来引导员工将注意力集中于组织关注的经营重点。组织所关注重点的转移可以通过绩效指标的调整来引导员工行为和态度的转变。

组织在不同时期关注的绩效指标体系可以称为战略导向的绩效指标体系，以战略导向的绩效指标体系为核心实施的绩效管理就可以称为战略性绩效管理。由于绩效指标体系对员工所具有的重要牵引作用，以战略为导向制定绩效指标体系就成为组织导入战略性绩效管理的关键。

当今世界，作为战略的实施工具，优秀的绩效管理手段和方法层出不穷，平衡计分卡方法和关键绩效指标方法就是其中的佼佼者。

1. 平衡计分卡

平衡计分卡(Balanced Scorecard，BSC)由美国哈佛商学院的卡普兰(Robert. S. Kaplan)和复兴国际方案总裁诺顿(David Norton)提出的。到目前为止，在《财富》杂志公布的世界前 500 位公司中有 80％的公司采用平衡计分卡系统。平衡计分卡最突出的特点就是将组织的远景、使命和发展战略与组织的业绩评价系统联系起来，把组织的使命和战略转变为具体的目标和测评方法。平衡计分卡以组织的战略为基础，将各种考评方法整合为一个有机的整体，既包括了财务指标，又通过顾客满意度、内部流程、学习和成长的业务指标，来补充说明财务指标，使这些业务指标成为财务指标的趋同因素。这样，组织一方面能够追踪财务 结果，另一方面密切关注能使组织提高能力并获得未来增长的无形资产等方面的进展，使组织既有反映"硬件"的财务指标，同时又具备能在竞争中取胜的"软件"指标。图 6.5 反映的便是平衡计分卡的核心理念，它描绘了平衡计分卡的四个方面及其相互间的关系。

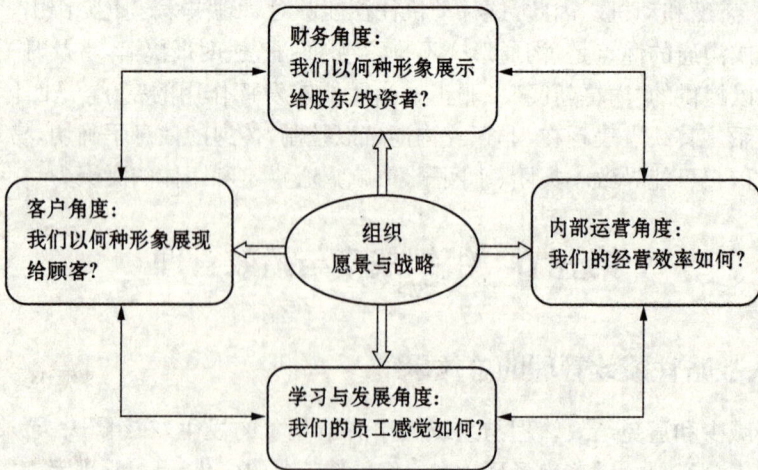

图 6.5　平衡计分卡的核心理念

财务角度:组织经营的直接目的和结果是为股东创造价值。尽管由于组织战略的不同,在长期或短期对于利润的要求会有所差异。但毫无疑问,从长远角度来看,利润始终是组织所追求的最终目标。

客户角度:在现今这个客户至上的年代,如何向客户提供所需的产品和服务,从而满足客户需要,提高组织竞争力,已经成为组织能否获得可持续发展的关键。客户角度正是从质量、性能、服务等方面,考验组织的表现。

内部运营角度:组织是否建立起合适的组织、流程、管理机制,在这些方面存在哪些优势和不足。内部角度从以上方面着手,制定考核指标。

学习与发展角度:组织的成长与员工和组织能力素质的提高息息相关。组织唯有不断学习与创新,才能实现长远的发展。

平衡计分卡的"平衡"性主要体现在以下几个方面:

(1)短期与长期的平衡。组织的目标是获取最大利润;组织的建设要获得持续的收入而不是某一次的"中大奖"。BSC正是以战略的眼光,合理地调节组织长期行为与短期行为的关系,从而实现组织的可持续发展。

(2)财务与非财务的平衡。尽管利润是组织的最终目标,但财务指标却与客户、内部流程、学习与创新等非财务指标密不可分。只有两方面都得到改善,组织的战略才能得到实施。

(3)指标间的平衡。在指标设置的权重上,四个指标应该一视同仁,而没有偏向。四个方面构成一个整体的循环,如果在某一方面有所偏废,那么即使其他三方面做得非常好,组织最后必然还是失败的。因为它的循环发生了断裂,到后期必然成为组织的"短板",限制组织的发展。

2. 关键绩效指标

关键绩效指标(key performance indicators,KPI),是通过对组织内部流程的输入端、输出端的关键参数进行设置、取样、计算、分析,考评流程绩效的一种目标式量化管理指标,是把组织的战略目标分解为可运作的目标的工具,是组织建立完善的绩效管理指标体系的基础。应用KPI时,要求将组织宏观战略目标进行层层分解产生具体的、可操作性的战术目标,用这些目标监测和调整组织的经营活动。

关键绩效指标(KPI)符合一个重要的管理原理——"二八原理"。在一个组织的价值创造过程中,存在着"20/80"的规律,即20%的骨干人员创造组织80%的价值;而且在每一位员工身上"二八原理"同样适用,即80%的工作任务是由20%的关键行为完成的。因此,必须抓住属于关键或瓶颈的较少部分绩效因素,对之进行分析和考评,这样就能抓住绩效管理的重心,就足以统揽全局,所谓"牵牛鼻子"。

关键绩效指标(KPI)方法的操作流程大体如下:

首先明确企业的战略目标,并在企业会议上利用头脑风暴法和鱼骨分析法找出企业的业务重点,也就是企业价值评估的重点。然后,再用头脑风暴法找出这些关键业务领域的关键业绩指标(KPI),即确立企业级KPI。

接下来,各部门的主管需要依据企业级KPI建立部门级KPI,并对相应部门的KPI进行分解,确定相关的要素目标,分析绩效驱动因数(技术、组织、人),确定实现目标的工作流程,分解出各部门级的KPI,以便确定评价指标体系。

然后,各部门的主管和部门的KPI人员一起再将KPI进一步细分,分解为更细的KPI及各职位的业绩考评指标。这些业绩考评指标就是员工考核的要素和依据。

指标体系确立之后,还需要设定评价标准。一般来说,指标指的是从哪些方面考评或评价工作,解决"评价什么"的问题;而标准指的是在各个指标上分别应该达到什么样的水平,解决"被评价者怎样做,做多少"的问题。

最后,必须对关键绩效指标进行审核。比如,审核这样的一些问题:多个评价者对同一个绩效指标进行评价,结果是否能取得一致?这些指标的总和是否可以解释被评估者80%以上的工作目标?跟踪和监控这些关键绩效指标是否可以操作?等等。审核主要是为了确保这些关键绩效指标能够全面、客观地反映被评价对象的绩效,而且易于操作。

3. BSC 与 KPI 的比较

平衡计分卡(BSC)与关键绩效指标(KPI)均是提升组织绩效水平的战略管理工具,但作为不同理论指导下的方法运用,两者在思想基础、指标设定、指标运用等方面有不同之处。两者不同之处主要体现在:①思想基础方面,BSC将实现组织总目标的绩效划分为不同的维度,不同的维度之间具有明确的因果支撑关系,形成了一个绩效控制和发展循环;KPI则要求分析和寻找影响组织总目标实现的主要控制绩效因素,各主控绩效因素之间不存在明显的逻辑关系,但它们一起构成了总目标的组成部分。②指标设定方面,BSC从绩效维度中设定指标,KPI从主控绩效因素中设定指标。③指标运用方面,由BSC不同维度分解出的指标之间具有明显的逻辑关系,而由KPI不同主控绩效因素分解的指标之间没有明显的逻辑关系,但却并不影响该指标的分解和应用。

平衡计分卡(BSC)的优点是,它既强调了绩效管理与组织战略目标之间的紧密关系,又提出了一套具体的指标框架体系;弱点主要是,没有能进一步将绩效指标分解到组织的业务单元及基层管理和操作人员。关键绩效指标(KPI)的精髓,或者说是对绩效管理的最大贡献,是把组织的战略目标分解为具体可操作的工作目标;弱点主要是,没能提供一套完整的、对操作具有指导意义的指标框架体系。

组织战略性绩效管理导入模式的总体思路是,以组织战略为导向利用平衡计分卡方法制定整体关键绩效指标体系,然后基于整体关键绩效指标分解个体关键绩效指标体系。即完整的战略导向绩效管理系统由三个层次构成:①基于平衡计分卡的组织层次关键绩效指标确定;②基于组织层次关键绩效指标的部门(或团队)层次关键绩效指标确定;③基于部门(或团队)层次关键绩效指标的员工个人绩效管理循环。

二、基于平衡计分卡的关键绩效指标体系的确定

1. 基于平衡计分卡的组织层次关键绩效指标的确定

在此我们以一家假设的 A 房地产公司为例来说明组织战略性绩效目标计划的设定过程。图 6.6 所示是根据 A 公司 5 年期战略目标,利用平衡计分卡方法,围绕财务、客户、内部流程和学习发展四项一级指标进一步分解形成 A 公司的公司层级关键绩效指标(KPI)体系。

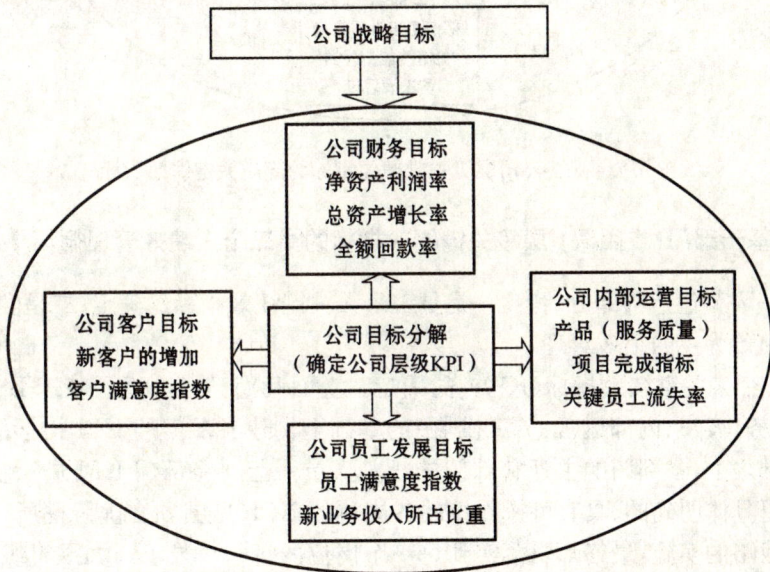

图 6.6 基于平衡计分卡的组织层级关键绩效指标

2. 基于组织层次关键绩效指标的部门(或团队)层次关键绩效指标确定

组织一级 KPI 体系建立以后,还应当继续分解为部门二级 KPI 体系。在分解时,依然采用平衡计分卡原则,即要求各部门根据部门的职责定位相应的战略目标,如图 6.7 所示。在组织战略的指导下分别确定部门的财务、客户、内部运营以

及员工发展目标。在部门目标的制定过程中,由于部门不仅承担组织一级 KPI 直接分解的指标,还应当包括部门本身组织建设、工作改进等责任,因此部门在确定部门 KPI 体系前必须进行部门内部职责及外部环境分析。

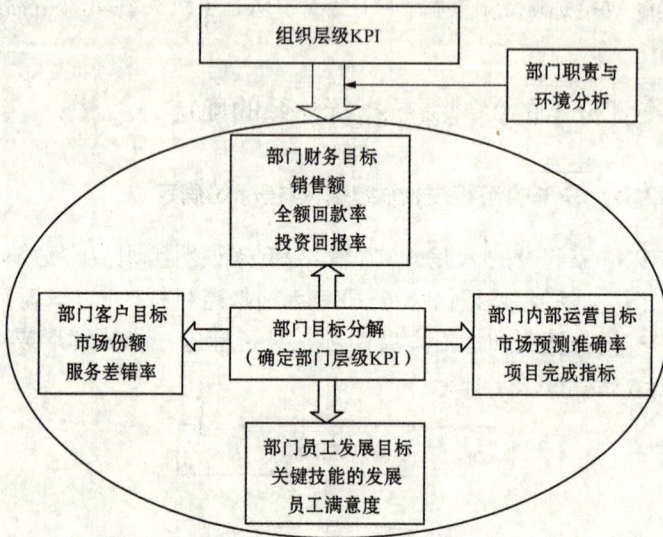

图 6.7　基于公司层级关键绩效指标的部门关键绩效指标

3. 基于部门(或团队)层级关键绩效指标的员工个人绩效管理循环

此一环节包括两部分内容,一是员工个人关键绩效指标的确定;二是实施以员工个人绩效为主的绩效管理。

(1) 个人关键绩效指标(KPI) 的确定。上面我们已经论述了基于 BSC 四类指标(财务、客户、内部运营、员工发展)的基础上构建各部门的 KPI 指标的方法。在此基础之上,各部门的主管和部门的相关人员一起再将部门 KPI 进一步细分,分解为更具体明确的、具有可操作性的各岗位的 KPI(见图 6.8 虚线框所示部分)。任何战略的实施,最终都要落实到每一个岗位的每一个员工。如果组织内各级员工的行为失去组织整体目标的牵引,其结果必然会发生"战略稀释"现象。在极端情况下,甚至可能出现员工的工作努力与组织整体的发展方向背道而驰。因此,必须通过绩效管理指标体系的制定使组织的战略层层传递和分解,使组织中每个岗位都被赋予战略责任。员工个人的绩效指标来源不仅限于部门(或团队) KPI,还有岗位职责。个人绩效考核指标的确定应体现出员工对岗位职责的承担。

(2) 个人绩效管理循环。个人绩效管理循环可以分为以下四个环节。

第一个环节,制订绩效计划。在绩效计划阶段,管理者和员工之间需要在确定

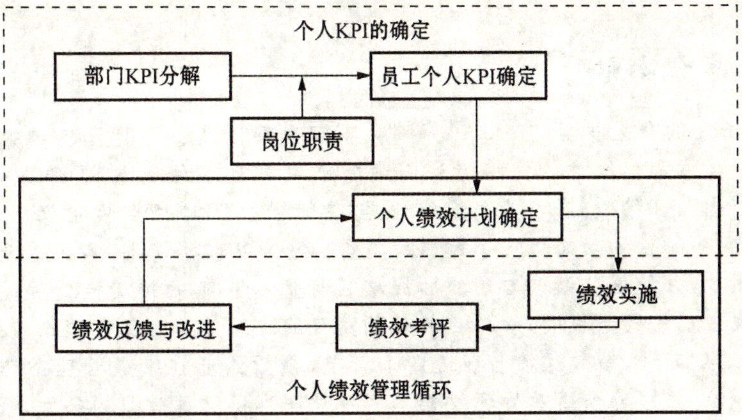

图 6.8　个人绩效管理循环图

的绩效考核周期内就员工的绩效考核指标和每一项指标应达到的目标达成共识。在共识的基础上，员工对自己的工作目标做出承诺，签订绩效契约。

第二个环节，实施绩效实施。制定了绩效计划之后，员工就开始按照计划开展工作。在工作过程中，管理者要对员工的工作进行指导和监督，对发现的问题及时予以解决，并对绩效计划进行调整。在整个绩效期间内，都需要管理者不断地对员工进行指导和反馈。

第三个环节，进行绩效评价。在绩效周期结束的时候，依据预先制定好的计划，主管人员对员工的绩效目标完成情况进行评价。绩效评价的依据就是在绩效计划期双方达成一致意见的关键绩效指标。同时，在绩效实施过程中，所收集到的能够说明被评价者绩效表现的数据和事实，可以作为判断员工是否达到关键绩效指标要求的事实依据。

第四个环节，开展绩效反馈与改进。完成绩效评价后，主管人员还需要与员工进行面对面的交谈。通过绩效反馈面谈，使员工了解自己的绩效，了解主管对自己的期望，认识自己有待改进的方面；同时，下属也可以提出自己在完成绩效目标中遇到的困难，请求上司的指导或帮助。在员工与主管双方对绩效评价结果和改进点达成共识后，主管和员工就需要确定下一绩效管理周期的绩效目标和改进点，从而开始新一轮的绩效评价周期。

绩效管理被誉为当代十大管理问题之首，绩效管理中最重要的环节是绩效考评，而绩效考评合理性是通过绩效指标来体现的。绩效考评的结果只有得到合理恰当地运用，才能促进绩效管理过程的良性循环，激发员工努力提升工作业绩和工作能力。

本章小结

1. 绩效的含义非常广泛,不同时期、不同发展阶段、不同对象,绩效都有不同的含义。学术界对绩效的内涵看法归纳起来主要有三种观点:①绩效是"工作结果"或"产出";②绩效是"行为";③绩效是"实际收益"和"预期收益"的总和。绩效有多因性、多维性和动态性三个的基本特征。绩效管理指识别、考评以及开发个人和团队绩效,并使这些绩效与组织的战略目标保持一致的持续性过程。绩效管理可以实现组织的战略目的、管理目的和开发目的。绩效管理循环包括绩效计划、绩效实施、绩效考评、绩效反馈与改进四个环节,绩效沟通在绩效管理循环系统中居于核心地位,贯穿整个绩效管理过程。绩效管理真正发挥效益的条件是,将绩效管理系统与组织的其他过程紧密联系起来。

2. 绩效计划是绩效管理的起点,指的是由管理者与员工共同制定并修正绩效目标以实现组织目标的过程,是管理者与员工共同沟通,对员工的工作标准和目标达到一致意见,并形成协议的过程。绩效计划的制定包括绩效目标的设定以及确定评价绩效目标达成的标准两部分。

绩效实施阶段是落实绩效计划、将绩效目标转化为绩效结果的过程,也是绩效管理循环中耗时最长的一个环节。在这个过程中,管理者和员工要共同参与,结成绩效伙伴关系。管理者的责任主要是指导、沟通、监督、帮助和纠偏。

3. 绩效考评与绩效管理有很大差别,绩效管理是一个全过程,而绩效考评是绩效管理的一个环节,是对员工一段时间的工作绩效进行的考核评价。绩效考评的主体是多维的,既包括上级、下属、同事,也包括自己,还包括客户。

4. 绩效反馈是管理者与员工共同针对绩效考评结果所做的检视与讨论,以达到改善和提升绩效的目的。

如果绩效目标未能完成,或是绩效结果出现了种种偏差,就要诊断分析是什么原因造成的,然后着手加以改进。

沟通在绩效管理中起着决定性作用,贯穿于绩效管理的全过程,是绩效管理最核心的环节。

5. 当前组织绩效管理存在的主要问题是绩效管理与组织战略脱节,由此导致的后果是,一方面绩效管理缺失了目标和方向,另一方面组织出现严重的"战略稀释"现象。组织可以借助平衡计分卡方法和关键绩效指标方法的联合优势,构建起战略导向的绩效指标体系,成为导入战略性绩效管理的突破口。

本章思考题

1. 你是如何理解绩效的?

2. 绩效管理和绩效考评有何区别？

3. 绩效管理循环包括哪些环节？各环节的关键点是什么？

4. 绩效沟通在绩效管理中起什么作用？

5. 从哪些方面对员工绩效进行诊断？如何诊断？

6. 如何在组织中导入战略性绩效管理？

7. 绩效管理在组织发展中有何作用？

案例分析

M公司的绩效考评问题

M公司在对员工进行考评的过程中，采取了多渠道评估方法对员工实施年度绩效考评。普通员工的考评权重依据考评主体的不同分别设置为：直接主管考评占60%，关联岗位平级考评占20%，上级主管审核占20%。

一年一度的考评结果公布后，行政部文员小王得78分，采购部文员小李得85分。对于这样的考评结果小王深感不公，他认为，无论工作绩效，还是工作能力，自己都比小李强得多，并且从总体上自己比小李要辛苦，自己的考评结果应该比小李好才对。为此，小王向人力资源部提出改变考评结果的请求。

人力资源部接到小王的请求后，对小王和小李的考评情况进行了全面、细致的调查并作出结论：不论是从工作绩效、工作能力还是从工作态度看，小王确实比小李优秀。但考评者对小王与小李的考评均是按制度规定的操作程序进行的，因而考评结果是公平的。小王对考评结果的不服是小王在对小李的考评结果进行比较的基础上产生的。小王质疑的现象在公司普遍存在，如果将小王的考评结果予以修改，势必牵扯到较广的层面，给绩效考评带来较大的负面影响。基于以上考虑，在上级审核时对小王的最终考评结果进行了一些调整，但由于上级审核所占权重不大，调节作用并不明显。

思考题：

M公司的绩效考评中存在什么问题？你认为应该如何改进？

第七章　薪酬管理

薪酬管理是人力资源管理中一个非常重要的职能,是企业高层管理者以及所有员工最为关注的内容,薪酬管理直接关系到企业人力资源管理的成效,对企业的整体绩效产生影响。

通过本章学习,你将了解到:

薪酬与薪酬管理的相关概念,薪酬的形式,薪酬管理的特点等内容。

基本薪酬体系的设计与管理,包括基本薪酬的概念,基于职位薪酬体系的设计与管理,基于能力薪酬体系的设计与管理等内容。

浮动薪酬体系的设计与管理,包括浮动薪酬的概念、种类以及浮动薪酬体系的设计流程。

员工福利管理,包括员工福利的概念,员工福利的种类等具体内容。

开篇案例

H公司薪酬管理的问题

随着房地产行业的发展,建材行业市场也日渐红火。H公司成立于2003年,是一家以装修装饰背景起家的企业。2008年起,公司成为美国某品牌家具在中国西北地区集生产、销售、售后服务为一体的独家代理商,主要承接室内外装饰装修工程、园林绿化工程的设计、施工等。经过十多年的经营,公司年产值已经突破6000万元。公司以优质高效的服务在行业内树立了良好的企业形象,受到了广大消费者的普遍赞扬,在相关领域取得了显著的成绩。

然而H公司的薪酬管理体系却不尽如人意,公司薪酬满意度现状调查显示有80%的员工对薪酬状况不满意。在不满意的员工中,销售人员占到30%。人力资源部向总经理报告了四个方面的问题。

1. 薪酬制度不健全

H公司的薪酬结构没有切实明确的薪酬制度,人员薪酬主要分三个类型。一般生产车间员工采用岗位工资加计件工资的薪酬形式;管理人员按职务高低支付工资,外加全勤奖金,考勤是考核的唯一因素;销售人员除了拿基本工资(占总收入的90%)外,还按年销售额提成。

2. 薪酬构成不合理

公司实行的薪酬体系是"以岗定酬",即按员工所属岗位确定薪酬。各岗位薪酬固定,考核不与岗位绩效挂钩,唯一考核因素是考勤。基层员工薪酬构成单一,与公司效益脱节。公司员工平均主义思想严重,存在着严重的吃"大锅饭"现象。员工工作积极性低,人才留不住,不合适的人也推不走。

3. 内部缺乏公平性

非计件人员的调薪就仅凭考勤,计件人员则仅与数量有关,做好做坏一个样。对关键岗位及人员没有特殊的激励性措施。

4. 工资分配与劳动力市场价格脱轨

部分从事简单劳动的员工工资水平高于市场价位,而从事复杂劳动的员工的工资水平低于市场价位。

思考题:

1. 根据案例材料,分析H公司薪酬管理存在的问题原因。

2. 试对H公司的薪酬管理提出改进建议。

〰〰〰〰〰〰〰〰〰〰〰〰〰〰〰〰〰〰〰〰〰〰〰〰〰〰〰〰〰〰〰〰

薪酬管理包括分配制度的建立、薪酬体系的确定以及各项报酬内容的分配和管理等,它是人力资源管理乃至组织管理的主动力,也是人力资源管理活动中最为敏感、最被关注、技术性最强的内容部分。为使组织吸引和留住人才,激励员工努力工作,薪酬管理应成为发挥人力资源效能的最有力的杠杆之一,所以它是人力资源管理系统的核心职能之一。

第一节　薪酬与薪酬管理

一、薪酬相关概述

1. 与薪酬有关的概念

组织是为了实现其特定的组织目标而存在的,在组织中工作的员工所得到的工资、奖金以及舒适的工作环境等各种形式的补偿,都属于广义上的薪酬(即报酬)。我们首先对与薪酬有关的概念进行以下界定。

收入指某个时期内(通常是一年),劳动者个人或其家庭凭借各种资源获得的全部报酬,其中包括储蓄利息、债券和股票所得、接受馈赠和遗产等。

报酬指员工为某一组织工作而获得的所有他认为有价值的回报。其中根据不同的分类方法,可以把报酬分成不同的形式。按报酬产生的激励是外部强化还是心理强化将报酬分为内在报酬和外在报酬。按报酬支付的形式是否是货币形式可以分为经济性报酬与非经济性报酬,见表 7.1。

表 7.1　报酬的分类

	经济性报酬	非经济性报酬
外在报酬	工资 奖金 津贴和补贴加班加点工资 福利等	舒适的工作环境、良好的工作氛围、动听的头衔等
内在报酬	无	个人成长机会、被认可、感兴趣的工作、有挑战性的工作等

其中,经济性报酬即薪酬,指员工因为劳动关系的存在而从组织中获得的各种形式的经济性报酬。

国际劳工组织对工资的定义为:"工资指不论名称或计算方式如何,由一位雇主对一位受雇者,为其已完成或将要完成的工作或已提供或将要提供的服务,以货币结算并共同协议或国家法律或条例给予确定而凭书面或口头雇佣合同支付的报酬或收入。"[1]

在我国,工资指用人单位依据国家有关规定或劳动合同的约定,以货币形式直接支付给员工的劳动报酬[2]。

福利指员工在取得工资收入外还从组织中享有的经济报酬,通常以实物、货币延期支付或服务的形式表现。

2. 薪酬的形式

所谓薪酬形式,是指员工所得到的总薪酬的组成分类。薪酬包括工资或薪水、奖金、福利、津贴等具体形式。薪酬的构成,如图 7.1 所示。

其中,直接薪酬即工资,间接薪酬指员工福利与服务。

---

① 国际劳工组织 1949 年《保护工资公约》.
② 国家劳动局 1990 年《关于工资总额的组成规定》.

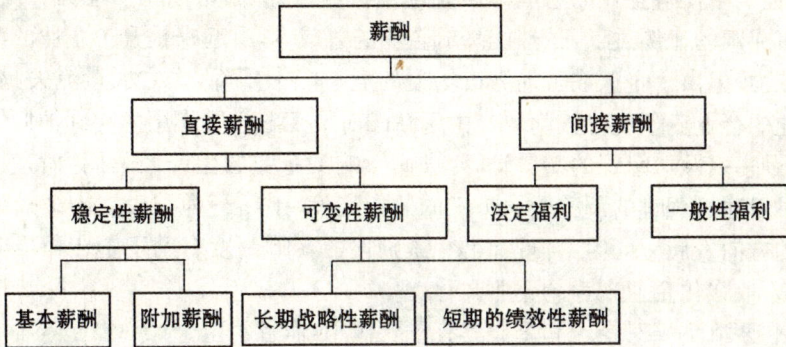

图 7.1 员工薪酬体系的内容

稳定性薪酬是指在法律的保障范围内,依靠劳资双方达成的协议,劳动者明确可知的,一定时间内固定获得的薪酬。可变性薪酬,也叫浮动薪酬,指的是相对于稳定性薪酬来说具有风险性的薪酬,它的获得通常是非固定的和不可预知的,它与劳动者个人、团队或组织的绩效相关。稳定性薪酬与可变性薪酬的支付对企业和劳动者都具有重大的意义,我们将在后面的有关节中进行具体的论述。

二、薪酬与绩效

薪酬与绩效是两个内涵虽不相同,但却一刻也不能分离并相互依存的概念。

1. 薪酬的概念与作用

薪酬通常是指员工因向其所在企业提供劳动或劳务而获得的各种形式的报酬或答谢,其实质是一种员工与企业之间的等价交换过程,是一种呈现在企业内部与员工的劳动过程相伴随的公平交易或交换关系,是员工在向企业让渡其劳动或劳务使用权后获得的报偿。总之,薪酬是劳动或劳务的价格表现。

对员工来说,作为劳动报酬的薪酬是大多数劳动者收入的主要来源。员工通过自己的劳动获得相应的薪酬,从而维持自身再生产、家庭再生产以及社会关系再生产的基本需要并向国家缴纳税金为社会发展作贡献。企业通过薪酬把员工的收入与员工提供的劳动贡献联系起来,激励员工通过付出劳动取得更高的绩效来获得较高的薪酬。员工薪酬水平的高低反映了员工在企业中的地位和层次,在某一程度上代表了员工的成功与否。

对企业来说,薪酬是组织人事成本的主要组成部分,通常应约占 40％左右。企业所支付给员工的薪酬水平的高低会在很大程度上决定了企业在劳动力市场上的竞争能力。薪酬占人事成本的比例过高,虽然能提升企业在劳动力市场上的竞争能力,但也会使得企业的总成本加大,影响企业的产品市场竞争能力。反之,薪酬占人事成本的比例过低,虽然能降低企业的总成本,看起来提升了企业的产品市场竞争能力,但由于企业在劳动力市场上的竞争能力下降,人才大量流失,最终将导致企业的行业竞争优势被削弱。由于薪酬对员工的激励作用影响到他们的工作效率、出勤率以及对组织的归属感等,进而影响到企业的生产经营能力和效率,因而企业可以通过薪酬的调整引导员工的工作态度、工作行为和最终的绩效朝着企业期望的方向发展。同时,合理和富有激励性的薪酬制度有助于塑造积极向上的企业文化,或强化企业现存的企业文化。

当然,薪酬不仅对个人和企业具有重要作用,而且对整个社会也起着不可忽视的重要作用。薪酬水平的高低直接影响到国民经济的正常运行,同时,一国劳动者薪酬的总体水平也是该国总体社会发展和经济发展水平的一个重要指标,另外,薪酬的经济保障功能有利于社会的稳定。

2. 绩效的概念与作用

关于绩效的概念,本书第六章已有详细论述。其实,通俗地讲,绩效就是员工的工作表现。然而从管理学角度的解释却是另一种概念。很多管理学者都愿意把绩效理解为组织期望的结果,是组织为实现其目标而展现在不同层面上的有效输出。既然如此,绩效就理所当然地包括组织绩效和个人绩效。组织绩效强调集体性绩效,通常包括产量、盈利、成本等财务性内容,也包括客户满意度、员工满意度、员工个人成长与发展等非财务性内容。个人绩效则强调个体性绩效,既表现为个人在岗位上的工作结果,也表现为个人的工作过程,即个人的行为、技能、能力和素质等要素在与岗位的其他生产要素相结合并发生相互作用的过程。组织绩效虽然是建立在个人绩效实现的基础上,但个人绩效的实现并不一定能保证组织是有绩效的。

在企业的价值链里,个人绩效(就是岗位绩效)是整个绩效形成过程的起点和基础,没有一个一个的岗位绩效,就没有组织的绩效,没有组织的绩效,也就不会有企业的绩效,更不会有企业的市场效益。从这个角度上来讲,绩效管理就是企业管理的永恒主线。由此看来,绩效的重要作用就不言而喻了。

3. 薪酬与绩效的关系

经常听人讲:企业不是福利组织,也不是养老院,企业给员工付薪酬肯定另有所图。这话非常有道理。企业雇佣员工,付给员工薪酬,其目的不是别的,就是为了获得绩效,最终形成企业的市场效益。所以,薪酬与绩效之间存在着不可分割的密切关系。一方面绩效能转化为企业效益,为薪酬的发放提供了可能性。另一方面员工拿到薪酬,就能对自己在劳动消费中的耗费进行补充,为自己在岗位上能够源源不断地作出绩效提供了可能性。不难看出,薪酬和绩效是一个价值链环的正反两个面。没有薪酬就没有绩效,没有绩效也就不会有薪酬,既不能只重视绩效而忽视了薪酬,也不能只重视薪酬而忽视了绩效。

从经济学的角度来看,绩效与薪酬是员工和组织之间一种对等的承诺关系。绩效是员工对组织作出的承诺,而薪酬则是组织对员工作出的承诺。一个人要进入一个组织,就必须对组织所要求的绩效作出承诺,这是一个人进入组织的前提条件。但在员工对组织作出承诺的同时,组织也要对员工作出付酬的承诺,否则员工就不会选择进入该组织。这种对等承诺关系的本质,体现了等价交换的原则,而这一原则正是市场经济运行的基本规则。因此,企业不能不顾员工的薪酬需求而片面追求企业的绩效,员工也不能不顾企业的绩效需求而片面追求自己的薪酬。这就对企业的薪酬管理和绩效管理提出了更高的要求。

对于企业来讲,薪酬的发放不仅只是为了保证员工的人力资源再生产,更为重要的还是一种重要的激励手段,因此在运用薪酬这种手段的时候要充分考虑其所能产生的绩效效果。

三、薪酬管理及特点

薪酬管理有狭义和广义的区分。狭义的薪酬管理是指薪酬管理系统或薪酬制度建立后的操作与实施,以及薪酬分配的具体计划、预算、组织、沟通、评价等实际管理与控制工作,也称为薪酬管理系统或薪酬的实施管理。广义的薪酬管理指的则是人力资源管理的一项重要职能,涉及员工的工资、奖金、津贴、福利、服务等经济性报酬的方方面面,是一种包括组织薪酬水平、薪酬体系、薪酬结构、薪酬形式、特殊性群体薪酬等多种决策和组织实施内容,并且不断拟定薪酬计划和预算、制定管理政策、控制成本、加强与员工沟通、做出有效性评价的薪酬分配的持续而系统的组织管理过程。

薪酬管理具有三个特点:

1. 敏感性

薪酬管理是人力资源管理中最敏感的部分,因为它牵扯到公司每一位员工的切身利益。另外,薪酬是员工在公司工作能力和水平的直接体现,员工往往通过薪酬水平来衡量自己在公司中的地位。所以薪酬问题对每一位员工来说都很敏感。

2. 特权性

薪酬管理是员工参与最少的人力资源管理项目,几乎是企业的一个特权,包括企业管理者认为员工参与薪酬管理会给公司管理增加矛盾，并影响投资者的利益。所以，员工往往对于公司的薪酬管理的过程一无所知。

3. 特殊性

由于敏感性和特权性，所以公司之间的薪酬管理差别很大。另外，由于薪酬管理本身就有很多不同的管理类型，如岗位薪酬，技能薪酬，资历薪酬，绩效薪酬等，所以，不同公司之间的薪酬几乎很少相似。

第二节　基本薪酬体系

一、基本薪酬概述

从上一节的内容中我们知道，基本薪酬是稳定性薪酬的重要组成部分。

从薪酬的构成来看，基本薪酬是薪酬的最主要部分，它不同于可变薪酬及间接薪酬，是指企业根据员工所承担或完成的工作本身或者是员工自身所具备的完成工作所需要的技能或能力而向员工支付的稳定性报酬，是每个员工都可获得的。

基本薪酬，是员工从企业获得的最为稳定的经济报酬，因此，这一薪酬组成对于员工来说至关重要。不仅为员工的生活提供保障，往往还是确定可变薪酬的一个重要依据。

基本薪酬的变动，主要取决于以下三个方面：一是总体生活水平的变化或者通货膨胀的程度；二是其他企业相同工作的员工所获得的薪酬的变化；三是员工本身所具备的知识，技能，能力等的变化以及由此变化所导致的工作绩效的变化。此外，企业所处行业，地区以及产品的竞争市场等，都会对员工的基本薪酬产生影响。

企业基本薪酬通常以工作/职位/岗位（以下统称岗位）、技能、能力三者当中的一种作为主要依据，因此在实践中存在岗位薪酬体系、技能薪酬体系以及能力薪酬体系三种不同的基本薪酬体系。在这些薪酬体系中，基本薪酬的核心决定依据是唯一的，比如在岗位薪酬体系中，员工的主要基本薪酬差距是取决于员工所从事岗位的责任、技能要求、努力程度以及工作条件等因素。不过在同一职级，不同资历和绩效的员工，其薪酬会存在一些差距。

因此，岗位薪酬体系是以岗位为主线，同时考虑技能和经验的一种薪酬制度，而不是由岗位、技能、工龄等各自决定一块工资，然后再并列拼接构成基本薪酬；与此相似，在技能薪酬体系中起决定作用的，主要是员工掌握某种技能的熟练程度以及所掌握技能的深度和广度。这类薪酬体系的岗位概念往往变得非常模糊，尤其当它的适用对象是那些从事工作内容大体相同、但技术能力和知识水平差异较大的专业技术类人员;而在能力薪酬体系中,基本薪酬的决定依据则是更具综合性的能力因素。

不同类型的基本薪酬体系各有其优点和不足,所适用的对象和环境也存在一定差异。通常情况下,如果企业内部的人员构成较为复杂且差距较大,可以考虑针对不同类型的人员采取不同的基本薪酬体系。比如,对于生产、管理以及事务类员工实行岗位薪酬体系,对专业技术或研发类员工实行技能薪酬体系,对营销人员实行能力薪酬体系等。

从我国企业的实际情况看,管理类、事务类及生产类的员工,采用以岗位为基础的基本薪酬体系在现阶段是比较适用的。但需要指出的一点是,即使是在一些明确实行了岗位工资的企业中,在岗位的界定和评价方面仍然存在很多误区。在有些企业,作为基本薪酬决定依据的,不是真正意义上经过分析和评价之后所确定的岗位。比如很多企业的部门经理拿的薪酬基本相同,理由是他们属于同一类岗位,但事实上,企业不同部门经理所承受的压力以及对企业战略目标的贡献差异是非常大的,"一刀切"难免会带来薪酬的不合理。

对于一些技术人员比较多的企业来说,对技术类人员实行以技能为基础的基本薪酬体系可能比较合理也比较有利。但在实行技能薪酬体系时,企业必须制订出明确的技能等级评价和再评价的方案。但要注意的是,单纯依赖国家的职称评定系统来界定技术类人员的技能等级的做法,不能适应现代企业人力资源管理的需要,企业必须自行研究制订适用于本企业的技能资格等级标准并定期进行评价和重新评价,才能保证技能工资制真正落到实处。

基本薪酬体系设计要遵从以下五个基本原则。

1. 公平原则

基本薪酬体系的公平原则包括内部公平和外部公平及个人公平三方面。

(1) 外部公平即薪酬的外部竞争性。这种比较体现为员工将本人的薪酬与在其他企业中从事同样工作的员工所获得的薪酬之间的比较。外部市场环境是影响薪酬的一个重要因素,为了保持公司薪酬政策的外部竞争力,公司核心员工的薪酬水平应该高于其他公司,或与其他公司保持一致,否则公司就难以避免人才流失和企业的生存危机。

(2) 内部公平即内部一致性。这种比较所关注的是一家企业内部不同岗位之间的薪酬对比问题。当企业采用岗位薪酬体系即主要以岗位本身的价值来确定员工基本薪酬的薪酬体系的情况下,员工们常常把自己的薪酬与比自己等级低的岗位、等级相同的岗位可能属于不同的技能类别或不同的部门以及等级更高的岗位上的人所获得的薪酬加以对比,从而判断企业对其所支付的薪酬是否公平合理。

（3）个人公平。所谓员工的个人公平,指的是员工们还会同那些在同一企业中与他们干同样工作的其他人进行相互比较以判断公平性是否成立。员工个人之间的公平性要求组织中每个员工得到的薪酬与他们各自对组织的贡献相匹配。

2. 竞争原则

根据调查,高薪对于企业员工来说有着极高的吸引力,因此,企业在人才市场上提出较高的薪酬水平,无疑会增加企业对人才的吸引力。但是,企业的薪酬标准在市场上应处于一个什么位置,要根据该企业的财力,所需人才的可获得性等具体条件而定。竞争力是一个综合指标,有的企业凭借自身良好的声誉和社会形象,在薪酬方面只要满足公平性的要求也能吸引一部分优秀人才。

另外,劳动力市场的供求状况也是我们在进行薪酬设计时需要考虑的重要因素。就我国目前而言,劳动力市场的供求状况总的趋势是供大于求,但就某种类型的人才来说,可能会出现供不应求的情况,如高级管理人员与专业技术骨干人员,在我国目前尚属于稀缺人才。反映在薪酬方面,这两类人才不仅有较高的货币性要求,而且有较高的非货币性要求和其他类型的要求。因此在进行薪酬设计时要充分考虑到这类人才对薪酬设计的独特要求。

3. 激励原则

外部公平是和薪酬的竞争原则相对的,内部公平则和激励原则相对应。一个人的能力是有差别的,因而贡献也是不一样的,如果贡献大者与贡献小者得到的报酬是一样的,表面上是平等的,但实际上是不公平的。因此要真正解决内在公平问题,就要根据员工的能力和贡献大小适当拉开收入差距,让贡献大者获得较高的薪酬,以充分调动他们的积极性。

相关链接

尽管薪酬不是激励员工的唯一手段,也不是最好的办法,但却是一个非常重要、最易被人运用的方法。薪酬总额相同,支付方式不同,会取得不同的效果。所以,如何实现薪酬效能最大化,是一门值得探讨的艺术。

4. 经济原则

企业的基本薪酬体系设计的主要目的是吸引和留住人才,为此一些企业不惜一切代价提高企业的薪酬标准,这种做法也是不可取的。一方面,除了高薪以外,吸引优秀人才的条件还有很多,有时候其他条件不能满足人才的需要,高薪也很难吸引或留住人才;另一方面,要计算人力成本的投入产出比率,如果用高薪吸引了优秀人才,但发挥不了作用,创造不出同等级的绩效,对企业也就失去了意义。因此,薪酬设计要遵守经济原则,进行人力资本预算,把人力成本控制在一个合理的范围内。

5. 合法原则

薪酬设计应当遵守国家的法律和政策,这是最起码的要求,特别是国家有关的强制性规定,在薪酬设计中,企业是不能违反的。比如国家有关最低工资规定、有关职工加班加点的工资支付问题等等,企业必须遵守。因此有人在对人力资源岗位进行工作分析时,对人力资源管理者,特别是薪酬管理者的资格要求,加入了必须接受过国家有关法律法规特别是劳动法律法规的培训,这也不无道理。

二、基于岗位的薪酬体系

目前从世界范围来看,使用最多的是基于岗位的薪酬体系。这种薪酬体系是对每个岗位所要求的知识、技能以及职责等因素的价值进行评估,根据评估结果将所有岗位归入不同的薪酬等级,每个薪酬等级包含若干综合价值相近的一组岗位。然后根据市场上同类岗位的薪酬水平确定每个薪酬等级的工资率,并在此基础上设定每个薪酬等级的薪酬范围。

1. 岗位薪酬体系的特点、适用范围

这种薪酬体系,主要依据岗位在企业内的相对价值为员工付酬。岗位的相对价值高,其工资也高,反之亦然。通俗地讲就是:在什么岗,拿什么钱。军队和政府组织实施的是典型的依据岗位级别付酬的制度。在这种薪酬模式下,员工工资的增长主要依靠岗位的晋升。因此,其导向的行为是:遵从等级秩序和严格的规章制度,千方百计获得晋升机会,注重人际网络关系的建设,获得岗位晋升。

以岗位为主的薪酬模式适合中国的多数企业和多数类别的岗位,是一种目前普遍采用的薪酬制度。和传统的中国企业讲究行政级别和资历相比,岗位导向的薪酬模式是一种很大的进步。这种模式最适合传统的科层组织,在这种组织中,岗位级别比较多,企业外部环境相对稳定,市场竞争压力不是非常大。就岗位类别而言,基于岗位的薪酬模式比较适合职能管理类岗位。对这些岗位上的任职者要求有效地履行其职能职责是最重要的,岗位的价值才能得以真正体现。

实施基于岗位的薪酬制度,首先要建立一套规范的岗位管理体系,包括规范的

岗位设置、岗位序列、岗位说明书等。很多企业因人设事，不重视岗位管理，连基本的职责定位都很混乱，在确定岗位的相对价值时就走不下去；其二，要运用科学的量化评估系统对岗位价值进行评价，即岗位评估。岗位评估是实施基于岗位的薪酬制度的关键环节，其技术要求非常高，尤其是对大型的企业来说，更要慎之又慎；其三，员工能力要与岗位要求基本匹配。如果不胜任的员工在某一个岗位上，也拿同样的基于岗位的工资，对其他人来说就是不公平的，如果一个能力很强的人得不到提升，对他来说，基于现岗的工资水平对他来说就太低了，也是不公平的。

基于岗位的薪酬体系有两个优点：

（1）和传统按资历和行政级别的付酬模式相比，真正实现了同岗同酬，内部公平性比较强。

（2）岗位晋升，薪级也晋级，调动了员工努力工作以争取晋升机会的积极性。结合中国企业，包括事业改制单位的实际情况，目前还有很大一部分单位需要尽快转为以岗位为主的工资制度，不能再延续传统的没有激励作用的薪酬制度。因此，进行工作分析，规范岗位管理体系，进行岗位评估，加大岗位分配的比例，适当拉开纵向和横向差距，是这些单位当前必须要做的基础工作和改革工作。

基于岗位的薪酬体系的不足也比较明显：

（1）如果一个员工长期得不到晋升，尽管岗位工作越来越出色，但其收入水平很难有较大的提高，也就影响了其工作的积极性。这种情况非常普遍，一个员工的直接上级才30来岁，企业的业务比较稳定，短期内没有提升的空缺岗位，那么他的下属的职业发展就缺乏前景和希望。

（2）由于岗位导向的薪酬制度更看重内部岗位价值的公平性，在从市场上选聘比较稀缺的人才时，很可能由于企业内部的薪酬体系的内向性而满足不了稀缺人才的薪酬要求，也就吸引不来急需的专业和管理人才。总起来说，这种薪酬模式比较僵化，灵活性不足。随着竞争环境不确定性的增加，企业希望员工主动创新、承担风险、增长技能，才能确保企业长盛不衰。

2. 岗位评价

岗位评价要先从工作分析入手。从薪酬管理的角度来说，工作分析是岗位评价的最重要信息来源，组织只有获得综合性的关于工作或岗位的信息，才能够准确地判断出工作或岗位本身在组织中的相对重要程度或相对价值大小，从而确定基本薪酬，岗位评价流程如图 7.2 所示。

对岗位进行价值评价即进行岗位评价或工作评价。所谓岗位评价，就是指系统地确定岗位之间的相对价值从而为组织建立一个岗位结构的过程，它是以工作内容、技能要求、对组织的贡献、组织文化以及外部市场等为综合依据的。

216

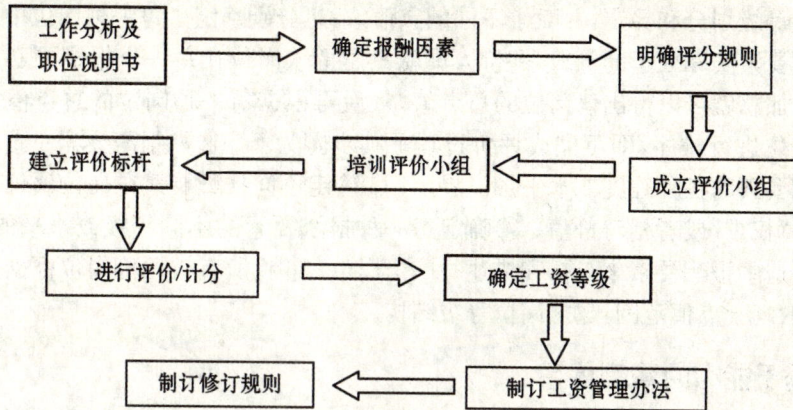

图 7.2　岗位评价流程图

岗位评价的方法有量化评价法和非量化评价法两种。所谓量化评价法是试图通过一套等级尺度系统来确定一个岗位的价值比另外一个岗位的价值高多少或低多少,包括要素比较法和要素计点法。而非量化评价法则是指那些仅仅从总体上来确定不同岗位之间的相对价值顺序的岗位评价方法,包括排序法和分类法。

(1) 排序法。排序法是一种最简单的岗位评价方法,它根据总体上界定的岗位的相对价值或者岗位对于组织成功所做出的贡献来将岗位进行从高到低的排列。有三种类型:直接排序法、交替排序法以及配对比较排序法。

排序法的操作步骤:①获取岗位信息;②选择报酬要素并对岗位进行分类;③对岗位进行排序;④综合排序结果。

(2) 分类法。分类法是一种将各种岗位放入事先确定好的不同岗位等级之中的一种岗位评价方法。其步骤是:①确定合适的岗位等级数量;②编写每一岗位等级的定义;③根据岗位等级定义对岗位进行等级分类。

(3) 要素比较法。在一般排序法中,通常是把每个岗位视为一个整体,并根据某些总体指标来对岗位进行排序。而在要素比较法中则要多次选择报酬要素,并据之分别对岗位进行多次排序。其步骤为:①获取岗位信息,确定报酬要素;②选择典型岗位;③根据典型岗位内部相同报酬要素的重要性对岗位进行排序;④将每一典型岗位的薪酬水平分配到其内部的每一个报酬要素上去;⑤根据每个典型岗位内部的每一报酬要素的价值来分别对岗位进行多次排序;⑥根据两种排序结果选出不便于利用的典型岗位;⑦建立典型岗位报酬要素等级基准表;⑧使用典型岗位报酬要素等级基准表来确定其他岗位的工资。

(4) 要素计点法。要素计点法是一种比较复杂的量化岗位评价技术。它要求首先确定组织为评价岗位的价值所需要运用的若干报酬要素,然后对每个报酬要素进行等级划分和界定,并赋予不同的点值,一旦分别确定了每一种岗位中的每一个报酬要素实际处于的等级,评价人员就只需把该岗位在每一个报酬要素上的点值进行加总就可以得出该岗位的总点值,最后再根据每一种岗位的总点值大小对所有岗位进行排序,即可完成评价过程。其步骤为:①选取报酬要素;②对每一种报酬要素的各种程度或水平加以界定;③确定不同报酬要素在岗位评价体系中所占的"权重"或者相对价值;④确定每一种报酬要素的不同等级或水平的点值;⑤运用这些报酬要素来分析和描述每一个岗位;⑥将所有被评价岗位根据点数高低排序,划分点值范围,建立岗位等级结构。

三、基于能力的薪酬体系

基于能力的薪酬体系是企业根据员工能力的高低或掌握与工作相关的技能的深度和广度支付基本薪酬的一种报酬制度。

1. 能力薪酬体系的特点、使用范围

所谓能力(competency)也称素质,胜任力。在这里,能力严格意义上来说是指一种绩效行为能力,即达成某种特定绩效或者表现出某种有利于绩效达成的行为的能力。具体包括:一系列的技能、知识、能力行为特征以及其他个人特征的总和。在组合适当并且环境适合的条件下,这种能力对个人、群体、特定工作以及整个组织的绩效都有一种预测作用。

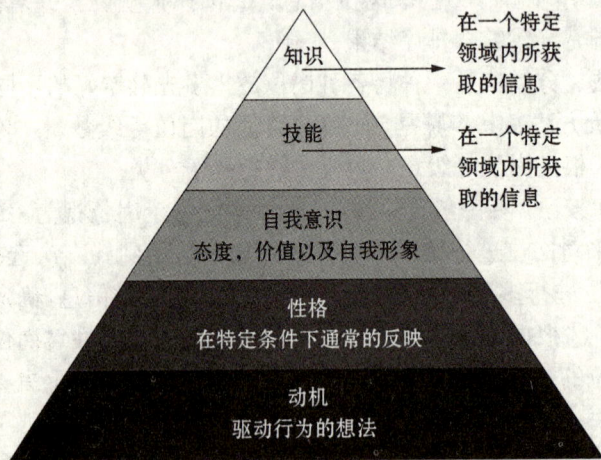

图 7.3 海叶集团的素质模型——"冰山模型"

图 7.3 注明:知识、技能属于表层的能力特征,漂浮在水面,很容易发现。社会角色、自我概念、人格特征和动机/需要,属于深层的能力特征,隐藏在水下,且越

218

往水下,越难发现。深层特征是决定人们的行为及表现的关键因素。

能力薪酬体系具有以下优点:

(1)激励员工不断完善自我提升能力。能力薪酬的出发点就是以员工能力大小为尺度设计薪酬额度,为取得更多的薪酬回报,员工将不断地进行与能力完善相关的工作,从而起到激励员工提升能力的作用。

(2)在一定程度上体现了以人为本的企业理念。

(3)员工注重能力的提升,就容易转换岗位,也就增加了发展机会,将来即使不在这个企业也会有竞争力。

(4)不愿意在行政管理岗上发展的员工可以在专业领域深入下去,同样获得好的待遇,对企业来说留住了专业技术人才。

(5)员工能力的不断提升,使企业能够适应环境的多变,企业的灵活性增强。

当然,能力薪酬体系也存在缺陷与不足:

(1)由于能力的界定很困难,虽建立了一套能力模型并据此制定了一套新的薪酬方案,但仍有可能失之偏颇,无法满足企业的期望。

(2)能力薪酬计划由于存在额外的管理和人力资源方面的其他要求,所以如果管理不善,其优点可能会被抵消。

(3)做同样的工作,但由于两个人的能力不同而收入不同,容易造成不公平感。

(4)高能力的员工未必有高的产出,即能力薪酬的假设未必成立,这就要看员工是否投入工作。

(5)员工着眼于提高自身能力,可能会忽视组织的整体需要和当前工作目标的完成。

(6)已达能力顶端的人才的进一步激励变得困难。

2. 能力薪酬体系的设计

能力薪酬体系的设计分为四个步骤。

(1)确定哪些能力是企业发展所需要的,是值得企业付出报酬的。在这一步骤上,实际上要求组织界定自己准备支付报酬的能力到底是哪些。因为在不同的战略导向和文化价值观氛围中以及在不同的行业中,作为企业报酬对象的能力组合很可能会存在差异。有时,即使不同的企业所使用的能力在概念上一样,但是同样的能力在不同的组织中却很可能有不同的行为表现。

研究表明,最为常用的 20 种核心能力包括:成就导向、质量意识、主动性、人际理解力、客户服务导向、影响力、组织知觉性、网络建立、指导性、团队与合作、开发他人、团队领导力、技术专家、信息搜寻、分析性思考、观念性思考、自我控制、自信、经营导向、灵活性等。

（2）确定哪些品质能够体现这些能力，从而推断具备何种特性及行为的员工是企业所需要的。在一个组织把自己需要员工具备的绩效行为能力界定下来以后，企业还必须明确如何来衡量这些能力，这是因为能力本身是一种抽象的概念，如果没有明确的衡量手段来评价员工是否具备某种能力，那么能力薪酬计划本身也就无从谈起。一方面，对能力本身进行直接的衡量很困难；另一方面，企业关心员工能力的最终目的是员工如何运用这种能力来实现企业所期望的经营结果，因此，用员工在工作过程中的行为表现以及其他特性来代替对能力本身的直接衡量不仅是必要的，而且对企业来说也最有意义。

（3）检验这些能力是否能够使员工绩效突出，哪些品质确实能使员工创造更多的价值。

（4）依据能力要求，评价员工能力，给予合理的薪酬水平。这是能力薪酬体系操作的最后一个步骤，根据界定好的能力类型及其等级定义，对员工在某领域中所具备的绩效行为能力进行评价，然后将评价的结果与他们所应当获得的基本薪酬结合在一起。显然，在这种薪酬体系中，员工的基本薪酬水平高低取决于他们对于一种工作、角色或者团队功能的理解和执行能力，他们可以因具备某些既定能力或者是能力水平的提高而得到基本薪酬的提升。一旦能力薪酬作为一种基本薪酬被接受下来，企业就可以将其内化到薪酬体系的其他部分之中，比如作为确定浮动薪酬的基础。

显然，在能力薪酬体系中，员工的基本薪酬取决于个人的理解能力和执行能力等多种能力的综合，因此应用得好，会极大地激励员工努力地去不断提升自己的能力。

第三节　浮动薪酬体系

一、浮动薪酬概述

浮动薪酬，即我们前面提到的可变性薪酬，指的是相对于稳定性薪酬来说具有风险性的报酬，它的获得通常是非固定的和不可预知的，它与劳动者个人、团队或组织的绩效相关。Wilson（1995）认为浮动薪酬是基本薪酬以外的随个人、团队和公司绩效而变化的部分。Oerhart，Minkoff 和 Olsen（1995）指出浮动薪酬或风险薪酬是员工薪酬中不确定的并依赖于未来组织绩效（如利润、股票绩效、生产率）、团队绩效或个人绩效的部分。概括起来，浮动薪酬是指基本薪酬以外的随绩效变动的报酬。在西方，基于绩效的薪酬、奖励和浮动薪酬的概念通常是可以替代的。20 世纪以来浮动薪酬一直吸引着研究者、管理者的广泛关注，浮动薪酬始终是各类书籍、报纸和杂志中突出的主题。然而,浮动薪酬的具体内容却随着经济环境的变化和管理实践的发展而发生着变化。20世纪早期盛行的个人计件工资被20世纪中期的团队、公司范围的薪酬计划和绩效工资所取代。到了20世纪末,基于个人贡献的奖励、利润分享的奖金 、股票期权及各种福利和服务的选择权构成的浮动薪酬组合日益普遍,浮动薪酬呈现复杂化和多样化的趋势,并依赖于组织的战略环境而变化。例如眼下比较流行的绩效薪酬就是一种浮动薪酬的形式。

二、浮动薪酬的种类

浮动薪酬有很多种类,选择何种种类的浮动薪酬取决于组织的经营战略、经济状况、人员情况以及组织想要达到的目标。对于浮动薪酬,从时间跨度的角度,可以将其分为短期的绩效性薪酬和长期的战略性薪酬。从激励对象的角度出发,可以把浮动薪酬分为个体浮动性薪酬和团体浮动性薪酬。浮动薪酬的分类,如图7.4所示。

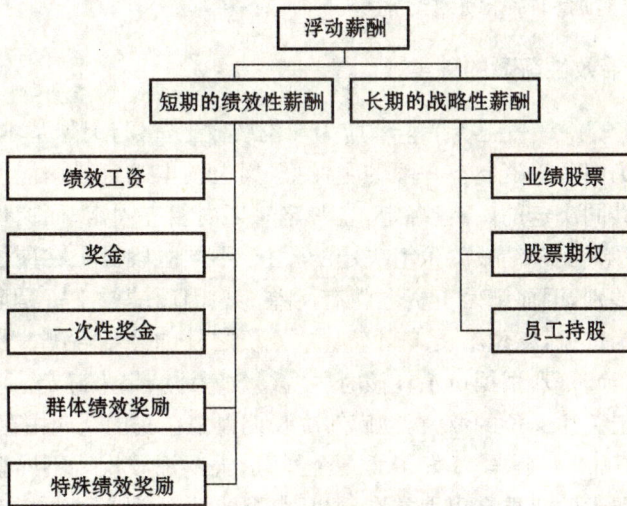

图 7.4 浮动薪酬的分类

从图7.4中可以看出,短期的绩效性薪酬是指与岗位和组织的绩效有关的薪酬,通常包括绩效工资、资金、一次性资金、群体绩效奖励和特殊奖励等形式。长期的战略性薪酬是带有长期激励性薪酬,一般包括业绩股票、股票期权和员工技股等形式。

尽管浮动薪酬不是激励员工的唯一手段,也不是最好的办法,但却是个非常重要,最易被人运用的方法。薪酬总额相同,支付方法不同,会取得不同的效果。所以，如何实现薪酬效能最大化，是一门非常值得探讨的艺术。

在短期绩效性计划中，一次性奖金正逐渐取代业绩工资。对企业而言，一次性奖金也要比业绩工资给企业带来的成本增加影响要小。因为一次性工资不会使员工工资基数增加，而且与员工工资紧密相关的保险金费用也就不会上涨。

从技术上讲，现场奖励也应该归入绩效工资计划。现场奖励包括群体绩效奖励和特殊绩效奖励。一般，这种奖励被授予那些在一些特殊项目上表现突出的员工，或授予那些绩效超过期望，理应在奖金之外再加一份的员工。玫琳凯化妆公司对现场奖励的用法别出心裁，业绩突出的女销售员会得到粉红色的轿车、貂皮外套或钻石戒指。

三、短期的绩效性薪酬

短期的绩效性薪酬与相应周期内岗位及组织的绩效相关联，能够对员工起到短期激励作用。常被企业采用的短期的绩效性薪酬方式有绩效工资、奖金、一次性奖金、群体绩效奖励和特殊绩效奖励等。

1. 短期的绩效性薪酬的种类

（1）绩效工资。绩效工资的全称应为岗位绩效工资，与岗位基本工资相对应，两者合起来称为岗位工资。在一般的企业里，岗位基本工资是由岗位的价值和员工的能力价值共同决定的，一旦确定，在一定时期内相应固定；而岗位绩效工资则是由员工在岗位上实现绩效的价值决定的，由于不同时段员工在岗位上所实现的绩效可能有所差别，因而绩效工资也就有所差异。因而绩效工资是以员工在岗位上的工作表现为依据，支付给员工岗级基本工资之外的浮动薪酬。员工的绩效工资通常以月、季为时段，根据员工在该时段的绩效考评结果来确定。实行绩效工资的目的是使员工关注岗位的绩效，彻底解决长期以来在我国企业中存在的"干与不干一个样、干多干少一个样、干好干坏一个样"的大锅饭顽疾。不同企业绩效工资在岗位工资中所占的比重有很大差别，这是由企业性质、部门性质、岗位性质、企业文化以及经营者的偏好决定的。比如，对于一般的生产服务类岗位或职能管理类岗位来说，绩效工资占 40％的为多。而对于销售类岗位来说，绩效工资所占的比例就要大得多，甚至突破 80％。

（2）奖金。奖金是薪酬的重要组成部分，与岗位工资相对应。很多人都以为，奖金就是绩效工资，绩效工资就是奖金。其实这是一种误解，奖金已不属于岗位工资的范畴，它虽然也是以岗位绩效为基础，但是发放的依据却不是岗位绩效，而是企业经营效益或组织绩效进行分配的激励性薪酬。奖金的发放周期一般要长一些，通常以季、半年或是年度为时段，在员工绩效考评的基础上根据该时段企业经营效益的好坏或组织绩效的大小来确定。实行奖金的目的是使员工关注集体（团队、部门乃至企业），使员工从物质利益上关心组织的发展和整体生产（工作）计划的完成、工作效率的提高、产品（工作）质量的改进、人力和物力的节约等。奖金在薪酬中所占的比重要比岗位工资小得多，对于一般的岗位来讲，两者之间的比重以2∶8或3∶7为宜。

（3）一次性奖金。根据众多企业现在的情况来看，一次性奖金大有逐渐取代绩效工资和一般性奖金的趋势。不少企业都是根据其全年经营效益和对员工全年工作绩效的综合考评情况，年底向员工发放一次性奖金。包括年终加薪、实行年薪制和绩效工资办法的企业根据考评结果发放的加薪和兑现的年薪或绩效工资其实都属于一次性奖金的范围。一次性奖金不仅可以减少因为基本薪酬的累计增加而导致的企业薪酬成本的上升，还可以保证组织各等级薪酬范围的相对稳定性，避免在员工中大面积出现超出薪酬范围的现象。

（4）群体绩效奖励。群体绩效奖励是针对个人绩效奖励而言的。"群体"指的是组织中的某一工作集体、项目团队或部门、分支机构，或是组织整体。群体绩效奖励主要包括利润分享计划、收益分享计划、成功分享计划以及小群体或者团队奖励计划等内容。选择实施群体绩效奖励除了需考虑工作本身的性质和组织经营状况等因素外，还需考虑组织中是否存在着团队合作文化，因为群体绩效奖励与团队合作精神、关注组织整体目标有着很强的一致性。

（5）特殊绩效奖励。特殊绩效奖励是为了奖励那些绩效超出预期水平很多或是在有关方面作出特殊贡献的个人以及团队，在绩效工资、奖金的基础上给予的额外奖励。与基于员工工作行为以及工作结果的全面评价的绩效加薪不同，特殊绩效奖励具有非常高的灵活性，它可以对那些出人预料的各种各样的单项高水平绩效表现——如开发出新产品、开拓出新市场、技术改革与创新、大面积提高工作效率等予以奖励。特殊绩效奖励可以提高薪酬的灵活性和自发性，为企业提供一种可以让员工感觉到自己重要性和价值的机会。

2. 短期的绩效性薪酬的作用

短期的绩效性薪酬具有重要的作用，其作用主要体现能够及时有效地激励员工或集体，调动他们的积极性，发挥他们的作用。

（1）激励员工时刻关注岗位工作绩效。没有岗位绩效就没有绩效工资，岗位绩效不理想绩效工资就打折扣。这样的理念就会使得所有员工自始至终都必须重视完成绩效，同时还要保证绩效质量。绩效工资同员工绩效考评的结果联系在一起，将薪酬的可变性引入员工的短期激励，无疑能够改善员工的工作绩效，从而提高企业的效益。

（2）激励员工关心企业的效益和发展。按时发放奖金已成为很多企业制度化的薪酬形式，这种形式不仅要求员工完成自己的岗位绩效，而且还要求员工关心集体、关心企业的效益和发展。这样就能激励员工从本职出发，爱护企业，以企业为家，增强员工的责任心和归宿感，使员工认同和接受企业的文化。

（3）激励团队合作精神。不管现代企业的文化有什么差异，但几乎所有的现代企业都非常强调团队合作精神。因为如果没有团队合作，要想实现组织的整体目标不仅是有难度，而且是困难重重。通过群体绩效奖励，使得大家目标一致，互相关心，互相帮助，群策群力，共同提高，共同发展。

（4）激励员工作出特殊贡献。完成岗位绩效只是普通员工的基本职责，而那些优秀的员工和有特殊能力的员工，他们往往会出类拔萃，或是超出预期水平完成绩效，或是在有关方面为企业作出特殊贡献。对于这样的员工，如果企业长期地漠然置之，不但埋没了他们，挫伤了他们的积极性，而且还会使他们自生自灭。通过特殊奖励，不仅能鼓励他们继续高绩效和多贡献，而且更重要的是在企业里树立一个标杆，弘扬一种精神，引导全体员工都去作出高绩效和多贡献。

四、长期的战略性薪酬

长期的战略性薪酬往往与企业的发展战略目标相关联，通常运用于企业的高级职业经理人群体、市场营销群体和高级专业人才群体，常用的方式主要有业绩股票、股票期权、员工持股等。

1. 长期的战略性薪酬的种类

（1）业绩股票。业绩股票又称为业绩股权，是指公司根据被激励者业绩水平，以普通股作为长期激励形式支付给经营者。通常是公司在年初确定业绩目标，如果激励对象在年末达到预定目标，则公司授予其一定数量的股票或提取一定的奖励基金购买公司股票。业绩股票在中国上市公司股权激励机制中占较大的比例，是目前被采用最广泛的一种激励模式。

国内上市公司中，佛山照明、广东福地、天药股份三家上市公司业绩股权激励计划都是每年提取一定数额的奖励基金，部分或全部用来购买本公司的股票。

（2）股票期权。股票期权（Stock Option）是以股票为标的物的一种合约，期权合约的卖方，通过收取权利金将执行或不执行该项期权合约的选择权让给期权合约的买方。

股票期权作为公司给予经理人员购买本公司股票的选择权，是公司长期激励制度的一种。持有这种权利的人员，即股票期权受权人，可以按约定的价格和数量在受权以后的约定时间内购买股票，并有权在一定时间后将所购的股票在股市上出售,但股票期权本身不可以转让。

目前,我国上市公司中,长源电力、清华同方、东方电子等均推行了股票期权方案。

(3) 员工持股。员工持股(Employee Stock Ownership Plan 缩写为 ESOP)是指由公司内部员工个人出资认购本公司部分股份,并委托公司进行集中管理的产权组织形式。员工持股制度为企业员工参与企业所有权分配提供了制度条件,持有者真正体现了劳动者和所有者的双重身份。

员工拥有一定比例的股份,在一定程度上有利于完善监督机制,改善公司治理结构失效带来的问题。在目前的经济背景下,员工持股计划作为一种长期的激励机制,在人才竞争中具有明显的作用。通过员工持股,企业和个人都能够获得可持续发展。

2. 长期的战略薪酬的作用

长期的战略性薪酬具有重要的作用:

(1) 促使企业代理人与委托人的目标达到最大限度的一致。通过向经营者提供股权激励,可以促使企业代理人与委托人的目标达成一致,企业经营者追求自身利益的同时也就是实现委托人利益的过程。

(2) 能减轻公司日常支付现金的压力,有利于公司的财务运作。在期权制度下,企业支付给经理人的仅仅是一个期权,是不确定的预期收入,这种收入是在资本市场上实现的,公司始终没有现金流出。

(3) 可以避免公司人才流失,并能为公司吸引更多的优秀人才。公司在给予经营管理人员期权期股时,可以加上一些限制条件,如规定在期权授予后一年之内不得行使该期权,以后几年内,可以部分行使。这就是所谓的“金手铐”。

(4) 有利于公司进行人事调整。给予经营者股权激励,使他们在岗时就获得与其业绩相适应的丰厚报酬,这样退休后,也不会有什么后顾之忧。

(5) 有利于改善公司治理结构。采用长期的战略性薪酬,有利于改善公司法人治理结构,骨干人员参股,有利于经营者规范操作,避免个别大股东的不规范行为。

第四节　员工福利管理

一、员工福利概述

所谓福利是指企业向员工提供的除工资、奖金之外的各种保障计划、补贴、服务以及实物报酬。它是员工在企业或是其他组织工作中应得总报酬的一部分,是员工薪酬的重要组成部分。福利与工资、奖金的最大区别在于它的提供与员工的工作绩效及贡献关联度不大。

按照传统的员工福利管理模式,补偿性、均等性和集体性是员工福利的三个主要特点:

1. 补偿性

员工福利是对劳动者为企业提供劳动的一种物质补偿,也是员工薪资收入的补充分配形式。一些劳动报酬,不以货币的形式支付,可以非货币的形式支付;不宜以个体的形式支付,可以集体的形式支付。

2. 均等性

员工福利的均等性特征是指,履行了劳动义务的本企业员工,均有享受各种企业福利的平等权利。由于劳动能力、个人贡献及家庭人口等因素的不同,造成了员工之间在薪资收入上的差距,差距过大会对员工的积极性和企业的凝聚力产生不利的影响。员工福利的均等性特征,在一定程度上起着平衡劳动者收入差距的作用。均等性是就企业一般性福利而言的,但是对一些高层次福利,许多企业也采取了有差别对待的方式。例如,对企业高级经理和有突出贡献员工,提供住宅、专车、旅游、度假等高档福利待遇,以此作为一种激励手段。

3. 集体性

兴办集体福利事业,员工集体消费或共同使用公共物品等是员工福利的主体形式,因此集体性是员工福利的另一个重要特征。集体性消费除了可以满足员工的某些物质性需求之外,还有一个重要特点是可以强化员工的团队意识和对企业的归属感。例如:集体旅游、娱乐和健康项目的实验等,都可以起到这种作用。因此,许多企业文化都是以企业福利项目为载体的。

二、员工福利的种类

员工福利包含很多不同种类的福利项目,因此很难对其进行种类的划分。在本节中,我们把福利项目划分为法定福利和企业一般性福利等。

1. 法定福利

员工的社会保障体系和社会保障项目是政府通过立法形式,要求企业必须提供给员工的福利和待遇,被称为员工的法定福利。

社会保险是企业员工主要的社会保障待遇,员工因为面临的劳动风险不同,所以得到的保险待遇也有所不同。由于各国的发展水平和社会保险制度的完善程度不同，因此提供的承保项目不完全一致。我国目前已经提供或者正在建立的企业员工社会保险项目包括：

（1）养老保险。年老丧失劳动能力是每一个企业员工面临的风险，养老保险是我国目前覆盖面最宽、社会文化程度最高的社会保险形式。

（2）失业保险。由于社会、企业或者个人问题，员工也会面临着失业、短期失去工作机会的风险，企业必须为员工支付失业保险费，以备失业后生活必需和接受再就业培训之用。

（3）工伤保险。员工因工受伤或死亡是企业难以避免之事，员工享用工伤保险待遇是基本的权利，国家强制性筹集和发放工伤保险制度。

（4）医疗保险。医疗保险制度是解决员工非因工生病之后的治疗和生活保障。

（5）生育保险。生育保险是为企业女员工设置的专业保险项目，以解决妇女生育期间的生活保障，体现妇女和儿童的特殊权益。

2. 一般性福利

在企业中，人们通常所说的福利指的就是一般性福利。按项目内容的不同，可将一般性福利分为以下几类：

（1）经济性福利项目。指除了工资和奖金外，对员工提供其他的经济性补助的福利项目，如住房补贴、结婚礼金等。经济性福利项目可以减轻员工的负担或增加额外收入，进而提高士气和工作效率。

（2）设施性福利项目。指从员工的日常需要出发，向员工提供设施性服务的福利项目，如员工免费宿舍、阅览室与健身房以及提供工作餐饮等。设施性福利项目是从关怀员工的日常生活出发，进而提供相关的硬件服务设施。

（3）娱乐性福利项目。指为了增进员工的社交和康乐活动，促进员工的身心健康及增进员工的合作意识，提供娱乐性的福利项目，如旅行、免费电影等。此类福利项目的设计是基于重视员工的管理理念，以满足员工参与感、被接纳、被认同的社会性需求。

（4）员工服务福利项目。指为员工提供各种各样生活上、职业发展上等各方面服务的福利项目，如员工的身体健康检查和外派进修以及发放书报费、报销学习费用等。

（5）其他福利项目。指以上所列福利项目未包含的其他福利项目，如以本企业员工的名义向大学捐助专用奖学金等荣誉性福利。

三、员工福利体系的设计与管理

在传统的福利方案设计中，福利常常是属于普惠性质，企业中所有或大多数员工都能享用，而且其享用的项目基本一样，这就使得福利在薪酬体系中沦为了保健因素，不仅激励性不强，而且如果设计不当，会引起企业员工的不满意。同时，随着社会的不断进步，人们的物质、文化生活水平也不断提高，企业员工对福利的需求不仅要求越来越高，而且也日趋多元化与个性化。因此如何设计符合企业与员工需要的福利项目与方案，提高其激励效果，就显得非常重要了。

除了法律政策规定的福利项目之外，企业中的福利项目种类繁多，不胜枚举，而且随着现代社会人们生活水平的提高，新的福利项目还在不断地被开发出来。于是，怎样设计和挑选出符合企业和员工需求的福利项目就显得非常重要了。

1. 福利项目设计的注意事项

企业在设计福利项目时应当注意以下事项：

（1）员工需求。不同企业，由于其所处的地域、经营的业务和员工的组成等方面情况的不同，企业员工对福利项目的需求也是不同的。如对地处大城市的企业，企业的外来员工会对"解决当地户口"这项福利的需求，比地处小城市的企业的外来员工强烈一些。因此，在设计员工的福利项目时应当对企业的员工进行福利需求调查，以使福利项目的设计更加符合员工的需求。福利需求调查的方式可以是由人力资源部发放调查问卷，也可以是对企业相关员工进行访谈。

（2）战略取向。福利项目的实施需要成本，而且如果按照传统普惠的做法，福利属于保健因素，它只可以消除员工的不满，却不能带来更大的激励作用。因此，企业在设计福利项目时应当具有针对性，一方面考虑员工的福利需求，以提高其对员工的激励作用，另一方面要与组织的战略发展目标相结合，以保证企业战略发展目标的实现。如某企业实现其战略发展目标的途径是加大新产品的研发力度，与此相适应，在人力资源管理方面，吸引新的研发人员加盟，降低现有研发人员的流动率就显得非常重要，因此在福利项目的设计和方案的实施范围上，就应当向公司的研发人员有所倾斜。

（3）成本预算。在现代企业中，福利在整个薪酬包中的比例越来越大，对企业的人工成本也随之产生了重大的影响。因此，进行福利项目的设计时，应当考虑两方面的因素，并在两者之间进行平衡。一是相对于员工的其他收入，很多福利项目都是可以税收减免的，所以企业可以通过发放福利的形式，在员工的总薪酬水平不受影响的情况下，达到合理避税的目的；二是福利与工资、奖金一样，都是企业人工成本的一部分，因此明确企业在员工福利方面的成本预算是福利项目设计的一个重要前提。

（4）以人为本。企业在进行福利项目的设计时，可从员工的角度出发，对各项福利项目进行分门别类，如"温馨家居"、"幸福生活"等，一方面不仅表达出企业设置该福利项目的意图与作用，而且朗朗上口，另一方面，也使得员工容易理解各项福利项目的内容及意义，以提高福利的激励作用。

现代企业福利方案的设计偏向于向更具有弹性化和动态化的方向发展。主要体现在两个方面：一是改变了传统的福利方案普惠的特性，向业绩表现优秀者和企业发展所需的核心人才倾斜，这也常常被称为"基于业绩和能力的动态福利方案"；二是实施弹性的自助福利计划，在组织所指定的福利项目的范围内，由员工自主选择其喜好的福利项目。

2. 福利方案的选择

根据方案中的福利项目是否可变，可将企业的福利方案分为固定项目福利方案、自助项目福利方案和固定加自助项目福利方案三种。企业可根据实际情况，选择适用于组织的福利方案。

（1）固定项目福利方案。固定项目福利方案是指在成本预算的基础上，企业根据员工福利需求的情况，结合组织的战略发展目标，设计出一系列固定不变的福利项目组合的方案。对于企业中不同层级的员工，可以采用享用不同固定福利项目组合的福利方案。

固定项目福利方案的优点：一是福利项目是既定的，易于操作；二是方案简单明了，便于成本预算；三是满足了享用对象中大部分员工的需求。

固定项目福利方案的缺点：一是如果某项福利项目并不是享用员工所迫切需要的，可能会产生资源浪费；二是针对性不强，降低了激励的有效性。

（2）自助项目福利方案。自助项目福利方案是指企业在成本预算的基础上，根据员工福利需求的情况，结合组织的战略发展目标，设计出一系列的福利项目，让员工根据自己的喜好，自由挑选福利项目的福利计划。实施自助项目福利方案可采用福利积分制进行，具体的实施步骤如下：

第一，根据员工的岗位工资和年度的绩效考核的得分，计算其年度的福利积分。员工的岗位工资体现的是该岗位对公司贡献的多少，而年度考核系数体现的是员工该年度的工作表现情况，可将员工的年度福利积分的多少与该岗位的重要性和员工的工作表现情况相联系起来，从而提高福利对员工的激励作用。

第二，公司根据当地物价的情况，确定各个福利项目的实际金额。

第三，确定一个福利积分对应金额。

第四，员工根据自己的福利积分和一个福利积分所对应的金额，对各福利项目进行选择和享受。福利积分于每年年度绩效考评后自动加入员工的福利账户，并根据员工的享受情况进行相应的扣除；对于积分不够的项目，可以进行预支，并在后续年度进行偿还。但必须经公司高层批准，并与公司签订相关的合同；当年度福利积分只能当年使用，不得累计至下一年度，也不得转让。

自助项目福利方案的优点：一是强调了员工的参与，使其感受到企业的尊重，增加了员工的满意度；二是员工自主选择福利项目，满足了不同员工不同的需求，增强了福利项目的有效性和针对性；三是对于采用积分制的自助项目福利方案，通过将福利积分与员工的年度考评结果挂钩，更具激励性。

自助项目福利方案也有缺点，其缺点表现在：一是不利于成本准确预算；二是操作比较复杂，加大了人力资源部的工作量。

（3）固定加自助项目福利方案。固定加自助项目福利方案是指企业在成本预算的基础上，根据员工福利需求的情况，结合组织的战略发展目标，设计出一系列的福利项目，其中一部分福利项目组合是不可选的，企业所有员工都可享有，而其余的福利项目是可选的，享有该部分福利的员工可根据自己的喜好，自由挑选福利项目的福利方案。

固定加自助项目福利方案的优点：一是固定部分的福利项目体现了大部分员工的福利需求；二是自助部分的福利项目体现了员工的参与，增强了福利项目的有效性和针对性，增加了员工的满意度；三是自助部分的福利项目可采用积分制的形式，提高福利方案的激励性；四是固定加自助项目福利方案可在规定自助福利项目的享有对象的基础上，方便地应用于企业的全体员工。

固定加自助项目福利方案与自助项目福利方案一样，也有缺点，其缺点主要表现在：一是不利于成本准确预算；二是操作比较复杂，加大了人力资源部的工作量。

本章小结

1. 组织是为了实现其特定的组织目标而存在的，在组织中工作的员工所得到的工资、奖金以及舒适的工作环境等各种形式的补偿，都属于广义上的薪酬（即报酬）。经济性报酬即薪酬，指员工因为劳动关系的存在而从组织中获得的各种形式的经济性报酬。薪酬包括工资或薪水、奖金、福利、津贴等具体形式。

2. 薪酬管理有狭义和广义的区分。狭义的薪酬管理是指薪酬管理系统或薪酬制度建立后的操作与实施，以及薪酬分配的具体计划、预算、组织、沟通、评价等实际管理与控制工作，也称为薪酬管理系统或薪酬的实施管理。广义的薪酬管理指的则是人力资源管理的一项重要职能，涉及员工的工资、奖金、津贴、福利、服务等经济性报酬的方方面面，是一种包括组织薪酬水平、薪酬体系、薪酬结构、薪酬形式、特殊性群体薪酬等多种决策和组织实施内容，并且不断拟定薪酬计划和预算、制定管理政策、控制成本、加强与员工沟通、做出有效性评价的薪酬分配的持续而系统的组织管理过程。

3. 基本薪酬，是员工从企业获得的最为稳定的经济报酬，因此，这一薪酬组成对于员工来说至关重要。企业基本薪酬通常以工作/岗位/岗位（以下统称岗位）、技能、能力三者当中的一种作为主要依据，因此在实践中存在岗位薪酬体系、技能薪酬体系以及能力薪酬体系三种不同的基本薪酬体系。不同类型的基本薪酬体系各有其优点和不足，所适用的对象和环境也存在一定差异。

4. 浮动薪酬，即可变性薪酬，指的是相对于稳定性薪酬来说具有风险性的报酬，它的获得通常是非固定的和不可预知的，它与劳动者个人、团队或组织的绩效相关。对于浮动薪酬，从时间跨度的角度，可以将其分为短期的绩效性薪酬和长期的战略性薪酬。从激励对象的角度出发，我们可以把浮动薪酬分为个体浮动性薪酬和团体浮动性薪酬。

5. 所谓福利是指企业向员工提供的除工资、奖金之外的各种保障计划、补贴、服务以及实物报酬。它是员工在企业或是其他组织工作中应得总报酬的一部分，是员工薪酬的重要组成部分。福利与工资、奖金的最大区别在于它的提供与员工的工作绩效及贡献关联不大。

6. 员工福利包含很多不同种类的福利项目，我们把福利项目划分为法定福利和企业一般性福利等。

❓ 本章思考题

1. 简述收入、报酬、薪酬、工资的基本概念。
2. 基本薪酬体系有哪几种？分别简述其优缺点。
3. 浮动薪酬有哪些不同种类？
4. 简述现代福利管理的新趋势。

案例分析

事业型中小企业薪酬体系设计

某事业单位是一个负责某市路灯维护工作和道路、桥梁、广场、居民住宅小区等路灯工程的勘察设计安装施工任务的中小型事业单位，实行企业化管理，员工既有公务员和事业编制，还有大量的企业编制和特殊用工性质的聘用人员。目前该事业单位正处于改革发展的关键时期,原有的管理体系和岗位结构已不能满足新的市场环境要求,人才匮乏,薪酬制度问题突出,这些都已成为制约该单位进一步发展的瓶颈要素。2007年8月至12月,赵永乐教授工作团队应邀为该单位设计构建新的薪酬体系。

一、某事业单位薪酬体系现状

通过对某事业单位现有薪酬情况的访谈、调研和资料收集、汇总、整理以及分析,可以看出该单位薪酬体系现状。

(1) 从构成来看,薪酬体系比较全面,涵盖了工资、津贴、福利、奖金,但基本上支付的都是经济性报酬,其中又以工资为主导,津贴、奖金等非常有限,各部分比率失调。该单位2006年薪酬的结构,如图7.5所示。

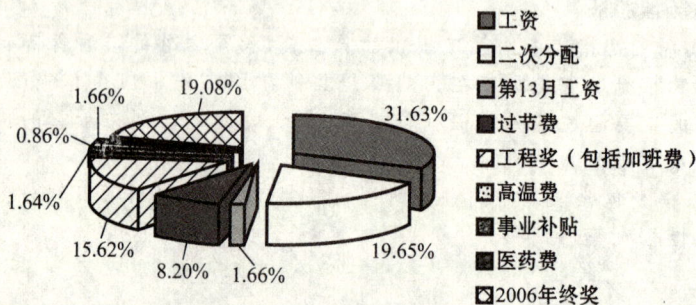

图7.5 路灯管理处2006年薪酬结构示意图

(2) 从总量和员工的实际报酬来看,与同行业内从事同类相似工作的人员相比,该单位的员工薪酬水平是略高的,员工的满意度也比较高,特别是工作十年以上的老员工,但年轻员工和学历较高的员工满意度水平一般。因此,为能吸引人才和留住人才,该单位的薪酬分配体制还需进行一定的调整。

(3) 从内部员工薪酬比较来看,同一岗位的不同人员的薪酬没有拉开差距,无法区别相同岗位上不同能力的员工的工作效果,也没有体现岗位的价值。而且,部分岗位上员工的薪酬与岗位价值相背离,缺乏内部的公平性。

(4) 从薪酬体系的实施效果来看,各岗位的薪酬差距不大,缺乏激励性和针对性,不利于"奖勤罚懒"、"奖优罚劣"机制的形成,不利于有效竞争合作氛围的形成,也不利于优秀人才的吸引和留任。

二、方案总体目标与预期特点

1. 总体目标

(1) 以工作责任、工作技能、工作强度等要素为评价依据,对所有岗位按照岗位价值大小进行岗位评价,形成岗位分级体系。

（2）根据岗位评价结果（即形成岗位分级体系），以及各岗位现有薪酬水平和外部市场薪酬水平，以公平性、竞争性、激励性、经济性与合法性原则设计企业的薪酬结构，增强激励性因素。以"宽带薪酬模式"设计薪酬水平，形成一套科学、规范的薪酬管理体系。

（3）根据平衡计分卡的思想和原理，结合关键成功要素法设计考评指标体系，确定考评流程与周期，形成一套便于操作的、合理的、符合企业发展的绩效管理体系，强化薪酬的激励作用。

2. 预期特点

新的薪酬管理体系方案是在分析薪酬现状的基础上，承接工作分析和岗位评价的成果，并通过多套方案的比较选择设计而成的，它应具有以下特点：

（1）与市场接轨实现薪酬的外部公平，增强单位薪酬的市场竞争力和对优秀人才的吸引力。

（2）利用岗位评价技术确定岗位相对价值为实现薪酬的内部公平奠定良好的基础。

（3）同岗分档，实现岗位、薪酬的柔性化宽带管理，使员工的发展实现以无尽的能力提升为导向，而不是以有限的职位晋升为导向。

（4）结合目标绩效考评来强化薪酬对员工的激励作用，实现员工的自我公平。

三、方案的选择

薪酬管理是人力资源管理的关键环节，薪酬管理体系的科学合理设计能够对员工形成有效的激励，吸引和留住组织需要的人才，实现组织的稳定发展。依据岗位评价阶段得出的岗位分级体系和五大岗位序列（战略决策序列、职能管理序列、工程技术序列、营销序列和技能序列），参照各岗位近两年的薪酬数据以及外部市场薪酬数据，设计岗位薪酬曲线，并按照宽带薪酬管理模式，设计各薪酬级别的宽带。

设计一条涵盖所有岗位序列（包括战略决策序列）的整合一体的总薪酬曲线，不同岗位序列的薪酬曲线为总薪酬曲线上起始点不同的段曲线，如图7.6所示。同时，形成相应的薪酬制度文件，并以员工职业通道薪酬制度作为补充。

从图7.6中可以看出，总薪酬曲线是一条指数曲线；自3~9级，职能管理、营销、工程技术和技能四个系列的曲线完全重叠（发展趋势也完全一致）；3~10级，职能管理、营销和工程技术三个系列的曲线完全重叠；2~10级，职能管理和营销两个序列的曲线完全重叠；3~11级，职能管理和工程技术两个序列的曲线完全重叠；战略决策系列处于总曲线的最高端，与其他序列曲线不重叠。

这套方案更加具有竞争力，能够有效形成激励、约束机制，优化人力资源配置，调动员工的工作积极性和主动性，提高管理效能和企业经济效益，保证员工队伍的稳定和人力资源的健康再生产。

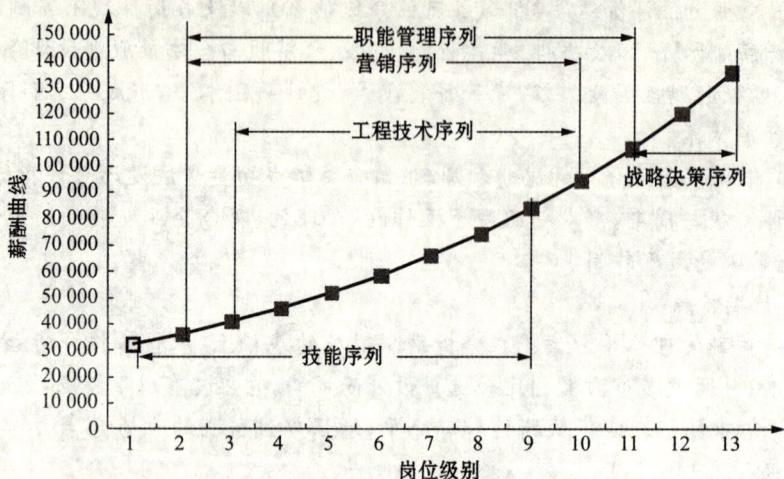

图 7.6　总薪酬曲线图

四、设计要点

企业的薪酬体系方案以岗位评价为基础设计,是以岗位薪酬制度为主,以职业发展通道制度和谈判薪酬制度等为辅的薪酬制度体系。岗位薪酬制度包括薪酬总额、薪酬结构、补充薪酬制度、调整机制和薪酬的组织管理等,还包括岗位薪酬的分级分档、提成奖方案、岗位分级体系等。设计的要点主要是岗位薪酬曲线、岗位薪酬级别与档次、薪酬结构与比例和工资、奖金、津贴与补贴的确定与发放。

1. 岗位薪酬曲线

对岗位薪酬的分级主要根据每一级岗位的标准档工资来确定。在市场调查和内部调查的基础上,通过原始薪酬数据的指数平滑趋势分析,得到各薪酬级别的标准档薪酬。不同级别的岗位标准薪酬呈指数增长,即薪酬级数越高,倍数增长速度越快,倍数也越大。参照岗位近两年的薪酬总额数据以及外部市场的薪酬数据,依据宽带薪酬理论,就可以对所有岗位设计出一条总的薪酬曲线。各岗位序列的薪酬曲线为总曲线上起始点不同的一段曲线,各序列曲线的起始点根据序列自身的特点和要求设计,见图 7.6。其中,技能序列的曲线起点最低,终点也最低;职能管理序列与营销序列的起点相同,但前者的终点比后者高。

2. 岗位薪酬级别与档次

新方案根据岗位的相对价值以及员工的能力,同时考虑到劳动力市场价格的问题,对岗位结构及薪酬体系进行了分级,每级又分为 7 档(1～7 档),其中第 4 档为标准档(工作分析分析的就是该岗位的标准档,岗位评价评价的也是该岗位的标准档)。岗位薪酬曲线上的岗位薪酬是岗位的标准薪酬,即该岗位标准档的薪酬。

至于一个岗位的各档次薪酬,还需要按照一定的方法对每一个岗位级别进行档次划分,才能确定出同一等级不同档次的薪酬。由此形成的岗位薪酬体系才是一个完整的体系。

每一个岗位的薪酬都是一个曲线,该曲线应是一条指数曲线(称为分档指数曲线,如图 7.7 所示)。对某一岗位薪酬的分档指数曲线进行档次分解,就能得到各个档次的薪酬。

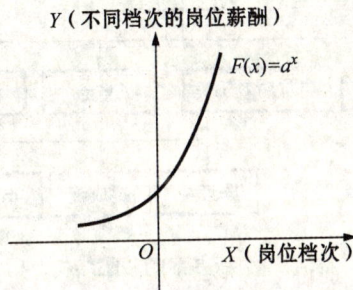

图 7.7 分档指数曲线

不同薪酬等级的不同档次之间有交叉和重叠,形成一个连续完整的岗位薪酬体系,从而也实现岗位升级的平滑过渡,如图 7.8 所示。

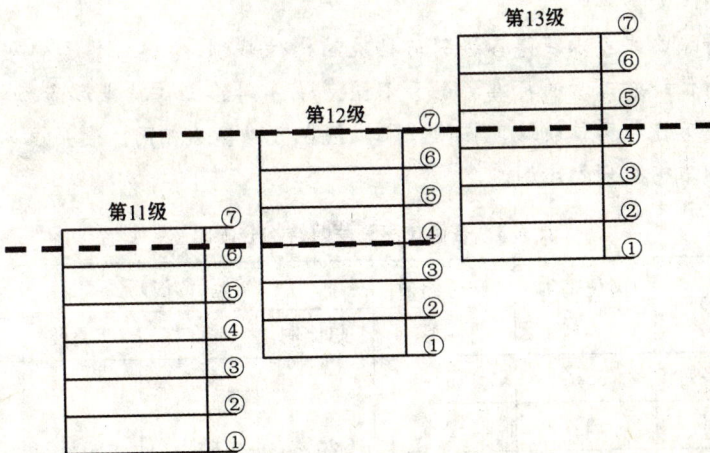

图 7.8 岗位薪酬等级档次衔接图

3. 薪酬结构及比例分配

新方案在原先薪酬结构的基础上,突出了薪酬构成的多样性,适当提高绩效工资的比例,并根据不同类型岗位的特点进行适当的调整。从薪酬的层级来看,坚持

"宽带薪酬"模式。新方案中的薪酬结构包括岗位基本工资、岗位绩效工资、奖金、福利与津贴四个部分,如图7.9所示。在新方案中,各岗位序列对薪酬各部分结构的要求不同,特别是奖金这一部分,可以根据营销序列岗位和工程技术序列中一部分与市场关系密切岗位的特点设计上不封顶的提成奖,而其他序列的奖金均按照季度奖和年终奖设计。

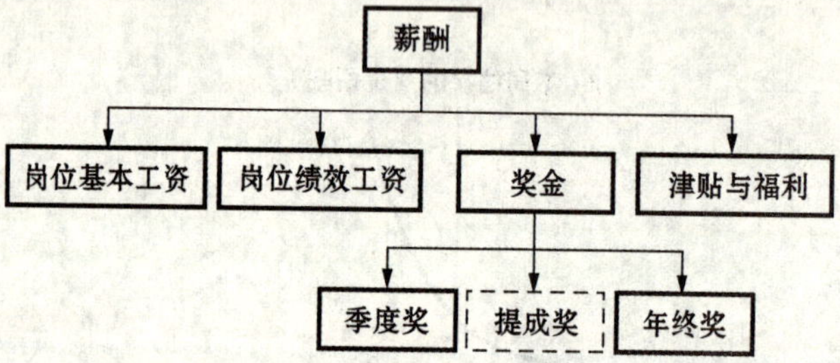

```
                         薪酬
     ┌───────────┬──────────┬──────────┐
  岗位基本工资  岗位绩效工资   奖金      津贴与福利
                      ┌────────┼────────┐
                    季度奖   提成奖    年终奖
```

图 7.9　新方案的薪酬结构

岗位基本工资根据岗位的价值和员工能力的价值确定。一旦确定,在一定时期内基本不变。岗位绩效工作根据员工在岗位上完成绩效的实际情况确定,也就是说,是可变的。奖金根据企业效益和部门绩效的实际情况确定,也是可变的。津贴与福利根据岗位特点、工作环境、员工特点和企业文化或传统确定,一旦确定就应保持相应不变。

根据薪酬曲线可以获得各级别与档次的岗位薪酬,这样就能最终确定岗位基本工资与岗位绩效工资的标准。由于不同岗位序列的工作特点和激励特点不同,对岗位基本工资与岗位绩效工资的分配比例也可以各不相同。表7.2列举了各岗位序列薪酬结构的分配比例。

表 7.2　各岗位序列薪酬结构分配比例

岗 位 序 列	岗位基本工资	岗位绩效工资	奖金(约占)			津贴与福利(约占)
			总比例	季度奖	年终奖	
职能管理序列	55%	15%				
技能序列	60%	10%	20%	50%	50%	
工程技术序列(非市场)	55%	15%				10%
工程技术序列(市场)	40%	10%	提成奖:根据部门目标完成情况提成,上不封顶			
营销序列						

表 7.2 所列的薪酬结构分配比例考虑了事业型中小企业的特点,对于其他类型企业仅作参考。

4. 工资、奖金、津贴与补贴的确定与发放

员工的岗位工资分为岗位基本工资和岗位绩效工资。岗位基本工资和岗位绩效工资按各序列分为相应的级别,每个级别分七档,第四档为各级别的标准档。员工的岗位基本工资和岗位标准绩效工资根据岗位评价的结果确定,不同能力素质、经验、经历、资格的员工进入相应的岗位对应不同的岗位基本工资和岗位标准绩效工资的档次,岗位基本工资和岗位标准绩效工资在本工资级别内可以根据技能情况同时予以档次调整。员工的岗位基本工资与岗位绩效工资按月发放,但员工每月实际发放的绩效工资根据每月的绩效考评结果发放。

新方案中,一般人员都参加奖金分配。奖金自上而下确定,不仅与员工季度、年度的绩效挂钩,还与员工所在部门绩效、企业效益挂钩。同时,对工程技术序列中与市场相关的岗位、营销序列的岗位的奖金规定为提成奖,企业每年对这些人员所在的部门下达相应的任务目标,并根据任务目标完成情况给予部门一定的提成比例,部门负责人根据员工提成奖分配原则和流程,按具体方案发放。季度奖、年终奖和提成奖均按季度、年度来发放。

思考题:

1. 根据案例材料,分析薪酬、薪酬结构、薪酬水平及薪酬体系的区别。
2. 试分析岗位评价在薪酬体系设计中的作用。

第八章　员工培训

本章导读

　　培训在培育和加强员工能力的过程中扮演了核心角色，它不仅是人力资源开发的主要形式，而且是员工人力资本提升的主要渠道。

　　通过本章的学习，你将了解到：

　　培训的概念、目的、原则和类型。

　　培训的系统模型。

　　培训计划制定。

　　培训的实施。

　　培训的评估和反馈。

开篇案例

西门子公司独特的培训计划

　　培训，是西门子人事政策中最有特色、最有成效的一部分。1995年西门子总公司对西门子（中国）有限公司及其合资企业进行了专项培训需求调查。调查显示，一个岗位是否有吸引力，除了工资及社会福利外，培训的机会多少也是一个决定性因素。而在各种培训需求中，工作技能、销售、商务及对企业中高级管理层的培训又是重中之重。调查中就有800多名新员工和资深员工，以及200多名高级本地管理层人员提出培训要求。截止1998年10月，西门子在华员工已有近10000人，其中具有大学以上学历的近4000人，他们都在公司的重点培调对象之列。

　　为了体现公司对管理培训的重视，西门子决定将其在中国的培训机构命名为"西门子管理学院"；其特点是学习环境宽大、舒适，适合成人学习，并能实施小组讨论、网上学习及现代化的声像等现代化的教学手段。任务包括对公司管理层的培训、员工培训、特别针对西门子合资企业的职业教育和商务培训以及与中国高校的合作培养后备力量。此外,学院还要与中国有关机构的联络及合作培训。

作为一个历史悠久、技术先进的老牌跨国公司,全球化对其人事政策也提出了更高的要求。彼得·普里比拉,西门子最高董事会成员兼总部人力资源部总裁,认为人事工作具有超越部门界限、超越地区界限和社会界限的融合联络功能,因为公司是一个全球运营的企业,因此,人事工作的最大艺术就在于把所有的基地联系成一个整体,引导它们向使企业长期成功发展的方向行动。

"管理学习教程"是西门子管理学院培训活动的主线,是一项建立于世界公认的教学原理基础上的公司培养教程。该教程由五个级别组成(S1~S5),入各级均以参加前一级所获得的技能为基础。内容是根据业务部门的实际需求制定的,业务部门也随业务的发展而参与教程的不断更新。

第五和第四级别(S5和S4)在中国进行。用中文教学,也包括英文的资料。S5面向具潜在管理才能的员工。目的是提高被培训者的自我管理和团队建设能力。培训内容包括企业文化、职业计划、自我管理、客户服务与协调技能。S4面向高潜力的初级管理人员,培训目的是使被培训者具备初级管理的能力,内容包括质量与生产效率管理、金融管理、流程管理、组织建设及团队行为等。

第三级别(S3)在亚太地区进行。用英文教学,面向负责核心流程或多项职能任务的管理人员,目的在于开发他们的企业家职能。培训内容包括业务拓展与市场发展战略、技术革新管理、改革技能、企业家行为及责任感。第二和第一级别的教程(S2和S1)最高,均在设在德国的西门子管理培训中心进行,用英文进行,面向担任重要岗位的管理人员、负责全球性/地区性产品或服务的管理人员、负责两个以上职能部门的管理人员。培训目的在于提高他们的领导能力,内容包括企业价值、远景预见、高级战略管理、识别全球趋势、全球合作等等。

西门子培训的原则是"全球出发,本地入手"。尽管培训教程是西门子创建的国际通用的,但在不同的国家都融入了地方色彩。变通的地方在于使用本地教员,针对当地的文化提供不同的交流沟通方法,特别设计的训练项目,研讨方式的多样化等等。

在中国进行的S'与Ss教程包括五个阶段的教学与研讨,持续约十个月。每一级教程的基础知识,可以通过西门子公司内联网络上的计算机辅助培训或光盘上的材料进行学习。通过自学获得的这些理论知识会在短期强化项目研讨会上进一步阐述,并且学习过程以将所学知识应用于实践为目标。

资料来源:中国人力网2005-6.

第一节　培训概论

一、培训概述

    培训是指组织为提高劳动生产率和个人对职业的满足度，直接有效地为组织生产经营服务而采取各种方法对组织各类人员进行的教育培训投资活动。培训在培育和加强员工能力的过程中扮演了核心角色。这里所说的能力指的是综合了超越其他竞争者的知识和专业才能的核心能力。培训不仅是人力资源开发的主要形式，而且是员工人力资本提升的主要渠道。

    本书中的培训是指组织为提高劳动生产率和员工的职业满足度，而对组织的各类人员采取各种方法进行的教育开发投资活动。培训在培育和提升员工能力的过程中扮演了核心角色，其目的是直接为组织的生产经营服务。这里所说的能力指的是综合了超越其他竞争者的知识和专业才能的核心能力。培训是企业人力资源开发的主要形式，也是员工人力资本提升的主要渠道。

    培训的最终目标是实现企业与员工发展的双赢，达到企业竞争力与员工能力的交互提升、相互促进。企业和员工通过培训达到双赢目标，使得双方的成长呈螺旋曲线式的上升，如图 8.1 所示。

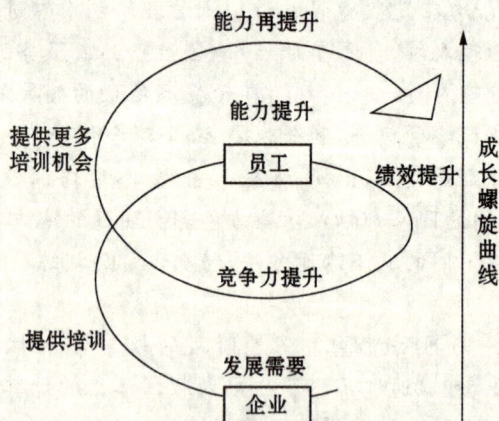

图 8.1　企业和员工成长螺旋曲线图

    企业因发展需要为员工提供培训，培训能提高员工综合素质，提高生产效率和服务水平，提升工作绩效从而提升企业绩效和企业竞争力。毫无疑问，具有竞争力的企业可以为员工提供更多的机会，当然也包括了更多针对性的培训。作为培训的结果,员工则会在现有的岗位上表现得更为出色,从而能够胜任更多的工作、承担更大的责任和满足更高的要求,由此带动企业的进一步发展。

二、培训的意义

当前有些人认为培训是一种消费,这种观点毫无疑问是错误的。事实上,对企业而言,培训是对人力资源这一核心资源进行开发的投入。较之其他投入,这种投入更能给企业带来丰厚的回报,其效益不仅是巨大的,且具有综合性和长远性。美国权威机构监测,培训的投资回报率一般在 33% 左右。在对美国大型制造业公司的分析中,公司从培训中得到的回报率大约可达 20%~30%。摩托罗拉公司向全体雇员每人每年至少提供 40 小时的培训。调查表明,摩托罗拉公司每 1 美元培训费可以在 3 年以内实现 40 美元的生产效益。摩托罗拉公司认为,素质良好的公司雇员们已通过技术革新和节约操作为公司创造了 40 亿美元的财富。

对员工而言,培训是促进自身全面发展的有效途径,对员工的未来职业生涯具有很大的影响。因此可以说,培训既是企业生存发展的需要,也是员工个人成长的需要。

1. 企业生存发展的需要

知识取代了农业社会的土地、工业社会的资本,成为第一生产要素。企业间的竞争由产品间的竞争到资本间的竞争再逐步发展到智力资本间的竞争。拥有智力的人成为关键的资源。

首先,培训能提高管理效能。现代管理以人为本,过去被动、强制、刚性的机械管理方式逐渐被自觉、能动、柔性的人性管理方式所取代。培训在能唤起员工主观能动性、积极性和创造性上起着重要的作用。

其次,培训成为吸引、留住人才的关键。由企业出资提供的培训成为吸引年轻有为的求职者的关键因素之一,这些求职者都期望获得学习和成长的机会,而培训就是学习和成长的快速通道。

最后,培训有助于营造企业文化,建立和提高企业核心竞争力。培训是塑造、传播企业文化的重要手段,好的企业文化有利于树立好的企业形象,同时有助于吸引和留住优秀人才。

2. 员工个人成长的需要

首先,培训帮助员工尽快社会化。通过培训,员工及时了解其工作环境,引导他们尽快进入工作状态。

其次,持续学习可以帮助员工更快地胜任工作,并能得到进一步的发展。未来唯一持久的优势是有能力比你的竞争对手学习地更快,对企业如此对个人也是如此。

再次,面对变革,培训更能使员工加强对变革本质的领悟,发现自身的潜力,重塑自己的未来,增强信心。

应该说,培训不单是一种知识的传递或技能的传授手段。它具有多方面的作用。随着社会经济的发展和个人追求的多元化,培训必将起到更大的作用。

三、培训的种类与培训方法

由于培训目的不同或培训对象不同,培训种类也不尽相同。按培训的目的培训可以分为适应性培训、发展性培训、学历教育等。按培训的对象培训可以分为新员工培训、操作人员培训、专业技术人员培训、管理人员培训等。按培训与在职的关系培训还可以分为职前培训、在职培训和非在职培训等。每一种培训下面又包含多种培训方法。

培训的效果在很大程度上取决于培训方法的选择。当前,企业培训的方法有很多种,每种培训方法都具有不同的特点。常见的培训方法有以下几种。

(1)讲授法。讲授法属于传统的培训方式,优点是运用起来方便,便于培训者控制整个过程。缺点是单向信息传递,反馈效果差。常被用于一些理念性知识的培训。

(2)视听法。视听法是通过现代视听技术(如投影仪、DVD、录像机等工具)对员工进行的培训。这种方法的优点是运用视觉与听觉的感知方式,直观鲜明。但学员的反馈与实践较差,且制作和购买的成本高,内容容易过时。它多用于企业概况、传授技能等培训内容,也可用于概念性知识的培训。

(3)案例研讨法。案例研讨法是一种通过对案例的分析研讨达到培训目的培训方法。这一方法使用成本低,反馈效果好,可以有针对性地训练培训对象的分析和解决问题的能力。不仅如此,近年的培训研究表明,案例研讨的方式也可用于知识类的培训,且效果更佳。

(4)角色扮演法。角色扮演法是一种让指定培训对象在培训者设计的工作情景中扮演相应角色,其他培训对象与培训者在表演后作适当点评的培训方法。由于信息传递多向化和反馈效果好、实践性强、成本低等特点,因而多用于人际关系能力的训练。

(5)自学法。自学法较适合于一般理念性知识的学习。由于成人学习具有偏重经验与理解的特性,因而让具有一定学习能力且自控能较强的人自学是既经济又实用的方法。但此方法也存在监督性差的缺陷。

（6）网络培训法（E—learning）。网络培训法是一种新型的计算机网络信息培训方式，投入成本较高。但由于使用灵活，符合分散式学习的新趋势，节省集中培训的时间与费用。这种方式信息量大，新知识、新观念传递优势明显，更适合成人学习。因此特别为实力雄厚的企业所青睐，也是培训发展的一个必然趋势。

四、培训的系统模型

培训的系统模型由四个环节组成，即需求分析环节、建立培训目标环节、实施培训环节和评价反馈环节，如图8.2所示。从模型中，我们可以看出，整个培训过程，从培训需求分析开始，直到评价结果的转移结束，通过各环节的不同步骤进行反馈。需求分析环节主要是要确定员工或工作岗位需要培训什么，采用什么方式进行培训。建立培训目标环节主要是要明确培训所要达到的效果，其目标一定要明确，且可度量，为以后的评价反馈做准备。实施培训环节就是指培训计划的制定和实施具体的培训。而评价反馈环节主要是对参加培训的人员的学习反映、学习成绩、行为或成果进行测定，以此来评价此次培训的效果如何。

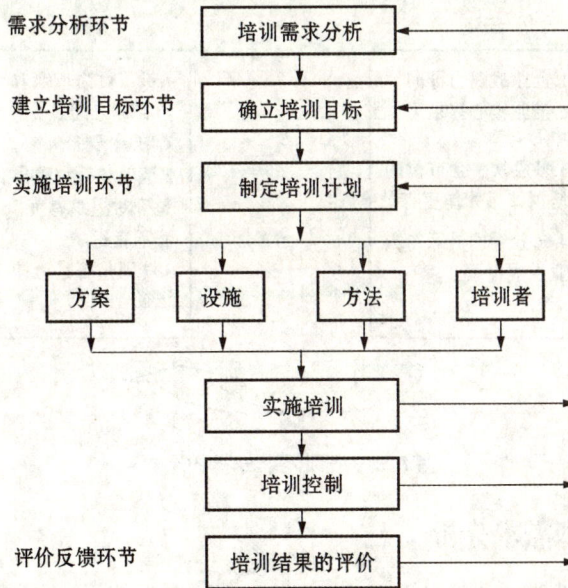

图8.2 培训系统模型原理图

第二节 培训需求分析

"先弄清自己想要什么,然后做你该做的事情。"(埃皮克提图——公元前一世纪时的希腊哲学家)

在决定进行培训之前,管理者必须回答以下的问题:组织的战略是什么?组织的目标是什么?为了达到这些目标,需要完成哪些工作?员工现在的行为和绩效距离目标有多远?培训是不是最佳的途径?……由此可见,管理者决定培训以前,必须对培训作完整的培训需求分析,同时确定培训的目标。

一、培训需求分析的层次

宏观层面的培训需求分析应该以增加企业的竞争力,实现企业的战略目标为标准。微观层面的培训需求分析主要是解决当前的绩效问题。培训需求分析的层次,如图 8.3 所示。

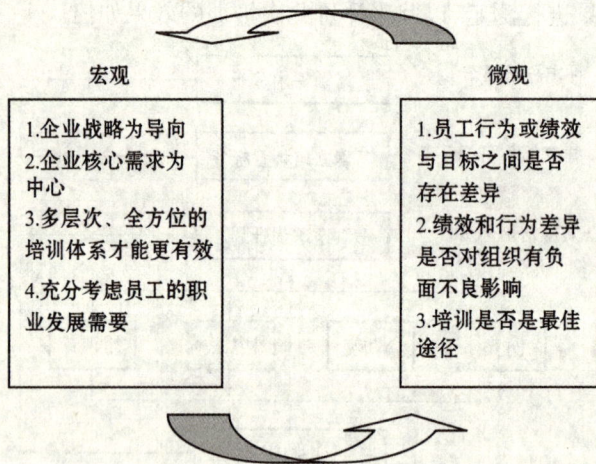

宏观
1.企业战略为导向
2.企业核心需求为中心
3.多层次、全方位的培训体系才能更有效
4.充分考虑员工的职业发展需要

微观
1.员工行为或绩效与目标之间是否存在差异
2.绩效和行为差异是否对组织有负面不良影响
3.培训是否是最佳途径

图 8.3 培训需求分析的层次

二、谁参与培训需求分析

培训需求的分析是在人力资源部工作人员的牵头下,由公司高层给出战略性指导意见,发动部门经理及其员工进行部门及员工培训需求的调查和归类,参照外部专家以及客户的意见,最终形成企业的培训需求。因此,培训需求分析的参与主体是多方面的,如图 8.4 所示。

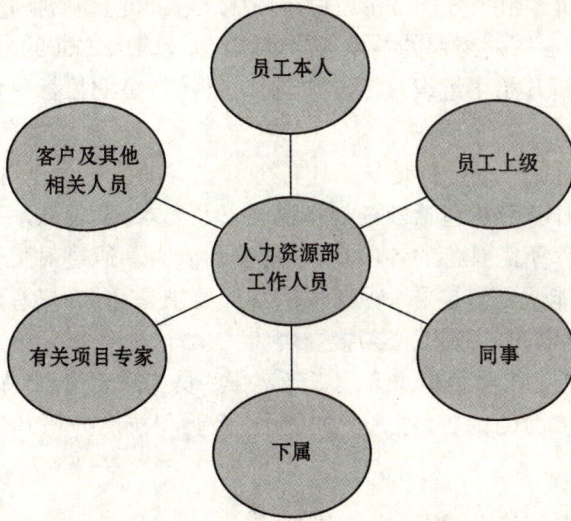

图 8.4　员工培训需求分析的主体

三、培训需求分析的主要内容

培训需求分析的主要,如图 8.5 所示。

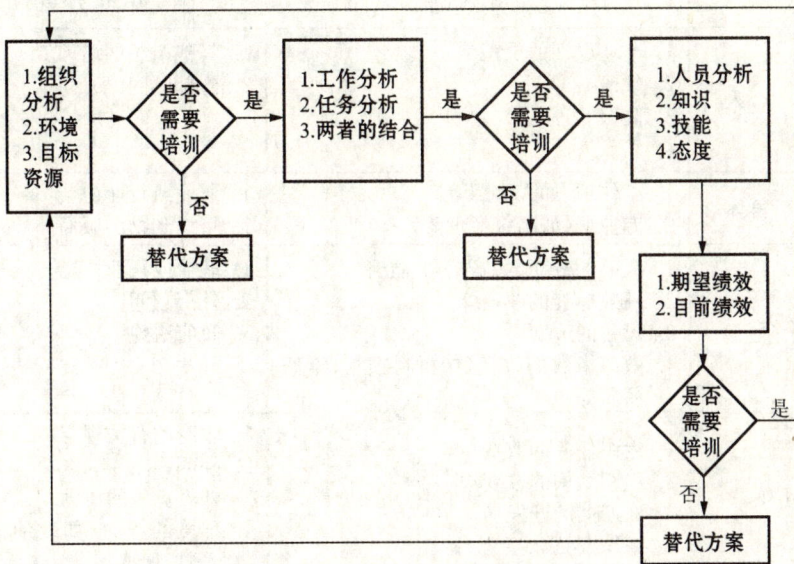

图 8.5　培训需求分析的内容

(1)组织分析。组织分析是指通过对环境、战略和组织资源进行检查,来确定培训的重点,它包含了对组织的技术、财务状况以及人力方面的分析,以满足培训的目标。组织分析开始于组织目标设置,长期目标与短期目标决定了开展培训的深度和广度。

(2)任务分析。任务分析是从工作任务和义务的研究为基础,来确定培训项目内容的过程。任务分析包括核查工作说明书及要求,发现从事某项工作的具体内容和完成该工作所需具备的各项知识、技能和能力。通过对工作任务的需求分析使每个员工都能认识到接受一项工作的最低要求是什么,只有满足了一项工作的最低要求,才能上岗,否则就必须接受培训。

(3)人员分析。人员分析主要用于确定哪些员工需要培训,哪些不需要培训。具体主要包括两方面的内容,即人员的能力、素质和技能分析和针对工作绩效的评价。

四、培训需求信息的收集和分析方法

(1)培训需求信息的来源。根据培训需求的内容分析,可以从工作、人员和组织三个方面收集企业内外部的培训需求信息,见表8.1。

表8.1 培训信息来源

需求来源		组织内部	组织外部
人员	个人	1. 准备受训的员工 2. 领班 3. 高级管理人员 4. 培训人员	1. 其他组织的培训者 2. 外部顾问
	群体	1. 工作群(如人事部等) 2. 专业群(如高级经理等)	1. 职业或行业协会 2. 培训刊物出版商
工作		1. 人事的改变(如新招聘、晋升) 2. 绩效标准的改变 3. 设备的改变 4. 效率指数的改变(如材料损耗、维修品质等)	1. 职业或行业协会 2. 外部顾问 3. 政府法规
组织		1. 组织任务的改变 2. 组织结构的改变 3. 新产品的开发 4. 组织气氛	1. 政府的有关规定 2. 外部顾问 3. 外界竞争的压力 4. 环境的压力(如政治、经济、人口、科技)

——引自:石金涛.培训与开发.

(2)获得培训需求的方法。不同的培训目的、不同的分析层面和不同的分析内容,收集培训信息的方法不同。对于较高的面向战略层面的组织分析,一般采用外部专家、高层领导、重要客户访谈法、预测法、调查法;而面向企业内部当前绩效改善的微观层面的任务分析和人员分析方法主要采用数据分析法、问卷调查法、观察法、测评法、自我申报法、访谈法、自我评价法、人事考核法、绩效评估法等。表8.2是各种分析方法及其优缺点。

表 8.2 培训需求分析方法

需求分析方法	优 点	缺 点
观察法 1. 可以像时间－运动研究那样进行技术化、标准化观察,以区分工作中的有效和无效的行为等 2. 可以非结构化,根据需要在相关的场合观察特定的行为,如在回忆期间观察新员工间的互动行为,走过办公室时观察员工工作的障碍等	1. 不打乱常规性工作 2. 能够了解工作情景中的信息,因而总结的需求信息具有针对性和工作的相关度高 3. 和反馈结果相结合,可以把观察者的推断和反应进行比较	1. 要求观察者的观察技能较高,既需要对工作的过程,又需要对内容有很好的了解 2. 只能够收集工作情境方面的数据,在使用时有限制 3. 有可能会引起被观察者的反感
问卷法 1. 随机地或有计划地选择笔试 2. 问题的形式可以多样:开放式、封闭式、投射式、强制性选择式或优先排列式 3. 可以通过分发、邮寄、加以辅助等方式,容易控制。	1. 在较短的时间内接触大量的人,收集大量的信息 2. 相对来说成本较低 3. 可以了解访谈时人们不愿谈的问题 4. 所得到的数据容易汇总和分析	1. 对没有预料到的反应无法进一步追踪 2. 问卷设计和分析工具的建设需要时间 3. 很少能够得到较为深入的有关问题原因和解决方法等方面的信息 4. 回收率较低(邮寄时)
关键人物咨询法 1. 从公司关键人物方面获得关于特定群体的培训需求信息。如部门经理、相关服务的提供者、行业协会的成员或直接参与者 2. 通过对他们的访谈、调查问卷或群体讨论来获得信息	1. 操作简单,费用低 2. 允许许多个体一起交互作用,每个人拿出他自己的关于所需要的领域、组织和群体的观点 3. 建立并加强与参与者的联系	1. 每个人观点都有局限性。 2. 从统计意义上,得到的信息可能会比较片面

需求分析方法	优　点	缺　点
文献法 从专业期刊、相关法律和法规、行业杂志以及内部出版物等文献搜集信息。	1. 获得正式权威的信息 2. 提供关于现实的看法，甚至可以给出预测未来的信息 3. 立即获得 4. 容易被理解和接受	1. 信息量可能比较大，需要专业人员的辨识 2. 实用性较小
访谈法 1. 为确保访谈质量，访谈前要设计好访谈提纲，明确访谈目的，结构化的或非结构化的都可以。 2. 通过正式或非正式方式，进行个人或团体的访谈。 3. 在电话或者工作场所以及其他地方进行	1. 适于揭示情感、探究所面临问题的原因和解决方法，得到深层次的信息 2. 接触客户，了解客户需求和反应	1. 比较花费时间 2. 结果很难分析和量化 3. 需要访谈者有很高的技能 4. 客户容易有疑虑，不能够畅所欲言
测验法 1. 适用于各种目的，可以测试能力，检验过去的培训效果 2. 对学习过程中的想法和事实进行取样 3. 在有或没有帮助者在场的情形下实行	1. 确定一个问题的原因是不是因为知识、技能以及态度的缺失等 2. 结果很容易数量化，易于进行比较	1. 相对来说，只能得到很少数量的测验，而这些只对特定的情形有效 2. 无法揭示测量到的知识和技能是否能够真正应用到工作情境
记录和报告法 1. 从组织的文件、规章制度、财务及相关报表等收集信息 2. 观看员工记录 3. 观看会议记录、每周或每月的程序报告、备忘录、部门服务记录等相关记录	1. 发现问题，并寻找相关的线索 2. 信息针对性强，较为客观 3. 信息易于获得	1. 无法显示问题的原因和解决方法 2. 只能了解反应过去的信息，无法了解现在以及未来的变化 3. 分析师需要有较高的分析综合技能
工作样本法 1. 同观察法类似，只是采用书面形式 2. 可以是组织工作过程中的产物（如市场分析、培训设计） 3. 由顾问对假设的案例提供书面分析报告	1. 具有记录和报告的大部分优点 2. 是组织的数据	1. 案例研究的方法将占据组织实际的工作时间 2. 需要专业内容分析师 3. 分析师对优势和弱点的评价可能被人们认为太"主观"

需求分析方法	优　点	缺　点
群体讨论 1. 类似访谈法 2. 适用于员工较为关注或意见较大的问题、需要集思广益征求意见的问题、不涉及个人隐私或缺点的问题等 3. 可以使用一个或几个促进群体谈论的技术，如头脑风暴法、名义群体过程，舆论等级，组织镜像，模拟和雕刻等	1. 可以造成畅所欲言的气氛 2. 允许现场总结不同的观点 3. 降低客户对服务提供者的依赖性，因为数据分析是一个共同的功能 4. 可以帮助参与者成为更好的问题分析者和更好的倾听者	1. 花费时间较长，对咨询师和部门来说都花费时间 2. 产生的信息难以合成或量化处理

需求分析最后一个步骤是编写《培训需求调查报告》，报告最好以部门为单位进行编写，报告一般由以下几个部分组成：

（1）培训背景介绍。

（2）培训概况说明。

（3）培训需求调查的实施说明。

（4）培训需求调查信息的描述与分析。

（5）培训需求调查信息与培训目标的比较。

（6）培训项目计划的调整建议。

第三节　培训计划制定

一、如何认识培训计划

培训计划既可以当做动词也可以当做名词。培训计划当做动词时，是一种对培训进行计划的过程，广义的计划过程不仅是 PDCA 的首要环节，而且渗透在每个过程里。因此这里的培训计划过程不仅包括调查需求、明确培训目标、制定培训方案，而且还包括培训实施的准备、过程管理和结果反馈的内容。它是一个系统过程，系统回答培训什么，何时培训，如何培训，用何种方式培训，要达到什么结果，运用何种标准，下一步如何进行等问题。

当培训计划是名词时，指一系列为培训确立的指导原则、进行系统安排的活动方案等。不同类型的培训计划具有不同的内容。一份完整的单项培训计划一般包括：培训范围、培训内容、培训方式、培训时间以及培训计划的调整方式和组织管理等内容。

哈罗德·孔茨认为广义的计划具有不同的层次,可以依次分为宗旨、使命、目标、战略、程序、规划和预算。作为人力资源管理中的一个重要管理职能的培训,其计划相对微观一点,但在注重员工个体价值增值、倡导战略性人力资源管理的知识经济时代,培训越来越具有战略性的意义和深远的价值。所以,借鉴孔茨对计划的划分,我们可以把培训计划的内容作相应的划分:

(1) 培训使命:个人价值增值,提升组织整体竞争力。

(2) 培训目标:预期的培训结果。

(3) 培训政策:在制定和实施培训过程中,特别进行培训决策时考虑问题的指南。

(4) 培训程序:所有员工都明了的培训实施过程和实施步骤以及在培训中发生问题的解决方法。

(5) 培训规划:较长时间段内在总体培训目标指导下的培训及实施计划。

(6) 培训预算:以财务核算为特征的数字化的培训计划。

二、培训计划的种类及内容

1. 培训计划的种类

根据培训计划时限的长短,可以将培训计划分为长期培训规划、时段培训计划和单项培训计划。

(1) 长期培训规划。规模较大、员工人数较多的企业有必要拟定长期培训规划。长期培训规划是公司战略和人力资源战略在培训上的具体体现和落实,在规划中需要明确公司未来较长时间内培训的使命和目标。

(2) 时段培训计划。时段培训计划最常见的是年度培训计划。年度培训计划是对公司培训规划的年度目标和任务的分解,通常又可以分解成更具体的时段计划,如半年、季度,甚至月度培训计划。

(3) 单项培训计划。单项培训计划是根据特定时段内的培训计划分解的每个培训项目具体的实施计划。一般来说,历时较长的培训计划在内容上较为概括,反之则较为具体。

2. 培训计划的内容

服务于不同目的的不同类型的培训计划包含不同的内容。下面简要介绍几种常见培训计划的主要内容。

(1) 整体培训发展计划的内容。整体培训发展计划,是组织在了解其现有人力资源状况以及组织未来发展需要的前提下,主要从培训政策、培训制度、培训流程以及预算等方面来考虑组织的全局性的培训问题,具有长期性和稳定性。只有在组织发生重大变化时,才有必要加以调整。

(2)年度培训计划的内容。年度培训计划就是根据培训规划制订的年度运作计划,本质上属于作业计划。年度培训计划根据企业的发展状况和培训需求分析结果,明确年度培训目标,并进一步分解,直到可实施的培训项目,据此明确培训资源分配的过程。年度培训计划的执行主体应该是公司各个责任部门,目的是为了保证全年培训管理工作及业务工作的质量。它回答的是公司培训做什么、怎么做、需要多少资源、会得到什么收益等基本问题。年度培训计划的内容主要由培训目的、培训对象、培训课程、培训形式、培训内容、培训师、培训时间、培训费用几部分组成。

(3)单项培训计划的内容。单项培训计划是管理的重点,是在总体目标既定前提下的具体实施。要达到组织的培训目标,最终要落实到每个单项计划的管理上。单项培训计划一般包括:培训目的与目标、培训对象及类型、培训时间、培训地点、培训组织范围、培训方式与方法、培训教师、培训组织与培训后勤保障工作、培训计划的实施评估、培训管理规定、费用预算等等。

三、培训计划制定程序

任何计划的编制都要遵循一定的程序,这如同开发一种新产品一样。企业培训不能盲目进行,否则会给企业带来不必要的损失。企业培训需要完善的规划,其计划制定程序,如图 8.6 所示。

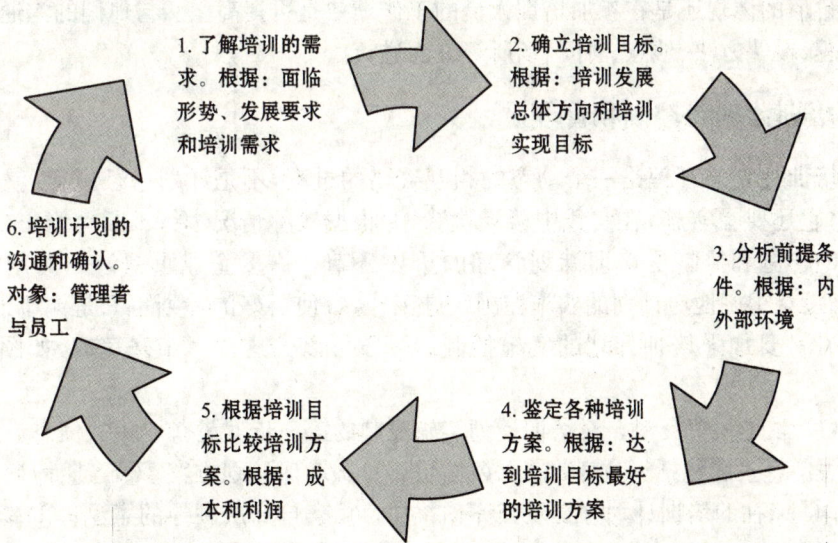

图 8.6 培训计划制定程序图

（1）了解培训需求。进行深入调查研究，通过组织分析、任务分析和人员分析，切实了解和掌握企业和员工的情况。根据企业面临的形势、发展要求和培训的需求。

（2）确立培训目标。包括培训总体目标和目标项目的子目标。总体目标制定的主要依据是：企业的总体战略目标、企业人力资源的总体计划和企业培训需求分析。目标项目的子目标包括实施过程、时间跨度、阶段、步骤、方法、措施要求、评估方法等子目标。

（3）分析前提条件。分析前提条件即分析企业的内外部环境和培训资源。对培训的各子项目或阶段性目标按轻重缓急分配培训资源，以确保各项目标都有相应的人力、物力和财力的支持。

（4）鉴定各种培训方案。以培训目标的达成度为标准来衡量各种培训方案的优劣，并给出相应的评价。

（5）根据培训目标比较培训方案。在对多个培训方案详细研究鉴定的基础上，以培训目标的达成度、培训成本投入与培训预期收益等为衡量指标，挑选出最适合企业的培训方案。

（6）培训计划的沟通与确认。培训计划既涉及企业的未来收益，也涉及员工的切身发展，所以培训计划沟通的主体包括两个方面。首先是要与企业管理者进行沟通。通过与管理者的沟通，制定出科学的符合企业实际情况的、可操作的计划，帮助企业实现既定目标。其次是与参加培训人员的沟通。培训效果的好与坏，最终价值的体现还是在参加培训人员的工作绩效是否提高上。与他们的沟通主要从课程、授课方法、地点、时间、场所等方面进行。

四、培训计划的控制和管理

培训计划的管理是一个动态的相互交错的过程，不是计划一经制定，就万事大吉，它还要去实施，在实践中接受检验，并根据实际情况进行不断地修正、培训计划的实施和控制是培训计划管理的重要环节。许多企业重视计划的制定工作，却没有很好地对计划的实施控制跟进工作，致使再好的计划也只是流于形式。因此有必要加强培训计划的实施控制。一般可以分这样六步来完成，如图 8.7 所示。

（1）收集相关资料。对培训计划实施控制的第一步就是获取相关信息。所谓的相关信息主要包括：①培训需求评估报告；②培训计划方案；③当期培训计划方案；④以往的培训计划方案及其评估报告；⑤来自高层领导的意见；⑥本年度的培训资源分配计划；⑦培训实施计划中拟邀请的培训顾问资料；⑧培训实施计划中拟订的课程大纲；⑨培训计划中拟订的培训地点及设施情况介绍；⑩其他部

6.公布培训计划，跟进培训计划落实

5.培训计划纠偏

4.对培训计划进行检讨发现偏差

3.分析实现目标的培训计划，设计培训计划检讨工具

2.比较目标和现状之间的差距

1.收集培训相关资料

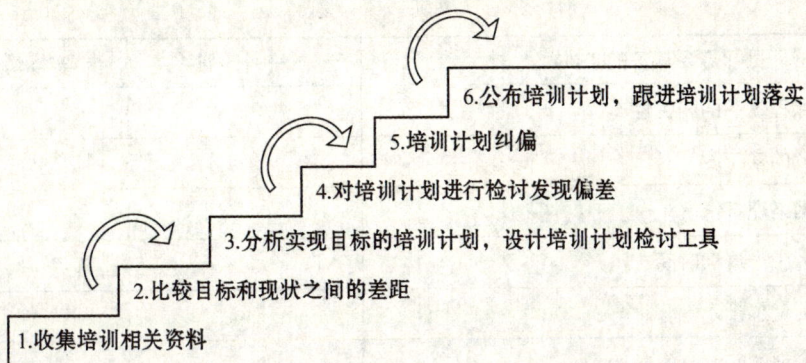

图 8.7 培训计划的动态管理示意图

门的近期工作计划。

（2）比较目标与现状之间的差距。此步骤在明确目标与现状的差距，即培训实施控制管理所要解决的问题，为检讨培训计划确立整体方向。所要解决的问题有：培训所要达到的目标、目前的状况和需要弥补的差距等。

（3）分析实现目标的最佳计划并设计检讨工具。培训实施控制管理的主要标准在于培训计划是否符合实现目标所要具备的条件，同时对照实际情况看是否存在或可创造这些条件。如果计划完全符合要求，但实际工作中却无法实现这个计划，那么这个培训计划就没有实际价值。因此，这一步要对培训计划中所要明确的相关事项进行量化和标准化，为培训计划的实施控制确立参照物。将这些经过量化、标准化的相关事项进行分类排列，就能形成检讨培训计划实施的工具，见表 8.3。

表 8.3 培训计划检讨项目表

实现培训目标需要具备的条件	培训计划	实际情况
参与组织培训筹备工作的人员		
培训工作分工的量化及标准化		
准备工作完成的时间		
培训需要准备的工作落实到人		
每个人所承担的工作是否均衡		
每个人是否明白各自承担的任务并有能力完成		
培训地点的车程		

实现培训目标需要具备的条件	培训计划	实际情况
培训课程先后的相关性		
受训者的参与度		
电脑网络配备情况		
受训者脱产培训时间		
培训资金总投入		
外部培训顾问专家的邀请		
需要培训主管提供的培训支援		
需要提供的培训课程		
对培训者和受训者的吃住行安排		
要为全体参加培训的员工提供吃住行服务		
培训课程内容的安排		
培训工作的满意度		
培训结束后顾客投诉率		
对可能出现的一些问题的防范和应急措施		

（4）培训计划的纠偏。开展此步工作时会出现三种情况：

第一种情况是培训计划的实施完全符合要求，无需纠偏。

第二种情况是培训计划本身有些地方安排欠妥。比如，人员分工、课程编排次序、工作进度不协调等。在这种情况下一般只要对培训计划进行必要的修改即可达到要求，也可以称为培训计划的轻度纠偏。

第三种情况是最为危险也是培训计划纠偏的重点。如邀请的培训顾问不合适、培训的投入过多或过少、培训的场地安排不合适、培训组织工作出现漏项等。这时就要对培训计划做大"手术"，也可以称为重度纠偏。出现这种问题时要召开培训计划专题讨论会议，讨论解决方法，同时对培训计划的相应部分做出修改。

（5）公布培训纠偏计划。公布经过纠偏后的培训计划，这不仅可以让相关的培训管理人员明确自己的具体工作职责、掌握整体培训项目的有关情况，还可以起到培训动员的作用，使培训对象做好参加培训的准备，不至于临时打乱工作或缺乏必要的心理准备。

（6）跟进培训计划落实。即使各项工作的安排已经写在纸面上，但在执行过程中难免受到来自各方面的影响，同时因为某一工作环节出现懈怠也将影响整体工作的进度。因此，这一步控制动作重要的是体现在计划的跟进落实上。

五、各种培训计划的内容

服务于不同目的的不同类型的培训计划，包括不同的内容，下面简要介绍几种常见的培训的计划的主要内容。

1. 整体培训发展计划

整体培训发展计划，是组织在了解其现有人力资源状况以及组织未来发展需要的前提下，主要从培训政策、培训制度、培训流程以及预算等方面来考虑组织的全局性的培训问题，具有长期性和稳定性。只有在组织发生重大变化时，才有必要加以调整。

2. 年度培训计划

与其他培训计划相比，企业年度培训计划在每年第四季度开始制订下一年度培训计划。年度培训计划是根据企业的发展状况和培训需求分析结果，明确年度培训目标，并进行进一步分解，直到可实施的培训项目，据此明确培训资源分配的过程。按各个培训项目可以制定"员工培训计划表"，并统计出"年度培训计划汇总表"，对全年培训计划进行控制。

3. 部门培训计划

部门培训计划主要是由部门负责人预先对本部门人力资源进行分析，整理培训需求，结合部门的特色、未来发展需要、部门拥有的资源等因素，制定出来的培训计划。它是企业培训计划的基础，能够保证企业计划的准确性具体落实。

4. 单项培训计划的内容

单项培训计划是管理的重点，是在总体目标既定的前提下的具体实施。要达到组织的培训目标，最终要落实到每个单项计划的管理上。单项培训计划一般包括：培训目的与目标、培训对象及类型、培训时间、培训地点、培训组织范围、培训方式与方法、培训教师、培训组织与培训后勤保障工作、培训计划的实施评估、培训管理规定、费用预算等等。

第四节　培训的实施

案例

为何用心良苦只换来员工不满

海尔集团从一开始至今一直贯穿"以人为本"提高人员素质的培训思路,建立了一个能够充分激发员工活力的人才培训机制,最大限度地激发每个人的活力,充分开发利用人力资源,从而使企业保持了高速稳定发展。

1. 海尔的价值观念培训

海尔培训工作的原则是"干什么学什么,缺什么补什么,急用先学,立竿见影"。在此前提下首先是价值观的培训,"什么是对的,什么是错的,什么该干,什么不该干",这是每个员工在工作中必需首先明确的内容,这就是企业文化的内容。对于企业文化的培训,除了通过海尔的新闻机构《海尔人》报进行大力宣传以及通过上下灌输、上级的表率作用之外,重要的是由员工互动培训。目前海尔在员工文化培训方面进行了丰富多彩的、形式多样的培训及文化氛围建设,如通过员工的"画与话"、灯谜、文艺表演、找案例等用员工自己的画、话、人物、案例来诠释海尔理念,从而达成理念上的共识。

"下级素质低不是你的责任,但不能提高下级的素质就是你的责任!"对于集团内各级管理人员,培训下级是其职责范围内必需的项目,这就要求每位领导亦即上到集团总裁、下到班组长都必须为提高部下素质而搭建培训平台、提供培训资源,并按期对部下进行培训。特别是集团中高层人员,必须定期到海尔大学授课或接受海尔大学培训部的安排,不授课则要被索赔,同样也不能参与职务升迁。每月进行的各级人员的动态考核、升迁轮岗,就是很好的体现:部下的升迁,反映出部门经理的工作效果,部门经理也可据此续任或升迁、轮岗;反之,部门经理就是不称职。

为调动各级人员参与培训的积极性,海尔集团将培训工作与激励紧密结合。海尔大学每月对各单位培训效果进行动态考核,划分等级,等级升迁与单位负责人的个人月度考核结合在一起,促使单位负责人关心培训,重视培训。

2. 海尔的实战技能培训

技能培训是海尔培训工作的重点。海尔在进行技能培训时重点是通过案例、到现场进行的"即时培训"模式来进行。具体说,是抓住实际工作中随时出现的案例(最优事迹或最劣事迹),当日利用班后的时间立即(不再是原来的停下来集中式的培训)在现场进行案例剖析,针对案例中反映出的问题或模式,来统一人员的动作、观念、技能,然后利用现场看板的形式在区域内进行培训学习,并通过提炼在集团内部的报纸《海尔人》上进行公开发表、讨论,达成共识。员工能从案例中学到分析问题、解决问题的思路及观念,提高员工的技能,这种培训方式已在集团内全面实施。

对于管理人员则以日常工作中发生的鲜活案例进行剖析培训,且将培训的管理考核单变为培训单,利用每月8日的例会、每日的日清会、专业例会等各种形式进行培训。

3. 海尔的个人生涯培训

海尔集团自创业以来一直将培训工作放在首位,上至集团高层领导,下至车间一线操作工人,集团根据每个人的职业生涯设计为每个人制定了个性化的培训计划,搭建了个性化发展的空间,提供了充分的培训机会,并实行培训与上岗资格相结合。

在海尔集团发展的第一个战略阶段(1984~1992年),海尔集团只生产冰箱,且只有一两种型号,产量也控制在一定的范围内,目的就是通过抓质量、抓基础管理、强化人员培训、从而提高了员工素质。

海尔的人力资源开发思路是"人人是人才"、"赛马不相马"。在具体实施上给员工搞了三种职业生涯设计:一种是对着管理人员的,一种是对着专业人员的,一种是对着工人的。每一种都有一个升迁的方向,只要是符合升迁条件的即可升迁入后备人才库,参加下一轮的竞争,跟随而至的就是相应的个性化培训。

(1)"海豚式升迁",是海尔培训的一大特色。海豚是海洋中最聪明最有智慧的动物,它下潜得越深,则跳得越高。如一个员工进厂以后工作比较好,但他是从班组长到分厂厂长干起来的,主要是生产系统;如果现在让他干一个事业部的部长,那么他对市场系统的经验可能就非常缺乏,就需要到市场上去。到市场去之后他必须到下边从事最基层的工作,然后从这个最基层岗位再一步步干上来。如果能干上来,就上岗,如果干不上来,则就地免职。有的经理已经到达很高的岗位,但如果缺乏某方面的经验,也要派他下去;有的各方面经验都有了,但处事综合协调的能力较低,也要派他到这些部门来锻炼。这样对一个干部来说压力可能较大,但也培养锻炼了干部。

(2)"届满要轮流",是海尔培训技能人才的一大措施。一个人长久地干一样工作,久而久之形成了固化的思维方式及知识结构,这在海尔这样以"创新"为核心的企业来说是难以想象的。目前海尔已制定明确的制度,规定了每个岗位最长的工作年限。

(3) 实战方式,也是海尔培训的一大特点。比如海尔集团常务副总裁柴永林,是 80 年代中期在企业发展急需人才的时候入厂的。一进厂,企业没有给他出校门进厂门的适应机会,因为时间不允许。一上岗,在他稚嫩的肩上就压上了重担,从国产化、引进办,后又到进出口公司的一把手,领导们看得出来他很累,甚至压得他喘不过气来。有一阶段工作也上不去了,但领导发现,他的潜力还很大,只是缺少了一些知识,需要补课。为此就安排他去补质量管理和生产管理的课,到一线去锻炼(检验处长、分厂厂长岗位),边干边学,拓宽知识面,积累工作经验。在较短的时间内他成熟了,担起了一个大型企业副总经理的重任。由于业绩突出,1995 年又委以重任,接收了一个被兼并的大企业,这个企业的主要症结是:亏损、困难较大、离市场差距较远。他不畏困难,一年后就使这个企业扭亏为盈,企业两年走过了同行业 20 年的发展路程,成为同行业的领头雁,也因此成为海尔吃"休克鱼"的典型,被美国哈佛大学收入其工商管理案例库。之后他不停地创造奇迹,被《海尔人》誉为"你给他一块沙漠、他还给你一座花园"的好干部。

4. 海尔的培训环境

海尔为充分实施全员的培训工作,建立了完善的培训软环境(培训网络)。

在内部,建立了内部培训教师师资网络。首先对所有可以授课的人员进行教师资格认定,持证上岗。同时建立了内部培训管理员网络,以市场链 SST 流程建立起市场链索酬索赔机制及培训工作考核机制,每月对培训工作进行考评,并与部门负责人及培训管理员工资挂钩,通过激励调动培训网络的灵活性和能动性。

在外部,建立起了可随时调用的师资队伍。目前海尔以青岛海洋大学海尔经贸学院的师资队伍为基本依托,同时与瑞士 IMD 国际工商管理学院、上海中欧管理学院、清华大学、北京大学、中国科技大学、法国企顾司管理顾问公司、德国莱茵公司、美国 MTI 管理咨询公司等国内外 20 余家大专院校、咨询机构及国际知名企业近百名专家教授建立起了外部培训网络,利用国际知名企业丰富的案例进行内部员工培训,在引入了国内外先进的教学和管理经验同时,又借用此力量、利用这些网络将海尔先进的管理经验编写成案例库,成为 MBA 教学的案例,也成为海尔内部员工培训的案例,达到了资源共享。

海尔集团除重视"即时"培训外,更重视对员工的"脱产"培训。在海尔的每个单位,几乎都有一个小型的培训实践中心,员工可以在此完成诸多在生产线上的动作,从而为合格上岗进行充分的锻炼。

为培养出国际水平的管理人才,海尔还专门筹资建立了用于内部员工培训的基地——海尔大学。海尔大学目前拥有各类教室 12 间,可同时容纳 500 人学习及使用,有多媒体语音室、可供远程培训的计算机室、国际学术交流室等。为进一步加大集团培训的力度,使年轻的管理人员能够及时得到新知识,海尔国际培训中心第一期工程 2000 年 12 月 24 日在国家风景旅游度假区崂山仰口已投入使用,该中心建成后可同时容纳 600 人的脱产培训,且完全是按照现代化的教学标准来建设,并拟与国际知名的教育管理机构合作,举办系统的综合素质培训及国际学术交流,办成一座名副其实的海尔国际化人才培训基地,同时向社会开放,为提高整个民族工业的素质作出海尔应有的贡献。

资料来源:中国金融网 2000-5-18

培训工作的有效实施要解决以下问题。

一、谁参与培训

要做培训,必须明确培训的责任主体。现代意义上的培训事关组织存亡和未来核心竞争力,培训活动中最重要的三个参与主体是受训员工、部门主管和培训部门,当然也离不开高层管理者和人力资源部门的理解和支持。他们在培训活动中扮演着重要而具有不同职责的角色,他们彼此相互合作又有冲突的关系,正确合理地处理好培训中不同角色之间的关系,有时能起到事半功倍的效果,见表 8.4。

表 8.4　不同角色间的职责

培训人员	部门主管	高层管理者	受训员工
1. 制定全公司共同性培训计划 2. 拟订、呈报全公司年度、月份培训课程 3. 制订、修改公司培训制度 4. 上报公司在职培训的实施成果和改善 5. 编纂、指定共同性培训教材 6. 审议培训计划 7. 检查、考核培训的实施情况 8. 审查、办理公司外派培训人员 9. 研究、执行其他有关人才开发方案 10. 拟订各项培训计划费用	1. 提出和审核培训需求 2. 支持和推进培训的实施。 3. 保障和评价培训效果。 4. 部门主管往往是最好的培训者	1. 从企业发展的战略角度对培训进行宏观上的把握和控制 2. 落实具体人员专门负责员工培训工作 3. 培训规划 4. 确定员工培训政策和相应的制度条例	1. 结合公司的人才战略和自身的职业规划,了解自己的培训需求 2. 当企业提供培训机会时,看是否符合自己的需求 3. 全身心地投入培训,充实、提高自己,努力让培训效果最大化

二、培训相关决策

1. 长期还是短期

企业应该在整个企业战略规划和人力资源规划指导下,规划长期的培训计划。企业培训规划是指对企业组织内培训的较长时间,一般 3～5 年的总体规划。企业培训规划必须密切结合企业战略,从企业的人力资源规划和开发战略出发,满足组织及员工两方面的要求,考虑企业资源条件与员工素质基础,考虑人才培养的超前性及培训效果的不确定性,确定员工培训的目标,选择培训内容及培训方式。在这个规划中,应该明确企业的战略意图,企业在以后多少年内需要些什么样的人才?进行什么样的培训项目?储备什么样的人才等等重大问题。这样,企业才能在以后的市场竞争中临危不乱,不会因人才流失或市场突变而感到措手不及。

2. 外训还是内训

内训指企业自己有培训中心和相应的管理和培训师队伍,可以自主举办培训;而外训是指由社会上的培训机构来实施培训。

内训,由于企业培训主要是满足企业自身发展的需要,而且某些特殊方面需要只能由企业自己组织培训来满足,因此,培训的自主化是当今企业培训的主流。内训由于每个企业的规模和内部情况的不同就会有不同的方式,常见的内训方式有:内部的培训讲师、内部的培训小组、企业自己的技校、企业自己的大学等等。不同的方式有自己不同的优缺点,见表 8.5。

表 8.5 内训方式的优缺点

内训方式	优 点	缺 点
培训师	企业通用方式,最大限度地节约成本,针对性较强	不能为员工提供系统的培训,并且容易受特定讲师本身的影响
培训小组	能提供员工较系统的培训	不能提供员工更高层次的培训,培训容易受培训小组本身的影响
企业技校	能提供针对企业特定员工长期系统培训	局限性较大,培训附属成本较高
企业大学	适合大型的较为成熟型的企业 极大提高企业培训效果	成本过高,对于小企业不太适合

外训即外部培训,企业可以利用社会上的培训资源,弥补企业内训的不足。外训不仅节省了金钱,更重要的是节省了时间,提高了效率。通常可以选择的方式有:聘请外部讲师、聘请专门培训机构、聘请咨询公司、聘请学校教育机构等等,每

种外训方式都有自己的优缺点,见表 8.6。

表 8.6　外训方式的优缺点

外训方式	优　点	缺　点
外部讲师	针对性较强,成本较低	可能由于外部讲师本身的素质问题,影响培训效果
专门的培训机构	进行比较系统的培训	成本较高,可能进行的培训项目并不适合企业
咨询公司	可以借鉴其他公司的培训经验,对公司的培训项目进行诊断	成本较高,由于不是专门的培训公司,效果可能不会太好
教育机构	理论性较强,可以解除前沿知识	和实际会有点脱轨

不管是内训还是外训,都各有利弊。关键是要根据公司的具体情况加以选择。一般而言,中小企业由于自身实力和培训资源的有限性,寻找外部资源的机会比较多。当然,公司规模大小对于内训外训的选择不会造成决定性影响。在做决策时,更多的是考虑以下几个因素:培训的内容及性质,预算,接受培训的人数及对象,培训的频繁程度,合适的培训师,培训资源等等。

3. 脱产培训还是在职培训

脱产培训是指在实际工作地点以外进行的以小组为单位的学习。它可以在工作地附近的专用培训教室举办,也可以在远离工作场所的组织设施或私人设施内举办。可分为短期培训和长期培训两种。脱产培训可以采用的培训方式很多,主要有:课堂教学,视听技术、计算机辅助指导、情景模拟、学术会议与讨论、角色扮演、案例研讨、高级游戏、讲座、多媒体技术、新员工培训学校等。

脱产培训可以减轻雇员在工作环境下的压力,有助于他们将精力更好地集中在培训内容上。但也会存在与现实工作脱节等不足。如果是长期的脱产培训,则此缺点会更加明显。

在职培训是在企业员工不离开自己的工作岗位的情况下进行的培训。这种方式适用于使员工获得圆满完成其工作所必需的知识、技能和方法目标的培训。在职培训既可以针对员工文化知识的普及和提高,也可以提高员工在其实际工作岗位上的操作能力。它的特点就在于能够与实际工作紧密结合,保证了培训的有效性和针对性。并且可以节省培训费用,操作简便易行。这种培训方式非常适合企业基层员工的基本技能培训,是当前企业员工培训中最为普遍的一种方式。

在职培训一般分为直线式培训和参与式培训两种类型。

直线式培训。直线式培训即直接单向地对员工进行知识和技能的传授。在这种方式下,员工只是被动地接受,整体效果受到影响,但是这种方式具有节省时间和针对性强的特点,在目前仍然被广泛采用。

🔥 热点问题

最受欢迎的十大热门企业培训
据知名猎头烽火猎聘的调查,目前最受欢迎的十大热门企业培训课程是:
1. 高效培训。
2. 时间管理培训。
3. 团队精神培训。
4. 营销技巧培训。
5. 客户服务技巧培训。
6. 沟通技巧培训。
7. 项目管理培训。
8. 薪酬设计培训。
9. 领导艺术情景培训。
10. 战略性人力资源管理培训。

资料来源:企业文化网 2009-6-20.

第五节 培训的评估和反馈

一、评估的目的、类型、参加人员和内容

1. 为什么要进行培训评估

对于组织和培训部门来说:通过有效性评估,可以放映出培训对于组织的贡献,明确培训的投资收益比。同时,通过评估可以较为客观地评价培训者的工作,对于项目来说:

(1) 对培训效果进行正确合理地判断,以便了解某一培训项目是否达到原定

262

的目标和要求。

（2）可决定继续进行还是停止某个培训项目。

（3）能发现新的培训需求，从而为下一轮的培训提供重要依据。

（4）可获得如何改进某个项目的信息。

（5）检查出培训的费用效益。

2. 有什么样的培训评估

（1）按照评估的正式程度，可以把培训评估分为：非正式评估和正式评估，见表8.7。

表8.7　非正式评估和正式评估的比较

	非正式评估	正式评估
优点	1. 不会给受训者造成太大的压力 2. 可以更真实准确地反映出受训者的态度变化，因为"态度"在非正式场合更容易表现出来 3. 可以使培训者获得意料不到的结果 4. 方便宜行，几乎不需要耗费什么额外的时间和资源。	1. 可以将评估结果与最初的计划进行比较核对 2. 在数据和事实的基础上作出判断，使评估结论更具客观性、更有说服力 3. 更容易将评估结论用书面的形式表现出来，如记录、报告等

（2）按照评估目的，可以把培训评估分为：建设性评估和总结性评估。

建设性评估：建设性评估指以改进培训项目为目的，而不是以是否保留培训项目为目的的评估。通常是一种非正式的主观性的评估，可以帮助受训者明白自己的进步，从而使其产生某种满足感和成就感。

总结性评估：总结性评估指在培训结束时，对受训者的学习效果和培训项目本身的有效性作出评价而进行的评估。它经常是正式的、客观的、终局性的。这类评估只能用于决定培训项目的"存亡"，而不能作为项目改进的依据；只能用来决定是否给受训者某种资格，而无法评价受训者学习中的进步。

因为，若想通过总结性评估而使受训者获得改进，就有可能引发这样一个问题：评估者是否能全面评估受训者所学习的所有内容？对于一个短期的培训这个问题可能不难解决，但对一个长期的培训而言，这个问题就会十分复杂。为了解决这个问题，评估者们不得不定期地对受训者进行相隔不太长的阶段性测试。

（3）按照培训评估切入的时间，可以把培训评估分为：培训前期评估、培训中期评估和培训后期的评估。

培训前期的评估：此类评估在培训计划制定或实施的前期进行，包括：对培训需求进行整体评估、培训对象的知识、技能等的评估、培训对象的工作成效及行为评估、培训计划评估。

培训中期的评估：此类评估包括培训组织准备工作评估、受训者参与培训情况的评估、培训内容和形式的评估、培训工作者的评估、培训进度和中间效果的评估、培训环境和培训设施应用的评估。

培训后期的评估：这类评估主要在培训活动结束时进行，又可分为即时效果评估、中期效果评估和长期效果评估。即时效果评估一般在培训刚结束时，通过即时评估评判培训目标的达成情况、受训者反应、培训者的工作绩效等。中期评估用来判断受训者在培训中所学的知识、技能、态度等因培训而发生了可喜的变化。长期评估主要用来评估培训对受训者、组织的长期影响。这种评估在操作上通常较为困难，除非培训从一开始就与组织的运作相联系，才有可能实施此类评估。评估内容多为受训者是否对组织确实做出贡献，培训带来的变化到底有多大等等。

3. 谁来进行培训评估

根据评估者和培训组织之间的关系，可以把评估者分成两类：内部评估者、外部评估者。内部评估者：隶属于实施培训项目的组织本身。他们可能属于组织内专门从事评估的部门，也可能临时从几个部门抽调出来从事该培训项目的评估工作。外部评估者：来自项目组织之外的评估人员，如大学、研究机构的专家或专门的评估咨询公司。

在选择评估者时除了要考虑内、外部评估者各自的优势劣势外，还要结合培训项目本身的特点、评估目的、内容等诸多因素。一般而言，要尽可能利用两种评估者的优势、取长补短、相互补充，而不是非此即彼；同时，不同类型评估应区别对待。内部评估者与外部评估者的特点，见表 8.8。

表 8.8　内部评估者与外部评估者的特点

比　较　项　目	内部评估者	外部评估者
有关培训项目的知识	了解透彻	相对模糊
评估的技术知识	相对薄弱	比较丰富
项目人员的信任和合作	容易	困难
评估结果的利用	实际可行	易被接受
评估结果的客观性	相对主观	相对客观
适用范围	易引起抗拒心理，流于形式	建设性评估

4. 评估什么

培训结果评估是最常见的一种评估。通常包括对受训者评估、培训教师评估及培训机构进行评估等,这是企业培训评估中最常见的评估,有必要详细介绍。又可以把对学员的评估分为不同的层面:反应层的评估、学习层的评估、行为层的评估和结果层的评估。

(1) 受训者评估。受训者评估是培训评估中最主要、基础性的评估。受训者是接受培训的主体,是培训目标承受者。他们在培训的作用下,思想与行为朝着预定的教育目标所发生的变化,会直接地、集中地体现着培训活动的最终结果。对受训者思想与行为变化进行检测和评定,可以为调节、控制教育教学过程、改进教育工作及评估教师的教学工作提供客观的依据。实践中,不论是培训的宏观评估还是微观评估,都是以受训者的评估为基础的。对受训者进行评估的目的有以下三个:评估受训者过去的成绩、评估受训者现在的才能和评估、预测受训者未来的发展。

(2) 培训教师评估。培训教师在培训活动中处于主导地位,在一定程度上决定着培训的效果。因此,对培训教师进行评估,不但有利于促进教育、教学过程的优化和教师素质的不断完善、提高,同时也可以为教师的聘任和奖励等管理工作提供科学的依据。

对教师实施评估,首先应明确评估的范围,进而确定评估的具体内容和标准。表 8.9 列出了培训教师评估内容和标准示例。

表 8.9　培训教师评估的内容及标准示例

范　围	具体评估内容及指标
教学态度评估	品德方面: 事业心和进取心 责任心 勤奋认真的态度 工作纪律情况
教学能力评估	课前准备: 教学工作的整体计划 教案的撰写情况
	智力因素: 思维能力,侧重思维的清晰度和敏捷度 知识面,侧重知识的运用、整合能力 教学经验,侧重教师的教学智慧 创见,侧重教师的创新能力 判断力,侧重教师的教育观念

范　围	具体评估内容及指标
教学能力评估	授课： 对课程重点的把握 授课内容是否全面 能否做到深入浅出 能否自觉更新知识 归纳与总结的能力 组织教学： 教学的灵活性，侧重利用教学方式的变化提高学员的兴趣 课堂时间的控制，侧重课时利用率 教学进度，侧重计划性 传授一定教学技巧 营造良好的学习氛围
教学能力评估	教态： 仪表，侧重教师的外在形象、气质和精神面貌 语言表达能力，包括音色、音量、口齿、清晰度、表达的准确性 表情，包括手势、面部表情、情绪感染力 精力充沛度 指导能力： 提问水平，提问是否适度、切题 分析问题的能力，包括论点、论据充分、有条理、透彻、易懂 回答学员提问时是否切题、准确、易理解 指导复习是否及时、有针对性、有效等
教学效果评估	知识信息传递状况：学员从教师的教学活动中获得了多少新的知识信息 可以从学员的考试分析中提炼若干指标并赋分评估 思维方式、方法启迪状况：学员从教学过程中在逻辑辩证思维方面受到了哪些启发，在哪些问题上学到了新的方法，从而改变了不适应时代要求的一些思维方式 非智力因素影响： 思想意识状况，即学员培训前的模糊认识、陈旧观念和错误想法，哪些得到了澄清和端正，进而转变了思想 情感、意志等心理品质的状况 操作与动手能力：通过教学活动，学员是否提高了动手操作能力，是否将学到的理论知识运用于工作实践

（3）培训机构的评估。对培训机构的评估是个综合性的评估，所涉及的事和项目众多，为了突出重点，只要对功能和条件两个方面进行评估即可。功能评估是指对某个培训机构的教育、教学状态和功能发挥程度的分析、判断和评定。是对受

训者和培训教师评估的延伸和扩展。培训机构经过一定时间的培训实践过程后，客观上需要定期或不定期地对其各种功能的发挥程度做出评估。这样不仅有利于对培训机构实施正确决策和进行有效领导、监督，而且还有利于促进培训机构自身的建设与发展。

除对培训机构进行功能评估外，还要对该机构的培训条件进行评估。培训条件是指决定或影响培训活动状态及培训机构功能发挥的各种因素，如领导者的素质和工作状态、培训教师的素质和工作状态、工作人员的素质和工作状态、物质条件及管理水平等。进行条件评估的目的在于分析、判断影响培训功能发挥程度的原因，以便采取相应的决策和改进措施。培训功能评估是侧重于过去的评估，即肯定已取得的培训成果，总结经验教训；条件评估则着眼于未来，为取得更大的教育效果创造条件。

二、评估的步骤

遵循良好的评估流程是顺利、有效进行培训评估活动的关键。一般来说，有效的培训评估应该包括以下几个环节，如图 8.8 所示。

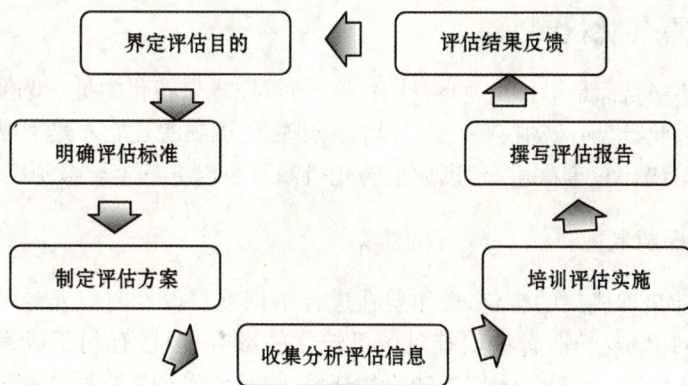

图 8.8　培训流程图

（1）界定评估目的。在培训评估实施之前，培训者就必须把评估的目的明确下来。培训评估的目的主要有：对培训项目是否实施的决策提供参考的评估等、对完成的培训项目的效果的评估和对正在进行的培训项目进行修正的评估等。不同的评估目的，涉及不同的人员，导致不同的评估流程。不同的评估目的还影响数据收集的方法和所要收集的数据类型。最常见的是最特定的培训项目培训后效果的评估。这固然重要，但属于事后的"亡羊补牢"，事前评估更可以"防患于未然"，过程中的评估则可以"防微杜渐"。

（2）明确评估标准。根据评估的目标制定相应的具有可操作化的标准是进行

267

培训评估的关键。此项工作一般经过目标分解、拟定出具体标准、标准讨论、试验调整四个阶段。

（3）制定评估方案。评估方案是围绕评估目标制定的详细计划。它是培训评估的依据。基本上回答5个W和1个H的问题：即为什么要评估、评估什么、谁来评估、评估哪里、何时评估、如何评估等问题。

（4）收集分析评估信息。培训评估的进行要依据一定的信息资料，否则，评估工作将毫无根据。所以，所评估的培训项目计划、在方案形成、实施过程中的各种历史资料等，还可以根据评估的需要，进行访谈、问卷调查等方式收集其他各类所需资料。

（5）培训评估实施。方案一旦形成，就必须按评估方案及计划中预先设定好的标准进行评估，包括确立评估时机、决定评估对象及方法等。

（6）撰写评估报告。

（7）评估结果反馈。评估的最终目的是改善和提高绩效。培训报告确定后，要及时在企业内进行传递和沟通。

这是一个完整的培训评估循环，该循环的结束，也是下一个循环的开始，任何一项评估都应该是长期的、连续不断的，这样才能真正发挥评估的功能和作用。

三、培训成果转化机制

培训的终极目标是增长企业自身的价值，使培训成果转化为员工的职业行为和企业绩效。因此，培训活动仅是一个开始，成果转化机制的建立才是问题的关键。

从实用可操作角度来讲，培训成果转化机制可由以下三个子机制组成。

1. 设计子机制

为了加速培训成果的转化，操作层在进行培训项目设计时应充分考虑工作环境特征、学习环境及受训者特点等对成果转化的影响，根据有利于成果转化的理论，设计培训方案和让受训者培训转化的环境，尽量使受训者将所学技能顺利地转化到工作中去。

2. 激励子机制

建立对员工培训成果转化的物质激励和精神激励的机制。精神激励主要是对受训员工的培训结果给予精神上的奖励，比如对能及时运用培训所学知识和技能的员工给予表扬。物质激励是把员工的培训结果和他们的工资报酬结合起来。

3. 反馈子机制

在员工热情地参与培训之后，培训负责部门有义务将员工的培训成绩、评价结果通过书面材料、会议或网络等方式反馈给他们，让员工了解自己的参与是否发挥了应有的作用，同时还可帮助员工进一步了解企业的培训目标和企业所期望的绩效水平。快速有效的反馈机制也可使企业高层及培训部门既能照顾到企业整体问题，又能及时了解一些重要的细节，从而增强培训效果。

本章小结

1. 培训是指组织为提高劳动生产率和个人对职业的满足度，直接有效地为组织生产经营服务而采取各种方法对组织各类人员进行的教育培训投资活动。培训在培育和加强员工能力的过程中扮演了核心角色。培训是企业生存发展和员工个人成长的需要。现在培训的种类五花八门，根据不同的目的和不同的对象，培训种类也是不尽相同的。但是大体上从个人职业生涯发展的阶段看，培训可以划分成职前培训、在职培训和非在职培训。每一种培训下面又包含多种培训种类。

2. 培训需求系统模型由四个环节组成，即需求分析环节、建立培训目标环节、实施培训环节和评价反馈环节。整个培训过程，从培训需求分析开始，直到评价结果的转移结束，通过各环节的不同步骤进行反馈。

3. 企业培训需要完善的规划，培训计划的管理是一个动态的相互交错的过程，它还要去实施，在实践中接受检验，并根据实际情况进行不断的修正。培训计划的实施和控制是培训计划管理的重要环节。服务于不同目的的不同类型的培训计划，包括不同的内容，常见的培训的计划有整体培训发展计划、年度培训计划、部门培训计划、单项培训计划。

4. 培训活动中最重要的三个参与主体是受训员工、部门主管和培训部门，当然也离不开高层管理者和人力资源部门的理解和支持。他们在培训活动中扮演着重要而具有不同职责的角色，他们彼此相互合作又有冲突的关系，正确合理地处理好培训中不同角色之间的关系，有时能起到事半功倍的效果。在培训的实施中，企业还必须做出采用长期还是短期培训，外训还是内训，脱产还是在职培训等一系列相关的决策。

5. 对于组织和培训部门来说：通过有效性评估，可以反映出培训对于组织的贡献，明确培训的投资收益比。按照评估的正式程度，可以把培训评估分为：非正式评估和正式评估。按照评估目的，可以把培训评估分为：建设性评估和总结性评估。按照培训评估切入的时间，可以把培训评估分为：培训前期评估、培训中期评估和培训后期的评估。根据评估者和培训组织者之间的关系，可以把评估者分成两类：内部评估者、外部评估者。培训结果评估是最常见的一种评估。通常包括对受训者评估、培训教师评估及培训机构进行评估等，这是企业培训评估中最常见的评估。一般来说，有效的培训评估应该包括界定评估目的、明确评估标准、制定评估方案、收集分析评估信息、培训评估实施、评估结果反馈、撰写评估报告几个环节。

1. 简述培训的概念、意义及种类。
2. 培训需求系统模型有哪几个环节？每个环节的具体内容是什么？
3. 培训计划的实施步骤有哪些？
4. 培训过程中，企业需要做出那些相关的决策？
5. 简述培训评估的分类。

案例分析

为何用心良苦只换来员工不满

　　某国营机械公司新上任的人力资源部部长王先生,在一次研讨会上获得了一些他自认为不错的其他企业的培训经验,于是,回来后就兴致勃勃地向公司提交了一份全员培训计划书,以提升人力资源部的新面貌。不久,该计划书就获批准。王先生便踌躇满志地"对公司全体人员上至总经理、下至一线生产员工,进行为期一周的脱产计算机培训。"为此,公司还专门下拨十几万元的培训费。可一周的培训过后,大家议论最多的,便是对培训效果的不满。除办公室的几名员工和 45 岁以上的几名中层干部觉得有所收获外,其他员工要么觉得收效甚微,要么觉得学而无用,大多数人竟达成共识地认为:十几万元的培训费用只买来了一时的"轰动效应"。有的员工甚至认为,这场培训,是新官上任点的一把火,是在花单位的钱往自己脸上贴金! 而听到种种议论的王先生则感到委屈:在一个有着传统意识的老国企,给员工灌输一些新知识怎么效果不理想呢? 他百思不得其解:当今竞争环境下,每人学点计算机知识应该是很有用的呀! 怎么不受欢迎呢?

来源:易才网.

思考题:

　　请分析该案例中王先生的做法有何不妥?

第九章　职业生涯管理

本章导读

从组织角度而言,职业生涯管理指对员工的职业生涯进行有目的、有计划的管理,是一个组织帮助员工在职业上取得进步,事业上取得发展的行为过程。将职业生涯管理纳入组织的战略管理体系,可以有效地激发员工最大的职业动机,促成组织的整体成功。

通过本章的学习,你将了解到:

职业生涯管理内涵。

职业生涯设计理论。

职业生涯发展各阶段的任务。

易变性职业生涯的特点。

开篇案例

职业生涯设计的意义

张前毕业于某重点大学化工专业,从事过销售、采购、质量管理工作,在民营公司、外企都做过,目前在一家跨国饮料公司从事质量管理。自从去年高高兴兴地过了 35 岁生日之后,张前却再也高兴不起来了。他越来越对工作提不起兴趣,总觉得这些工作都不能让自己充分施展才华。

张前来到成功职业指导中心测试室,跟职业顾问说:"过去我曾有过许多的目标,最初想成为一个拥有千万甚至上亿资产公司的老总,可是奋斗多年后发现自己似乎缺乏这方面的条件。现在不像年轻时靠着梦想和一股'初生牛犊不怕虎'的冲劲就盲目地去做事了,我不想总是在不停地跳槽,不想再把时间浪费在那些无意义的工作和事情上。我觉得在决定将一件事情作为自己的终生追求之前,需要好好了解自己。可是随着年龄的增长,忽然之间觉得自己似乎并不了解自己,不知道自己的性格到底是内向还是外向、感性还是理性? 也不知道自己适合做什么。有时候甚至怀疑自己是不是比别人差？我渴望成功！可是会不会太晚了？"张前带着一脸的凝重、焦虑。

通过性格和天赋测试，职业顾问发现张前具有很强的策略性思维，擅长分析判断，但缺乏影响力。

职业顾问建议张前从事饮料的研发工作。"啊!? 我做研发？我从没做过！哪家公司会让我做这么专业的技术工作？"

"你做过饮料的销售、熟悉饮料市场；做过饮料原材料的采购，熟悉饮料最新的添加剂、调味品；做过质量管理，了解饮料生产过程中的质量控制工艺，这些都是做饮料研发（开发饮料新的配方）最需要的经验和知识，做饮料研发又能充分发挥你擅长分析判断的天赋，并且符合你喜欢独立完成工作的性格。"

张前听了顾问的分析觉得颇有道理，不住地点头道："对！对！对！……"几天后，经过慎重考虑，张前向人力资源部提交了申请去研发部的报告。四个月后，他去了研发部做研发助理，师傅是一个近50岁的老工程师。刚到研发部不久，师傅就对他学做配方的悟性大为赞赏。做研发助理半年后，他被派到美国培训去了。前不久，张前打电话给职业顾问说刚从美国回来，要请职业顾问喝茶，他高兴地说现在已经是做研发的工程师了。

思考题：
1. 你认为职业转型成功的关键是什么？
2. 员工个体在职业生涯管理过程中应承担何种责任？

第一节　职业生涯管理概述

相关链接

职业生涯管理作为人力资源管理的职能之一，是20世纪70年代兴起的。起初是由于组织意识到员工有追求满意职业的需求，于是逐步建立计划以保证员工能够在组织内实现个人目标。到了80年代，风行西方发达国家的工作生活质量运动对职业生涯管理产生了巨大的推动作用，此时职业生涯管理被认为是激发员工最大职业本能的工具，它能够让组织在合适的时间找到合适的人才，并保证他们的高水准。到90年代，职业生涯管理已经被纳入组织的战略管理体系，有效的职业生涯管理可以激发员工最大的职业动机，并促成组织的整体成功。

一、职业生涯管理内涵

1. 职业生涯

职业生涯是一个人一生从事的职业及承担的职业角色,它是由个体的自我概念、职业兴趣和爱好、职业意向、职业角色、职业行为、专业和工作的匹配等组成的有机整体。

职业生涯的定义可以从狭义和广义两个角度来理解。狭义的职业生涯仅涉及个体从工作开始到工作结束这段时间内与工作有关的活动、态度等,仅针对客观工作经历而言;而广义的职业生涯则贯穿个体一生,重视整个过程以及在此过程中所受到的各种影响。本章取狭义的职业生涯概念,把职业生涯看作个体从正式进入职场开始直到退出职场这段时间内的与工作有关的经历、态度、需求、行为等历程。

2. 职业生涯管理

小辞典

职业生涯管理指通过分析、评价员工的能力、兴趣、价值观等,确定组织和个人都能接受的职业生涯目标,并通过培训、工作轮换、丰富工作经验等一系列的措施,逐步实现员工职业生涯目标的过程。

职业生涯管理是一种组织和个人的连续互动过程。在职业生涯管理过程中,组织应以个人职业生涯发展作为组织发展的关键因素,结合组织发展目标,在组织资源的允许范围内,帮助员工制定其生涯发展计划和支持其生涯发展,最终促成员工与组织目标的共同实现。职业生涯管理包含两重含义:一是组织针对个人和组织发展需要所实施的职业生涯管理,称为组织职业生涯管理;二是由个人主动进行的职业生涯管理,简称为个人职业生涯管理。图 9.1 展示的是职业生涯管理中组织与个人的互动过程。

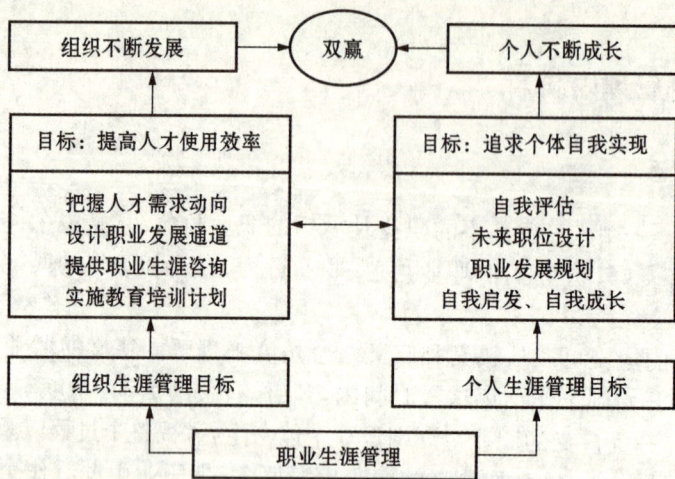

图 9.1 职业生涯管理:组织与个人的互动

　　职业生涯管理是组织与员工的联合生涯计划和生涯发展过程。其主体是组织和员工个人双方,其主要内容包括组织内的职业选择、生涯通道设计,还包括与人生目标及长期阶段目标相匹配的生涯发展战略,与短期阶段目标相配套的生涯发展策略。

　　职业生涯计划的实施就是员工职业生涯发展。生涯发展的本质是通过组织的支持使员工个人得到全面发展。生涯计划制定好之后,员工就要着手在组织内部或组织之间实施职业生涯计划。在实施职业生涯计划的过程中,员工将沿着原来设计的发展通道,不断地从一个岗位转移到另一个新的岗位,从较低的层次上升到较高的层次,直达生涯目标。伴随着岗位和层次的变化,员工必须不断接受新岗位与新层次的挑战,不断提高自身素质,改善知识结构,提高工作绩效,最终在组织职业生涯管理体系中实现个人职业生涯目标与组织目标。

二、职业生涯管理过程

不同的组织其职业生涯管理系统的复杂程度及职业生涯管理的侧重点都存在着很大的不同。一般来说,职业生涯管理过程由自我评价、现实审查、目标设定和行动规划四个步骤构成。

(1)自我评价。自我评价有助于员工确定自己的兴趣、价值观、能力以及行为取向等。自我评价包括一些心理测验,比如职业性向测试、多重能力倾向测验、职业锚的自我评价等。职业性向测试可以帮助员工确定自己人格类型与当前的工作是否相互匹配。多重能力倾向测试可以帮助员工确定自己的能力与当前工作是否相匹配。职业锚的自我评价可以帮助员工确定自己适合于从事哪种类型的工作等等。有些组织还有些专门的咨询人员来帮助员工们完成自我评价过程,同时对于心理测试的结果提供解释。通过自我评价,就可以确定培训和开发需求,这种需求来自于员工当前的技能或兴趣同员工期望获得的工作或岗位的需求之间所存在的差距。

(2)现实审查。在这一过程中,员工们获得组织对于他们的技能和知识所作出的评价以及他们是否与组织的规划(比如潜在的晋升机会、横向流动等)相符合等方面的信息。通常情况下,这些信息是由员工的上级管理者作为绩效考核过程的一个组成部分提供给员工的。发达国家有些组织的职业生涯管理系统十分完善,上级管理者与员工专门举行绩效评估与职业开发讨论会的情况也并不罕见。比如,在可口可乐组织的本土职业管理系统中,员工和管理者在年度绩效审查之后还要举行单独的会谈,以讨论员工的职业兴趣、优势及可能参与的开发活动。

(3)目标设定。在职业生涯管理的这一阶段,员工们将确定他们的短期和长期职业目标。这些目标通常与期望的岗位(比如在两年之内成为市场部经理)、应用的技能水平(比如运用某人的质量管理知识与技能改善组织的质量管理)、工作的设定(比如,在三年之内进入组织的财务部门)或技能的获得(比如,学会如何运用组织的管理信息系统)联系在一起。这些目标通常都要与上级管理人员进行讨论并写入员工开发计划当中。

(4)行动规划。在这一阶段,员工将要决定如何才能达到自己的短期目标和长期目标。在行动计划中可以包括一种或多种培训与开发方法的组合,培训与开发方法的选择取决于培训与开发的需求以及职业开发目标。

表9.1列出了职业生涯管理过程中组织和员工双方应承担的责任。

表 9.1　职业生涯管理过程中组织和员工双方的责任

步骤	自我评价	现实审查	目标设定	行动规划
员工的责任	确定改善的机会和改善的需求	确定哪些需求具有培训与开发的现实性	确定目标及判断目标进展状况的方法	制定达成目标的步骤及时间表
组织的责任	提供评价信息来判断员工的优势、劣势、兴趣和价值观	就绩效评价结果以及员工与组织的长期发展规划相匹配之处与员工进行沟通	确保目标是具体的、富有挑战性的且可实现的；承诺帮助员工达成目标	确定员工在达成目标时所需要的资源，其中包括课程培训、工作经验以及关系等

三、职业生涯管理的意义

职业生涯管理已成为当前人力资源管理领域中一项极其重要的内容和崭新的发展方向，做好这项工作对于促进组织发展与个人职业生涯发展都具有十分重要的意义。

对于员工来说，开展职业生涯管理具有以下重要意义：

(1) 有效的职业生涯管理可以使员工认识到自身的兴趣、价值、优势和不足，从而使他们能够根据组织提供的有关工作机会与信息，确定职业发展目标，实施行动计划。

(2) 有效的职业生涯管理可以使员工合理计划、安排时间和精力开展学习和培训，以完成工作任务、提高职业技能、增强"可雇佣性"。

(3) 有效的职业生涯管理有利于促进员工的成长和发展，增加他们对工作、对组织的满意度，有利于激发员工的最大职业动机，实现员工们的自我价值的不断提升与超越。

(4) 有效的职业生涯管理可以帮助员工协调好职业生活与家庭生活的关系，更好地实现人生目标。职业生涯管理帮助员工综合地考虑职业生活同个人追求、家庭目标等其他生活目标的平衡，避免顾此失彼。

西方国家的管理实践证明，凡是重视、了解、开发员工职业兴趣并不断给员工提供挑战性工作，并为其成长发展创造有利条件的，都会使员工满意度增加，能够留住人才，吸引人才。

对于组织来讲，有效地进行职业生涯管理，可以在以下几个方面赢得竞争优势：

(1) 鼓励员工进行职业生涯设计，将提高员工对组织的忠诚度，在出现岗位空缺时能及时找到合适的人员来填补。

（2）有效的职业生涯管理可以增强在培训开发项目上资金使用的针对性。

（3）有效的职业生涯管理有助于形成一种开放的工作氛围，使经理员工们都能增强自我认知，提高工作能力与工作绩效。

（4）有效的职业生涯管理可以使组织人力资源使用的效率大大增加。虽然薪水、奖金、地位和荣誉等都对员工具有激励作用，但同这些单纯的激励手段相比，切实针对员工深层次职业需要的职业生涯管理具有更有效的激励作用，同时能进一步开发人力资源的价值。

（5）有效的职业生涯管理可以使员工个人需要与组织需要统一起来。组织人力资源管理活动，例如选拔、聘用、培训和考评等具体职能的实施从根本上离不开员工的自主性与员工的内在积极性这一基础。通过有效的职业生涯管理组织不但能帮助员工完善和实现个人的目标，而且能引导员工个人目标和组织目标相匹配。

（6）组织通过有效的职业生涯管理，真正站在员工的角度，帮助员工谋求自我发展，能获得员工的尊敬，赢得人心，能从根本上获得人力资源竞争优势。

第二节　职业生涯设计

职业生涯设计是新兴的一种人力资源管理技术，指组织及员工把个人发展与组织发展相结合，对决定个人职业生涯的自我因素、职业因素、组织因素和社会因素等进行分析，确立职业目标、选择职业通道、发展个人职业生涯的计划安排。职业生涯设计的目的是帮助个人加深了解自己的需求、价值和人生目标。但组织可以积极指导和影响员工的职业生涯设计，通过采取与职业生涯相关管理政策、资源支持等措施，引导员工把个人目标与组织目标结合起来。职业生涯设计的过程一般包括：确认个人兴趣、价值观；明确职业生涯领域及工作目标；将个人预期目标与实际工作有效结合。

一、职业选择

职业选择是指人们从对职业的评价、意向、态度出发，依照自己的职业期望、兴趣、爱好能力等，从社会现有的职业中挑选其一的过程。职业选择的目的在于使自身能力素质和职业需求特征相符合。

1. 特质因素理论

帕森斯的特质因素理论源于 19 世纪官能心理学的研究，美国职业指导专家帕森斯将其运用在职业指导方面，提出了职业选择的"三步范式"。它的核心是人与职业之间的匹配,其理论前提是:每个人都有一系列独特的特性,并且可以对其进行客观而有效地测量;每个人的独特特质又与特定的职业相关联;为了取得成功,不同职业需要配备具有不同个性特征的人员;个人特性与工作要求之间配合的越紧密,职业成功的可能性也就越大。因此帕森斯的"三步范式"强调在职业选择中要做到:一是应该清楚地了解自己的态度、能力、兴趣、智谋、局限和其他特征;二是要对不同行业的工作要求、成功要素、优缺点、薪酬水平、发展前景及机会有较为明确的认识;三是在上述两组要素中进行最佳搭配。

2. 职业动机理论

心理学家佛隆(Victor H. Vroom)认为,通过对个体择业行为的研究,个体行为动机的强度取决于效价的大小和期望值的高低,动机强度和效价与期望值都成正比,即:

$$F = V \times E$$

式中 F——动机强度,指积极性的激发程度,表明个体为达到一定目标而努力的
　　　　程度;

　　　 V——效价,指个体对一定目标重要性的主管评价;

　　　 E——期望值,指个体估计的目标实现概率。

个体行为动机的强度取决于效价大小和期望值的高低。效价越大,期望值越高,员工行为动机越强烈,就是说为达到一定目标,他将付出极大努力。如果效价为零甚至负值,表明目标的实现对个人毫无意义甚至给个人带来负担。这种情况下目标实现的可能性再大,个人也不会产生追逐目标的动机,不会为此有任何积极性或付出任何的努力。如果目标实现的概率为零,那么无论目标实现意义多么重大,个人也同样不会产生追求目标的动机。

根据上述观点,择业动机取决于职业效价和职业概率,即:

择业动机＝F(职业效价,职业概率)

职业效价是择业者对某项职业价值的主观评价,它取决于以下两个因素:①择业者的职业价值观;②择业者对某项具体职业要素,如兴趣、劳动条件、报酬、职业声望等的评估。即:职业效价＝职业价值观×职业要素评估

职业概率指择业者认为获得某项职业的可能性大小,它通常取决于以下四个因素:①某项职业的社会需求量;职业概率与社会需求量成正比;②择业者的竞争能力,即择业者自身的工作能力和求职的就业能力。职业概率与择业者的竞争能力成正比;③竞争系数,即谋求同一种职业的竞争者人数的多少,职业概率与竞争系数成反比;④其他随机因素。即:

职业概率＝岗位需求量×竞争能力×竞争系数×随机系数

综上所述,择业动机＝(职业价值观×职业要素)×(岗位需求量×竞争能力×竞争系数×随机系数)。通常,择业者对其视野内的几种目标职业进行职业价值评估和职业获取概率评价之后,将进行横向择业动机比较。择业动机是对职业和自身的全面评估,是对多种择业影响因素的全面考虑和得失权衡。因此,择业者多以择业动机分值高的职业作为自己的最终目标。

3. 职业性向理论

职业心理专家约翰·霍兰德(John Holland)认为,人格或人的个性(包括价值观、动机和需求等)是决定一个人选择何种职业的一个重要因素,当人的个性与职业相匹配时,会产生最高的满意度和最低的离职率。基于对职业性向的测试研究,霍兰德提出了个性－工作适应性理论,将个人的职业性向划分为现实型、探索型、艺术型、社会型、开拓型和常规型六种;同时,他将职业类型也相应地分为上述六种类型,不同气质类型的人适合不同的职业,见表 9.2[①]。

霍兰德认为,每个人都是这六种类型的不同组合,只是占主导地位的类型不同。他还认为,每一种职业的工作环境也是由六种不同的工作条件所组成的,其中有一种占主导地位,占主导地位的职业个性取向在很大程度上影响到工作绩效。一个人的职业是否能成功、是否能稳定、是否能顺心如意,在很大程度上取决于其个性类型和工作条件之间的适应情况。"霍兰德职业人格能力测验"就是通过对被试者在活动兴趣、职业爱好、职业特长以及职业能力等方面的测验,确定被试者上述六种类型的组合情况(对六个方面的得分从大到小排序,排在首位的就是被试者的占主导地位的类型),并根据其个性类型寻找适合被试者的职业。表 9.2 列出了每种类型职业人格相应的职业范例。

表 9.2 霍兰德职业人格类型

类　型	偏　好	个性特点	职业范例
现实型	需要技能、力量,协调性的体力活动	含蓄、真诚、持久、稳定、顺从、实际	机械师、钻井操作工、装配线工人、农场主
探索型	需要思考、组织和理解的活动	分析、创造、好奇、独立	生物学家、经济学家、数学家、新闻记者
艺术型	需要创造性表达的模糊且无规则可循的活动	富于想象力、无序、杂乱、理想、情绪化、不实际	画家、音乐家、作家、室内装饰专家

---

① 斯蒂芬.职业生涯开发[M].北京:中国人民大学出版社,2003:127－128.

类 型	偏 好	个 性 特 点	职 业 范 例
社会型	能够帮助和提高别人的活动	社会、友好、合作、理解	社会工作者、教师、议员、临床心理学家
事业型	能够影响他人和获得权力的言语活动	自信、进取、精力充沛、盛气凌人	法官、房地产经纪人、公共关系专家、小组织主
常规型	规范、有序、清楚明确的活动	顺从、高效、实际、缺乏想象力、缺乏灵活性	会计、业务经理、银行出纳员、档案管理员

二、职业锚的确定

1."职业锚"理论

小辞典

职业锚指员工在职业早期逐渐对自我加以认识而发展出的清晰、稳固的职业自我概念。

"职业锚"是从斯隆管理研究院毕业生的纵向研究中形成的,这是一项由埃德加·施恩(Edgar H. Schein)教授主持的历时 12 年的研究。在这项研究中,Schein 发现,尽管每个参与者的职业经历大不相同,但从职业决策和对关键职业事件的各种感受中发现了惊人的一致性:当人们从事与自己不适合的工作时,一种意识会将他们拉回到使他们感觉更好的方向(职业)上——这就是"职业锚"。

埃德加·施恩(1975)把职业锚定义为个人在工作过程中逐渐形成的自省能力、需要和价值观的总和。从职业锚的定义我们可以看出,它的定义比工作价值观或工作动机等典型概念更宽泛,它考虑了职业选择和职业决策过程中多方面的因素。这个概念强调了完整的自我概念中的能力、动机和价值观之间具有相互作用。

埃德加·施恩发现在进入职业的最初几年,是个人和组织互相发现和接纳的时期,在这期间,个人逐渐获得了自知之明,发展了一种更加清晰和稳固的职业自我概念。这种自我观包括三个部分:自省的才干和能力;自省的动机和需要;自省的个人态度和价值观。它们合起来就形成了个人的"职业锚"。职业锚一旦形成，就保持稳定不会再变化了，并且一个人只能有唯一真实的职业锚。理解埃德加·施恩职业锚的概念必须注意几点：

（1）职业锚的概念比工作价值观或工作动机的概念更为宽泛。对职业选择所做的许多分析仅强调了动机与价值观，而没有考虑以实际工作经验为基础的自省才干与能力的临界作用。

（2）职业锚的概念强调了完整的自我观中的能力、动机和价值观之间所具有的相互作用。职业取向中单独的动机、能力、价值观的意义并不大，"职业锚"中突出的是个人完整自我观中动机、价值观和能力的逐步整合。

（3）职业锚只有在早期职业的若干年后才能被发现。个人在面临各种各样的实际生活以前，不可能了解自己的能力、动机和价值观将如何相互作用，以及将在多大程度上适应可行的职业选择，"职业锚"的确定需要各种情境下实践工作的反复检验方可确认。

2. 职业锚的类型

职业锚有五种基本类型，在此加以简单介绍。

（1）技术/职能型"职业锚"。这一类型的人在做出职业选择与决策时的主要精力放在自己正在干的实际技术内容或职业内容上，他们认为自己的职业成长只有在特定的技术或职能领域才意味着持续的进步。这些领域包括工程技术、财务分析、营销和统计分析等各个领域。比如说，一个技术/职能型"职业锚"的财务分析员希望成为组织的会计或审计员，最高理想是某组织的财务副总裁。他们只对与自己区域有关的管理任务加以接受，对全面管理则抱有强烈的抵触。在传统的由职能型向全面管理型职业发展通道上，这一锚型的个体经常经历严重的冲突，为了不损害职业，他们无法拒绝一些全面管理工作。可是这使他们害怕、心烦，使他们无法胜任。

（2）管理能力型"职业锚"。这一类型个体在职业实践中培养出，也相信自己具备胜任责任管理所必不可少的技能和价值观。他们根据需要在一个或多个职能区展现能力，但他们的最终目标是管理本身。他们具有三种能力的强强组合：分析能力——在信息不全或不确定的情况下识别、分析和解决问题；人际能力——能影响、监督、领导和操纵组织各级人员更有效地完成组织目标；感情能力——能够被感情危机、人际危机所激励，而不是被打倒，能承担高水平的责任，而不是变得软弱无力。能使用权力而不感觉内疚或羞怯。其他类型的人可能拥有一至两项更强的单项能力，但是管理锚型的人拥有最完善的三项能力的组合。

（3）安全/稳定型"职业锚"。安全/稳定型"职业锚"的个体追求稳定、安全的

281

前途,比如工作的安全,体面的收入,有效的退休方案及津贴等。安全/稳定型"职业锚"的人依赖组织或社区对他们能力和需要的识别与安排,为此他们会冒险,也愿意高度服从组织价值观和准则。安全/稳定型"职业锚"的人也可以区分出两种类型的取向。有些人的安全感和稳定感是来自于给定组织中稳定的成员资格;而另一些人的安全、稳定原则是以地区为基础,包括一种定居,使家庭稳定和使自己同化于某一社团的感情。

(4) 创造型"职业锚"。创造型"职业锚"的人追求或创造完全属于自己的成就。他们要求有自主权,管理能力,能施展自己的特殊才华,创造力是他们自我扩展的核心。他们对创建新组织、团结最初人员,为克服初期难以应付的困难废寝忘食而乐此不疲。而一旦建成,他们就会厌倦或不适应正规的工作而退出领导层。

(5) 自主/独立型"职业锚"。自主/独立型"职业锚"个体追求的主要目标是随心所欲地制定自己的步调、时间表、生活方式和工作习惯,尽可能少的受组织的限制和制约。他们可能是自主性较强的教授、自由职业者,或是小资产所有者、小型组织成员。技术/职能锚型的个体也可能从事这些职业,但是他们很少为了自由的需要放弃晋升的机会。创造锚型的个体同样拥有很多的自主权,但他们关心的不是自由本身,而是全力以赴地建立自主的职业目标。

3. 对施恩职业锚模型的发展

1996 年费德曼(Daniel C. Feldman)和伯里诺(Mark C. Bolino)对埃德加·施恩的职业锚模型进行了修正和发展,他们提出职业锚可以分为三种:基于才能的(talent-based)职业锚、基于需要的(need-based)职业锚和基于价值的(value-based)职业锚。基于才能的职业锚主要以个人的才能为基础,包括技术/职能型、管理能力型和创造型三种职业锚类型;基于需要的职业锚主要以个人的动机和需要为基础,包括安全/稳定型、自主/独立型和生活型三种职业锚类型;基于价值的职业锚主要以个人的态度和价值观为基础,注重个人对职业和组织文化的认同,包括服务奉献型和挑战型两种职业锚类型。

在职业锚的数量方面,埃德加·施恩(1987,1990)认为每个人只能有唯一的职业锚。然而,费德曼和伯里诺(1996)却认为,既然职业锚可以分为基于能力的、基于需要的和基于价值的,并且它们之间并不互相排斥,那么一个人可以具有一个基于能力的职业锚,同时又具有一个基于需要或价值的职业锚。因此一个人可以拥有两个或两个以上的职业锚。例如,一个人可以具有技术/职能型职业锚,同时又具有安全稳定型职业锚。

第三节　职业生涯发展

职业生涯发展是指个体经过努力,遵循一定的道路或途径,不断制定和实施新的职业目标,逐步实现其职业生涯目标的过程。员工职业生涯发展贯穿于员工职业生涯的全过程和组织发展的全过程。每一个组织成员在职业生涯的不同阶段及组织发展的不同阶段,其发展特征、发展任务以及应注意的问题都是不相同的。每一阶段都有各自的特点、各自的目标和各自的发展重点,所以对每一个发展阶段的管理也应有所不同。由于决定职业生涯的主客观条件的变化,组织成员的职业生涯规划和发展也会发生相应变化,职业生涯管理的侧重点也应有所不同,以适应情况的变化。

一、职业发展阶段理论

1. Ginzberg 职业生涯发展三阶段论

美国著名职业指导专家 Ginzberg(1951),对职业生涯的发展进行过长期研究,对于实践产生过广泛影响。金斯伯格的职业发展理论分为幻想期、尝试期和现实期。

幻想期:处于 11 岁之前的儿童时期。儿童们对大千世界,特别是对于他们所看到或接触到的各类职业工作者,充满了新奇、好玩的感觉。此时期职业需求的特点是:单纯凭自己的兴趣爱好,不考虑自身的条件、能力水平和社会需要与机遇,完全处于幻想之中。

尝试期:11~17 岁,这是由少年儿童向青年过渡的时期。此时起,人的心理和生理在迅速成长发育和变化,有独立的意识,价值观念开始形成,知识和能力显著增长和增强,初步懂得社会生产和生活的经验。在职业需求上呈现出的特点是:有职业兴趣,但不仅限于此,更多地和客观地审视自身各方面的条件和能力;开始注意职业角色的社会地位、社会意义,以及社会对该职业的需要。

现实期:17 岁以后的青年年龄段。即将步入社会劳动,能够客观地把自己的职业愿望或要求,同自己的主观条件、能力,以及社会现实的职业需要紧密联系和协调起来,寻找合适于自己的职业角色。此期所希求的职业不再模糊不清,已有的具体的、现实的职业目标,表现出的最大特点是客观性、现实性、讲求实际。

2. Greenhaus 职业生涯发展五阶段论

Greenhaus 研究人生不同年龄段职业发展的主要任务,并以此将职业生涯划分为五个阶段。分别是职业准备（0～18岁）、进入组织（18～25岁）、职业生涯初期（25～40岁）、职业生涯中期（40～55岁）、职业生涯后期（55岁直至退休）。

职业准备阶段（0～25岁）：这个阶段又称职业探索期，这一阶段的主要任务是发展职业想象力，培育职业兴趣和能力，接受必要的职业教育和培训，形成自己职业发展观念并开始选择和评估职业。

进入组织阶段（18～25岁）：这一阶段的主要任务是尽量选择一种合适而满意的职业，在此阶段包括了被同事所接受、学会如何做工作，此阶段的特征是不断失误和不断从失误中吸取教训。

职业生涯初期（25～40岁）：这一阶段又称为职业早期阶段或立业阶段，本阶段的基本任务是在组织中塑造自我，学习和遵守组织纪律和规范，接受组织文化、胜任现职工作、提高工作能力，力求在选定的具体领域取得成功。

职业生涯中期（40～55岁）：即个人处于职业的中期阶段或维持阶段，这一时期个人的绩效水平可能持续改进，也可能保持稳定或下降，个人在此阶段的职业生涯任务是学习新知识、更新技能、做出新成绩，力争有所成就。

职业生涯后期（55岁至退休）：又称职业晚期阶段，这一阶段取得不同成绩的人境遇差距较大，多数人在这一阶段减少流动，安心现有工作，可以扮演元老的角色，以自己的经验和判断力向组织证明其存在的价值。

3. Schein 的职业生涯发展九阶段论

美国著名的心理学家和职业管理学家施恩（Edgar H. Schein）根据人的生命周期的特点及不同年龄阶段所面临的问题和职业工作的主要任务，将职业生涯分为九个阶段：成长、幻想、探索（0～21岁）、进入工作世界（16～25岁）、基础培训（16～25岁）、早期职业的正式成员资格（17～30岁）、职业中期（25岁以上）、职业中期危险阶段（35～45岁）、职业后期（40岁以后直到退休）、衰退和离职阶段（40岁以后到退休期间）、退休。施恩教授关于职业生涯发展阶段的划分基本上是依据年龄增大的顺序并根据不同时期的职业状态、职业行为等进行的，并只给出了一个大致的年龄跨度，在不同的职业阶段上年龄还有所交叉。

二、职业生涯发展各阶段的任务

职业生涯发展阶段理论认为，人在职业生活中的不同时期会有不同的需要，根据人在职业生涯中普遍遇到的典型问题和经历不同，可以将职业生涯划分为若干个不同的阶段，前文已介绍了三位学者的划分方法。本着简明清晰的原则，我们将职业生涯划分为四个阶段，即职业探索阶段、立业与发展阶段、职业中期阶段、职业后期阶段。虽然各人经历这四个阶段的时间可能不尽相同，但在各阶段中面临的主要任务和问题却带有很大共性。

1. 职业探索阶段

在职业探索阶段个人在试探性地选择自己的职业,并同时考虑自己的兴趣、价值观和工作偏好等等。一旦找到了自己感兴趣的工作或职业类型,他们就开始接受必要的教育与培训。探索阶段一般为 15~30 岁。在这一阶段,员工常常不满足于某种固定的工作,调换不同工作的愿望十分强烈。如果他们在本组织得不到满足,则他们往往倾向离开。因此他们的流动率较高。从组织来说,应该了解就业初期年轻人的特点,给予选择职业方面的引导,并努力为他们提供多种工作机会。

2. 立业与发展阶段

立业与发展阶段的年龄一般在 30~45 岁之间,是大多数人职业生命周期的核心阶段。在这一时期,员工主要关心的是工作中的成长、发展和晋升。处于这一阶段的员工,一般都有自己成长与发展的计划,并会为实现其目标尽心尽力。对组织来说,要给处于这一阶段的员工提供在知识、技能上具有挑战性的工作任务,并放手让他们大胆去干,让他们有更多的自我管理自我决策的机会,同时要给他们的工作提供咨询和各方面的支持,为其出成果创造良好条件,促使他们在从事具有挑战性的工作任务中成长。

3. 职业中期阶段

职业中期阶段又称维持阶段。这一阶段的年龄一般在 46~60 岁之间。处于这一阶段的员工期望能够在自己确定的职业方面获得永久性的发展。他们拥有多年丰富的工作经验,拥有丰富的工作知识,但在新知识、新技能方面会有所欠缺。大多数处于这一阶段的员工,都有自己相应的计划,一方面希望获得更多的成果,另一方面也更加注重更新自己的知识和技能,并学习一些其他领域的知识和技能。因而从组织角度来说,要关心他们并为他们提供有利于更新知识、技能或学习其他领域知识、技能的机会。

4. 职业后期阶段

职业后期阶段又称离职阶段,一般年龄范围在 60 岁以后。我国男性员工的退休年龄一般在 55~60 岁左右,而西方,例如北美,一般在 65 岁左右。处于这一阶段的员工即将准备退休。他们此时在调整他们工作活动和非工作活动的时间比例,并希望为适应退休之后的环境而学习或培养自己某一方面的兴趣。从组织的角度来看,就是要重视在他们退休前为他们多创造些有利的条件,培养或促进他们对某一娱乐活动的兴趣和爱好,并有计划地为退休员工多开展一些他们喜爱而又有利于他们身心健康的娱乐活动。

由表9.3可知,在职业生涯的不同阶段,员工对任务的需求、对情感的需求及与同事之间的关系都是不同的。

表9.3 职业生涯不同阶段员工的需求及与同事之间的关系

项目 / 阶段	员工对任务的需求	员工对情感的需求	年龄	与同事的关系
职业探索阶段	1. 变化的工作活动 2. 自我探索	1. 做出最初的工作选择 2. 稳定	<30岁	学徒 下级
立业与发展阶段	1. 工作的挑战性 2. 在某领域形成技能 3. 开发创造力和革新精神	1. 处理混乱和竞争,面对失败 2. 处理家庭和工作的冲突 3. 支持 4. 自主性	30~45岁	同事
职业中期阶段	1. 技术更新 2. 培训和指导别人(年轻员工)的能力 3. 转入需要新技能的新工作 4. 开发更开阔的工作视野和个人在组织中的角色	1. 表达中年的感受 2. 重新思考自我与工作、家庭之间的关系 3. 减少自我陶醉和竞争性	46~60岁	导师
职业后期阶段	1. 计划退休 2. 从权力角色转向咨询和指导 3. 确认和开发继承人 4. 开始从事组织之外的活动	1. 支持和咨询:看到自己的工作成为别人的平台 2. 在组织外部活动中找到自我统一性的感觉	>60岁	元老

三、职业生涯发展路径

职业路径是组织为内部成员设计的自我认知、成长和晋升的管理方案,通过员工可以在组织的帮助下沿着一条岗位路线获得职业发展。另外,职业路径通过帮助员工胜任工作,确立组织内晋升的不同条件和程序对员工职业发展施加影响,使员工的职业目标和计划满足组织的需要。本部分将讨论 Schein 的职业发展锥体模型和四种典型的职业发展路径:传统职业生涯路径、双重/多重职业生涯路径、网状职业生涯路径与横向职业生涯路径。

1. Schein 的职业发展锥体模型

Schein(1978)的职业发展锥体模型将员工职业在组织内的发展看成在圆锥体内的运动。垂直运动代表升迁,圆周运动代表改行,辐射运动代表接近组织的核心层。圆锥体表面是组织所提供的职业升迁上限。脱离圆锥体代表离职。Schein指出,在一个组织中,一个人的生涯发展历程可分别通过职能或技术维度、等级维度和成员资格维度三个维度考察。职能或技术维度用以刻画人们跨越职业、工作或部门的运动,沿着圆锥体的边缘进行;等级维度用以说明人们在同一职业内部层次上的运动,在圆锥体的不同层面间进行;而成员资格维度用以描述成员向组织"核心"运动的趋势,沿着圆锥体的边缘向中心靠拢,如图 9.2 所示[1]。

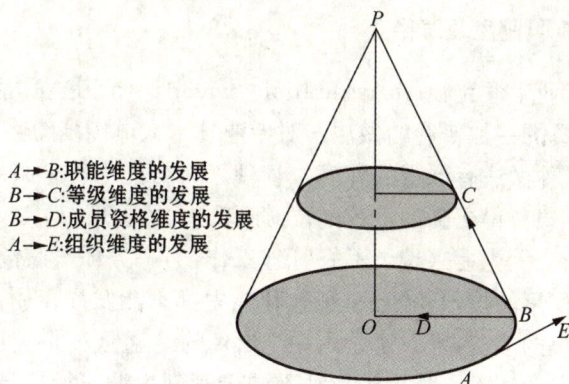

图 9.2 Schein 职业生涯发展锥体模型

2. 传统职业生涯路径

传统职业生涯路径是员工在组织里,从一个特定的岗位到下一个岗位纵向发展的路径。每位员工必须由下至上,一级接一级地进行岗位变动,并在此过程中获得必要的技术诀窍,解决问题的能力及责任心。传统职业生涯路径最大的优点是

---

① E. H. 施恩. 职业的有效管理[M]. 仇海清,译. 北京:三联书店出版社,1992:36-41.

其直观性、垂直性。这种职业道路是一直向前的,并且员工们也知道自己必须向前发展的特定的工作序列。传统职业生涯路径为员工设置的目标是晋升,它强调组织和员工关系的稳定性。员工的个人发展很大程度上依赖于上一个岗位上的经验积累以及组织正式的培训。传统职业生涯路径包括一系列等级,这些等级是线性的,较高等级意味着较大的权力和较高的报酬。

传统职业生涯路径在如今受到了极大的挑战,职业生涯路径的新理念是易变性职业生涯路径。传统职业生涯路径遇到的第一个挑战是,组织结构已经发生了很大的变化。由于组织的结构普遍趋向于"扁平化"、"网络化",管理层次大大减少,员工们也被充分地授权,使得传统职业路径上层的岗位大大减少。另一个原因是,日益加剧的国内国际竞争以及实施的兼并、收购等战略决策使组织无法再提供工作的保障。现在许多组织已经取消了家长式的雇佣模式,但组织保证员工有机会参与培训项目并获得工作经验,提高员工的可雇佣性。从员工角度来讲,现代员工个性更强,职业理想更丰富多变,他们不仅仅需要组织或组织对自身的认可,而且希望从工作中获得乐趣。这使他们的忠诚度大大改变,从而使传统职业生涯路径受到巨大挑战。

3. 双重/多重职业生涯路径

双重/多重职业生涯路径(dual/multiple career path)是发达国家组织激励和挽留专业技术人员的一种普遍的做法。对专业技术人员传统的奖励方式就是将其提拔到管理层,这种做法有严重的弊病。管理工作可能不符合某些技术人员的职业目标,他们并不想获得更高的行政岗位、拥有更大的管理权力。硬是将他们推上管理岗位,一方面会因为无兴趣干不好管理工作,另一方面又脱离了技术工作,使他们经过很多年积累的技术和知识、经验和能力都不能发挥作用。对组织和个人来说都是一种极大的浪费,可以说是用一个出色的专家换来了一个蹩脚的经理。

因此应该给专业技术人员提供一种不同于管理生涯路径的升迁机会,出于这样的需要,双重/多重职业生涯路径体系应运而生。这种体系提供两条或多条平等的升迁路径,一条是管理路径,另外几条是技术路径。几种路径层级结构是平等的,每一个技术等级都有其对应的管理等级。一般来说,要给予不同路径中相同级别的人同样的地位和同样的薪水待遇,以达到公平。有了这种体系,没有管理兴趣或能力的专业技术人员就可以在技术职业生涯路径上升迁,既保证了对他们的激励,又使他们能充分发挥自己的技术特长。

表9.4列出了道科宁组织多重路径制度的情况。该组织一共分为管理、研究、开发、工艺和技术服务五条职业生涯路径。后四条统称为专业技术路径,每个专业技术路径到第Ⅴ级及以上都与一个管理路径中的级别相对应。

表 9.4　道科宁组织多重职业生涯路径

等级	管理	研究(R)	开发(D)	工艺工程(PE)	技术服务(TS)
	副总裁,R&D 主管				
Ⅷ	经理	高级研究科学家	高级开发科学家	高级 PE 科学家	高级 TS 科学家
Ⅶ	经理	研究科学家	开发科学家	PE 科学家	TS 科学家
Ⅵ	部门经理	助理研究科学家	助理开发科学家	助理 PE 科学家	助理 TS 科学家
Ⅴ	团队长	高级研究专家	高级开发专家	高级工程专家	高级 TS 专家
Ⅳ		研究专家	开发专家	高级项目工程师	TS 专家
Ⅲ		项目化学家	开发代表	项目工程师	TS 代表
Ⅱ		助理项目化学家	开发工程师	开发工程师	TS 工程师
Ⅰ		化学家	工程师	工程师	工程师

在道科宁组织最早开发出的方案中是没有技术服务路径的,但在实际运用时,有一个被认为作出了很大贡献的晋升候选人,应该晋升到更高的岗位,但没有一个适合于他的已有职业生涯路径,因为按照这些路径的要求,他并不符合资格要求。因此该组织决策层认识到已有的职业路径还没有涵盖组织技术工作的所有方面,所以又增加了一条技术服务职业路径。

双重/多重职业生涯路径体系需要管理人员、技术人员和人力资源管理人员共同参与设计。第一步要制定工作说明书,以说明管理岗位和技术岗位所需要的技能和绩效水平。第二步是要建立技能考核制度。技能考核制度应描述各条职业生涯路径中每种岗位所需的技能,通过技能考核可以了解员工应该改进什么绩效,接受何种培训及积累什么样的经验,以达到目前职务的要求,并为将来职务晋升做准备。基于工作绩效、任职资格和业务要求,员工也可以从技术职业路径转而进入管理职业生涯路径。成功的双重/多重职业生涯路径应该满足以下要求:

(1) 组织要提供恰如其分的测评手段,并通过测评手段让员工了解自身的兴趣与爱好、工作价值观和强项技能是与技术还是与管理岗位相适应。

(2) 各条路径之间必须保证是平等的,只有这样,技术职业路径的设立才有意义。必须让双重/多重职业生涯路径体系在员工中有足够的可信度。必须让他们相信这一体系为他们的职业发展提供了一种可行的替代方式。

(3) 要避免技术路径的定义过于狭窄的问题,必须明确地辨识组织的所有技术活动,再为每一种技术活动设计对应的专业技术路径。要仔细研究每一种技术活动在不同等级水平上的特征,以及每一个等级必须作出的技术贡献,并以此作为晋升的标准。

(4)要让专业技术人员参与组织的决策。如日本的 NEC 组织的办法是给技术人员更大的权力去选择他们自己的研究开发项目,并让他们自己处理遇到的特殊难题,而这些工作以前是由团队经理等管理人员来完成的。

4. 网状职业生涯路径

网状职业生涯路径包括纵向岗位序列,横向发展机会及核心方向的发展路径。网状职业生涯路径认为在某些层次的岗位上所获得的技能和经验在另一层次上的岗位会起作用,晋升到较高层之前,必须拓宽在本层次的工作经历以获得专业技术知识与丰富经历。网状职业生涯路径更好地、更现实地刻画了员工在组织中的发展机会。由于管理层次的减少及组织晋升通道的缺乏,这种职业生涯路径显得更为现实,并且可以减少员工在职业生涯发展道路上受堵的可能性。这种职业生涯路径的缺点在于没有一条固定的职业发展路线,会使员工在职业发展上感到困惑,使他们难以确立长远的发展目标。由于每个员工的资质、知识、技能、学历和工作背景都不同,这使得难以对谁应该纵向发展,谁应该横向发展作出决策。而且这种决策也难以保证它的公平性。

5. 横向技术路径

传统的观点认为,职业生涯路径就是由低岗位到组织中高岗位的晋升。近两年由于管理岗位的减少以及员工个人兴趣的变化、锻炼技能的需要,组织或组织越来越多的采用横向调动员工岗位的方法让员工焕发新的活力,迎接新的挑战。这种横向职业生涯路径是指组织中各平行部门之间的职务调动,例如由工艺工程转至采购和市场销售等。员工沿着横向技术路径发展可以使自身获得更丰富的专业技术知识及经验,增强员工可雇佣性。对组织而言,员工职业发展的横向技术路径可以激励员工接受新的挑战,增强员工对组织价值观的认同。最重要的一点是组织获得了拥有多种专业知识与技能的员工,这将大大增强组织或组织满足顾客需求的能力。

在这里必须澄清几个概念:工作扩大化、工作丰富化、工作轮换与横向技术路径。工作扩大化、工作丰富化、工作轮换指的是三种将工作实践用于员工开发的途径,横向职业生涯路径是指员工发展所遵循的岗位变换序列。表 9.5 对横向技术路径与工作丰富化等作了比较。

表 9.5　横向技术路径与工作丰富化等的比较

	定　义	目　的	举　例
工作扩大化	在员工现有工作中增加一些富有挑战性的或新的责任	员工开发的手段,短期激励员工的方法	安排执行特别项目,在团队内交换角色
工作丰富化	增加一个人所从事工作的复杂性和价值性	员工开发的手段之一,短期激励员工的方法,减少员工对工作不满的方法	研发工程师扩大与其相关的研究领域
工作轮换	系统性地按照一定时间将一个人从一种工作岗位转移到另一种工作岗位的过程	能够开发特定职业技能,提高员工对组织中不同职能的理解与认识,是员工开发的一种手段	为期一年的工程师岗位转换到销售岗位
横向技术路径	组织为员工发展拟订的职业生涯路径,岗位横向调动	指导与协调长期职业发展,采用横向调动来使员工焕发新的活力,迎接新的挑战	长期岗位轮换

第四节　易变性职业生涯与心理契约重建

一、易变性职业生涯

小辞典

　　易变性职业生涯指由于个人的兴趣、能力、价值观及工作环境的变化而经常改变的职业生涯。

　　与传统职业生涯不同,易变性职业生涯要由员工自己对职业生涯管理负主要的责任。表 9.6 从不同的维度对传统性的职业生涯和易变性职业生涯进行了比较。

表 9.6　传统性职业生涯和易变性职业生涯比较

维　度	传统性职业生涯	易变性职业生涯
目标	加薪、晋升、获得组织承认	注重自身心理成就感
职业路径方式	垂直路径	水平路径,网状路径
职业管理责任	组织承担	员工承担
工作环境	一般固定不变	经常变化
心理契约	组织要求员工保持高绩效,员工期望工作安全感	灵活的受聘能力
职业生涯方式	直线型、专家型	短暂型、螺旋型
专业知识	知道做什么,怎么做	学习怎么做
职业发展	依赖正式培训	依赖人际互助和在职体验

易变性职业生涯区别于传统性职业生涯的一个很重要的方面在于动态的学习。在传统性职业生涯中,员工沿着一条固定的职业发展道路晋升,他们所需要的知识是"知道怎样做"(具备提供产品和服务的知识和技能),而在易变性职业生涯中,需要的知识是"知道为什么""知道为谁"。"知道为什么"指员工必须了解组织的业务与文化,从而形成和运用有关的知识和技能以促进组织的发展。"知道为谁"是指员工为达到组织的目标而建立的关系,这些关系包括与销售商、供应商、董事会成员、顾客和行业专家的关系网。在易变性职业生涯中,员工的发展更依赖于人际互助和在职体验,而不仅仅是正式的培训课程。

传统性职业生涯并不会马上消失,但易变性职业生涯更符合当代员工的发展实际。在未来,虽然专家型职业生涯(终生从事某一专业领域,如法律、医疗等)将会继续存在,但跨专业的职业生涯(螺旋型职业生涯)将更为流行。短暂型职业生涯(2～3 年换一次工作)将更为普遍。

二、心理契约的变化

美国心理学家阿吉里斯(Argyris,1960)认为,在员工与组织的相互关系中,除正式雇用契约规定的内容外,还存在隐含着的、非正式的、未公开说明的相互期望,它影响着员工的态度和行为,是剖析组织管理水平、洞察个体行为特征的重要变量。Levinson 等人(1962)提出心理契约是组织与员工之间隐含的、未公开说明的相互期望的总和。这些期望微妙而含蓄,它虽然是非正式的,不具有书面的形式,但却具有一纸契约的功能。如果其中一方未能如愿,就意味着相互之间的信任与真诚将被打破,由此会带来员工的激励消退、流失等一系列严重的后果①。

传统心理契约的主要内容是员工努力工作并对组织忠诚,组织提供工作安定性和长久的保证。员工的职业发展被定义为加薪和晋升。在新的经济时代,组织结构趋向于"扁平化"与"网络化",越来越多的组织按照项目以及顾客来组织员工,组织因此减少了管理层次,而对员工技能及灵活受聘能力的要求越来越高。管理层减少往往导致职业发展的堵塞,而按照项目和顾客来组织员工使得组织不能再提供工作保障。组织无法给员工终身雇佣和职业安全的承诺,员工不再为某一组织忠诚,而为自身的事业忠诚。员工更注重自身心理感受与心理成就,他们往往对地位不是很看重,他们希望工作富有灵活性,并渴望从工作中获得乐趣。他们更注重自我发展和就业能力的提高,更注重自我实现。他们对组织的期望已经发生了转变。表9.7概括了近年来心理契约构成的变化的研究成果②。

表 9.7　心理契约构成的变化

特 点	过 去 构 成	现 在 构 成
关注的焦点	工作的安全性、连续性、对组织的忠诚	相互交换的可能性,未来雇用的可能性
形式	结构化、可预测的、稳定的	无固定结构、灵活的、可以广泛地协商
构建基础	传统公平性、社会评判、附加价值(增值)的可能性	市场导向、能力与技能
雇主职责	工作连续、工作安全、培训、职业发展前景	对于附加值的公正奖励
员工责任	忠诚、全勤、服从权威、令人满意的工作绩效	创业精神、技术革新、锐意进取、不断创新、优异的工作绩效
契约关系	正规化、大多数通过工会或者中介代理机构	认为双方服务的交换(内部与外部)是个人的责任
职业生涯管理	组织职责,通过人事部门的输入来规划和促进职业生涯	个人职责,通过个人的再培训和再学习而形成职业生涯的外螺旋发展

环境的变化重塑了组织和员工的心理契约,易变性职业时代的新型心理契约是"交易式心理契约"(transactional psychological contract)。组织给予员工的不

---

① 周文霞. 职业生涯管理[M]. 上海:复旦大学出版社,2005;李宁. 知识经济时代组织职业生涯管理研究[D]. 四川大学,2007:39-42.

② Anderson N. The psychological contract in retrospect and prospect[J]. Journal of organizational behavior,1998,19:637-647;李 原,郭德俊. 组织中的心理契约[J]. 心理科学进展,2002,10(1):83-90.

再是安全稳定的工作,而是更高的可雇佣性;员工不再只对所服务的组织忠诚,而是更忠诚于自己的职业。因此,在新的职业生涯管理环境下,组织应采取的职业生涯管理策略是:构建同员工个人的职业生涯管理的"伙伴关系"。组织与员工之间应形成一种相互信任的、开放的、成人式的合作关系,而不是传统的父子式关系。

三、重建组织与员工的心理契约

动态的环境已经使组织无法向其员工做出"终身雇佣"的承诺,传统的"忠诚"也不能适应快速的变化,传统心理契约的双向承诺平衡被打破。但是,如果组织和员工之间不能相互做出某些承诺,他们就很难建立起一种相互信任与相互合作的关系。美国著名管理学家沃特曼(Robert H. Waterman)等人提出,解决上述问题的方法是重建组织与员工之间的心理契约。

沃特曼等认为,要实现这种心理契约的重建,组织与员工必须完成以下几个观念的转变:

(1) 改变对忠诚的传统认识。组织不能把优秀员工的跳槽看成是背叛,同样如果组织不再需要员工的技能,员工也不应该认为这是背叛。要增强相互之间的尊重和信任。

(2) 改变对职业生涯发展的传统看法。传统职业生涯发展的模式是一直服务于一家组织,在某一个专门领域向上发展。现在,如果员工拥有多种技能,能够在各个职能领域工作、能够在日常工作和特殊项目之间转换,或者员工在原组织原本适合的岗位不复存在时依然可以从容应对,这都是职业生涯成功的标志,对个人和组织都有利。

(3) 所有的员工都应该清醒地认识到组织的目的是提供客户认为有价值的产品和服务。如果做不到这一点,组织就没有存在的必要,组织中的所有人都将失去工作。因此,只有那些对创造这样的产品和服务有贡献的人才能在组织中找到立足之地。

(4) 组织和员工之间传统的父子关系必须转变成一种成人之间的关系,员工的主管无权单方面干涉员工的工作调动,员工离职必须提前告知。组织应与员工分享组织的各种信息,更多地相互交流和沟通。

本章小结

1. 职业生涯是指个体从正式进入职场开始直到退出职场这段时间内的与工作有关的经历、态度、需求、行为等历程。职业生涯管理就是通过分析、评价员工的能力、兴趣、价值观等,确定组织和个人都能接受的职业生涯目标,并通过培训、工作轮换、丰富工作经验等一系列的措施,逐步实现员工职业生涯目标的过程。职业生涯管理包括组织职业生涯管理(OCM)和个人职业生涯管理(ICM)。职业生涯管理过程由自我评价、现实审查、目标设定和行动规划四个步骤所构成。做好职业生涯管理对于促进组织发展与个人职业生涯发展都具有十分重要的意义。

2. 职业生涯设计指组织及员工把个人发展与组织发展相结合,对决定个人职业生涯的自我因素、职业因素、组织因素和社会因素等进行分析,确立职业目标、选择职业通道、发展个人职业生涯的计划安排。职业生涯设计的过程一般包括:确认个人兴趣、价值观;明确职业生涯领域及工作目标;将个人预期目标与实际工作有效结合。

3. 职业选择的目的在于使自身能力素质和职业需求特征相符合。职业选择理论有特质因素理论、职业动机理论、职业性向理论。职业锚指个人在工作过程中逐渐形成的自省能力、需要和价值观的总和。Schein 把职业锚分为 5 种类型:技术/职能型、管理能力型、安全/稳定型、创造型和自主/独立型。

4. 职业生涯发展是指个体经过努力,遵循一定的道路或途径,不断制定和实施新的职业目标,逐步实现其职业生涯目标的过程。职业发展阶段理论主要有 Ginzberg 的三阶段论、Greenhaus 的五阶段论、Schein 的九阶段论。Schein 的职业发展三维模型是分析生涯发展路径的经典模型。四种典型的职业发展路径分别是,传统职业生涯路径、双重/多重职业生涯路径、网状职业生涯路径与横向职业生涯路径。

易变性职业生涯指由于个人的兴趣、能力、价值观及工作环境的变化而经常改变的职业生涯。环境的变化重塑了组织和员工的心理契约,易变性职业时代的新型心理契约是"交易式心理契约"。

? 本章思考题

1. 职业生涯管理过程中组织和员工双方的责任是什么?
2. 怎样通过职业生涯管理实现组织与员工的双赢?
3. 什么是职业锚? 如何理解施恩的职业锚理论?
4. 如何设计员工的职业生涯路径通道?
5. 什么是易变性职业生涯? 如何重建组织与员工间的心理契约?

案例分析

3M 公司的职业生涯管理

3M 公司是一家全球著名的跨国公司,拥有超过 55 000 种产品,包括黏合剂、研磨剂、电子产品、显示产品以及医疗产品等。3M公司的管理层始终尽力满足员工职业生涯发展方面的需求。从20世纪80年代中期开始,公司的员工职业生涯咨询小组一直向个人提供职业生涯问题咨询、测试和评估,并举办个人职业生涯问题公开研讨班。通过人力资源分析过程,各级主管对自己的下属进行评估。公司采集有关岗位稳定性和个人职业生涯潜力的数据,通过电脑进行处理,然后用于内部人选的提拔。

公司的人力资源部门可对员工职业生涯发展中的各种作用关系进行协调。公司以往的重点更多地放在评价和人力资源规划上,而不是员工职业生涯发展的具体内容。新的方法强调公司需求与员工需求之间的平衡,为此,3M公司设计了员工职业生涯管理的体系,主要体现在以下方面:

岗位信息系统。根据员工民意调查的结果,3M公司于1989年年底开始试行了岗位信息系统。员工们的反应非常积极,人力资源部、一线部门及员工组成了专题工作小组,进行为期数月的规划工作。

绩效评估与发展过程。该过程涉及各个级别(月薪和日薪员工)和所有职能的员工。每一位员工都会收到一份供明年使用的员工意见表。员工填入自己对工作内容的看法,指出主要进取方向和期待值。然后员工们与自己的主管一起对这份工作表进行分析,就工作内容、主要进取领域和期待值以及明年的发展过程达成一致。在第二年中,这份工作表可以根据需要进行修改。到年底时,主管根据以前确定和讨论的业绩内容及进取方向完成业绩表彰工作。绩效评估与发展过程促进了3M公司主管与员工之间的交流。

个人职业生涯管理手册。公司向每一位员工发放一本个人职业生涯管理手册,它概述了员工、领导和公司在员工职业生涯发展方面的责任,还明确提出公司现有的员工职业生涯发展资源,同时提供一份员工职业生涯关注问题的表格。

主管公开研讨班。为期一天的公开研讨班有助于主管们理解自己所处的复杂的员工职业生涯管理环境,同时提高他们的领导技巧及对自己所担任之各类角色的理解。

员工公开研讨班。提供个人职业生涯指导,强调自我评估、目标和行动计划,以及平级调动的好处和岗位晋升的经验。

一致性分析过程及人员接替规划。集团副总裁会见各个部门的副总经理,讨论其手下管理人员的业绩情况和潜能。然后管理层层层召开类似会议,与此同时开展人员接替规划项目。

职业生涯咨询。公司鼓励员工主动去找自己的主管商谈个人职业生涯问题,也为员工提供专业的个人职业生涯咨询。

职业生涯项目。作为内部顾问,员工职业生涯管理人员根据员工兴趣印发出一些项目,并将它们在全公司推出。

学费补偿。这个项目已实行多年,它报销学费和与员工当前岗位相关的费用,以及与某一工作或个人职业生涯相关之学位项目的全部学费和费用。

调职。岗位撤销的员工自动进入个人职业生涯过渡公开研讨班,同时还接受具体的过渡咨询。根据管理层的要求,还为解除聘用的员工提供外部新职介绍。

资料来源:张岩松,李健.中国人力资源开发网,2006.

思考题:

3M公司的职业生涯管理有什么特点? 对组织职业生涯管理有何启示?

第十章 企业劳动关系管理

本章导读

　　企业劳动关系的管理,就是指以促进企业经营活动的正常开展为前提,以缓和调整企业劳动关系的冲突为基础,以实现企业劳动关系的合作为目的的一系列组织性和综合性的措施和手段。

　　通过本章学习,你将了解到:

　　劳动关系管理的基本概念。

　　劳动合同的订立履行。

　　劳动合同的解除与终止。

　　劳动争议的处理。

开篇案例

以"华为事件"推动劳动合同法认知

　　一向行事低调,不愿在媒体上出风头的深圳华为技术有限公司,在 2007 年年末却因为该公司的"员工辞职"事件陷入了舆论的漩涡之中。日前,该公司要求工作满 8 年的 7 000 多名员工在 2008 年 1 月 1 日前办理"自动辞职"手续,然后再重新竞争上岗。因为从 2008 年 1 月 1 日起《劳动合同法》正式施行,华为此举便被广泛解读为意在规避该法中的有关条款。据悉,该事件现在在华为内部已经画上了句号,7 000 多名员工大多已经重新竞聘上岗,约有 100 多人没有成功竞聘。

　　2008 年 1 月 1 日起实施的《劳动合同法》规定,劳动者在用人单位连续工作满 10 年,应订立无固定期限劳动合同。这项规定,被舆论广泛认为是给用工单位套上了"紧箍咒",此前就有不少人担心,这会引发过渡期间企业裁员的高潮。在距离新法实行还有不到两个月时间的节骨眼上,华为作为一家全国知名的 IT 企业,以 7 000 人之巨的规模开展重新竞聘上岗的活动,正好印证了人们此前的担忧。

华为真实的出发点究竟为何，外人无从定论。事情进展到这一步，更需要明确和理清的事实是——华为此次长达一个多月的"辞职门"事件中，究竟是否存在违反法律的行为。从法律界传出的声音，多数都认为华为的行为是合法的——华为公司与7000多名员工进行协商，提前解除劳动合同，并按照国家有关规定给予了这些员工经济补偿，不论是以前的劳动法，还是新实施的《劳动合同法》，均允许员工与用人单位之间协商一致确定劳动合同的解除事宜。至于政府部门，却一直没有一个明朗的态度，只是表示如果"存在违法行为，一定严厉追究"。虽然广东省劳动和社会保障厅劳动关系处处长在接受记者采访时表示：通过这种做法并不能切断劳动者以前的工作年限，规避新《劳动合同法》规定的相应义务。但是他的这一席话是否能够代表官方的正式态度，是否具有法律效应，仍难定论。如今，华为公司7000多人重新竞聘的事宜已经结束，但是对这一事件中的关键问题仍然停留在观众臆测、看客臆断的层面，实在不利于事态的发展。

当然，华为公司是否违法只有法院说的才算数，不过在这一事情中，华为公司员工都是反应平静，有关部门也没有接到员工的申诉。很大程度上，华为事件是被局外人炒热起来的。对于这样一个敏感的社会事件，政府有关职能部门、权威法律部门以及工会组织应尽快给出一个明确的说法。不能仓促定性华为事件是否违法，但是起码应该通过正式的途径告知公众哪些行为就是违法的，哪些行为是合乎法律规定的；还要拿出权威的论断向公众明确，如果企业采取切断劳动者以前的工作年限，来规避新《劳动合同法》规定的应当与劳动者订立无固定期限劳动合同的义务，是否有效。这不只是为了给华为事件释疑解惑，更是为将来《劳动合同法》的实行，创造一个规则更清晰、信息更通达、意识更明确的有利空间。

其实，在华为陷入"辞职门"的同时，沃尔玛、央视等单位也被暴露了相同的问题。在这样的现实环境下，人们确实有理由担心，由此而来可能会出现的企业裁员高潮，这也是华为事件将会导致的最大负面后果所在。但笔者却以为，我们不妨以此为契机向企业和公众多多宣传《劳动合同法》，把法律中的要点难点进一步强调，把公众和企业的法律盲点解释清楚，强化劳动者的法律维权意识和能力，规范企业的人力资源管理行为。在此事件中，就有一些法律专家指出，此前人们对《劳动合同法》有所误读，所谓"订立无固定期限劳动合同"并不意味着就是"铁饭碗"、"终身制"，也不一定会给企业增加负担。类似的信息应该更多、更早、更广泛地被传达出来。

资料来源：农民日报，作者：施维.2007-11-13.

第一节　劳动关系管理概述

现代组织理论强调人本管理，人本管理特别重视处理好组织与人(员工)之间的关系。而劳动关系则是关于组织与劳动者之间的关系，是组织内部一种最为重要的核心关系，因此，加强劳动关系管理具有重要的理论意义和实践意义。

一、劳动关系概述

1. 劳动关系的概念

劳动关系是指劳动者与用人单位(包括各类企业、个体工商户、事业单位等)在实现劳动过程中建立的社会经济关系。具体来说，是指劳动力使用者与劳动者在实现劳动的过程中所结成的与劳动相关的社会经济利益关系。《劳动合同法》第7条规定，用人单位自用工之日起即与劳动者建立劳动关系。它作为一种社会经济关系，可以从两个层面去认识。

首先，劳动关系是一种劳动管理关系。在一个用人单位内部，劳动者提供劳动力，参加单位的生产劳动，服从单位的管理；用人单位向员工提供工作、生产条件，制定生产规则、程序和单位内部的劳动规章，检验劳动成果，从而控制、支配整个劳动生产过程。

其次，劳动关系是一种权利义务关系。现实生活中的劳动关系是依照国家劳动法律法规规范的劳动法律关系，即双方是被一定的劳动法律规范所规定和确认的权利和义务联系在一起的。

劳动关系涉及两个方面的主体：一方是劳动者及以工会为主要形式的劳动者团体；另一方是用工方以及雇主协会组织。作为劳动力的需求主体的用工方，在劳动关系中处于主导、支配地位。而劳动者在让渡自己劳动力的过程中，作为劳动力的供给主体，在企业劳动关系中处于被支配者地位。这两方主体是劳动关系的基本构成要件，只有这两方主体同时存在，劳动关系才会成立，两方缺一不可。

但是若从广义角度上来讲，既然劳动关系的主体有组织之外的工会组织和雇主协会，那么还应该包括另一个主体，那就是政府。不过，政府不是劳动关系运行的主体，而是劳动关系宏观调控的主体。在这里，政府只是代表国家运用法规和政策手段对各类组织劳动关系的运行进行宏观调控、协调和监督，以第三者的身份来调节劳动关系，而不能以一种主体身份介入到劳动关系中。

2. 劳动关系的性质

就一般意义而言,劳动关系的性质主要包括如下内容:

(1) 法律关系的平等性。劳动关系的平等性质主要表现在劳资双方权利义务的表面上的对等。在市场经济条件下,这主要体现在以下两个方面:一方面,劳动者是自己劳动力的所有者,他有权支配自己的劳动力,有权做出让渡自己劳动力的决策,因而他可以在劳动力市场上自由选择自己所满意的企业。同时企业根据自己的生产经营状况,有权选择和使用劳动力;另一方面,劳资双方在履行劳动合同的过程中,劳动者按照企业的要求提供劳动,企业支付给员工工资福利等形式的劳动报酬,这也体现了双方权利义务上的对等。

(2) 实际权利的不对等性。劳动关系的不对等性源于劳资双方经济力量上的悬殊差异。虽然双方具有法律上的平等权利,但是在实践中,由于双方在力量上的不均衡所造成的实际权利上的不对等,已是一个不可否认的事实。

(3) 经济自由的从属性。劳动者与用人单位一旦建立了劳动关系,劳动者就须根据劳动合同的要求将自己的劳动力变为用人单位的生产要素,使自己的劳动力成为集体劳动要素的组成部分。劳动者在整个劳动过程中无论是从经济上,还是从人身上都从属于用人单位。

(4) 经济利益的相关性。劳动关系最基本的内容是经济关系。一方面,劳动者提供劳动,生产出产品或服务,无论是从用人单位还是从全社会的角度而言,都实现了财富的增值;另一方面,用人单位向劳动者直接支付劳动报酬或福利。工资和福利是连接用人单位与劳动者的基本经济纽带,如果缺乏这种经济利益的关系,劳动关系就不可能形成。正因为此,经济利益也就成为双方合作与冲突的最主要原因。

(5) 实践过程的社会性。劳动关系虽然具有经济关系性质,但却并非是一种纯粹的经济关系,它是一种比其他任何一种经济关系都更多的渗透有非经济的社会、文化关系及政治关系的经济关系。

3. 劳动关系的类型

按照劳动关系主体之间的力量对比,可以把劳动关系划分为均衡型劳动关系、倾斜型劳动关系和政府主导型劳动关系。均衡型劳动关系主要表现为:在相关法律和制度的保障下,劳动者和工会的代表有权了解用人单位的内部信息,该单位的基本生产经营决策由雇主和劳动者及其代表或工会双方参与、协商制定。倾斜型劳动关系可分为两种情况,即向雇主方倾斜和向雇员方倾斜。在当今世界经济中,尤其是发展中国家,前者较为普遍,后者仅存在于少数经济体系中。新加坡是比较典型的政府主导型国家。我国计划经济体制时代的企业和员工的关系,基本上属于政府主导型劳动关系。

按照企业与员工之间在利益方面的相互关系,可以将劳动关系划分为利益冲突型劳动关系、利益协调型劳动关系和利益一致型劳动关系。这种劳动关系的划分是同企业内部的管理思想相关的。利益冲突型劳动关系中,劳资双方主体各自均有自己的利益,彼此相互矛盾、冲突。工会的力量一般比较强大,工会在就工资和福利问题与资方进行谈判时容易产生冲突,甚至引发产业行动。这种类型的劳动关系又可称为"传统型"的劳动关系。在利益协调型劳动关系中,劳资双方主体在人格和法律上是平等的,双方相互享有权利和义务,在处理双方利益关系的时候,遵循对等协商的原则。利益协调型的劳动关系重视产业民主,员工被视为独立的劳动关系主体,也是参与企业决策的主要力量。这种类型的劳动关系又可称为"西方型"的劳动关系。利益一致型劳动关系强调企业目标和组织机构的单一性原则,赋予企业权威性,主张对员工实行激励的办法,通过企业内部的管理制度和激励机制来协调劳资双方之间的利益关系。在这种类型的劳动关系中,工会力量相对较弱,而人力资源开发与管理机制则相对完善和健全。因为日本的企业内部劳动关系多属于这种类型,利益一致型的劳动关系又称为"亚洲型"的劳动关系。

按实现劳动过程的方式来划分,劳动关系又可分为两类:一类是直接实现劳动过程的劳动关系,即用人单位与劳动者建立劳动关系后,由用人单位直接组织劳动者进行生产劳动的形式,当前这一类劳动关系居绝大多数;另一类是间接实现劳动过程的劳动关系,即劳动关系建立后,通过劳务输出或借调等方式由劳动者为其他单位服务实现劳动过程的形式,这一类劳动关系目前居少数,但今后会逐年增多。

4. 企业劳动关系的调整

企业劳动关系的调整是指劳动双方根据内外部客观环境的变化,依据相关法律法规对双方的权利和义务进行调整的过程。企业劳动关系的调整依据调解手段不同,主要分为7种:

(1) 劳动法律法规。劳动法律法规由国家制定,体现国家意志,覆盖所有的劳动关系,通常为调整劳动关系的原则性规范与最低标准,其基本特点是体现了国家意志。这类法律主要有《劳动法》、《劳动合同法》、《劳动争议仲裁法》等等。

(2) 劳动合同。劳动合同是企业与员工确立劳动关系,明确双方权利与义务的协议。订立合同的目的是在企业与员工之间建立劳动法律关系,双方订立劳动合同时法律地位平等,经过平等自愿,协商一致,当事人双方合意的结果。其基本特点是体现劳动关系当事人双方的意志。

(3) 集体合同。企业集体合同是指企业与由工会或员工推举的代表就劳动组织、劳动条件和生活条件为主要内容而签订的书面协议。在企业里,有两个原因坚定了集体协商比个别协商更加重要。一是在员工与企业的博弈中,由于劳动力的本质特征与中国劳动力市场的现状,单个员工不可能与企业保持力量上的均衡,这使得他们必须组织起来以增强对企业的影响;二是,由于企业内的分工与协作,使得企业很多事务属于公共事务,这些事务对每一个员工都有影响。如,劳动时间制度、工资制度等。集体合同的基本特点也是体系劳动关系双方当事人的利益。

(4) 民主管理(职工代表大会、职工大会)制度。在现代社会,工会与员工普遍获得参与企业管理的权利,主要是对企业经营活动提供咨询,或与雇主一道共同参与企业管理。我国目前员工参与企业管理的主要形式有职工代表大会制度与平等协商制度。

(5) 企业内部劳动规则。企业内部劳动规则是指用人单位依法制定并在本单位实施的组织劳动过程和进行劳动管理的规则。企业为制定主体,在企业以公开正式的行政文件为表现形式,只在本企业适用。企业内部劳动规则的基本特点是雇主意志的体现。

(6) 劳动争议处理制度。劳动争议处理制度,是通过劳动立法的形式将劳动争议处理的机构、原则、程序、受理范围等确定下来,用以处理劳动争议的一项法律制度。它是当劳动关系处于非正常状态时,经过劳动关系当事人请求,由依法建立的处理机构,如调解结构、仲裁机构等对劳动争议的事实和当事人的责任依法进行调查、协调和处理的有关规范。

(7) 劳动监督检查制度。县级以上地方人民政府劳动行政部门依法对企业实施劳动合同制度的情况进行监督检查:如,用人单位制定直接涉及劳动者切身利益的规章制度及其执行的情况;用人单位与劳动者订立和解除劳动合同的情况;用人单位遵守国家关于劳动者工作时间和休息休假规定的情况;用人单位支付劳动合同约定的劳动报酬和执行最低工资标准的情况;用人单位参加各项社会保险和缴纳社会保险费的情况等等,以保证劳动法体系全面正常的实施。

二、劳动关系管理概述

1. 劳动关系管理的概念

企业劳动关系管理作为一种社会经劳动关系管理是企业依据国家劳动法律、法规的规定,并结合企业实际,通过规范化、制度化的管理,使劳动关系双方(企业与员工)的行为得到规范,权益得到保障,维护稳定和谐的劳动关系,促使企业经营稳定运行。企业人力资源管理工作中的员工招收、录用、企业内人力资源的配置调整等事项,在劳动关系管理中则表现为劳动合同的订立、履行、变更、解除和终止。因此,必须按照有关法律、法规,按照严格的程序,是劳动关系管理制度化、规范化的基本要求。

劳动关系双方在不同阶段利益关系的不同,要求劳动关系管理的内容要多样性,包括劳动合同管理、劳动争议处理、集体谈判和集体合同管理等。其中,劳动合同管理和任何一项管理一样,是一种计划、组织、领导和控制。劳动合同管理就是通过计划、组织、领导和控制等手段,把劳动合同运行过程中各个要素的功能统一起来,使之取得最佳效益。劳动合同管理具体包括劳动合同的订立、履行、变更、解除和终止,劳动合同争议的处理等内容。

2. 企业劳动关系管理的基本原则

(1) 兼顾各方利益原则。企业在劳动关系管理的过程中,应该兼顾投资者、经营者、管理者与劳动者的利益。他们之间的利益既是对立的,也是统一的。企业在劳动关系管理的过程中,应尽可能将他们的利益冲突引导到企业做强做大,彼此共赢的轨道上来。

(2) 协商解决争议原则。解决劳动争议主要有协商、调解、仲裁和诉讼四种形式。劳动争议发生时,劳企双方应积极建立对话机制,尽可能通过协商解决争议,这是解决矛盾最便捷、最经济,也是对劳企双方最有利的解决劳动争议的方式。

(3) 以法律为准绳的原则。有关劳动关系的法律法规很多,企业在劳动关系管理的过程中,必须以法律为准绳,按相关规定办事,高压线是万万不能触及的。

(4) 劳动争议以预防为主的原则。劳动争议是对劳企双方都不利的时期,所以劳企双方,尤其是企业,应积极建立其劳动争议的预防与预警机制,尽可能减少甚至杜绝劳动争议的发生。

3. 企业劳动关系管理的主要内容

企业劳动关系管理涉及人力资源管理的方方面面,同时与员工和企业的利益息息相关,主要有:

(1) 员工的劳动合同管理。其主要内容有:①劳动合同履行的原则;②员工招收录用条件、招工简章、劳动合同草案、有关专项协议草案等等;③员工招收录用计划的审批、执行权限的划分;④劳动合同的订立、履行、变更、续订、解除和终止的审批与管理办法;⑤试用期考察办法;⑥员工档案管理办法;⑦集体合同拟定、协商等管理办法;⑧劳动合同管理制度修改、废止管理办法等。

(2) 劳动纪律管理。劳动纪律是企业依法制定的,全体员工在劳动过程中都必须遵守的行为规则。每位员工都必须按照规定的时间、地点、质量、方法、程序和有关规程的统一规则要求履行自己的劳动义务,保持全体员工在劳动过程中的行为方式和联系方式的规范化,以维护正常的生产、工作秩序。其主要内容为:①时间规则。作息时间、考勤办法、请假程序、办法等;②组织规则。企业各直线部门、职能部门、或各组成部分及各类层级权责结构之间的指挥、服从、接受监督、保守商业秘密等的规定;③岗位规则。劳动任务、岗位职责、操作规程、职业道德等;④协作规则。工种、工序、岗位之间的关系,上下层次之间的连接、配合等的规则;⑤品行规则。言语、着装、用餐、行走、礼节等规则;⑥其他规则,等等。

(3) 劳动定员定额管理。①编制定员规则。企业依据自身的实际情况制定的企业机构设置和配备各类人员的数量界限。除法律、行政法规规定的以外,企业按照生产经营的实际需要,自主决定内部机构的设立、调整、撤并和人员配备;②劳动定额规则。在一定的生产技术水平和组织条件下,企业制定的劳动者完成单位合格产品或工作所需要的劳动消耗量标准。分为工时定额和产量定额两类。

(4) 劳动岗位规范管理。劳动岗位规范是企业根据劳动岗位的职责、任务和生产手段的特点对上岗员工提出的客观要求的综合规定。在劳动关系协调、组织劳动过程中,劳动岗位规范是安排员工上岗、签订上岗协议和对员工进行岗位考核的依据和尺度。包括:①岗位名称;②岗位职责;③生产技术规定;④上岗标准。

(5) 劳动安全卫生管理。国家为了保护劳动者在生产过程中安全健康,根据生产的客观规律和生产实践经验的总结,规定了以下企业必须执行的安全生产管理,主要有:①安全生产责任管理;②安全技术措施计划管理;③安全生产教育管理;④安全生产检查管理;⑤重大事故隐患管理;⑥安全卫生认证管理⑦伤亡事故报告和处理制度;⑧个人劳动安全卫生防护用品管理;⑨劳动者健康检查管理等。

第二节 劳动合同的订立履行

劳动合同的订立,是劳动合同管理工作的起始环节,也是重要内容之一。它标志着用人单位与劳动者正式建立起劳动关系,双方各自享有一定的权利,履行一定的义务。劳动合同的订立,必须具备三个方面的条件:一是当事人应符合一定资格条件;二是要遵循一定的原则;三是要按照一定的程序订立。

一、劳动合同的订立

劳动合同的订立,是指用人单位与劳动者经过相互选择、协商一致,以书面形式依法签订协议,确定劳动合同内容,明确双方的权利、义务和责任,建立劳动关系的法律行为。

1. 订立劳动合同的资格条件

企业与劳动者订立劳动合同,是建立劳动关系的一种法律行为,双方必须具备必要的法定条件,符合法律规定的签订劳动合同的资格要求。任何一方不满足,则会导致劳动合同无效,失去法律效力,甚至可能会给双方造成不良的后果。因此,在订立劳动合同时,企业必须考虑自身和劳动者是否都具备资格条件。

(1) 企业应满足的条件。企业满足订立劳动合同的资格条件有 5 条。

第一,企业必须依法成立,具有法人资格。如果企业的成立是非法的,比如企业擅自挂牌生产或企业从事非法生产等,这样的企业就不具备法人资格,也就不能与劳动者签订劳动合同。企业是否具有法人资格,主要看其是否到国家工商行政管理机关办理了企业法人登记手续。

第二,企业必须具备一定的经济基础。也就是说,企业必须具有一定的经济实力,拥有独立的财产或独立的财政预算。只有这样,企业才有可能雇佣劳动者进行生产,并按国家法律、法规、政策的规定和劳动合同的约定,支付给劳动者必要的报酬和其他各项社会福利待遇,履行有关义务和法律责任。

第三,企业具有健全的组织机构。即企业必须是一个整体组织,有自己的管理机构。企业的管理机构可以是理事会、董事会、管理委员会等,也可以是厂长、经理、主任等企业管理机构。还要有特定的名称、固定的住所和组织条例或章程。

第四,企业能够独立承担民事责任。即企业能够以本身统一组织的名义独立享有民事权利和承担民事责任,而不是以企业领导机构(如企业主管部门)和负责人的名义,或者以企业法定代理人的名义享有民事权利和承担民事责任。

第五,企业在签订劳动合同时,必须出示法定代表人证明,代表企业一方签字的必须是法人代表或其授权的委托人。按照我国《民法通则》的规定,国有企业、集体企业的法定代表人是企业的厂长、经理;联营企业的法定代表人由联营双方在联营合同或章程中确定,可是企业的董事长或总经理;股份制企业的法定代表人由企业章程确定,一般是该企业的董事长。

只有同时具备了以上 5 个方面条件的企业才有与劳动者签订劳动合同的资格,所签订的劳动合同才有可能受到法律的保护。

(2) 劳动者需满足的条件。劳动者满足订立劳动合同的资格条件有 4 条。

第一,达到法定年龄。

第二,身体健康状况满足要求。即劳动者必须具有劳动行为能力,或虽只具有部分劳动行为能力但能正常从事企业的劳动生产。

第三,必须是具有人身自由,能正常享有劳动权利和劳动义务的公民。如果劳动者没有人身自由,企业不得与之签订合同,即使签订了,该劳动合同也不受法律的保护。

第四,劳动者必须能够在法定工作时间内提供劳动。企业与劳动者签订劳动合同时,有权利要求劳动者告之其是否还有其他劳动合同在身,以便企业根据自身要求和劳动者情况决定是否录用劳动者或确定劳动者的工作时间。

企业在与劳动者签订劳动合同前,必须对其劳动状况进行考察,劳动者只有在具备了以上4个方面的条件时,才具有签订劳动合同的资格。

一般来说,劳动者只要具备了签订劳动合同的资格,企业就可以与其签订劳动合同、建立劳动关系。但由于我国现阶段劳动就业压力较大,各级政府对企业用工情况还做了一些限制性的规定。因此,企业在与劳动者签订劳动合同之前,还要注意了解熟悉这些限制性规定,以确保劳动合同的合法性,进而保证本企业的权益不至于因此而受到无谓损害。

2. 订立劳动合同的程序

订立劳动合同过程中还要遵循订立劳动合同的基本程序,即企业在与劳动者订立劳动合同过程中必须履行的手续和必须遵循的步骤。

(1) 招收录用阶段。在此阶段,企业提出要约,寻找和确定被要约方,即寻找和确定劳动者。主要包括以下四道程序:

第一,发布招聘信息。企业应当根据自己的生产经营需要,通过报刊、杂志、网络等途径,按照有关规定向社会发布招聘信息。招聘信息中,应当包括两部分内容:一是招聘条件,其中包括招收的工种或专业、招聘的对象、招聘名额、男女比例等;二是录用后的权利和义务,主要是指工资、福利、社会保险、劳动保护和需要遵守的规章制度等,以便于求职者择业应招。

第二,组织报名。企业对外发布招聘信息后,要安排具体的时间、地点、人员开展报名工作,有关工作人员要负责接待应聘者咨询,接收应招劳动者提交的有关证明文件,如身份证、学历证明、技能资格证明等等,对应聘者进行初步筛选,将明显不符合招工要求的应聘者淘汰掉。

第三,对劳动者进行全面考核。企业在接受劳动者报名后,应组织有关人员对参与招聘的劳动者的健康状况、文化程度、技能水平、受雇历史等情况进行全面考核,考核内容由企业或企业与主管部门协商确定。考核标准可以根据生产工作和劳动过程的特性和需要有所侧重。在考核当中,不能有苛刻的违背劳动者意愿或违反社会公德的考核条件,更不能进行违法的考核。

第四,择优录取。企业在对劳动者进行考核之后,应择优确定被录用人员,公布考核结果,公开录用劳动者。企业要向被录用人员发出书面通知,必要时对未被录用人员的查询和发问进行解释。此外,企业还应当向劳动行政主管部门输录用工手续。被录用人员即为被要约人,一般是不能随意更改的,但这还不表示合同上的承诺,如情况必须双方还可以变更其意思和行为。

在这一阶段中,企业发布招聘信息,即为提出要约。但此时具体与企业签订劳动合同的劳动者尚未确定,亦即被要约人是不确定的。发布招聘信息具有要约的法律约束力,组织是不能随意更改其内容的,劳动者报名或应试也就是接受组织的条件并愿意就劳动合同内容进行协商。企业在拟写招工简章时,一定要实事求是,尤其是对于福利待遇、工作时间、休假等有关内容的许诺,一定要真实,既要对劳动者负责也要对企业负责。

《劳动合同法》第 8 条规定,用人单位招用劳动者时,应当如实告知劳动者工作内容、工作条件、工作地点、职业危害、安全生产状况、劳动报酬,以及劳动者要求了解的其他情况;用人单位有权了解劳动者与劳动合同直接相关的基本情况,劳动者应当如实说明。

《劳动合同法》第 9 条规定,用人单位招用劳动者,不得扣压劳动者的居民身份证和其他证件,不得要求劳动者提供担保或者以其他名义向劳动者收取财物。

(2) 签订劳动合同阶段。经过前面的招收录用阶段,企业初步确定了拟签订劳动合同的劳动者名单后,就进入了第二阶段——具体签订企业劳动合同。

《劳动合同法》第 10 条规定,建立劳动关系,应当订立书面劳动合同。

已建立劳动关系,未同时订立书面劳动合同的,应当自用工之日起一个月内订立书面劳动合同。

用人单位与劳动者在用工前订立劳动合同的,劳动关系自用工之日起建立。这一阶段主要步骤如下:

第一,企业提出劳动合同草案。企业在决定录用劳动者以后,要拟定并向劳动者提交劳动合同草案。合同草案并不是正式的合同文件,它只是为了便于企业与劳动者协商使用,而由企业单方面提出的,不具有法律约束力。企业有义务向劳动者说明草案中各条款的具体内容和法律依据,解答劳动者的疑问。

第二,企业向劳动者介绍企业内部劳动规章制度。一旦签订劳动合同,劳动者将成为企业的一员,就必须遵守企业的各项规章制度。从某种意义上来说,企业内部劳动规章是劳动合同的附件。劳动者能否接受企业的规章制度,也是决定劳动者是否与企业签订劳动草案的同时,还必须向劳动者详细说明企业内部劳动规章制度。

第三,企业与劳动者协商劳动合同内容。企业与劳动者就劳动合同草案中的条款逐一协商,对需要补充或修改的内容各自提出意见,相互协商达成一致。

《劳动合同法》第 17 条规定,劳动合同应当具备以下条款:

(一) 用人单位的名称、住所和法定代表人或者主要负责人;

(二) 劳动者的姓名、住址和居民身份证或者其他有效身份证件号码;

(三) 劳动合同期限;

(四) 工作内容和工作地点;

(五) 工作时间和休息休假;

（六）劳动报酬；

（七）社会保险；

（八）劳动保护、劳动条件和职业危害防护；

（九）法律、法规规定应当纳入劳动合同的其他事项。

劳动合同除前款规定的必备条款外，用人单位与劳动者可以约定试用期、培训、保守秘密、补充保险和福利待遇等其他事项。

第四，双方签约。企业与劳动者经过协商一致，在企业劳动合同书上签字。签字前，企业劳动合同管理人员要认真审阅合同书的内容是否真实，是否全部是双方最后协商一致的结果。在确认无误的基础上，企业通过一定仪式和劳动者签字、盖章。如果合同不需要鉴证，则至此合同的订立阶段结束，所签劳动合同具备法律效力。

第五，合同鉴证。合同鉴证是企业根据国家规定或企业和劳动者的要求，将合同及相关证明材料递交到合同签订或履行地的合同鉴证机构，依法审查、证明劳动合同的真实性和合法性的一项行政监督服务措施。合同鉴证机构一般是劳动行政部门。需要鉴定的劳动合同包括：全民所有制、集体所有制企业从城镇和农村招用的劳动合同制工人、临时工签订的劳动合同；私营企业雇主招用雇工签订的劳动合同；外商投资企业与员工签订的劳动合同；经企业与劳动者协商同意变更或续订的劳动合同；其他劳动合同；等等。企业劳动合同符合上述条件之一的，企业必须将合同送交鉴证。鉴证时企业应递交给劳动行政部门的材料，包括经营执照，签订的劳动合同文本三份，企业法定代表人的身份证明或授权委托书，以及鉴证部门认为需要的其他材料。

经审查合格后，鉴证人员予以办理有关手续；若审查不合格，鉴证人员指出存在的问题，企业可以与劳动者共同协商更正，并予以补足后再送鉴证。

小知识

劳动合同的鉴证不是必须的，是否鉴证与劳动合同的效力无关。劳动争议仲裁委员会不能以劳动合同未经鉴证为由不受理相关的劳动争议。在我国，鉴证是对劳动合同确立的劳动关系的合法性的证明，是国家对劳动合同实施有效管理的一种办法。一般采取自愿原则。但是，为了保证劳动合同的合法有效，劳动合同签订后，应当到当地劳动行政机关办理鉴证劳动合同的手续。

二、劳动合同的履行

劳动合同的履行,是指劳动合同在依法订立以后,企业依据合同约定的条款,履行合同约定的义务,实现合同约定的权利,致使企业劳动合同所产生的劳动法律关系得以保持的过程。劳动合同依法订立,企业和劳动者都必须履行。

1. 全部履行和不适当履行

按照劳动合同履行程度,可能会出现全部履行和不适当履行两种情况,见表10.1。

表 10.1 劳动合同履行的情况

全部履行	企业履行合同中规定的全部义务和实现合同中规定的全部权利
不适当履行	企业只履行合同中规定的部分义务,或只实现合同中规定的部分权利。不适当履行的三种情况: 1. 不完全履行:指企业只完成劳动合同规定的一部分义务 2. 不履行:指企业未按劳动合同的规定履行自己应承担义务 3. 单方不履行:指企业履行了劳动合同规定的、自己所应承担的义务,而员工没有履行劳动合同规定其所应承担的义务

从企业角度来说,要依法尽量促进合同的全部履行,或提高合同条款履行程度和比例。

2. 劳动合同履行的条件及原则

概括起来劳动合同履行的条件应当有以下几项:

(1)履行的主体必须是企业和员工。劳动合同的履行是相互的,企业和员工都要履行合同规定的义务。

(2)劳动合同履行的标的必须明确。所谓标的就是指劳动合同权利义务所指向的对象。劳动合同履行的标的必须明确,就是要求合同中应明确劳动者应完成的工作任务数量、质量以及完成后所获得的劳动报酬的数额等。

(3)要有履行的期限。劳动合同期限是双方相互接受履行合同的时间,劳动合同履行应当按照约定时间履行,不得迟延。

(4)要有履行地点。劳动合同必须按约定地点履行,不得随意变更履行地点。

(5)劳动合同履行的方法要与合同的性质和内容相互适应。履行的方法为劳动合同本身的性质和内容所决定,一般包括生产方式、劳动方式和劳动报酬给付方式。履行方式一经确定,不能随意更改。

劳动合同的履行必须遵循以下原则：

(1) 实际履行的原则。所谓实际履行的原则就是指企业要按照合同规定的标的,履行自己的义务和实现自己的权利,不得以其他标的或方式来代替。实际履行的原则要求:员工一方要向企业提供一定数量和质量的劳动,以保证企业生产经营活动正常开展;企业一方要为员工支付必要的劳动报酬和提供必要的劳动条件等,以保障员工正常的生活和工作需要。

(2) 亲自履行的原则。所谓亲自履行的原则就是指企业要以自己的行为履行劳动合同规定的义务和实现劳动合同规定的权利,不得由他人代为履行。亲自履行的原则要求:企业要以自己的实际行为去完成劳动合同规定的任务,实现劳动合同约定的目标,企业要将劳动合同规定的内容融入到自己的日常活动和工作中去;同时,企业也有权要求员工以自己的实际行动去完成劳动合同规定的任务,实现劳动合同约定的目标。

(3) 全面履行的原则。企业劳动合同规定的各项条款是有其内在联系的,是不能割裂的统一整体。企业不能分割履行某些条款规定的义务或者不按劳动合同约定履行,企业必须按劳动合同约定的时间、地点和方式,全面履行劳动合同规定和各项义务。只有企业和员工双方全面履行自己的义务,才能保证劳动合同得以全部履行。

(4) 协作履行原则。协作履行是指企业和员工相互协作,共同完成劳动合同规定的任务。

在实践中,劳动合同的履行可能会出现一些特殊情况和问题,这就需要给予其特殊的关注。

(1) 合同出现不明确条款问题。由于劳动合同订立中的疏忽或过失等原因,在劳动合同的履行中有时会出现不明确的条款,从而造成劳动合同的履行难以进行。企业在处理这一问题的时候,可以把握这样一条原则:对于不明确的条款,应当依法先确定其具体内容,然后予以履行。而对于不明确条款具体内容的确定,常用的操作技术是:企业内部劳动规章制度有明确规定的,就按企业内部规定办;企业内部劳动规章制度没有明确规定的,就按集体劳动合同的明确规定办;集体劳动合同未作明确规定,就按照有关劳动规则和政策的规定履行;有关劳动法规和政策没有明确规定的,就按通行的习惯办;通行的习惯没有可供参考的,就按和劳动者协商的结果办。

(2) 关于向第三方履行义务问题。按照企业劳动合同的亲自履行原则,企业只对与之签约的劳动者本人履行劳动合同规定的义务,不存在向第三方履行义务的问题。对劳动者而言,也同样如此。但在特殊情况下,员工或企业依法也可以向第三方履行义务。我国劳动法虽无关于企业向第三方履行劳动待遇给付义务的规定,但是可以依据其他法规的有关规定和有关惯例来处理这方面的问题。

(3) 关于员工履行合同之外的劳动给付问题。一般来讲,员工履行劳动给付的范围以合同约定为标准,企业不得在合同约定以外强求员工履行劳动义务。但在特殊情况下,企业有权要求员工履行约定以外的劳动给付义务。比如在遇有紧急情况时,为避免危险事故的发生或进行事故的抢救和善后处理等工作,企业可以指派员工从事合同约定以外的劳动,员工无故一般不得推辞。

三、企业劳动合同的变更

企业劳动合同订立以后,若无特殊情况,企业必须认真履行,不得擅自变更劳动合同的内容和条款。但在劳动合同的实际履行中,用人单位与劳动者协商一致,可以变更劳动合同约定的内容。变更劳动合同,必须遵循一定的程序。

第一,企业向员工提出变更劳动合同的请求,并就变更的理由、内容、条款和条件等作出说明,还要给员工一个思考答复的期限。

第二,员工按期向企业作出答复。

第三,双方协商,达成书面协议。

第四,备案或鉴证。

劳动合同的变更属于法律行为,不仅变更的条件、内容、程序要合法,而且对于其中的一些细节问题也要注意合乎规范,以免给企业造成不必要的损失或纠纷。

首先,变更劳动合同应采用书面形式,变更后的劳动合同文本由用人单位和劳动者各执一份。

其次,劳动合同变更后,变更合同的效力只及于经过变更的合同条款,未变更的合同条款仍然有效,仍应依法履行。

最后,企业如果由于破产或被兼并而导致企业的法人和所有制性质发生变化,或者劳动者跨企业流动时,只能先解除劳动合同,再由新的法人与劳动者重新签订劳动合同,而不能只是变更劳动合同的相关内容。

第三节　劳动合同的解除与终止

一、劳动合同的解除

劳动合同的解除,是指企业和员工提前终止劳动合同的法律效力,解除双方的权利义务关系。劳动合同的解除可以是企业或员工单方面的行为,也可以是双方的行为。

1. 劳动合同解除的种类

劳动合同解除的种类见表 10.2。

表 10.2　劳动合同解除的种类

分类标准	标准的内容	合同解除的种类
解除方式	双方协议	协议解除
	不协议	单方解除
解除依据	劳动法规	法定解除
	劳动合同	约定解除
解除原因	对方有过错	有过错解除
	对方无过错	无过错解除

2. 企业解除劳动合同的条件

第一种情况,劳动者有下列情形之一的,企业可以随时解除劳动合同:

(1) 在试用期间被证明不符合录用条件的。

(2) 严重违反用人单位规章制度的。

(3) 因严重失职、营私舞弊、给用人单位造成重大损害的。

(4) 劳动者同时与其他用人单位建立劳动关系,对完成本单位的工作任务造成严重影响,或者经用人单位提出,拒不改正的。

(5) 劳动者以欺诈、胁迫的手段或者乘人之危,使用人单位在违背真实意思的情况下订立或者变更劳动合同的。

(6) 被依法追究刑事责任的。

第二种情况,有下列情形之一的,企业提前 30 日以书面形式通知劳动者本人或者额外支付一个月工资后,可以解除合同:

(1) 劳动者患病或非因工负伤,在规定的医疗期满后不能从事原工作也不能从事由企业另行安排的工作的。

(2) 劳动者不能胜任工作,经过培训或者调整工作岗位,仍不能胜任工作的。

(3) 劳动合同订立时所依据的客观情况发生重大变化,致使原劳动合同无法履行,经与员工协商不能就变更劳动合同达成协议的。

第三种情况,劳动者有下列情形之一的,禁止企业解除劳动合同:

(1) 从事职业病危害作业的劳动者未进行离岗前职业健康检查,或者疑似职业病病人在诊断或者医学观察期间的。

(2) 在本单位患职业病或者因工负伤并被确认丧失或者部分丧失劳动能力的。

(3) 女员工在孕期、产期、哺乳期内的。

(4) 患病或者负伤,在规定的医疗期内的。

(5) 在本单位连续工作满 15 年,且距法定退休年龄不足 5 年的。

(6) 法律、行政法规规定的其他情形。

根据劳动合同法的规定,用人单位单方解除劳动合同,应该事先将理由通知工会。用人单位违反法律、行政法规规定或者劳动合同约定的,工会有权要求用人单位纠正。用人单位应当研究工会的意见,并将处理结果书面通知工会。

3. 员工解除劳动合同的条件

第一种情况,员工提前 30 日以局面形式通知企业解除劳动合同。

第二种情况,在试用期内,员工提前 3 天通知企业解除劳动合同。

第三种情况,如果符合以下条件时,员工可以随时通知企业解除劳动合同:

(1) 企业未按照劳动合同约定提供劳动保护或者劳动条件的。

(2) 未及时足额支付劳动报酬的。

(3) 未依法为劳动者缴纳社会保险费的。

(4) 用人单位的规章制度违反法律、法规的规定,损害劳动者权益的。

(5) 以欺诈、胁迫的手段或者乘人之危,使对方在违背真实意思的情况下订立或者变更劳动合同致使劳动合同无效的。

(6) 法律、行政法规规定劳动者可以解除劳动合同的其他情形。

第四种情况,用人单位以暴力、威胁或者非法限制人身自由的手段强迫劳动者劳动的,或者用人单位违章指挥、强令冒险作业危及劳动者人身安全的,劳动者可以立即解除劳动合同,不需事先告知用人单位。

4. 解除劳动合同程序

解除劳动合同一般应遵循以下程序。

(1) 辞退通知前的环节。企业在发出辞退通知以前,必须经过特定的环节,这里主要指:一是企业对于因违纪(违章)违法应予辞退的员工,必须针对其违纪(违章)违法行为进行批评教育或纪律处分,经教育无效的,才可辞退;二是企业辞退员工,一般应当先向本企业工会征求意见。如果裁员,应当提前 30 天向本企业工会或全体员工说明情况并提供有关企业生产经营状况的资料,并就裁员方案征求工会或全体员工的意见,并对方案进行修改和完善;三是裁员应当事先向劳动行政部门报告裁员方案以及工会或全体员工的意见,并听取劳动行政部门的意见。

(2) 解约的协议或通知。在这里要注意三点:一是劳动合同的协议解除,应当由企业和员工双方进行协商,依法签订书面协议;二是企业解除劳动合同,应当由企业提前或即时以书面形式告知员工;三是员工解除劳动合同,应提前 30 日以书面形式通知企业。

（3）解约协议或通知后的环节。一是工会干预。工会认为辞退不当的，有权提出意见，企业对工会意见应认真研究；二是争议处理。如果因劳动合同的解除而发生争议，可求助于调节、仲裁或诉讼程序；三是备案。劳动合同解除后，企业需要报请当地的劳动行政部门备案。

二、劳动合同的终止

劳动合同的终止虽然和解除一样，都是消灭劳动法律关系的行为，但二者有着明显的区别。劳动合同终止的条件是约定的，而劳动合同解除的条件是法定的。劳动合同终止是劳动合同关系的正常结束，而劳动合同解除是劳动合同关系提前消灭，是劳动合同终止的一种特殊形式。

企业劳动合同订立后，企业不得随意终止劳动合同，只有法律规定情况出现，企业才能终止与员工签订的企业劳动合同。劳动合同终止是指劳动合同关系的消灭，即劳动关系双方权利义务的失效。劳动合同终止分为两类：自然终止和因故终止。

1. 自然终止

属于自然终止的情形分别为：

（1）因合同期限届满而终止。这是就有固定期限的企业劳动合同而言的，即在企业劳动合同规定的期限内，企业和员工按照劳动合同规定的条款全部适当地履行了各自的义务，全部实现了各自的权利，劳动合同履行完毕，自行终止。

（2）员工退休。企业在与员工订立有固定期限的劳动合同时，应当严格执行国家有关劳动者退休的规定，合同期限不能超过员工的法定退休年龄。如果在订立合同时忽略了这一点，那么，凡达到法定退休年龄的员工，企业要及时为其办理退休手续，不能以合同未到期为由而延长到合同期满后退休。

（3）因完成一定的工作而终止。对于以完成一定工作为期限的企业劳动合同来说，尽管劳动合同中没有明确的时间限定，但企业和员工约定以完成一定的工作任务为劳动合同期限，一旦劳动合同规定的工作任务完成，也就是劳动合同期限届满，劳动合同即自行终止。而且，因为特定的工作已经完成，所以这类合同不存在续订的问题。即使企业愿意继续与员工维护劳动合同关系，也只能订立新的劳动合同。

当上述条件出现时，劳动合同就可以终止，但在实际操作中习惯上应提前 30 天通知。

2. 因故终止

属于因故终止的情形分别为：

(1) 协议终止。企业劳动合同除因期限届满而自然终止以外,企业和员工还可以在劳动合同中约定企业劳动合同终止的其他事由,一旦双方约定的事由出现,劳动合同即告终止。另外,在劳动合同的有效期限内,由于各种情况的变化,有可能使劳动合同的履行对于企业和员工双方或一方不利或不必要、不可能。在这种情况下,经一方提出,双方协商一致,也可以终止劳动合同。由于情况变化,员工另有谋生之道,企业也正好不需要该工种的员工,经双方平等协商后,可以终止劳动合同。

(2) 劳动合同双方约定解除劳动关系;一方依法解除劳动关系。

(3) 劳动关系主体一方消灭(企业破产、劳动者因故死亡)。劳动关系主体消灭。在企业劳动合同履行过程中,若员工死亡,不论属于何种情况,原劳动合同均告终止。或者,由于企业资不抵债而宣告破产,原劳动合同也只能终止。

(4) 因不可抗力而终止(战争、自然灾害等)。在企业劳动合同履行过程中,如果发生了企业不可预见并不能克服,或虽然能预见但无法制止其发生的情况,致使原劳动合同无法继续履行,劳动合同即告终止。如原劳动合同签订后,因企业遭受重大火灾,使其无法再恢复生产和经营并履行劳动合同,该劳动合同不得不终止。

(5) 经裁定或判决终止。企业可以向劳动争议仲裁部门和人民法院提出请求,经劳动争议仲裁部门和人民法院调查和审理,有权依法裁定或判处劳动合同终止。一旦有关劳动合同终止的裁定或判决书生效,企业劳动合同即告终止。在这种情况下,企业需要在一定期限内清偿员工的工资,并给予员工一定的经济补偿。当然,员工也有权向劳动争议仲裁部门和人民法院提出终止劳动合同的请求。

劳动合同依法解除或终止时,用人单位应同时一次付清劳动者工资;依法办理相关保险手续;用人单位依法破产时,应将劳动者工资列入破产清偿顺序,首先支付劳动者工资。

3. 劳动合同终止中后双方的义务

(1) 企业的义务。①支付经济补偿金;②向社会保险经办机构缴纳有关费用;③出具劳动关系终止证明书;④在 15 日内为劳动者办理档案和社会保险关系转移手续;⑤返还员工寄存财产。在劳动关系存续期员工寄存于企业的各项财产,当劳动合同终止时企业应当返还;⑥对已经解除或者终止的劳动合同文本保存两年以上备查。

(2) 劳动者的义务。因虽劳动合同终止劳动者已不再是企业的员工,但仍应对企业负有的义务,主要有:①遵循诚实信用的原则,办理工作交接的义务。劳动者在劳动合同解除或者终止时,不能一走了之,还必须履行相应的法律义务,即按照双方约定,遵循诚实信用的原则办理工作交接的义务;②保守商业秘密。劳动者对其在劳动关系存续期间得知的商业秘密,应当按劳动合同约定,在企业劳动合同终止后一定期限内(不超过两年),不到与原企业生产同类产品或经营同类业务且有竞争关系的其他企业任职,也不自己生产与原企业有竞争关系的同类产品或经营同类业务;③赔偿损失。劳动者对企业劳动合同解除有过错的,应当按照法定或约定的要求,向企业赔偿因此所受的损失。

第四节　劳动争议的处理

劳动争议是企业和员工之间关系不协调的表现,及时有效地处理劳动争议,对于保护企业的合法权益,促进劳动关系的和谐、稳定具有重要的意义。解决劳动争议要本着合法、公正、及时处理的原则,依法维护劳动争议当事人的合法权益。

处理劳动争议,应当遵循下列原则:

(1) 着重调解,及时处理。

(2) 在查清事实的基础上,依法处理。

(3) 当事人在适用法律上一律平等。

劳动合同争议的处理一般可分为协商、调解、仲裁、诉讼四个阶段。根据《中华人民共和国劳动争议调解仲裁法》第 5 条规定,劳动争议发生后,当事人可以协商解决,不愿协商或者协商不成的,可以向劳动争议调解组织申请调解,调解不成的,可以向劳动争议仲裁委员会申请仲裁。当事人也可以直接向劳动争议仲裁委员会申请仲裁。对仲裁裁决不服的,可以向人民法院起诉。劳动争议处理过程中,当事人不得有激化矛盾的行为。

1. 协商解决

协商解决是指在发生劳动争议后,企业和职工在双方自愿、尊重事实、依据法律并充分考虑对方利益的基础上,通过谈判、磋商,在双方达成共识的基础上解决劳动争议。协商后达成的协议不具有法律效力,企业可以执行或不执行。协商解决的特点在于无第三者介入,不受程序约束。对于不愿协商或协商不成的劳动争议,应该进入企业调解阶段。

2. 调解

调解是解决劳动争议的一种基本办法和重要途径。此处的调解不是指劳动争议进入仲裁或诉讼以后由仲裁委员会或法院所作的调解工作,而是指由劳动争议调解组织对劳动争议所作的调解活动。调解组织在接受争议双方当事人的调解申请后,查清事实、明确责任,根据有关法规和集体合同或劳动合同的规定,通过说服、诱导,最终促使双方当事人在相互让步的前提下,自愿达成解决劳动争议的协议。

根据《劳动争议调解仲裁法》规定,劳动争议调解组织有三类,分别是企业劳动争议调解委员会;依法设立的基层人民调解组织;在乡镇、街道设立的具有劳动争议调解职能的组织。

调解程序一般包括以下内容:

(1) 申请与受理。申请,就企业方面来讲,就是企业劳动行政部门代表企业以口头或书面方式向调解委提出调解请求。调解委只有在接到企业申请后,才能考虑是否接受和进行调解。企业申请调解,应当自知道或企业权利被侵害之日起30日内提出,并填写《劳动争议调解申请书》。企业不管是采用口头的还是书面的方式申请调解,申请时都必须说明3个方面的内容:与哪个员工发生了争议,在哪些问题上发生了争议;调解请求,即希望通过调解保护企业哪些合法权益,要求员工履行哪些义务;企业的请求所依据的事实和理由。接受申请就是企业向调解委提出调解申请后,调解委经过初步研究决定接受企业申请的全过程。调解委应当在4日内做出受理或不受理申请的决定。对不予受理的应向企业说明理由,并告知应向何部门申诉。申请与接受申请是劳动争议调解程序开始的两个紧密相关、缺一不可的环节。

(2) 调查。调解委受理劳动争议案件后,即对争议情况进行全面了解,分析争议的关键所在,搜集有关的证据和法律依据;明确企业与员工双方各自的责任,在此基础上制定调解方案。

(3) 调解。调解委的调解在通常情况下,是通过调解委召开会议的方式来进行的。调解委主任主持召开有争议员工和企业参加的调解会议,有关单位和个人也可以参加调解会议,协助调解。

(4) 终结。调解委调解劳动争议是有期限的,在此期限内调解工作必须结束,具体的终结方式有所不同,分为以下几种:企业和员工自行和解;在调解过程中,企业或员工撤回调解申请;拒绝调解;企业和员工达成调解协议;因达不成调解协议而终结调解。调解委调解劳动争议,应当自企业或员工申请调解之日起15日内结束,到期未结束的,视为调解不成。调解不成的,应当记录,并在调解意见书说明情况,调解委主任签名盖章,并加盖调解委印章。调解意见书一式三份。

劳动争议调解程序,如图10.1所示。

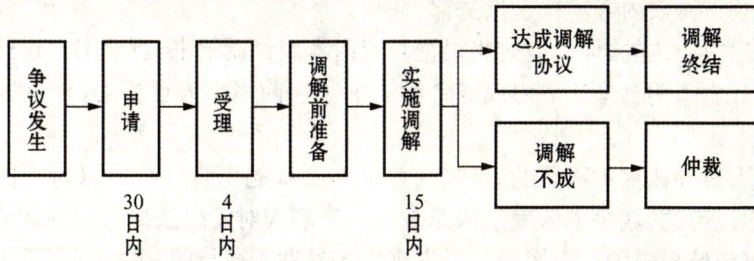

图 10.1　劳动争议调解程序

3. 仲裁

当企业的劳动争议调解委员会也解决不了劳动争议时,争议双方当事人都可以向劳动争议仲裁机构提出仲裁申请。仲裁是指劳动争议仲裁机构依法对劳动争议双方当事人的争议案件进行公正判决的执法行为,包括对案件的依法审理和对争议的调解、裁决等一系列活动或行为。

仲裁委受理劳动争议的范围是有限的,并不是任何劳动争议,仲裁委都可以受理。如企业一般行政处分争议、因签订集体合同发生争议等,都不属于仲裁委的受理范围。

当事人应当从知道或者应当知道其权利被侵害之日起一年内,以书面形式向仲裁委员会申请仲裁。当事人因不可抗力或者有其他正当理由超过前款规定的申请仲裁时效的,仲裁委员会应当受理。

《中华人民共和国劳动争议调解仲裁法》第 28 条规定,当事人向仲裁委员会申请仲裁,应当提交申诉书,并按照被诉人数提交副本。

仲裁委员会应当自收到申诉书之日起 5 日内做出受理或者不予受理的决定。仲裁委员会决定受理的,应当自作出决定之日起 5 日内将申诉书的副本送达被诉人,并组成仲裁庭;决定不予受理的,应当说明理由。被诉人应当自收到申诉书副本之日起 10 日内提交答辩书和有关证据。被诉人没有按时提交或者不提交答辩书的,不影响案件的审理。仲裁委员会有权要求当事人提供或者补充证据。

根据《中华人民共和国劳动争议处理条例》的规定,仲裁庭应当于开庭的 5 日前,将开庭时间、地点的书面通知送达当事人。当事人接到书面通知,无正当理由拒不到庭或者未经仲裁庭同意中途退庭的,对申诉人按照撤诉处理,对被诉人可以缺席裁决。

仲裁庭处理劳动争议应当先行调解,在查明事实的基础上促使当事人双方自愿达成协议。协议内容不得违反法律、法规。

调解达成协议的,仲裁庭应当根据协议内容制作调解书,调解书自送达之日起具有法律效力。调解未达成协议或者调解书送达前当事人反悔的,仲裁庭应当及时裁决。

当事人对仲裁裁决不服的,自收到裁决书之日起 15 日内,可以向人民法院起诉;期满不起诉的,裁决书即发生法律效力。当事人对发生法律效力的调解书和裁决书,应当依照规定的期限履行。一方当事人逾期不履行的,另一方当事人可以申请人民法院强制执行。仲裁庭处理劳动争议,应当自劳动争议仲裁委员会受理申请之日起 45 日内结束。案情复杂需要延期的,经报仲裁委员会批准,可以适当延期,但是延长的期限不得超过 15 日。

劳动争议仲裁程序包括:仲裁申请和管理程序;仲裁前的准备工作;仲裁调解程序和审理程序。仲裁活动流程,如图 10.2 所示。

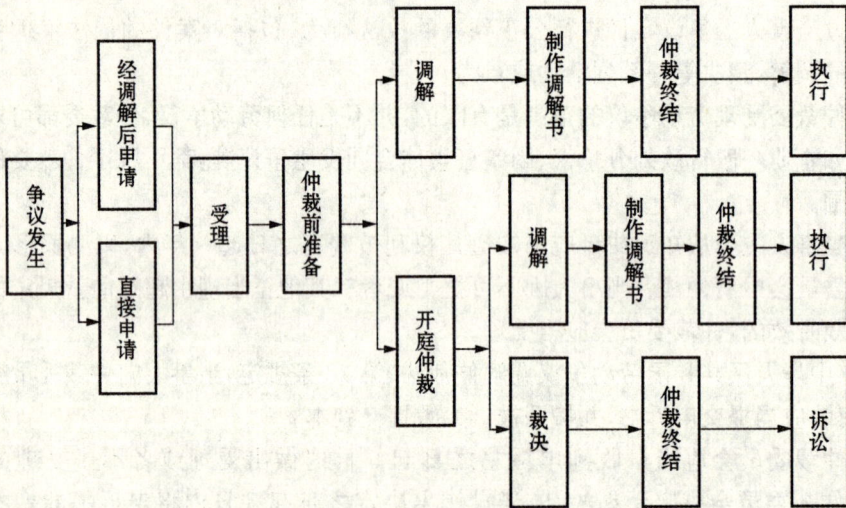

图 10.2　仲裁活动流程

4. 诉讼

当上述所有的程序都无法解决劳动争议时,就要依靠诉讼来进行判决了。诉讼制度是指法院按照法定程序,以有关劳动法律为依据,以争议案件的事实为准绳,对企业劳动争议案件进行审理。法院在处理企业劳动争议的过程中有权采取强制措施,法院的调解或审理结果具有最终解决争议的效力,法院自己可以对争议双方当事人实施强制执行。

劳动争议诉讼范围包括:①因企业开除、除名、辞退员工和员工辞职、自动离职发生的争议；②因执行国家有关工资、保险、福利、培训、劳动保护的规定发生的争议；③因履行劳动合同发生的争议；④劳动者与用人单位之间没有订立书面劳动合同，但已形成事实劳动关系后发生的争议；⑤劳动者退休后，与尚未参加社会保险统筹的原用人单位因追索养老金、医疗费、工伤保险待遇和其他社会保险费而发生的争议；⑥法律法规规定应当由人民法院受理的其他劳动争议。

起诉和受理是劳动争议诉讼的启动程序。企业提出诉讼请求必须具备法定的条件。先予执行的案件有明确规定，员工申请先予执行必须符合法定条件。在劳动争议诉讼中，因企业作出的开除、除名、辞退、解除劳动合同、减少劳动报酬、计算劳动者工作年限等决定而发生的劳动争议，企业负举证责任。其他劳动争议实行"谁主张，谁举证"的原则。人民法院审理劳动争议案件适用《民事诉讼法》所规定的诉讼程序，主要涉及一审普通程序、上诉审程序、审判监督程序和执行程序。

本章小结

1. 劳动关系是指劳动者与用人单位（包括各类企业、个体工商户、事业单位等）在实现劳动过程中建立的社会经济关系。劳动关系是组织内部一种最为重要的核心关系，加强劳动关系管理具有重要的理论意义和实践意义。劳动关系涉及劳动者及以工会为主要形式的劳动者团体和用工方以及雇主协会组织两个方面的主体。劳动关系的管理，就是指组织以促进经营活动的正常开展为前提，以缓和和调整劳动关系的冲突为基础，以实现劳动关系的合作为目的的一系列自主性和综合性的管理过程。

2. 劳动合同的订立，是指用人单位与劳动者经过相互选择、协商一致，以书面形式依法签订协议，确定劳动合同内容，明确双方的权利、义务和责任，建立劳动关系的法律行为。劳动合同的履行，是指劳动合同在依法订立以后，企业依据合同约定的条款，履行合同约定的义务，实现合同约定的权利，致使企业劳动合同所产生的劳动法律关系得以保持的过程。劳动合同依法订立，企业和劳动者都必须履行。企业劳动合同订立以后，若无特殊情况，企业必须认真履行，不得擅自变更劳动合同的内容和条款。但在劳动合同的实际履行中，用人单位与劳动者协商一致，可以变更劳动合同约定的内容。变更劳动合同，必须遵循一定的程序。

3. 劳动合同的解除，是指企业和员工提前终止劳动合同的法律效力，解除双方的权利义务关系。劳动合同的解除可以是企业或员工单方面的行为，也可以是双方的行为。劳动合同终止是劳动合同关系的正常结束，而劳动合同解除是劳动合同关系提前消灭，是劳动合同终止的一种特殊形式。企业不得随意终止劳动合同，只有法律规定或与员工约定的情况出现时，企业才能终止与员工签订的劳动合同。

4. 劳动合同争议是企业和员工之间关系不协调的表现,及时有效地处理劳动合同争议,对于保护企业的合法权益,促进劳动关系的和谐、稳定具有重要的意义。解决劳动合同争议要本着合法、公正、及时处理的原则,依法维护劳动争议当事人的合法权益。

❓ 本章思考题

1. 劳动关系、劳务关系与人事关系有什么区别?
2. 劳动合同订立应当遵循什么程序?
3. 劳动者在什么条件下可以单方面解除劳动合同?
4. 处理劳动合同争议有哪几个阶段?每个阶段的具体内容分别是什么?

案例分析

协议解除劳动合同的经济责任

林先生在 A 私营公司已经六年多了,月工资为 1500 元。因为公司改变了经营范围,有几个岗位均不适合林先生工作,林先生在公司没有具体事情干,就打杂,哪里需要人手就去帮忙。公司出钱对林先生进行业务培训,可是林先生仍然不能适应工作的需要。赵经理找到林先生谈心。公司认真协商之后,要求与林先生协商解除劳动合同,林先生认为公司的提议有道理,故而同意与公司协议解除劳动合同。赵经理认为林先生是个好人,对公司有过贡献,觉得解除合同后有些过意不去,决定给林先生 2000 元作为慰问金,林先生表示感谢公司的厚爱,非常满意地离开了公司。后来,林先生听朋友说根据国家的有关规定,可以得到公司补助 3 个月的工资 4500 元,林先生就去找赵经理协商不成,便一纸诉状将公司告上了劳动仲裁委员会。

文章来源:徐州英才网.

思考题:

林先生的申请能否得到法律的支持呢?

第十一章 岗位目标管理

本章导读

岗位目标管理模式是一种建立于正确的组织分析的前提下,以各个岗位的工作分析为基础平台,以明确各个岗位的岗位目标为核心,以科学的绩效考评系统为控制,以有效的薪酬结构为激励,从而达到全方位地调动组织内各个群体和全体成员的积极性、创造力和成就感,使企业总目标与各个方面的分目标融为一体,以求得企业长远优化和稳定快速的发展的岗位管理模式。它能够有效地保证与提高企业人力资源开发与管理的有效性。

通过本章学习,您将了解到:

岗位的概念、构成要素及作用。

岗位管理的过程及模式。

目标管理的概念及过程。

岗位目标管理的模式。

岗位目标的设定与控制。

开篇案例

惠普公司的目标管理法

在惠普公司,制定一个具有挑战性的销售目标,具体的工作方法由当事者自己决定,主管经理不直接干涉,但透过定期检查及沟通的方式,及时发现问题。在业务经理感到困惑时,主管经理不是告诉他应该怎么做,而是扮演教导者的角色。

一、什么是目标管理

在惠普公司,目标管理包括 4 个主要内容:

首先,设定目标。目标的内容要兼顾结果与过程,根据岗位职责和公司整体目标,由主管经理和当事者一起讨论确定。

其次,制定工作计划。工作计划由当事者自己动手制定,其中最重要的内容,就是设计阶段性目标,提出达成阶段目标的策略和方法。在此过程中,主管经理只是指导者和讨论对象,不会越俎代庖。一个不能对终极目标进行阶段性分解、不能自己选择工作方法的员工,也就难以成长为合格的领导者。

第三,定期进行进展总结。进展总结由主管经理、当事者和业务团队一起进行,主要分析现状预期与目标的差距,找到弥补差距、完成目标的具体措施。

最后,进行总体性的绩效评估。总体性的绩效评估在目标任务终止期进行。如果没有达成目标,要检查原因;如果超出预期,或者达成了当初看上去难以完成的目标,则要分析成功的原因,并与团队分享经验。分享成功经验是惠普多年来实施的一种非常有效的管理实践。

二、如何设定目标

设定目标本身就是一件充满挑战的工作。关于这个问题,"SMART 目标设定法"涉及的明晰(Specific)、可评测(Measurable)、可实现(Achievable)、与工作相关(Relevant)和时间(Time),仅仅是制定目标的几个最基本的原则。设定目标时还需要掌握以下几个要点:

首先,目标要具有关联性。任何组织、团队和个人的目标,都不能孤立于公司总体目标之外。在一个企业内部,每一个目标都要具备上下关联性,从而为企业的整体目标服务。

其次,目标要具备阶段性。一个终期目标需要由几个阶段性目标组成。这就好像驾驶飞机,需要把每一次长距离飞行任务,分解成几个航程,在每一个航程预定的结束时间,检查飞机的位置、状态和航向。通过这种方式,可以及时发现问题,进而解决问题。

第三,不能只设定结果目标,还要设定过程目标。我们乘坐民航客机,都希望不仅准时抵达,而且不能有剧烈颠簸,不能陡升陡降,还要有好的空乘服务和机上饮食。在这里,准时抵达是结果目标,避免颠簸等就是过程目标。对企业来说,这就意味着不能为了结果目标如财务指标,放弃对过程目标的管理,这些过程目标包括客户满意度、团队合作效率、创新、遵守公司政策等等。

三、管理目标

首先要有严谨、客观的数据采集系统,是目标管理法能否发挥作用的重要基础。就如同自由的前提是严谨的纪律,任何目标的实现,都需要配套的、有效的数据采集系统,用于说明过程目标的完成情况。

其次是定期的差距检查与分析是实现目标管理法的一项利器。在企业管理中,任何一个结果,都不仅仅是期望的产物,而是期望加上检查的结果。经常有这样的情况：正是在定期进行的进展总结中，主管经理分析现状和预期之间的差距，及时发现了一个项目可能无法按时完成的风险，通过做出准确的分析，进而启发员工找到了达成目标的方法。

所谓差距分析法，就是站在未来某一时间节点上，分析计划目标和现实预期结果之间的差距，并且找到弥补差距的有效方法。在这个过程中，惠普的业务人员在数据采集系统的帮助下，自己做出预测目标，给出严格的定量数据；再分析为什么预计目标与最终目标会存在差距，进而提出完成最终目标的方案、并对这一方案的可行性和风险做出分析。

最后，要借助检查的结果对员工的工作进行总结和指导。在这个环节里，如何把握机会提供教导是关键。有时候，主管经理必须手把手指导员工做事的方法，但更多时候，要激发员工的脑力及主动思考能力，表现出色的要给予奖励。对于没有完成好任务的员工，应帮助他们分析原因，激励员工克服困难、迈开脚步更好地完成工作。

资料来源：畅享论坛 http://blog.vsharing.com/wowoya/A533945.html.

企业岗位是人力资源发挥作用的舞台。为使人力资源在这一舞台上为实现企业的经营目标共同努力，科学的、严格的岗位目标管理是必不可少的。也只有做好岗位目标管理才能为企业的人力资源管理奠定坚实的基础。

第一节 岗 位

在现代社会，各类组织不管其性质有什么不同，其规模、行业、产品、市场及所在地有什么差异，但它们都有一个共同点，那就是都是由最基本的单元——一个个具体的岗位组成的。因此，能否系统认识岗位，并建立起科学有效的岗位管理模式，是企业内部管理必须做好的一项最基本的工作，对于企业建成适应市场经济要求的科学的组织和管理制度，提高企业的整体素质和活力，具有十分重要的意义。

小辞典

岗位是人们在组织中从事具体职业的位置。它由工作、主持人、职责和职权、环境以及激励与约束机制等要素组成。

一、岗位的界定

岗位是企业的最小单位，是企业生产经营、管理运转的细胞。正是一个个具体的岗位才构成了林林总总的组织，也正是每一个岗位目标的有效实现才使各种组织的整体目标得以实现。

《辞海》把岗位解释为："本指军警守卫的地方，引申为岗位。"①所以，人们通常又把岗位称为逼职位。在企业里，一般把岗位的概念理解为人们在组织中从事具体职业的位置。这个位置有两个要求：一是必须与具体的业务工作相对应；二是必须有人去执行业务工作所规定的事情。没有业务工作，就不能称为真正的岗位，或只能称为虚岗。如果执意要设这样的岗，就会造成人浮于事。而没有人去具体工作，也不能称其为岗位，充其量只能算是自动化生产线中的机器设备或智能机器人，或是虚拟组织中的虚拟岗。应该说，企业中的所有岗位都是岗位，从最高层的总裁到最基层的执行员工，概莫能外。

既然岗位的概念如上所述，那么我们就很容易推出岗位的基本特征。一般来说，岗位应具备以下四个特征：

首先，岗位是客观存在的，它是企业经营管理活动和业务流程分工细化的客观产物。从这一角度几乎可以这么说，岗位的存在是不以人的主观意志为转移的。不论是哪一级领导或是管理者，也不管它拥有多么大的权力和权威，在设计组织岗位体系的时候，都不能违背企业的经营管理活动规律和业务流程运作规律。否则，就一定会受到客观规律的惩罚。

其次，岗位与组织的工作任务紧密联系在一起，它主要根据工作任务来设置。从这一角度简直可以说，一般岗位的设置几乎与完成工作的具体人无关。不论是工作分析还是岗位评价，都必须以岗位的任务为出发点，而不能从承担工作的人来展开。因此，通常情况下只能"因事设岗"，而不能"因人设岗"。"因人设岗"只能带来流程断裂、人浮于事、职责不清、推诿扯皮等顽症。当然，对于企业的战略性的员工，为了实现组织的发展战略，可以因人设组织，因人设工作，因人设岗位。但即使如此，岗位也是因为该人能实现某项工作而设立，若没有工作存在，再有战略价值的员工也不能踞有空岗。

第三，任何一个具体岗位的功能只有在合适的人去承担的条件下，才有可能得以实现。从这一角度可以认为，人是岗位的灵魂，岗位离开了具体的主持人也就几乎失去了其存在的全部意义。正因为人的因素的进入，一个具体的岗位才能成为一个活的生命体。也就是说，岗位的效率、活力和价值只有通过人的生命和精力的

---

① 辞海.上海：上海辞书出版社，1985：2.

投入,才能得以释放和实现。所以,岗位的管理要人性化,要以人为本。

第四,岗位对主持人具有选择性,这就是"因岗择人"的普遍原则。具体说,不是所有的人都能主持得了一个具体的岗位,也不是只有优秀的人才才能主持岗位,岗位需要的是适合岗位工作的人。也就是说,在人力资源供给充裕的条件下,不管是张三还是李四,只要具有完成相应岗位任务的资格和条件,都可以进入该岗位承担具体的工作任务。这时,岗位就可以在其中选择相对优秀的人作为主持人。

由此可以看出,岗位具有二重属性:一是具有自然属性,岗位与工作任务和劳动分工有关;二是具有社会属性,岗位还与社会关系以及人所拥有的知识、技能和心态紧密相联。

二、岗位的要素

有的学者认为,"岗位包括五要素,即人、设备、材料、工艺方法和环境。"[①]这种观点虽然从一定的角度对岗位进行了说明,但是并没有全面地概括岗位的要素,也不能很好地体现岗位的特性。我们则认为,岗位应由这样的五项要素组成,即工作(Tadk)、主持人(Man)、职责和职权(Responsibility and Right)、环境(Environment)以及激励与约束机制(System of Motivation and Restriction)。

1. 工作

工作是为了实现整个组织目标而要求岗位必须完成的具体任务,这些具体任务的存在决定了每个岗位的主要功能和性质。工作作为构成岗位的最基本的要素,是对一个岗位的本质界定,包括工作的内容、方法、程序和质量要求所作的规定。例如各个岗位的任务内容、工作来源、完成各项具体任务的程序和方法、每项任务的质量要求与定额、数量及完成期限等。

岗位工作的主要内容及特征可以根据工作过程的输入、转换和输出三个环节来进行描述。从工作的输入环节来看,为了有效开展工作和完成工作,应当确定岗位工作输入的必要内容,如物质、信息、能量、规范及入口等,这是界定工作内容及来源的基础,也是岗位绩效产生的初始前提。从工作的输出环节来看,应当确定岗位工作的最终结果表现形式和形态,如产出品、服务、发明和创造及出口等,这是界定工作结果亦即岗位绩效的必要条件。从工作的转换环节来看,应当确定把工作输入转换为工作输出的中间过程的全部内容,如岗位内部流程、工艺技术和方法等,这是界定工作方式的基础,也是产生岗位绩效的保证。

所有岗位的工作都不是随心所欲凭空臆造出来的,而是根据岗位所在组织的

---

① 高闯. 论岗位主体管理[J]. 中国工业经济,1996(4).

任务和职责层层分解得出来的。工作确定了,岗位也就确定了。因此,工作要素是岗位的第一要素,这一要素是其他四要素存在的基础。可以这么说,没有工作就没有岗位,没有工作的岗位是不存在的,或者说不必要存在。

2. 主持人

所有的岗位都是由员工主持的,所有的工作都是由员工承担的,所有的任务都是由员工完成的。员工就是具体岗位的主持人,是岗位诸要素中唯一的能动要素。就像电视、电台和舞台的节目主持人或是会议的主持人一样,岗位主持人也应该能够在自己岗位范畴内独立地主持岗位、完成工作。只有依靠岗位主持人的主观能动作用,才能使岗位行为得以连续性的实现,而只有各个岗位的行为都具备了实现的连续性,整个组织的业务流程才有可能完成,企业的经营目标才有可能实现。

在企业的岗位管理过程中要实现人——岗匹配,就是要使主持人的素质和能力与岗位匹配。一方面,每个岗位工作都有其特殊的要求,个人要想胜任某一个岗位的工作,就必须具备相应的身体条件、智力条件和其他素质条件。另一方面,岗位与人的匹配是一个互动、动态的发展过程,个人还要根据岗位的特性、报酬并结合自己的特长、爱好、个人发展机会进行选择。只有在双方合一的情况下,这个匹配才能达成。虽然都是匹配,但匹配的程度可能不同,有的匹配是高匹配,而有的匹配只能称其为低匹配。同时,低匹配可能随着个人素质的提高和岗位要求的变化逐步发展为高匹配,而高匹配也可能由于岗位要求的不断提高、个人素质的僵化不前或个人能力的退化而变为低匹配。一旦发现低匹配,就应立即采取得力措施,使低匹配转变为高匹配。如果不能转变为高匹配,就应果断终止这种匹配关系。

主持人应具备的素质和能力是由岗位的任职资格要求决定的。任职资格的内容主要包括:一般资格要求(文化程度、专业工种及等级、工作经历)、知识技能要求、工作态度(责任心、主动性等)和生理要求(年龄、性别、身高、健康状况等)。

在岗位的诸多因素中,只有实现主持人和岗位的合理匹配,才能实现事得其人、人尽其才,才能实现员工与企业共同发展的目标。正因为如此,岗位管理要以人为本,充分实现人性化。

3. 职责和职权

职责是指岗位为完成工作任务所必须尽到的责任,包括职责概要、具体职责内容和时间安排。职权是指为尽到岗位的职责所必须拥有的相应工作权力。没有明确的职责,就很难保证主持人在岗位上全面完成工作任务;没有相应的职权,主持人要想全面实现岗位职责也同样得不到保证。

岗位的职责、职权既要结合,又要对等。在明确职责时要同时赋予相应的职权,而在赋予职权时也要同时明确相应的职责。职权是职责的孪生物,职权随职责而生,职责为职权的必然结果。岗位的职责是由岗位本身来决定的,而岗位的职权则是由岗位的职责决定的。有权无责就会滥用权力,有责无权就难以尽责。只有责权明晰,责权相辅,才能调动员工的积极性,使其尽职尽责,提高效率和效益。行使职权是一种有效的参与,员工参与了工作就会对自己的行为及所产生的后果负责。员工一旦对工作产生强烈的责任感,其工作积极性和主动性就会充分涌流。

岗位职责和职权的确定,要从明确各组织的职责和任务出发,首先确定各级各类的工作岗位,然后再进一步明确各级各类岗位的工作任务、职责和权限。岗位职责和工作任务一样,要尽量做到量化,不能量化的要尽量细化。

4. 环境

环境是对岗位工作条件的总体概括,包括工作环境(工作地点、湿度、温度、粉尘、噪音、安全性以及工具设备等)、岗位属性(所属组织、直接上级、直接下属、可兼职岗位、组织内本岗位数等)、岗位关系(可晋升岗位、可由何岗转至本岗、可转至岗位、降级后岗位、与其他岗位的关系及关系描述等)以及所需培训(岗前任职培训、在职技能培训、脱产培训等)。

任何主持人在岗位上都不仅仅是对工作任务发生作用,也不仅仅是在运用权力尽职尽责,这是因为任何岗位都不是空中楼阁。所有的岗位都是组织系统中的岗位,所有的主持人都是在一定的环境条件下和一定的人际关系中工作,因而,环境是岗位的不可忽视的重要因素。

环境要素是界定岗位工作关系的基础,不但可以使主持人在合格的硬件环境中得以全面完成自己的工作,而且还对岗位主持人间的工作关系进行了制度上的界定。同时,在员工的个人发展中,岗位培训的规定也为员工的个人自我发展提供了强制性的支持。

5. 激励与约束机制

岗位本身不但需要激励和约束,而且能产生激励和约束的作用。没有激励和约束作用,岗位就无法运作和发展。岗位一方面通过任务目标的激励和压力,对主持人产生激励作用,激发主持人的活力和积极性。另一方面通过职责和职权以及业务流程和条件的规范,对主持人进行约束,使主持人的活力和积极性定向发挥,避免出现失职、越权和范围能力错位。如果说激励是岗位得以运转的动力因素的话,那么约束就是岗位得以运转的定向因素。只有激励与约束互为依存,相得益彰,形成一种机制,才能使岗位成为一个活的细胞,有效运转并实现任务目标。

激励与约束机制是岗位的一个定向动力要素,既能保证任务目标的完成,又能使主持人的行为灵活而不脱离岗位运行轨道。然而要想在岗位上真正形成既有动力又能定向的科学有效的一套运行机制却是不容易。

从以上五个方面来看,任务是岗位的基础要素,主持人是岗位的主导要素,职责与职权是岗位的保证要素,环境是岗位的条件要素,激励与约束机制是岗位的定向动力要素。任何一个岗位任务的完成,都是岗位五要素共同作用的结果。尽管同为要素,但是各要素的作用却不尽相同。在岗位五要素中,唯一能起主导作用的要素是主持人,因为只有主持人是能动的要素,而其他要素都是被动的。只有依靠主持人主导作用的发挥,才能形成现实的岗位行为,从而带动其他要素运转,最终实现岗位目标。因此,主持人是岗位的第一要素。

三、岗位的作用

岗位是企业的最基本的单元,只要岗位的活力显现出来,企业的生产和工作就有可能成为规范化的自觉行为,企业目标的实现就有了可靠保证。岗位的作用体现在企业的方方面面,主要表现在企业的组织结构、管理机制和企业文化三个方面。

1. 对企业组织结构的作用

作为企业的细胞,企业运作的最小单位,岗位在企业的组织结构上起着根本性的基石作用。

首先,组织不论怎样复杂庞大,但最终都是由一个个具体的岗位组成的。在横向协作关系上,岗位形成了组织的横向职能分工,保证了各个岗位的跨部门的有效沟通、协调和合作。在纵向权级关系上,岗位又构成了组织的纵向权力分层,一方面决定了正式的报告关系,包括岗位的层级数和管理者的管理跨度,另一方面确定了如何由不同的岗位组成部门,再由部门组成组织。而在企业内部,横向职能分工与纵向权力分层便构成了企业的组织结构,所以,作为最最基础的岗位实际上便是构成组织结构的基本单位。

再者,不同企业组织结构功能的实现要靠相应岗位的不同职责的保证。职能式的组织结构与事业部(SBU)式的组织结构显然是不同的,这表现在对同一层级岗位职责确定的差别上。例如在职能式的组织结构中,总经理的下一级管理人员是生产部经理、研发部经理、销售部经理等,这些经理岗位就是对企业各项职能业务进行专门管理的职能岗位;而在产品事业部式的组织结构中,总经理的下一级管理人员则是 A 产品部门经理、B 产品部门经理、C 产品部门经理等,这些经理岗位实行的则不是专门的职能管理,而是对各个产品部门进行综合管理、负有全面责任的经营岗位。因此,生产部经理岗位职能与 A 产品部门经理岗位职责的不同,在很大程度上保证了企业相应组织结构功能的实现。

2. 对企业管理机制的作用

岗位与企业的管理机制密切相关,岗位活动是企业管理机制运转的表现形式,岗位管理是企业管理的基础。在岗位匹配中讲究岗位与管理的匹配,包括与管理模式与管理政策的匹配,即与管理机制的匹配。各级领导者和管理者不仅要负责设置岗位和分派任务,而且还要对下属员工传授和指导技能,使员工适应岗位、胜任岗位、熟练上岗。对岗位采取什么样的管理模式? 管理模式与岗位如何匹配? 这些已成为企业管理的重要问题。

若没有岗位的活动,管理机制也就成为一纸空谈。由于企业的分配政策、生涯政策、保障政策、福利政策等都要落实在每一个岗位上,岗位设置是否科学合理? 岗位是否稳定? 岗位是否能正常运转? 这些不仅会影响岗位目标的实现,而且还会影响员工对企业的"忠诚",对岗位的"忠诚",这是直接涉及企业能否留住人才的大问题。

人们根据岗位的职责、权限、工艺程序、激励与约束机制以及岗位主持人的精神状态很容易对一个企业的管理机制的优劣程度做出判断。如果一个企业岗位职责明确、职权合理、岗位报酬公平、工艺方法先进,员工精神饱满、遵守各项规章制度,这个企业的管理机制必定是优秀的,反之则肯定是落后的或是无效的。

当然,岗位激励与约束机制本身就是企业管理机制的组成部分,其对企业管理机制的作用也就不言而喻了。

3. 对企业文化的作用

企业文化是指企业内组织及其成员的行为方式及其所反映的被组织成员共同接受的价值理念和行为准则。企业文化最终要靠岗位的要素所反映的行为准则和价值观念来体现。

岗位的环境要素、人的要素以及激励与约束要素都能够直接体现一个企业的企业文化。例如在一个"体制决定论"为管理文化的企业中,实现管理的决定要素是体制,管理就是依靠铁定的管理原则、严谨的组织结构、明晰的责权划分,来对人实施控制以实现预期目标。在企业内部,岗位的设置严格地执行层级结构,员工工作在一个完全按照规章制度来执行的工作环境中,岗位与岗位之间的联系在工作定义之内发生,企业制度的作用便是对岗位实行最大的约束,员工只知道履行岗位的职责和义务,他们被岗位所"异化",感情因素被淡薄……而在"人决定论"为管理文化的企业中,实现管理的决定因素是人,管理通过对人的心灵中的义务感、责任感的召唤使人们自觉协调地工作,达到共同目的。在这样的企业里,岗位主持人带着浓厚的个人兴趣色彩投入工作,工作的积极性和绩效源自于发自内心的责任心,岗位之间的联系建立在工作热情之上,激励机制是这种文化带给每一个岗位的精神激励。

由此一方面可以看出企业文化影响着岗位要素作用的发挥,另一方面也可以看出来岗位要素不仅反映着企业的企业文化,而且还决定企业文化能否最终落实和实现。

综上所述,岗位是企业生产经营、管理运转的细胞,是企业组织中从事具体职业的位置,具有四个方面的特性,由五个要素组成。岗位对企业的组织结构起着根本性的基石作用,对企业的管理机制的运转起着基础和实现作用,是企业文化得以落实的基本因素,总之,对企业的发展起着至关重要的推动作用。

第二节　岗位管理

岗位是企业的细胞,岗位管理不仅是人力资源管理的运行基础,也是企业管理的基础平台。弄清岗位管理的概念与过程,对于加强人力资源管理和企业管理都有着重要意义。

一、岗位管理的基本概念

小辞典

岗位管理是指以企业战略、环境因素、员工素质、企业发展、企业规模、技术因素等六大因素为依据,通过岗位分析、描述、设计、培训、考评、激励与约束等过程控制,实现人-岗匹配,发挥企业中人力资源的作用,谋求生产效率的提高的过程。

岗位管理的主体包括组织、领导和岗位主持人。组织是组织内部宏观的管理主体,其对组织内所有岗位进行管理,这是一种组织行为。领导对直接下级岗位进行管理,这是一种领导行为。岗位主持人对自身的岗位自我管理,是一种岗位行为。这三个主体组成了主体系统的三个层次,相互依存,缺一不可,共同发生作用。

毫无疑问,岗位管理的客体是岗位。岗位是一切岗位管理主体作用的对象,没有岗位客体也就无所谓岗位管理主体,更没有岗位管理的必要。岗位管理的过程就是岗位管理主体对岗位的五大要素（工作、岗位主持人、职责和职权、环境、激励与约束机制）分别发生作用的过程。

在岗位管理中，企业各项管理工作都要以岗位为起点，企业的管理内容及管理对象首先体现在对岗位的设计上，即企业要因事设岗，根据岗位赋予的不同的责任、权力和利益进行岗位设定，同时每个岗位的责、权、利一定要对等，然后按岗位制度与要求通过竞争上岗的方式配置人力资源，由岗位来选择人，各级员工必须按照岗位制度与要求来规范其工作行为，员工的各项待遇也要因岗位不同而有所差异。

一提起岗位，人们很容易想起在岗位上工作的员工，这是对的，因为主持岗位工作的员工本身就是岗位的一个要素。但一提起岗位，有人就认为岗位就是在岗位上工作的员工，这就错了。之所以是错的，是因为主持岗位工作的员工只是岗位的一个组成要素，其本身不能代替岗位。在现实的企业生产经营过程中，确实有人特别是领导真的是人岗不分，不是以人代岗，就是以岗代人。这是一种值得警惕的错误倾向。

二、岗位管理的过程

既然岗位管理就是管理主体对岗位的五大要素（工作、岗位主持人、职责与职权、环境、激励与约束机制）进行整合与运作的过程，那么岗位管理就应有若干的环节组成。通常岗位管理包括以下六个环节。

第一个环节是科学设岗。在国家经贸委编写的《国有大中型企业建立现代企业制度和加强管理基本规范》指出，国有大中型企业要"科学设置岗位，测定岗位工作量，确定用工人数，实行定岗定员，减员增效……"[①]。现代企业改革、机构精简关键问题是进行定员定编、科学设岗。通过科学设岗，明确岗位职责和任职条件，在企业内建立竞争上岗机制，使人员能上能下，保持岗位的动态性，实现人力资源与岗位的最佳配置。

第二个环节是岗位工作分析。岗位工作分析是对每个岗位的功能、职责范围、工作关系及人员的素质要求等做出明确的分析和规定。岗位工作分析既是人力资源管理的一块重要基石，也是岗位管理中不可缺少的基础性工作。

第三个环节是岗位评价。岗位评价是在工作分析的基础上，按照测定标准，对影响岗位的诸要素进行综合评价，按岗位价值的大小排列岗位顺序的过程。通过岗位评价可以确定一个具体的岗位在组织中的地位和价值。岗位评价不仅使得组织的各种管理活动有统一的尺度和标准，而且便于员工理解组织的价值标准，并且

---

① 曹振杰. 试论国有企业的动态岗位管理模式[J]. 内蒙古财经学报，2002(1)：39-41.

为形成薪酬体系提供重要依据。

第四个环节是岗位合同管理。岗位合同管理包括对涉及一个具体的岗位劳动关系的所有合同的履约、保障与管理。聘任制作为现代企业人事制度改革的核心，其关键在于以岗位需求作为聘任的依据，采取竞争上岗的方式实现全员聘任。通过企业与员工之间的契约，聘任制受到法律的规范。从这个角度来讲，岗位管理的实质是契约管理、法制管理。

第五个环节是岗位培训。岗位培训是指根据岗位对人员素质和能力的不同需要，按照科学设岗、工作分析的规范，对岗位主持人进行必要的培训，以提高其岗位工作技能，使其成为合格的岗位主持人。岗位培训还包括根据生产发展和技术进步的需要，提高岗位主持人适应能力的培训，主要有各种上岗培训、在职培训、脱产培训、转岗培训等等。培训的最终目的是提高工作效率和劳动生产率。

第六个环节是岗位考评。岗位考评是对岗位主持人完成岗位任务的过程和结果进行的考核和评价。岗位考评是岗位管理的重要手段。岗位考评要紧密联系岗位：考评内容、考评标准要根据岗位来设置，使考评工作能真正做到有据可考。脱离了岗位工作的考评，岗位管理就会失效，考评也会流于形式。通过考评对岗位主持人符合岗位要求的行为进行正强化，并对岗位主持人不符合岗位要求的行为进行负强化，从而实现岗位对主持人的激励和约束。另外，岗位考评结果可作为续聘、解聘、增资、晋级、奖惩等的依据，并为岗位合同管理及岗位培训提供有力的依据。实施岗位管理，必须重视考核工作。制定科学合理的考核办法，对于深化聘任制，加强岗位管理，调动岗位主持人的积极性，形成激励竞争机制，具有十分重要的意义。

三、实际存在的岗位管理模式

就目前企业实际进行的岗位管理的情况来看，根据岗位管理工作重点的不同，我们可以将岗位管理归纳为以下四种模式：

第一种模式是以工作为导向的岗位管理模式。该模式是侧重于规范分析、设计和严格操作的岗位管理，以企业内各个岗位的工作分析文件为基础，通过工作分析文件的明确规定来甄选员工，实现人-岗匹配，并进行企业的制度化管理。这种模式的最大问题是容易造成漠视人的存在，把以人为本异化为以岗为本。

第二种模式是以人际关系为导向的岗位管理模式。该模式是侧重于人员的关系和安排，因人定岗，因人设岗，以能否发挥人的作用、调动人的积极性为标准来进行管理。这种模式的最大问题是貌似以人为本，但其实忘记了以人为本的目的，结果是虚岗空岗泛滥，人浮于事，人际关系复杂，严重影响工作任务的完成。

第三种模式是以绩效为导向的岗位管理模式。该模式是侧重于行为结果——

绩效的测量和评估的岗位管理,偏重于绩效,以员工个人的绩效管理为基础,通过个人绩效体现企业整体经济效益。该模式强调一个企业的工作成效体现在岗位绩效水平上,企业经营与管理的效果也表现在岗位绩效上,但往往容易造成只重视岗位的绩效测量和评估,而忽视岗位绩效的本源——企业的发展目标,忽视员工的行为和出发点——动机或需求。

第四种模式是以薪酬为导向的岗位管理模式。该模式是侧重于岗位评价的岗位管理模式,偏重于以薪酬制度来激励员工的积极性和主动性,实现组织的目标,提高组织的效益。该模式以各个岗位的岗位评价为基础,通过明确的岗位等级来确定员工的薪酬。这种模式的问题是容易产生以岗位价值来替代岗位绩效,结果造成岗位大锅饭。

以上四种模式各有千秋,其结果也各有利弊。当然,这么说并不意味着哪一个企业正在建立这样一种模式,而是现实中客观存在着这样四种模式。甚至很多用人单位根本没有意识到岗位管理,更不用讲着意建立一种模式了。从这个角度出发,我们有必要加强对岗位管理的研究,让企业明白岗位管理的重要性,从而去建立一种科学有效的岗位管理模式。

第三节　目标管理

早在1954年,著名管理学家彼得·德鲁克在他的《管理实践》一书中提出了目标管理的思想,并主张实行"目标管理和自我控制"。之后,他又在此基础上发展了这一主张。他认为,企业的目的和任务,必须化为目标,各级主管必须通过这些目标对下级进行领导,以此来达到企业的总目标。德鲁克的主张在企业界和管理学界产生了极大的影响,对形成和推广目标管理产生了巨大的作用。20世纪50年代中期,一种新的管理制度——目标管理(MBO,Management by objectives)出现在美国。目标管理的吸引力在于提供了一种将组织整体目标转化为组织单位和每个成员目标的有效的管理方式。运用这种管理方式,可以使组织的成员亲自参加工作目标的制定,实现"自我控制",并努力完成工作目标。由于员工的工作成果,有明确的目标作为考核标准,从而员工的评价和奖励可以做到更客观、更合理,因而可以大大激发员工为完成组织目标而努力的主动性。这种管理制度在美国应用得非常广泛,而且特别适用于对主管人员的管理,所以被称为"管理中的管理"。

一、目标管理的概念及特点

传统的目标控制主题是由组织的最高主管设定,然后分解成子目标,并落实到组织的各个层次上。这是一种单向的过程:由上级给下级规定目标。这种传统方式假定最高主管最了解应当设立什么目标,因为只有他能够纵观组织全貌。除了由上而下地设定目标外,这种传统的设定目标方法,在很大程度上还是非操作性的。如果最高主管采用泛泛的语言定义组织的目标,如"获取足够的利润"或"取得市场领导地位",这些模糊性目标在转化为具体目标的过程中,不得不经过组织的层层过滤。在每一层上,主管都加上一些可操作性的含义,明确性的获得是靠每一级主管用他自己的理解,甚至是偏见对目标进行解释。结果是,目标在自上而下的分解过程中,丧失了它的清晰性和一致性,如图 11.1 所示。

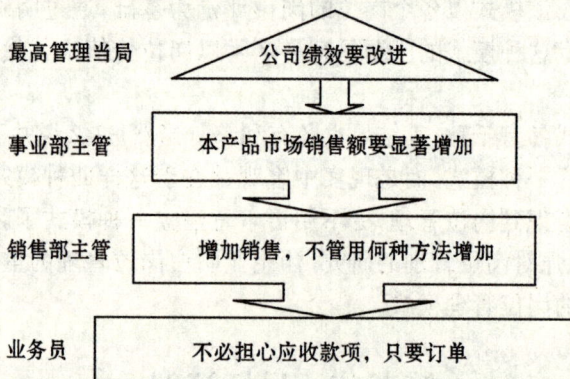

最高管理当局	公司绩效要改进
事业部主管	本产品市场销售额要显著增加
销售部主管	增加销售,不管用何种方法增加
业务员	不必担心应收款项,只要订单

图 11.1　传统的目标制定过程

传统的目标管理的弊端还有,在设定目标的过程中只有委任,没有授权。下一级人员接受了目标,即承担了责任,但没有权力,有责无权,只有扯皮和推诿,员工动力明显不足。

目标管理理论把泰罗的"科学管理"学说同梅奥的"人际关系"学说结合起来,强调要把企业的生产经营搞好,必须把企业的组织目标与个人的目标协调一致,管理办法从"威胁"发展到了"利诱"。传统的管理方式"诱饵与鞭子"与"指挥与控制"在实现目标过程中已无济于事。控制方法应该使员工能够充分发挥自己的才能与潜能,实行自我控制,达到个人与组织目标的统一。这远非是传统管理控制方法所能奏效的。

目标管理方法一诞生,就被企业界广泛采用。据美国某顾问协会的一项调查,在被调查的公司中,有 80% 都采用了目标管理制度。另外还有一项研究表明,超过 300 个床位的大医院也都采用了目标管理方法。从应用实践证明,目标管理不仅可以用于工业企业,并且也可以用于金融、事业单位等各行各业的管理,提高其管理效果。

目标管理通过一种专门设计的过程使目标具有可操作性,这种过程一级接一级地将目标分解到组织的各个单位。如图 11.2 所描绘，组织的整体目标被转换为每一级组织单位的具体目标，即从整体组织目标到经营单位目标，再到部门目标，最后到个人目标。因为较低层单位的主管参与设定他们自己的目标，因此，目标管理的目标转化过程既是"自上而下"的，又是"自下而上"的。最终结果是一个目标的层级结构，在此结构中，某一层的目标与下一层的目标连接在一起，而且对每一位雇员，MBO 都提供了具体的个人绩效目标。

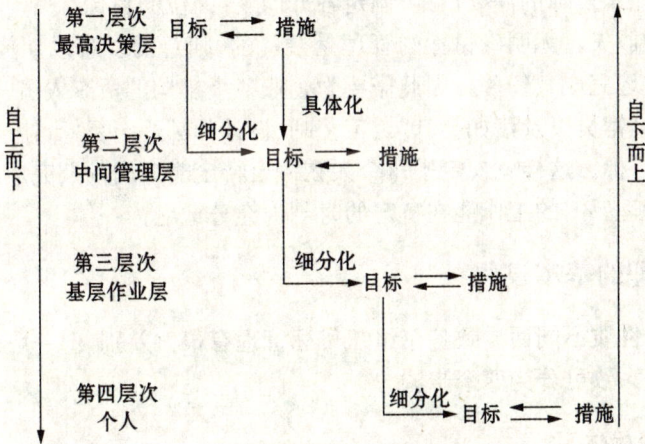

图 11.2　目标的层级结构

在目标管理这个管理系统里，上级与下级共同制定绩效目标，并且定期检查目标完成的进行情况，根据目标完成情况给予适当奖励。这种管理控制方法的主要特点是：强调自我控制、从静态控制到动态控制、控制以整个组织的成果为中心和控制有的放矢。

强调自我控制。目标管理的主旨在于用"自我控制的管理"代替"压制性的管理"，它使管理人员能够控制他们自己的成绩。这种自我控制可以成为更强烈的动力，推动他们尽自己最大的力量把工作做好，而不仅仅是"过得去"就行了。同时，目标管理体现了"责、权、利"的密切结合，是一种立体的多维的新的经济责任控制体系。目标管理对员工实现的成果进行考评，比较明确、具体、客观和公平。根据成果考评的结果，不仅给予相应的奖励和表彰，还把个人成果反映到人事考核上，作为晋升、提升的依据。这种把企业的业绩提高和职工个人晋升等个人利益结合起来的做法，必然会成为激励职工积极争取更好成果的推动力。

从静态控制到动态控制。传统的控制方法以责任制为基础，以静态的岗位为对象，规定的条文一般要几年才修改一次，并不与管理目标相联系。责任制多强调分工，但是"分工"越细，"扯皮"的问题也就越多。而目标控制是针对企业现状制定出一定时期的具体目标,密切联系总体目标而采取相应的策略,层层展开落实到各个岗位,越到基层,其目标和措施越具体,所承担的责任也就越明确。

控制以整个组织的成果为中心。企业中每一个成员都有不同的贡献,但所有的贡献都必须是为着一个共同的目标。他们的努力必须全都朝着同一方向,他们的贡献必须相互衔接而形成一个整体——没有缺口、没有摩擦、没有不必要的重复劳动。因此,目标管理要以每个部门、每个岗位对组织最终成果的贡献来评价他们的工作,从企业总目标的需要出发,制定各部门、各岗位的目标。

控制有的放矢。无明确目标的管理是杂乱的、随意的。难以期望任何人和任何集体能有效地完成其任务。因此需要为企业各级机构的所有人员,从上到下,直到每个工长、推销员以及诸如会计员、工艺师、设计师都规定目标,使层层、处处、人人、事事都有目标。这样就规定了每个人在一个特定时期内预期完成的具体任务,从而使整个管理部门的工作能在特定的时刻内充分地融为一体。

二、目标管理的基本过程

尽管由于性质不同而导致各个组织目标管理有很大差别,但一般来说,目标管理的基本过程大致可分为四个步骤。

1. 建立目标体系

实行目标管理,首先要建立一套完整的目标体系。这项工作总是由上而下地逐级进行。由上级设定的目标是初步的,是建立在分析和判断的基础之上的。而当由下级拟订出整个可考核的目标系列,则应根据上级制订的最初目标,上级领导和下级一起进行暂定目标的商议和修改。上下级的目标之间通常是一种"目的——手段"的关系。在制定目标的时候,管理人员也要建立衡量目标完成的标准,并把衡量的标准订到目标里去。目标体系应该与组织结构相吻合,从而使每个部门都有明确的目标。

2. 明确责任

建立了目标体系之后,紧接着就要明确责任。实施目标管理重要的一点,就是要尽可能地做到使每个目标和子目标都成为部门或个人的责任。如果难以做到,则至少应该对每一个协作的管理人员所要完成的计划目标所做的具体任务,有明确的规定。

3. 组织实施

目标既定,主管人员就应该放手把权力交给下级成员,而自己去抓重点的综合性管理。完成目标主要靠执行者的自我控制。在组织实施时,要特别注意把握好两点:一是高层领导的管理要多体现在指导、协助、提出问题,提供信息情报以及创造良好的工作环境方面;二是高层领导要更多地把权力交给下级成员,充分依靠执行者的自我控制,完成目标任务。

4. 考评和反馈

对各级目标的完成情况,采取定期检查、考核的办法是比较有效的手段。检查的方法可以多样化,如采取自检、互检、责成专门的部门进行检查、评比或竞赛等。检查的依据是事先确定的目标。对最终结果,应当根据目标进行评价,并将评价结果及时反馈。经过评价和反馈,使目标管理进入下一轮良性循环过程。

三、目标管理的局限性

尽管目标管理的优点很多,如明确的目标具有激励作用,目标管理能够促进管理工作,迫使管理人员弄清楚组织的任务和结构,鼓励个人投入,有效地控制工作的开展等。但目标管理方法也存在缺陷和不足,有的缺陷是方法本身存在的,更多的则是运用和实施时产生的。这些缺陷有以下几点。

1. 偏重操作而忽视原理

由于目标管理具有目标明确的优点,因此常常使人误认为目标管理简单易行,从而忽视了对它的深入了解和认识。

2. 制定目标缺乏统一指导

目标管理要求必须给目标的制定者提供指导。如果对那些制定目标的人没有给予必要的指导,同时各级管理人员不清楚计划的前提条件及公司的主要政策,对影响他们经营范围内的各种政策,对目标的性质等不甚知晓。那么,计划工作必然会脱离实际,给目标任务的完成造成不利甚至致命的影响。

3. 制定目标的困难

一方面,可考核的目标是难以确定的;另一方面,使同一级主管人员的目标都具有正常的"紧张"和"费力"程度更是困难的,而这两个问题恰恰是使目标管理取得成效的关键。

4. 过多强调短期目标

通常情况下,管理人员制订目标管理计划所确定的目标往往是一季或更短的短期目标。强调短期目标所导致的短期行为对长远目标的安排可能会带来不利的影响,这就要求高层管理者对各级目标制定者予以指导以确保短期目标为长期目标服务。

5. 不灵活的危险性

明确的目标和明确的责任是目标管理的主要特点,也是目标管理取得成效的关键。计划面对未来,而未来存在许多不确定因素,这就要根据变化了的计划工作前提对目标进行修改。但是,管理人员对改动目标往往表现出迟疑和犹豫;而且修订一个目标体系和制定一个目标体系所花费的精力相差无几,结果可能迫使主管人员不得不中途停止目标管理的过程。

了解目标管理的局限性,对于有效地实施目标管理是很重要的。目标管理在我国的管理发展中还是一种新的趋势,各类组织的主管人员还需不断探索,使之不断完善。

第四节　岗位目标管理模式

从 20 世纪 90 年代开始,国际上就出现了将人力资源管理与企业获取与保持竞争力紧密联系起来的趋势。在人力资源管理的最基础工作——岗位管理上,也出现了以目标管理为主的与企业获取与保持竞争力紧密联系的趋势。在世界上一些大公司里兴起了将目标管理(MBO)应用于岗位管理的热潮,这就是岗位目标管理。岗位目标管理的实质就是将组织的整体目标有效转化为组织中各岗位的可操作目标,使岗位目标既成为一种激励手段,又成为一种控制手段。

一、岗位目标管理模式

1. 岗位目标管理模式的含义

岗位目标管理模式又称以目标为核心的岗位管理模式,顾名思义,这种管理模式与前面所讲的四种模式都不同,是以目标为导向的岗位管理模式。我们可以这样对岗位目标管理模式进行定义:建立于正确的组织分析的前提下,以各个岗位的工作分析为基础平台,以明确各个岗位的岗位目标为核心,以科学的绩效考评系统为控制,以有效的薪酬结构为激励,从而达到全方位地调动组织内各个群体和全体成员的积极性、创造力和成就感,使企业总目标与各个方面的分目标融为一体,以求得企业长远优化和稳定快速的发展的岗位管理模式。

2. 岗位目标管理模式的层次

岗位目标管理体系由三个层次组成,如图 11.3 所示。核心的层次是目标,中间层次由工作、主持人、薪酬和控制四要素组成,最外面的层次由组织、环境和发展三要素组成。

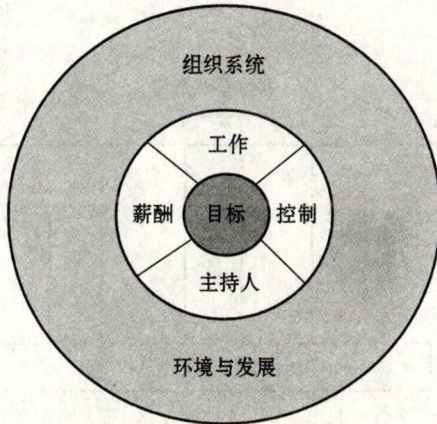

图 11.3　岗位目标管理层次原理图

从图 11.3 可以看出,目标是整个管理系统的核心,整个管理系统紧紧围绕着目标来运行。从纵向看,主持人主持岗位工作,设立目标,实现目标。从横向看,目标管理既能通过薪酬起到激励作用,又能通过控制起到约束作用。同时又可以看出,所有的岗位都不是孤立存在的,它们都在一个组织中活动,即受到环境的影响,又受到发展的制约。

3. 岗位目标管理模式的原则

实行岗位目标管理模式需要遵循明确目标、参与决策、明确时限、反馈绩效四项基本原则。

一是明确目标原则。在进行岗位目标管理时要目标简明、扼要、具体,定量并可度量和评价。

二是参与决策原则。岗位目标管理的岗位目标确定要"上"、"下"结合。尤其注重岗位主持人的主动参与。

三是明确时限原则。岗位目标管理时必须要明确岗位目标的实现时限。

四是反馈绩效原则。岗位目标在管理过程中应该实现有效控制、动态反馈和不断调整。

二、岗位目标管理体系

岗位目标管理体系由七大构成要素组成：组织分析、工作分析、人岗匹配、岗位评价、目标设定、绩效管理系统、薪酬管理系统。岗位目标管理体系的构成，如图11.4所示。

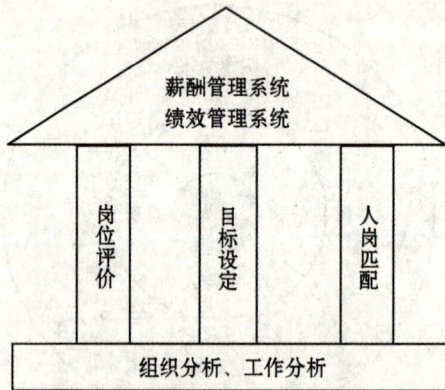

图 11.4　岗位目标管理模式

一是组织分析。岗位存在于组织之中，不存在脱离组织的岗位，因此要进行岗位管理，就必须首先对岗位存在的载体——组织进行分析和研究。只有在正确的组织分析前提下建立起来的岗位目标管理模式才是有效的。所以，组织分析是岗位目标管理的基础。

二是工作分析。岗位目标管理的基础平台是工作分析。通过工作分析，明确各岗位的工作性质、工作职责、任职资格要求等，才能实现对岗位管理。工作分析为人—岗匹配、岗位评价以及目标设定提供了依据，为岗位目标管理的实现奠定了基础。

三是岗位评价。通过岗位评价，确定各岗位在组织系统中的相对价值大小。运用岗位评价的结果可以建立组织的岗位等级结构，并为组织制定薪酬制度打下基础。在岗位评价的结果上建立起来的薪酬制度实现了报酬的内部一致性，提高了员工的满意度，调动了员工的积极性，进而对他们产生激励作用。

四是人岗匹配。人岗匹配就是严格按照工作分析文件配置、聘任岗位主持人。要实现人岗匹配，首先，要求岗位主持人的素质、才能与岗位相匹配；其次，要求岗位效价、岗位、岗位主持人三者相匹配，岗位效价指每个岗位的价值；再次，要求岗位支付的报酬、提供的发展空间、对岗位的管理要与岗位主持人相匹配。只有这样，才能实现人与岗、岗与人的双向匹配，从而实现动态的岗位管理。

五是目标设定。目标设定就是管理者与岗位主持人结合岗位,共同制定与岗位相关的岗位目标和具体实施方案,从而将组织的整体目标有效转化为组织中各岗位的可操作目标。目标设定突出了岗位主持人的自我管理。

六是绩效管理系统。岗位目标管理中的绩效管理系统从岗位出发,围绕岗位主持人预先制定的岗位目标,针对岗位主持人在目标完成过程中的表现和结果进行考核、评定,并对整个过程进行管理的系统。绩效管理系统是岗位目标管理系统的控制手段。

七是薪酬管理系统。薪酬管理系统是在岗位评价的基础上,结合目标设定、绩效考评的结果,制定组织的薪酬体系,并对薪酬制度进行管理的系统。薪酬管理系统建立在岗位评价的基础上,并结合岗位目标,使薪酬制度成为一种有效的激励手段和控制方式。

岗位目标管理模式是一种基于系统思考的岗位管理模式。七大构成要素组成一个体系,有机组合、相互作用、相互协调,共同作用于岗位管理模式之中,使得岗位目标管理模式在组织中能够有效运作。

三、岗位目标管理的重要作用

实行岗位目标管理,并且严肃认真地按照上述基本原则进行管理,能够矫正企业多年来形成的种种管理上的弊端,为加强人力资源管理起到十分积极的作用。

首先,纠正岗位责任制的不足与缺陷。岗位目标管理能够改变目前很多企业中的岗位没有经过认真的岗位分析与设计的现状,为人力资源开发与管理奠定良好的基础。企业原来的岗位责任制虽然曾经有效,但是目前已经时过境迁,在复杂的市场环境中,企业必须注重岗位分析设计与调整。

其次,岗位目标管理能改变过去企业岗位的能、责、权、利失衡的状态,有助于构建庸者下、能者上的竞争机制。在我国国有企业中,比较普遍地存在人力资源管理的"格雷欣规律",即庸者驱逐能者现象。动态岗位管理能够有效地使各级员工的能力与所在岗位的责、权、利紧密结合,使庸者干不了,对能者有引力,从而激活在岗人员的积极性、主动性和创造性,增强岗位活力。

第三,能够降低管理成本,提高管理效率。岗位目标管强调对事不对人,强调按规章制度(契约)处理岗位与岗位、人与人之间的关系,用严格的奖惩手段来保证各种契约的实施。这样,就能避免"大企业病"中的推诿、扯皮、浪费等现象,大大降低管理成本,提高每个部门乃至整个企业的运营效率。

第四,为其他管理职能的实现提供保障。岗位目标管理为企业进人、用人、激励人、约束人、考核人、培育人以及人事变动提供最客观可靠的信息或制度性条件,也会使生产管理、营销管理、质量管理以及计划、组织、指挥工作的难度大大降低。

总之,岗位目标管理能够有效地保证与提高企业人力资源开发与管理的有效性。但是这种管理模式也存在一些弊端。例如,需要投入一定的人力、财力进行岗位分析与设计;人事变动较频繁有可能影响工作的连续性;易于形成冷漠的工作氛围,影响人际关系。但从长远看,如果实行真正的,同时辅以企业文化管理和行为科学方法,其消极作用将会降至最低,而其积极作用是十分可观的。

第五节　岗位目标的设定与控制

　　岗位目标设定与控制是岗位目标管理的重要一步,也是目标管理能否取得良好效果的关键所在。

一、岗位目标设定

1. 组织总目标设定

　　要设定岗位目标,首先要设定组织总目标。组织总目标的设定要采用 SWOT法,结合组织的自身和外部条件来综合地考虑组织的总目标,并确认目标的可行性。

　　(1) 内部条件分析。主要分析组织内部的资源、管理、核心专长、优势及问题等五个方面。

　　(2) 外部条件分析。主要分析组织外部的宏观环境、行业环境、机会威胁及未来的约束等四个方面。

　　(3) 目标的设立。主要通过宗旨出发→确定方向→确定期限→确认水准→建立体系,确定组织的总体目标。

　　(4) 目标的可行性分析。通过预测→找出预测与目标的差距→确定目标实施的难度与可接受度→协调平衡,最后确定组织的总体目标是否可行。

2. 目标设定原则

　　在目标设定过程中要遵循以下的原则。

　　(1) 总目标突出重点原则。在总目标设定中要确定定量目标和定性目标的轻重、长期目标和短期目标的轻重等,目的在于突出总目标。

　　(2) 总目标和分目标相关原则。在目标设定过程中要注意总目标和分目标的关系,要使总目标与分目标有直接或间接联系,各分目标应该在对组织的总目标进行分解的基础上设定。

　　(3) 目标的激励原则。目标的设定应该具有激励作用,目标要有可行性,能够激励员工有效地完成目标,并可以提出适当的超额目标。

(4)目标的科学性原则。目标的设定要体现科学性、现实性和前瞻性,即目标的设立应该结合组织自身实际情况、市场前景并采用科学的方法,使之具有现实可行性。

(5)目标完成期限的适当性原则。即目标的设定应该期限适中,短期目标要有长期观点,长期目标要分阶段完成。对不同的岗位,要设立不同的目标检查期限,如日目标、周目标、月目标等。

3. 目标设定的步骤

目标设定可分为六个步骤完成。

(1)上级目标与方针的明示。为达成整体目标,应有目标体系的设定。为此,应由上级明确目标及方针,然后下属才能循此决定自己的目标。在此步骤下,目标体系的关联和上级目标能否彻底下达,是关键。

(2)部属可以质疑目标,彼此充分讨论。目标由上级明确,再由下属依本身范围设定,以确立体系。下属研究目标,同时遵循上级的目标及方针,在制定自己的目标时,同时应与横向的关联人员充分讨论。经讨论后,相互之间的关系得以明确。

(3)部属设定本身的目标。经过上述阶段后,当事人自己可设定本身目标。而目标的设定,应该是有条件限制的。例如,目标应与上级的目标有关联性,目标要以具体方式表示等。有了这种目标的设定,此项制度才能获得预期效果。在设定目标之际,如果有需要上级支援的必要,也应一并事先向主管明确表示。

(4)上级与部属讨论所设定的目标。目标虽由达成者本人自主加以设定,但并不意味着上级能放任不管。应该就各个目标是否与整体目标互为关联加以检讨,并由上级加以检查。如果设定的目标不切实际,上级应与该员工深入而诚恳地讨论,在相互了解的基础上加以调整,再做最后决定。

(5)目标体系的整理。经过以上各个步骤后,应该再检查所设定目标是否适合于整个体系。如果能绘成一张目标体系图,就更有利于检查。

整理整体目标体系,不但使各目标间的关联更加明了,也有利于在管理上做出适当的调整;同时对各个目标的关系位置也一目了然,提升了员工每个人的参与感。

(6)将目标加以书面化。将员工与主管双方决定的目标,慎重地加以书面化,填入企业所制作的"目标卡"里,一式两份,主管与员工各持一份。日后双方的讨论、评估、奖惩,均以此卡上的书面文字为准。

二、岗位目标控制

目标控制是为了衡量工作成果,纠正偏差,确保达到目标。目标一经确定,即须控制其进度,借以发现执行与目标之间的差异,进而认定应如何改进。

1. 目标控制的作用

目标控制是目标执行过程中所不可缺少的工作,它不是监视部属的工作,也不是严厉的控制行动,而是协助部属解决困难,使其步入工作的正轨。实施目标管理的企业,之所以需要进行控制以达成其目标,它的主要目的是:

(1) 发现目标执行过程中的偏差,做出适时、及时的修正。设定目标时,也许有若干因素尚未考虑,或者由于未来环境的改变,使目标在实施时发生困难。为使最终的实施结果与目标不致相差太大,因此在每个阶段的目标控制中,予以修正,以维持目标的弹性。

(2) 以考核的手段激发员工的责任意识。一个企业或机构的整体目标若要实现,则必使每个管理者或工作人员将其个人努力目标与机构目标发生关联,并按其所应达到的成果建立工作目标。到期限终了,便以原订目标加以衡量。即针对每个管理者所应负责达成的成果予以考核。人们了解目标的存在,才能产生工作的意愿兴趣。因此目标管理的控制是激发员工工作士气及创造轻松愉快工作风气的主要手段。

(3) 可提供上司与部属间定期的正式联系机会。目标进度的控制检查,可以利用会议方式进行;沟通若能加强,上下级间的配合则更能健全。

2. 目标管理控制的原则

在企业实施目标管理制度中,目标控制的原则如下:

(1) 确保目标原则。控制的目的是为了贯彻工作目标,指出执行和计划的偏差,及时采取行动,以确保目标达成。

(2) 效率原则。如果能够指出计划的偏差并加以纠正,则控制技术能符合"以最低成本、最大的效用达成目标"的条件,控制效率愈高。

(3) 责任原则。控制的责任,应该属于计划执行人员本身。最佳的控制系统必须自动化。最高的控制境界,就是不控制,无所为而为。

(4) 标准原则。有效的控制,需要准确、适合的标准。

(5) 关键因素原则。有效的控制,有必要对个别计划的业务绩效,就其关键因素加以考核评价,如果不问巨细都加以注意,实属浪费,殊无必要。

(6) 例外原则。控制的重点越集中在例外事项,其效果越高。

(7) 行动原则。如果要使控制有意义,唯有在发现计划偏差后,立即经由适合的计划、组织、人事、领导、协调采取纠正的行动。

3. 目标控制应注意的重点

企业要建立有效的控制管制系统,必须注意下列各点:

(1) 目标的设定。为防止员工压低岗位目标,不妨规定他们只要达成目标或超过目标,均可获得达成奖金或超量奖金,以鼓励员工发挥其内在的潜能,只要努力工作就有相应的报酬。并且规定主管不能随便调整部属的目标,不能以部属上期完成的成果来作为本期目标设定的标准,进而调整其目标,以免部属加重心理负担,不愿主动努力工作。

(2) 授权制度的建立。为了使目标执行人能完成其目标,各级主管应授予相当的职权,便于争取时机,迅速完成目标。

(3) 报告系统的建立。建立报告系统,作为目标管理执行过程中的控制管制与意见沟通的渠道。

(4) 目标绩效考评基准的确立。建立考评基准,员工事先要了解自己的成绩,以避免主管评分不公平的现象。

(5) 目标管理成绩与奖惩、考绩的关系。公平的赏罚,是激励员工的一种方法,所以目标管理的实施必须与奖惩及考绩结合起来。

本章小结

1. 岗位是企业的最小单位,是企业生产经营、管理运转的细胞。正是一个个具体的岗位才构成了林林总总的组织,也正是每一个岗位目标的有效实现才使各种组织的整体目标得以实现。岗位由这样的五项要素组成,即工作(Task)、主持人(Man)、职责和职权(Responsibility and Right)、环境(Environment)以及激励与约束机制(System of Motivation and Restriction)。

2. 对岗位进行管理的行为和过程就是岗位管理。岗位管理不是身份管理,也不同于亲情管理。岗位管理是指以企业战略、环境因素、员工素质、企业发展、企业规模、技术因素等六大因素为依据,通过岗位分析、描述、设计、培训、考评、激励与约束等过程控制,实现人—岗匹配,发挥企业中人力资源的作用,谋求生产效率的提高的过程。岗位管理的主体包括组织、领导和岗位主持人。组织是组织内部宏观的管理主体,其对组织内所有岗位进行管理,这是一种组织行为。领导对直接下级岗位进行管理,这是一种领导行为。岗位主持人对自身的岗位自我管理,是一种岗位行为。这三个主体组成了主体系统的三个层次,相互依存,缺一不可,共同发生作用。岗位管理的过程包括科学设岗、岗位工作分析、岗位评价、岗位合同管理、岗位培训、岗位考评等六个环节。

3. 目标管理理论把泰罗的"科学管理"学说同梅奥的"人际关系"学说结合起来，强调要把企业的生产经营搞好，必须把企业的组织目标与个人的目标协调一致，管理办法从"威胁"发展到了"利诱"。目标管理通过一种专门设计的过程使目标具有可操作性，这种过程一级接一级地将目标分解到组织的各个单位。组织的整体目标被转换为每一级组织单位的具体目标，即从整体组织目标到经营单位目标，再到部门目标，最后到个人目标。因为较低层单位的主管参与设定他们自己的目标，因此，目标管理的目标转化过程既是"自上而下"的，又是"自下而上"的。最终结果是一个目标的层级结构，在此结构中，某一层的目标与下一层的目标连接在一起，而且对每一位雇员，MBO 都提供了具体的个人绩效目标。

4. 岗位目标管理模式定义为建立于正确的组织分析的前提下，以各个岗位的工作分析为基础平台，以明确各个岗位的岗位目标为核心，以科学的绩效考评系统为控制，以有效的薪酬结构为激励，从而达到全方位地调动组织内各个群体和全体成员的积极性、创造力和成就感，使企业总目标与各个方面的分目标融为一体，以求得企业长远优化和稳定快速的发展的岗位管理模式。岗位目标管理体系由三个层次组成。核心的层次是目标，中间层次由工作、主持人、薪酬和控制四要素组成，最外面的层次由组织、环境和发展三要素组成。岗位目标管理体系由七大构成要素组成：组织分析、工作分析、人—岗匹配、岗位评价、目标设定、绩效管理系统、薪酬管理系统。

5. 岗位目标设定与控制是岗位目标管理的重要一步，也是目标管理能否取得良好效果的关键所在。要设定岗位目标，首先要设定组织总目标。组织总目标的设定要采用 SWOT 法，结合组织的自身和外部条件来综合地考虑组织的总目标，并确认目标的可行性。目标控制是为了衡量工作成果，纠正偏差，确保达到目标。目标一经确定，即须控制其进度，借以发现执行与目标之间的差异，进而认定应如何改进。

❓ 本章思考题

1. 什么是岗位？包括哪些构成要素？
2. 岗位管理过程是怎样的？
3. 如何设定岗位目标？
4. 岗位目标体系构成是怎样的？
5. 简述岗位目标控制的作用及原则。

S公司的目标管理

S公司是生产各类机床的制造企业,从20世纪80年代就开始推行目标管理。为了充分发挥各职能部门的作用,充分调动一千多名职能部门人员的积极性,该公司首先对公司总部的各部室实施了目标管理。经过一段时间的试点后,逐步推广到全公司各车间、工段和班组。多年的实践表明,目标管理改善了企业经营管理,挖掘了企业内部潜力,增强了企业的应变能力,提高了企业素质,取得了较好的经济效益。

按照目标管理的原则,S公司把目标管理分为三个阶段进行。

第一阶段　目标制定阶段

1. 总目标的制定

S公司通过对国内外市场机床需求的调查,结合长远规划的要求,并根据企业的具体生产能力,提出了××年"三提高"、"三突破"的总方针。所谓"三提高"就是提高经济效益、提高管理水平和提高竞争能力,"三突破"就是指在新产品数目、创汇和增收节支方面要有较大的突破。在此基础上,S公司把总方针具体化、数量化,初步制订出总目标方案,并发动全公司员工反复讨论、不断补充,送职工代表大会研究通过,正式制定出公司××年的总目标。

2. 部门目标的制定

企业总目标由总经理向全公司宣布后,全公司就对总目标进行层层分解,层层落实。各部门的分目标由各部门和公司企业管理委员会共同商定,先确定项目,再制订各项目的指标标准;其制订依据是公司总目标和有关部门负责拟定、经公司批准下达的各项计划任务,原则是各部门的工作目标值只能高于总目标中的定量目标值。同时要求,为了集中精力抓好目标的完成,目标的数量不可定得太多。为此,各部门的目标分为必考目标和参考目标两种。必考目标包括公司明确下达的目标和部门主要的经济技术指标,参考目标包括部门的日常工作目标或主要协作项目。其中必考目标一般控制在2~4项,参考目标项目可以多一些。目标完成标准由各部门以目标卡片的形式填报公司,通过协调和讨论最后由公司批准。

3. 目标的进一步分解和落实

部门的目标确定了以后,接下来的工作就是目标的进一步分解,并层层落实到每个岗位。

(1) 部门内部班组(岗位)目标管理,其形式和要求与部门目标制定相类似,拟定目标也采用目标卡片,由部门自行负责实施和考核。要求各个班组(岗位)努力完成各自目标值,保证部门目标的如期完成。

(2) 部门目标的分解采用流程图方式进行。具体方法是:先把部门目标分解成任务落实到职能组,任务再分解落实到工段,工段再下达给各个岗位。通过层层分解,公司的总目标就落实到在每一个岗位工作的员工身上。

第二阶段　目标实施阶段

S公司在目标实施过程中,主要抓了以下三项工作。

1. 自我检查、自我控制和自我管理

目标卡片经主管副总批准后,一份存企业管理委员会,一份由制订单位自存。由于每一个部门、每一个岗位都有了具体的、定量的明确目标,所以在目标实施过程中,人们会自觉地、努力地实现这些目标,并对照目标进行自我检查、自我控制和自我管理。这种自我管理,能充分调动各部门及每一个员工的主观能动性和工作热情,充分挖掘自己的潜力。因此也完全改变了过去那种上级只管下达任务,下级只管汇报完成情况,并由上级不断检查、监督的传统管理办法。

2. 加强经济考核

虽然S公司目标管理的循环周期为一年,但为了进一步落实经济责任制,及时纠正目标实施过程中与原目标之间的偏差,公司打破了目标管理的一个循环周期只能考核一次、评定一次的束缚、坚持每一季度考核一次和年终总评定。这种加强经济考核的做法,进一步调动了广大职工的积极性,有力地促进了经济责任制的落实。

3. 重视信息反馈工作

为了随时了解目标实施过程中的动态情况,公司十分重视目标实施过程中的信息反馈工作、并采用了两种信息反馈方法:

(1) 建立"工作质量联系单"来及时反映工作质量和服务协作方面的情况。尤其当两个部门发生工作纠纷时,管理部门就能从"工作质量联系单"中及时了解情况,经过深入调查,尽快加以解决,这样就大大提高了工作效率、减少了部门之间不协调现象。

(2) 通过"修正目标方案"来调整目标:内容包括目标项目、原定目标、修正目标以及修正原因等,并规定在工作条件发生重大变化需修改目标时,责任部门必须

填写"以修正目标方案"提交企业管理委员会,由该委员会提出意见交主管副总批准后方能修正目标。

由于总经理在实施过程中由于狠抓了以上三项工作,因此,不仅大大加强了对目标实施动态的了解,更重要的是加强了各部门的责任心和主动性,从而使各部门从过去等待问题找上门的被动局面,转变为积极寻找和解决问题的主动局面。

第三阶段　目标成果评定阶段

目标管理实际上就是根据成果来进行管理的,故成果评定阶段显得十分重要,公司采用了"自我评价"和上级主观部门评价相结合的做法,即在下一个季度第一个月的 10 日之前,每一部门必须把一份季度工作目标完成情况表报送企业管理委员会(在这份报表上,要求每一部门自己对上一阶段的工作做一恰如其分的评价);企业管理委员会核实后,也给予恰当的评分;如必考目标为 30 分,一般目标为 15分。每一项目标超过指标3%加1分,以后每增加3%再加1分。一般目标有一项未完成而不影响其他部门目标完成的,扣一般项目中的 3分,影响其他部门目标完成的则扣分增加到 5 分;加 1 分相当于增加该部门基本奖金的 1%,减 1 分则扣该部门奖金的 1%。如果有一项必考目标未完成则扣至少10%的奖金。

该公司在目标成果评定工作中深深体会到:目标管理的基础是经济责任制,目标管理只有同明确的责任划分结合起来,才能深入持久、才能具有生命力,达到最终的成功。

资料来源:中国人力资源开发网.

思考题:

1. 在目标管理过程中,应注意一些什么问题?

2. 目标管理有什么优缺点?

3. 增加和减少员工奖金的发放额是实行奖惩的最佳方法吗? 除此之外,你认为还有什么激励和约束措施?

4. 你认为实行目标管理时培养完整严肃的管理环境和制订自我管理的组织机制哪个更重要?

第十二章 职业经理人管理

本章导读

　　职业经理人是以企业经营管理为职业，深谙经营管理之道，熟练运用企业内外各项资源的专业经营管理人员。拥有一支高素质的职业经理人队伍是一个组织在现代市场竞争中获取竞争优势的基础之一，而对职业经理人的科学管理则是充分发挥职业经理人能动性、积极性，提高管理效益的根本保证。

　　通过本章学习，您将了解到：

　　职业经理人的定义，介绍什么是经理人以及职业经理人。

　　职业经理人应具备的基本素质。

　　职业经理人的角色以及在组织中的作用。

　　职业经理人的形成机制和培养。

开篇案例

职业经理

　　"中国职业经理人中的传奇人物"，"企业界的王牌管家"，"微软中国终身荣誉总裁"，"身价最贵的打工皇帝"，这些璀璨闪耀的头衔都是属于同一个人——唐骏。从微软中国总裁到盛大总裁，唐骏年收入千万，身家过亿，名扬海内外。

　　作为职业经理人，唐骏认为自己的使命是阶段性的，完成使命就离开更能体现价值。唐骏1994～2004年服务于微软；2004～2008年效力于盛大网络任总裁；2008年4月以来，加盟新华都集团任总裁兼CEO，创造了职业经理人薪酬的天文数字——10亿元。

　　唐骏的每一次跳槽都让身价跳跃一次，而且都能很好地处理新老东家的关系。从不贬低旧东家，高调表扬新东家并描绘行业的美好前景，唐骏每到一处总是先做加法。在他的嘴里，碰到陈天桥、陈发树，都是一见钟情式的。

但实际行动他却保持着某种游离状态。首先，唐骏与老板、下属保持商业伙伴而非朋友关系。在盛大4年，唐骏几乎从未和陈天桥私下约会相处。在陈天桥搞的家庭聚会上，有时能见到江南春、郭广昌等人的身影，但作为陈天桥下属的唐骏却从不露面。他推崇"圈子理论"、"圆心理论"，并在公司内一直与人保持距离感。

其次，始终以职业经理人自居，看淡权力，并再三告诫自己要"忠诚和敬业"。加盟盛大时，唐骏提出进盛大"第一学习盛大，第二了解盛大，第三融入盛大"，并称这是他的"新官三把火"。中国素有"一山不容二虎"的潜意识，如果有两位强人，要么一个离开，要么一个自我阉割，以降低自己抬高伙伴。在民营企业，创始人的强势往往更需要职业经理人对自己有准确的定位，对此，唐骏可以说有着深刻的理解。

从微软到盛大、再到新华都，唐骏每次跳槽从来不带任何前雇主的员工，都是一个人空降，连秘书都不带。他这样做——不带自己的团队，不形成自己的派系与山头——就是要竭力消除新东家的疑虑。唐骏的精心处世，使其在公司内外获得了良好的口碑。

值得注意的是，在新华都集团里除陈发树外，陈家兄弟还有三人。据说，家族式的庞杂关系曾困扰过陈发树。陈发树引入唐骏并赋予其更多的权限，就是希望能以外来力量消解原有的裙带关系——这与当年陈天桥淡化家族色彩去美国上市的考虑是一致的。

对于未来的职业生涯，唐骏说他还没有想过离开新华都。面对老朋友李开复的创业，唐骏表示他还是希望成为中国职业经理人的标杆，"并不是每个人都要通过创业来成功，现在中国的富豪榜上只有一个职业经理人，而美国有一半是职业经理人，希望10年、20年以后中国可以出现更多，我只是一个开始。"

资料来源：Aron Liu 的工作博客.

职业经理人管理是现代人力资源管理中的一个重要内容，只有依靠科学的职业经理人管理才能为企业打造一支具有良好素质的职业经理人队伍，企业才能依靠这支职业经理人队伍对企业实现有效的管理，使企业在激烈的市场竞争中获取竞争优势。

第一节　职业经理人

尽管职业经理人在现代企业制度的建设中有着极其重要的作用，但是人们对职业经理人的具体认识却是随着现代企业制度的建立而逐步深化的。通过对职业经理人发展历史的回顾,有助于我们把握职业经理人管理的精髓,建立一支优秀的职业经理人队伍。

一、什么是经理人

　　德鲁克曾经认为,在管理的早期历史中,"经理人"被定义为"对其他人的工作负有责任的人"。这个定义符合当时的需要,它使经理人的职能同"所有者"的职能相区别。它明确地表示出管理是一项可加以分析、研究并系统地改进的特殊工作。这个定义把重点放在基本上是当时新出现的、完成社会经济任务的大型永久性组织上。

　　然而,这个定义实在难以令人满意,事实上也从来没有使人满意过。从一开始,企业中就有些常常是处于负责地位的人,显然属于管理班子之中,但并不为其他人的工作负责。例如,一个公司中的司库,负责公司中资金的供应和使用,他可能有一些下属,从这个意义上说来,他是一位经理人。但司库本人显然从事绝大部分的司库工作,他同向公司提供资金的人、资金、社会等打交道,是一个"以个人方式作出贡献的人"。根据传统的定义,他不是一位经理人,但他却是高层管理团队的一位成员。

　　一位在公司中负责市场研究的人可能领导着许多人,因而是传统意义上的一位经理人。但从其担任的职能和作出的贡献来讲,他所领导的人或多或少,或者完全没有,都不会有什么差别。一位完全不领导什么人的人在市场研究和市场分析方面完全可以作出同样的贡献。如果不是被迫把大部分时间用在他的下属和他们的工作上,他甚至可以作出更大的贡献。

　　由此可见德鲁克所说的这种传统的定义已不合时宜。目前,企业中增长最快的是各种以个人方式作出贡献的专业人员。他们都对公司创造财富的能力、企业的发展方向及其绩效有着重大的影响。但是,他们通常并不是什么上司,也不为其他人的工作负责。从这个意义上说,他们显然又不是经理。

因此,美国通用电气公司为经理人给出了一个新的定义:"一个以个人方式作出贡献的专业人员",从而使专业人员有"平行的发展机会"。

二、职业经理人出现的背景及其定义

所谓职业经理人是指以企业经营管理为职业,深谙经营管理之道,熟练运用企业内外各项资源,为实现企业经营目标,担任一定管理职务的受薪人员。这一概念包括两层含义:其一,经理的职业化。随着市场经济的发展,企业经营管理已经成为一门科学性、专业性极强的社会职业,有其专业化的职业体系与行为规范,其职业标准与成就已逐渐被社会广泛认同;其二,具有经营者职业资格经理的人员,将其工作视为职业生命,有相应的社会角色标准与压力约束,在社会选择机制作用下不仅仅追求物质利益的满足,更重要的是体现一种职业文化与职业精神,并以此激发经营者的创造智慧与献身精神。

经理职业化作为一种社会分工,是在西方国家的企业组织由古典企业向现代化企业的发展过程中确立的。职业经理人产生的根本原因是为解决企业规模不断扩大、社会生产力不断智能化情况下而带来的资本占有与经营才能的不对称矛盾。在古典企业中,企业的投资者就是该企业的所有者和管理者,企业的所有权与经营者是统一的。随着企业规模的日益扩大,经营管理工作日趋复杂,一些无法适应社会经济迅猛发展、无法适应市场激烈竞争的资本家便把自己投资兴办的企业交给具有相当才能、符合企业发展要求的职业经理去管理。

职业经理的管理技能不是生来就有的,而需要接受专门的教育,经过较长时间的训练和实践才能获得。这种训练和教育以及通过实践的摸索,作为一种智能投资,是职业经理为获取管理技能所付出的成本,它形成了职业经理知识财产的概念,而当这个知识财产成为现代企业所必需的生产条件时,就演化成了企业的人力资本。职业经理人就是作为这种高层次的人力资本的所有者,从资本的所有者手中换取了掌握和支配企业财产的权利。由此可见,职业经理队伍的形成一方面是市场经济、现代企业发展的需要;另一方面,如果没有高水准的职业经理群体,现代企业就不能普遍建立,现代企业制度也难以形成。

因此,从本质上讲,职业经理人是以其专业管理能力,协助企业拥有者执行经营管理职责的人。其现代企业的高超运作能力,必然使委托他的股东们能够获得高度的信赖感与应有的回报。

第二节　职业经理人的基本素质

作为一个职业经理人必须具备一些基本素质,这些素质主要包含健全的心理品质、良好的职业道德、丰富的专业知识、纯熟的工作技能。

一、职业经理人的健全心理品质

良好的心理品质是经理人不可缺少的一项基本素质。它包括智力品质和个性心理品质两大类。鉴于经理人居于支配全局的领导岗位,具有健全的心理品质尤为重要。和德才条件相比,心理品质属于"基础素养",它经常、间接地发挥作用,因而往往不如德才条件容易受人们重视。其实这是一种偏见,中外历来的经理人都具备良好的心理品质。这些心理品质主要有坚强的意志、良好的气质、优秀的性格、健康的情感和稳定的情绪、广泛的兴趣、开放和追求的心态。

1. 坚强的意志

坚强的意志是指人们自觉地确定目标并选择适当的方法、手段去克服困难,达到预定目的的心理过程。领导活动是十分复杂的活动,经理要能够有效地进行领导,克服各种困难,就必须具有坚强的意志。经理人的意志主要体现在这几个方面:

第一,自觉性。它是指经理能正确地认识到自己行动的目标和意义,并使自己的行动更加符合大局,抑制与正确目标相违背的行动,不盲从、不鲁莽、勇于克服困难,坚决反对独断性和顺从性,不固执己见,不轻信别人;

第二,坚定性。表现为长时间地相信自己的决定的合理性,并坚持不懈地克服困难,为执行决定而努力;

第三,果断性。表现为善于迅速地辨明是非,能及时坚决地采取决定和执行决定。果断不同于轻率,它要求经理们以充分的根据、经过周密思考为前提。经理人要对自己的行为目的、方法以及可能的后果,都有深刻的认识和清醒的估计,当事态发展到最紧急关头的时候,能当机立断,及时行动,毫不动摇,毫不退缩;

第四,自制力。指善于统治自我的能力,如善于控制自己的行为和情绪反应的能力等,经理人要善于控制自我,克制与实现目标不一致的思想情绪,排除外界诱因的干扰,使自己执行已经采取的、具有充分根据的决定。

2. 良好的气质

良好的气质是指经理人在心理活动和外部动作的进程中表现出来的某些关于速度、强度、稳定性、灵活性等方面心理特征的综合表现。按照心理学的观点,人的气质可以分为四种类型:胆汁质、多血质、黏液质和抑郁质。

胆汁质气质类型的经理,情感发生迅速,但不持久,动作反映迅猛,言辞激烈,性子比较急。但他们精力充沛,积极性高,办事主动,思维敏捷,工作效率高。由于他们脾气暴躁,所以缺乏耐性,往往影响上下左右的人际关系。

多血质气质类型的经理常表现为活泼好动,热情亲切,反应迅速,接受新事物快,适应性、应变力、创造性较强,而且机智灵活,善于交际,但他们情绪往往不够稳定,好见异思迁,决策轻率,工作持续性差,不利于完成长期艰苦的工作。

黏液质气质类型的经理常表现为安静、稳重、坚韧、踏实、心平气和、处事稳妥、善于自制、交际适度、情绪一般不外露,善于忍耐,但他们容易因循守旧,固执拘谨,缺乏灵活性和创造性,应变能力差。

抑郁质气质类型的经理善于观察、思维周密,直觉性强,看问题比较深刻,预见性强,布置工作比较细致、周到,情感稳定,不易外露。但遇事经常多虑,优柔寡断,缺乏信心,以至坚韧性差,不利于从事竞争性、开拓性的领导工作。

总之,上述的四种气质类型对于经理们来说,各有利弊。在现实生活中,往往是两种或多种气质并存于一个经理人身上。经理人应深入研究自己的气质特点,注意扬长避短,综合吸收,在长期实践锻炼中逐步培养出良好气质。

3. 优秀的性格

性格是指经理人对现实稳定的态度和习惯化了的行为方式。它对经理人的品质、气质、能力和领导方式都有重要的影响作用。所以,经理人优秀的性格品质是提高领导效能的重要条件。经理的性格是多方面的,但要成为职业经理人应具备以下一些优秀性格品质:诚实正直、宽容大度、谦虚谨慎、坚韧顽强、充满自信、沉着冷静、严肃认真和乐观豁达等。

4. 健康的情感和稳定的情绪

情感是由一定客观事物引起的主观体验,它反映人们对客观事物所持的态度。经理人对周围所发生的事物都有一定的情感,但在领导工作实践中,需要经理人以稳健的情感对待一切。从人的情绪来说,经理人活动不会完全由理性支配的,有时难免受到情绪的左右,经理人必须善于保持良好的情绪。否则,将不利于领导目标的实现。

5. 广泛的兴趣

兴趣是指经理人对某些事物抱有的积极态度,是推动他们进行某种行为的精神力量。兴趣有不同的划分种类,但在工作实践中,要求经理们努力培养高尚兴趣,放弃低级兴趣,并用自己的优良品质和作风、兴趣去影响周围的人,使之沿着健康的方向发展。

6. 开放和追求的心态

一个成功的职业经理必须要心态开放和追求卓越,只有开放的心态才能在日益膨胀的信息时代持续进取,保持创新的活力。在与同行业、不同行业的信息交流中,完善自我。只有追求卓越,才能使自己领导的企业不断发展,在不断自我完善的过程中,使企业的发展达到一个更高的境界。

二、职业经理人必须具备良好职业道德

正如做人要有良好的个人品德一样,作为一个职业经理人,必须具备良好的职业道德。这是职业经理人最基本的素质。职业道德,包含三层含义:①对股东、对公司的绝对忠诚。把维护公司利益、实现股东投资价值最大化作为自己的唯一目标,一切经营决策、管理行为都围绕这一目标进行,绝不做为了个人利益损害公司利益、为了短期利益损害长期利益的事;②高度的敬业精神,即在岗位上工作一天就尽自己的全力履行好自己的职责,哪怕是明天就离开这个岗位;③严守公司商业秘密,包括曾服务过的公司和正在服务的公司。对于曾服务过的公司,虽然现在已经离开,但过去在职时掌握的一些公司秘密仍不透露给他人,特别是竞争对手;对于现在正在服务的公司,则更有义务保守公司的商业秘密。

简而言之,就是要有积极热情的工作态度,负责守法,保守业务机密,不从事与公司利益相违背的工作,能与他人合作,愿意培养部属等。

三、职业经理人必须具备丰富的专业知识

职业经理人必须对专业知识如商业知识、政府法规、产品行业知识、科学技术知识、管理知识等要有足够的掌握和了解。例如,一位经营销售经理人必须对营销、经营管理、市场等方面的知识非常精通,在自己的行业中应当是位"行家",他对行业相关的特定产品、竞争对手、市场行情、雇主、科学技术、各类组织及政府法律法规应了如指掌。此外,他们对自己企业、公司的情况非常清楚。职业经理人作为一位领导者,应当具备更渊博的专业知识、科学技术知识和其他应具备的各种知识。

四、职业经理人必须具有纯熟的工作技能

工作技能包含四个方面:思维能力、绩效管理能力、组织能力以及专业风采。通过这些能力的组合,能使职业经理人有效地完成任务。也就是说,具有这些能力的人才称得上是称职的职业经理人。

1. 职业经理人的思维能力

从思维能力来看,作为职业经理人头脑必须清楚,这样才能做好事情。管理大师彼得·德鲁克曾经说过要做对的事,再把事情做对(Do the right things,Do the things right)。由于思维能力是一种抽象的能力,所以培养经理人的思维能力是最重要的事,也是最难的事。职业经理人的思维技能表现在三个方面,分别是:拟定计划、制定决策与解决问题的技能。

(1) 拟定计划的技能。管理工作的第一步便是拟定计划,孙子兵法第一篇“始计篇”,说明所有的作战开始于谋与策划。品管大师戴明博士的管理循环 PDCA,也是从 Plan 计划开始,因此作为职业经理人的首要任务便是能制订清晰有效的工作计划。不论是长期的战略规划,如年度营销策划、年度预算、质量改善计划等,还是短期的战略规划,如人员招聘计划、新产品上市计划、筹办公司某种活动等,都需要应用到计划的能力。其中的关键技巧是分辨三种不同类型的计划,即有特定目标非例行性的项目管理计划、例行工作的日常管理计划与处理问题的处置计划。另外,还要能辨别目的与目标的差异,制定合理的目标,而不是只应用过去的数字作基础(例如生产计划的预测)。并要掌握目标树、SMART 法则、优先顺序排列法、心理图像法、甘特图、PERT 图等管理工具的应用。

(2) 制定决策的技能。职业经理人的重要职责便是制定决策并领导执行。由于计划与执行的过程会出现许多预想不到的变数,因此必须慎重进行决策。错误决策的后果是导致失败,正确的决策则是奠定成功的基础。例如战略上该扩张还是要收缩? 人才要从内部培养还是外部引进? 产品要定什么价格? 预算如何分配? 该选择哪个媒体做广告? 处处都需要决策。决策过程要体现科学性、民主性,还要考虑到风险程度,还要考虑道德上的压力、人情的包袱等因素。因此,制定正确的决策是职业经理人的重要能力。英特尔的总裁葛洛夫曾说过,我们并不特别聪明,只不过在激烈竞争中,比对手作出更多正确的决策。决策的技能包含前提假设、推论能力,信息收集、整理、分析、归纳的能力,逻辑判断、博弈竞局理论、面对压力的心理素质、如何避开心智模式与错误的系统思考等。具体的决策方法有矩阵法、决策树、电脑模拟、沙盘推演、加权指数、逻辑原理、潜意识原理以及系统模型等。

(3) 解决问题技能。拿破仑说过这样的话,困难只是在印证一个人伟大的程度,这句话说明了解决问题是职业经理人重要的任务,也是考验一个人能力的最佳方式。没有一个企业是没有问题的,不论是质量不佳、产能不足、交期不准、人力不足、士气不振,还是财务困窘、设备老旧、工艺落后、市场占有率下滑等,只要谁能解决这些问题,谁便能受到重用。前英国首相丘吉尔说:“所谓成功便是肩负更大的重任,去面对更棘手的问题"。解决问题需要的技能是界定问题、收集资料、分析问题、找出问题根源,以及运用创造能力找出解决方案来。解决问题的辅助方法有问题树、鱼骨图、帕雷多图、V 型回路、KJ 法、脑力激励法、创意思维法等。

2. 职业经理人的绩效管理能力

从绩效管理方面来看,职业经理人领取薪资与享受福利,回报给企业的是绩效。无法产生绩效的职业经理人,就像不能拍出清晰相片的照相机一般,期望很高,结果是绩效很差。所以职业经理人必须面对的现实是创造一流绩效,否则只有下岗。企业的竞争极为现实,每一分没有产出的投入都会降低竞争力,因此作为职业经理人如何协助企业提高绩效,是最为核心的技能,其中标准制定、成果管制与绩效考评是三种关键技能。

(1)标准制定技能。无规矩不能成方圆,缺乏标准的企业运作起来特别困难。企业中的事情,可以分成两大类:一种是周期性、经常性、例行性的,例如员工招聘、生产计划、质量检验等;另外一种是特殊性、非例行性的,例如新建厂房、信息化等。职业经理人必须先把前一种任务,尽快标准化,以利于组织正常运作;之后集中精力处理特殊性的任务。许多企业未能将例行性任务进行规范化、标准化,占用了管理人员大量的心力,不仅部属无所适从,大小事情都要报告,而且效率不佳。制定标准的具体技能是判别需要标准化的项目,工作分析,作业研究,评估与制定合理标准,形成书面材料,以及培训等。经常用到的方法有流程图、管制图、检查表、分类法、动作研究等。

(2)成果管制技能。组织为了呈现有效的结果,不仅要有良好的决策,也需要有很强的执行能力,在此期间,如何有效地管制质量、成本、进度与服务水平,有赖于职业经理人的高度技能。管制太多,处处绊手绊脚,士气低落,效率不高;管制不足,容易出现漏洞,提高成本,质量不保。管制能力的考验主要有几方面:分辨该管与不该管的事,将事后处置提前为事前管理与事中管理,促进部属自主管理的意愿与能力,由外部控制逐渐演变为自我管理。成果管制的主要方法有 QC 七大手法、新 QC 七大手法、任务交叉法、看板管理等。

(3)绩效考评技能。员工期望自己的努力得到应有的鼓励与报酬,组织中的士气在很大程度上受到考评公正与否的影响。要让员工在短期内有好的表现,当然运用奖励与惩罚是有效的,但如果要建立持续的绩效,则需要有公正合理的考评办法与激励机制,才能促使人们愿意为未来而努力。绩效考评牵涉到企业文化——要奖励哪种类型的人? 组织形态是生产型的、创新型的,还是成本服务型的? 以及组织的管理成熟度、财务能力、股东支持度等,更要注意员工的需求满足层次,例如加薪初期很有效,但最后会失去兴奋度与激励性。绩效考评的技能包含从战略的高度选出关键绩效指标(KPI),将绩效指标转换成为员工行为标准,制订绩效标准与评价成果的面谈沟通技巧,绩效检讨与指导修正的能力,以及不同类型性格员工的激励策略。绩效考评的方法可以采用平衡计分卡、360°考评法、加权指数法、倾听技巧、观察法和咨询技巧等。

以上的三种技能是提高组织绩效的重要技能,也是确保组织成员持续进步的动力来源,更是组织将过去经验转换成未来竞争力的基础。

3. 职业经理人的组织能力

美国钢铁大王卡耐基的墓碑上刻着这样一行字:"这里躺着一位善用比自己能力更强的人",这就一语道破了职业经理人应有的组织技能。现代企业的组织日益复杂,成员来自四面八方,国际级的企业更面临多种族、多文化的高度差异化团队。面对这样的环境,如何使一群人快速组织起来,集中力量于共同的目标,和谐地相互信赖相互支持的工作,并能确保一致的工作方法或维持相同的工作标准,职业经理人的组织功能将成为决定性的因素。组织技能主要包含团队建设、领导能力与培育部属的技能。

(1)团队建设技能。团队必须具有三方面的要素才能拥有很强的战斗能力:一是目标要集中,二是关系要和谐互助,三是工作方法要保持一致与适当弹性。组织中经常需要运用团队技巧,如建筑工地上设立鲁班奖以激励建筑工人,连锁店里开展提高业绩确保顾客满意活动以提高导购人员工作积极性等都是广泛应用团队技巧的典型团队型组织。团队建设的技能主要有建立共同愿景与目标的能力、调和与应用成员差异的能力、制定共同规范、整合新进人员、从经验学习、引导团队找寻正面方向、促进健康的冲突等。具体的团队建设方法主要有:深度会谈、探询与辩护、团队动力、TA活动,问卷调查以及内部行销等。

(2)领导技能。联合国的一个组织指出,21世纪最缺乏的资源是领导人才,即那些能够不断自我超越、严以律己、顾全大局、能使大众信服且能产生正面结果的人才。每个人都有自己的个性,如何使组织中形形色色的人有效地一起工作?如何促使部属从表面服从到真心奉献?如何使士气低落的人重振士气?如何使成功的人不因志得意满而停滞不前?如何使粗心的人不因大意而酿成大祸?如何使利益不同的人相互支持?这些都有赖于职业经理人的领导技能。领导技能主要包括分辨部属的特性与现况,选择适当的领导风格,情绪的认知、控制与调节、激励能力,塑造共识以及坚定的信念与意志力。领导技能的方法主要有部属准备度分辨法、关系行为、指示行为、EQ调节、压力缓解和信念重塑等。

(3)培养部属技能。中国人自古有留一手的习性,唯恐教会了徒弟饿死师父。这是说在过去由于经济的主体是以个人生产力为主,而且信息的取得与交换非常缓慢,因此谁能有独家秘方或武林秘籍绝对要好好隐藏才能显出独特性与差异性。但现今时代的组织已经不同于以前,无法靠一个人的绝活独闯天下。企业要成功,便需要广纳人才。但是人才不是天生的,况且学校所传授的知识有限,各个企业的差异性也很大,因此能否有效培育部属便成为重要的关键能力。未来学家约翰·奈斯比曾经指出未来经理人将从监督者转变成教练与指导者。现今的信息流通便捷,即使不教部属,部属在不久的将来也会学到,但是你会丧失专业的领导能力,也就是说你不是他的师父,会缺乏一份尊敬与信服。台湾的宏基电脑为迎接下个世纪的竞争,在组织中便强力建立了这种不留一手的文化。评鉴经理人的能力,不单单是他的工作成效。部属能力是否提高,也成为主管重要的职责。培育部属的能力包含评鉴培训需求、制定培训目标、编写培训教材和熟谙各种教学方法、应用教学工具以及评鉴培训成果的能力。培养部属的方法有各样的调查法、目标树、心理图像法、教学技法、教学器材和破冰技巧等。

团队建设技能、领导技能以及培育部属技能是极具挑战,也是令人感到难度极大,但却是极为令人欣慰的工作。特别值得注意的是,如果职业经理人只是想表现自己,只把以上的技巧当做工具,而对部属与团队成员并不具有真诚的关怀,则在不久的将来一定会尝到恶果。自古以来中国人的修身之道便是"诚意、正心、修身、齐家、治国、平天下",由内而外的,真诚的心意无疑是运用组织技能成功的关键。

4. 职业经理人的专业风采

做人做事要有模有样,演员演什么要像什么,作为职业经理人也要有职业经理人的样子。这种专业人士的模样表现在专业风采上。当英特尔的总裁葛罗夫先生到中国来访时,联想的高级主管说道:"国际级的企业家就是不一样,不论是私下的言谈举止,或是出席记者会发言,都展现出专业人士的泱泱风范"。要赢得尊敬不仅需要成功富足,更要有专业风采,这样的能力主要呈现在主持会议、沟通表达与个人管理技能方面。

(1) 主持会议技能。彼得·德鲁克说:"经理人不是在做事便是在开会"。虽然有点戏称的意味,但也说明了会议是组织中互相沟通信息、交换意见以及形成决策的重要活动,既然会议如此频繁,如何把会开好,便是一件重要的事。会议主要有三种类型。一种是沟通意见、交流信息的讨论型会议,例如产销协调会。一种是传达信息、发布信息的传达型会议,例如记者发布会。另外一种是产生共识以及激励为主的共识型会议,例如员工年度表扬大会。会议的类型不同、目的不同、对象不同,场地布置方式、主持方式也就不同。如何分辨会议的类型、会前的准备工作、议题的选定、参与会议人员的确认、场地的布置、座位安排以及主持人如何控制场面与时间、如何作会议记录、如何处理争议、如何引导发言、如何作成结论、会后如何跟进、未尽事宜的协调等,都是职业经理人应有的主持会议技能。

(2) 沟通表达技能。人类文明的进展与沟通方式直接有关。孔子授徒三千,建立儒家思想;马可波罗到中国将中国文化传到欧洲;唐僧玄奘到天竺取经,引进了佛教。这是早期人类传递思想文化的方式。有了印刷术之后,大量印制的图书进一步扩大影响力与传播速度。近代电传、电话、广播、电视、传真,甚至是因特网的发明,让信息的交流到达全球化、即时性的地步。因此信息传播的质量与速度,决定了文明进步的程度。公司内部也是如此,擅长沟通的组织,进步速度较快,防范问题的能力也较高,文化的统一性较强。沟通方式分为书面以及口语两种。书面方式例如营运计划书、备忘录、工作记录、调查报告、往来公文、广告文案、E-mail和产品说明书等,口语表达有发表演说、主持会议、记者采访、培训员工、销售说明、采购议价和商业谈判等。从另一方面说,经理人的主要任务便是不断地沟通。所以培养清晰、精准有效的沟通表达技能,是每一位职业经理人的必备功夫。表达技能主要在于目的的确认、了解接受对象、清晰的逻辑、修辞能力,以及声调、肢体语言以及表情的搭配。

(3) 个人管理技能。托尔斯泰说"人们经常想要改变他人,却少有人愿意改变自己"。彼得·圣吉的《第五项修炼》,开头便是"自我超越"。孟子曰:"行有不顺,反求诸己",也是谈到从反省自己来突破困境。作为职业经理人更应有这种修炼,愿意从自己出发,不断超越自我,突破自我,以身作则,成为部属的表率。在运动领域中职业选手也远比业余选手对自己的要求更高,这不仅是为了赢得比赛,而是一种人生的态度。职业经理人在个人管理方面上主要体现在个人的时间管理,自身驱策力的寻找,个人的不断学习,个人的情商即保持乐观的情绪和积极上进的心态。主持会议、沟通表达以及个人管理是最能展现职业经理人内功的技能,也是赢得尊敬,让生活愉快的主要保证。尽早练成这些功夫,对于日后的发展,必定有极大的帮助。

第三节　职业经理人在组织中的角色

一、职业经理人在组织中扮演的角色

加拿大墨吉大学副教授亨利指出:身为一个职业经理人如果要做好经理分内工作的话,必须扮演十个角色。十个角色中,如果某些角色相对地被忽视了,则整个工作就无法达到尽善尽美。这十个管理角色分为三类,他们互相体现——"人际关系角色"、"情报角色"与"决策角色"。人际关系角色中包括三个角色:名誉领袖、领导人和联络人;情报角色中包括侦探、传播者和发言人三个角色;决策角色中包括企业家、危机管理者、资源分配者和谈判者四个角色。

1. 名誉领袖

要演好名誉领袖这一角色需要参加各种典礼性质的仪式，比如说面对退休工的演讲，代表公司参加各种公共活动，或是充当招待贵宾的主人等。虽然许多经理人员对于这些职务感到厌烦与消耗时间，然而他们确是经理人员的一项重要工作。它们能帮助你顺利地推行业务，使社会大众对于公司的稳健、可靠充满信心，并经常使你的部属对于公司有认同感，觉得身为公司的一员是件值得骄傲的事情。

2. 领导人

亨利将此角色在功能上分为"直接的"与"间接的"领导。"直接的领导"是指雇用，训练并控制那些在你之下的人而言；而"间接的领导"是指激励他们，并为他们设定应遵守的组织纪律。充当这个角色你应该做好以下工作：为公司制定各项明确的目标，以及各项目标达成的先后顺序；以前项目标和先后次序为衡量标准，对于部属的各种建议与意见有一致的反应；谨慎从事，作为部属的典范；巧为立言，使组织中最低阶层的人，都明了你的作风与想法。

3. 联络人

联络人角色的职务包括直线指挥系统与系统外的联络。对于一个高层管理者而言，其联络角色不仅包括与遥远的公司分部之间或是公司的关系企业之间的联系，而且更扩及与各产业工会间、各市政或各政府部门间的接触。要演好这个角色，必须做到：与公司所有部门的关键人物间保持良好的私人关系，并且经常跟他们互通消息，避免失去联系；要广泛交流，不闭门自居。

4. 侦探

作为侦探的角色，经理人就像录影磁带机似地，吸收他周围所发生的无数事情细节。经理人不只要吸收本身工作上某一方面的情报，而且还要收集将来可能有价值的资料。扮演这个角色的效果好坏，部分决定于你扮演联络人的成功程度——也就是你交友的范围是否足够广泛。而另一重要因素是对周围环境变化的灵敏度，为增强灵敏度必须做到：应该尽量安排时间，定期离开办公室；对于各种事物不抱成见，应以开诚的态度来观察。

5. 传播者

许多科学上的证据显示，经理人员对于周围事物的变化比他们的部属了解得更多,所以作为一个传播者的角色相当重要。经理人员扮演此角色时大部分必须决定:谁? 何事? 何时? 执行传播者角色时,必须衡量如果把某情报通告部属时会产生什么后果;毫不吝啬地与部属共享非特权的情报;记录部属由于得不到本来应可得到的情报而造成犯错误或判断错误的次数,以了解部属对于情报需要的迫切性;核实你的见解与命令往下传递到什么阶层时被谁歪曲了。

6. 发言人

作为"发言人"的角色,经理人员必须将其所负责的工作群体的情报,正式地对此群体外的人们(诸如上司、社会大众或顾客等) 发布。正如名誉领袖似的,此角色也是个"形式上的角色";不过,它是与工作直接相关的,是实质的而非典礼仪式性质的。要有效扮演此角色必须建立明确的方针,指出何时代表公司,何时仅代表个人;保证所说的话正式代表公司的政策;充分准备以确保演说成功,并伶俐、妥善地回答新闻界的询问。

7. 企业家

决策的各种角色是最常见、最明显的,因而经常是最受重视的。如亨利所说,身为一个"企业家",经理人员必须设法改进自己的组织,并经常加以调整以适应变化的环境。因此在组织体系中的地位愈高,经理人愈应该扩大"环境"范围;多方面收集资料;时时注意不要使组织由于体系庞大而倾向于官僚化。

8. 危机管理者

这个角色是个很重要的角色,但它也是个生动的角色,因为要牵涉到许多的行动以及争吵的事情,要求经理人敏锐地觉察到危机的发生并及时、迅速地加以解决。

9. 资源分配者

"资源分配者"角色的职责包括作出诸如"谁应该得到什么? 以及得到多少?"之类的决策问题,或许一位经理所能分配的最重要资源是他的"宝贵时间"。要扮演好这一角色,经理人必须要有众所周知的分配资源的明确标准;资源通常应按总目标与先后次序分配;要保留有足够的资源,分配于新产品开发与人们训练发展上面,以确保公司的成长;细心地为所有下属主管们的资源获取时间排定先后顺序。

10. 谈判者

亨利所说的最后一个管理角色是"谈判者"。现在随着时代的发展,权利渐渐下授,越来越多的任务需要谈判的技巧。比如,制定公司的目标,组成一个工作小组,与工会或客户的交往,甚至员工的雇用等,几乎每样都要各阶层管理人员担任谈判者的角色。或许它在决策角色中是比较不令人兴奋的,但其重要性则不逊于其他角色。要圆满地扮演此角色必须检查现在自己所作的任何决策,如加入别人的意见时是否会更有效果;检查自己的谈判技巧是否有时太专横;决定什么样的谈判情况才需要你亲自出场,什么样的情况则留给部属自行处理即可。

二、职业经理人在组织中的作用

职业经理人主要是依靠全体团队成员的共同努力来完成公司的经营目标,因此首先必须对员工实施有效的领导,即要求职业经理人具备良好的领导才干,对他人具有较大影响力。只有这样,才能既让员工接受公司的经营理念,同时又能把大家团结起来,共同努力完成公司经营目标。

在员工心目中树立起领导威信方式主要有两种:一种是"以威取信",另一种是"以信取威"。前者主要是指主管以权压人,以简单粗暴的方式对下属进行硬性管理,这种情况下的员工往往口服心不服,甚至产生逆反心理;而后一种方式则是指主管通过取信于下属来树立自己的领导权威,优秀的职业经理人以自己的智慧、远见卓识以及人格魅力来影响他人,使员工内心深处愿意追随自己完成某项事业。

优秀的职业经理人不仅是所在组织,也是全社会的一笔宝贵财富,职业经理人作为一个管理阶层,其才干抱负能否充分施展,往往影响到一个公司乃至一个地区和国家的整体经济发展和社会进步。从某种意义上讲,有赖于这样一个职业经理人阶层的形成及其经营管理才能的充分发挥。只有这样,整个社会经济才呈现出源源不断的生机和活力。在计划经济时代,企业管理者多是政府部门任命的行政干部,缺乏企业家精神和创新活力。随着市场经济环境的逐步形成和完善,职业经理人在组织中应该发挥出越来越重要的作用,主要包括以下几方面:

1. 为组织发展制定规划蓝图

让全体成员对组织的目标达成共识,统一思想,团结协作,为了组织及其每一个成员更美好的明天而努力。树立一个清晰直观的发展规划和前景,有利于激发全体人员的信心、热情和积极性,有助于克服前进道路上的艰难挫折,有利于发挥和调动每个成员的灵感和创造性,有利于全体成员朝着一个方向共同努力。一个鼓舞人心的发展蓝图,就是茫茫夜空中的那颗北斗星,可以让每个团队成员在对组织目标达成共识的基础之上,愿意追随一个可以让他们信赖的领导,为着一个共同的目标而团结奋斗。

2. 根据内外环境变化进行改革

当今的时代,一切都处于巨变中,工作中经常会发现"计划没有变化快"。在这种情况下再沿用计划经济时代的方法,显然就不能够适应市场经济下的新形势和新情况。职业经理人必须审时度势,顺应市场的变化趋势,不断修正组织的发展目标和经营策略,以变应变。不断调整经营模式、组织结构和运营流程,以适应企业内外环境的剧烈变化。在保持组织的稳定性和连续性的同时,又要不断实施变革,勇于冒险,直面挑战,敢于吃螃蟹,并承担责任和风险,使组织在市场经济的大风大浪中经受住洗礼和考验。

3. 以身作则为组织创造最大价值

现在很多企业的领导,往往只会做官,不会做事,一个好端端的企业,被弄得亏损甚至倒闭,而企业领导拍拍屁股,换个地方照样做官。随着法律和制度的逐步完善,对于职业经理人来说,今后越来越重要的责任和任务,就是带领全体员工,为组织创造最大价值。这就要求职业经理人必须是某一行业或领域的专家能人,不仅自己能做事,而且能够为公司创造最大价值。这样的领导,员工才会心服口服,愿意追随效力。要做到这一点,职业经理人必须不断学习和提高自身素质,并率先垂范,在工作中自己首先做到为公司创造最大价值,并进而指导和带领所有员工,共同为组织创造最大价值。

4. 建立平衡机制,塑造公司文化

职业经理人的一个重要作用,就是要在组织内建立一个平衡机制,自身在组织中起到一个很好的平衡作用。这包括几方面:一是表现在公司各方面的力量和资源分配上,例如,公司内部各部门之间的平衡,如果某些部门力量比较薄弱,成为公司发展的瓶颈,就应该加强该方面的工作力度和资源配置;另外一层含义是在公司的发展速度上,如果当公司某一阶段发展速度较慢时,必须推动公司加速发展,而在发展过快时,又要注意加强管理,注重质量和效益。另外要塑造具有凝聚力的公司文化,成为广大员工团结合作的基础,使整个公司能够朝着一个方向前进。不仅如此,还应当使优秀的公司文化渗透进每一个员工的日常行动,特别是管理层的每一个经营决策中去。

5. 传授管理理念,培养锻炼下属

职业经理人的一个重要任务,就是通过组建团队和带领队伍,依靠全体员工共同努力来达到组织的目标。一个合格的领导,不仅要保持团队的稳定性,而且应该

让每个员工的潜力得到充分挖掘和发挥,尽可能调动每个成员的积极性和创造性,带领和依靠团队全体成员的共同努力,来实现组织的战略目标。通过简单粗暴的威胁和命令,虽然也可以让下属服从,但是往往不能达到很好的效果;只有经常与下属沟通,了解下属内心所想,并对症下药,才能赢得对方的信任与支持,心甘情愿地效力和奉献。通过组织领导人的沟通和协调,使团队每个成员的潜能和积极性得到充分发挥,并使整个团体产生一加一大于二的管理效果。

只有真正做到以上这几点,才能称得上是一位具有组织、创新和领导能力的优秀职业经理人,也才能为所在公司乃至全社会创造出最大的物质和精神财富。

第四节　职业经理人的形成机制

既然职业经理在企业发展中具有决定性的作用,那么我们在对现有企业进行公司制改造、建立现代企业制度的过程中,就迫切需要一套促使职业经理阶层形成的有效机制。

一、选拔机制

在我国国有企业改革以前,国有企业的厂长(经理)一般都是由上级主管部门任命的。形成了他们长期依附于上级主管部门,以及主要对上级负责而忽视对企业和职工负责的现象。随着企业改革的深入,虽然出现了承包、租赁等多种经营责任制,厂长(经理)开始摆脱直接任命的单一模式,出现了上级指派、职代会选举、招标投标等多种产生方式,但是在现实工作中,上级任命的方式仍占多数。这种将职业经理人与政府官员混为一谈,动辄把政府官员硬塞进企业担任领导,或随意把有作为的企业家调做政府官员的做法,一方面很难产生合格的职业经理;另一方面造成了职业经理人才的流失。由此可见,在现代企业里必须由董事会通过经理人才市场,在公开、公平、公正的原则指导下选拔任命,才能保证优秀经理人才的脱颖而出。

二、激励机制

职业经理人的劳动是一种风险性很强的复杂的脑力劳动,为了激发他们进行创造工作的热情,应当使那些领导有方、善于经营、效益显著的经理人员的报酬明显高于一般职员,使他们有一种自觉主动尽职尽责的内在动力。但同时也应看到,职业经理的行为是以强烈的事业成就感和不满足感为基础动力的,因此,对他们的激励不能只局限于物质利益或者个人收入,还要充分承认职业经理的社会地位,满足他们的自我实现的需求,为他们创造良好的工作环境和条件,从社会荣誉和物质生活各个方面激发他们经营好企业的使命感和成就欲。

三、监督机制

随着企业经营规模的大型化、国际化以及产权结构的多样化,董事会的功能逐渐向战略决策方面转化,这使总经理及其高级管理人员执行经营管理功能的重要性越来越突出。因此,在赋予他们职权的同时,也要形成对他们有效的监督机制。一般来说,对职业经理的监督机制主要来自四个方面:一是国家法规条例、经济政策、财务会计制度的监督;二是所有者或投资者通过股东会、董事会、监事会及资产的盈利情况和股票涨落的监督;三是广大消费者通过市场机制、商品价格监督;四是本企业职工通过股东会、董事会、监事会中自己的代表,以及各种民主管理委员会的监督。这些来自各方面的监督约束力量,促使职业经理必须正确及时决策,避免或减少一些不必要的工作失误。

四、考评机制

对职业经理人的工作绩效进行客观公正地考核评价,可以为选拔、鼓励、监督机制的形成提供科学的依据和标准。针对我国传统计划经济体制在这方面存在的问题,要形成对职业经理良好的绩效考评机制,一是考评的主体应当由政府主管部门转向董事会;二是考评的标准主要是企业的经济效益,即经理能否真正有效地保证资产的安全增值,能否保证所有者权益的实现及职工劳动收入的提高;三是对于那些绩效不良,甚至造成企业亏损和资产流失的经理,不但不能异地做官,而且应当追究他们的经济责任。性质严重并构成犯罪行为的也应负刑事责任,只有这样才能实现职业经理的优胜劣汰。大量的实践证明,每个经营成功的企业,都必然有一个出色的职业经理群体。在建立社会主义市场经济体制及实施企业股份制改造的过程中,造就优秀的职业经理队伍势在必行。

第五节　职业经理人的培养

要成为一流的职业经理人,第一是来自内心深处的决心与承诺(公司与个人都需要);第二是对管理有高度的兴趣与学习热情;第三是自觉接受先进的系统化培训;第四是利用各种支持系统(例如图书、杂志、研讨会、经验传承)加快发展;第五是注意加强实际操作学习,通过实践积累职业经理人的实际经验,经过实践修正升华学习的理论。

具体而言,职业经理人的培养主要从两个方面进行:一是企业或组织对职业经理人的培养与管理;二是职业经理人的个人培养与管理。

一、企业对职业经理人的培养与管理

首先是企业要为职业经理人提供良好的环境。良好的工作环境能使经理人在他的工作空间充分发挥潜能。

其次是针对职业经理人的职业生涯管理：包括职业生涯规划和继任管理两部分。根据组织的需要和对经理人的工作业绩、潜力和偏好的评估来规划和塑造个人在组织内的职业进步；并保证满足组织在将来发展中对于相应人才的需要。职业生涯设计为经理人设定个人职业生涯发展计划，提供各种学习锻炼、积累经验的机会及升迁机会以使经理人增加工作的鼓舞性、挑战性和个人的成就感，使得经理人为公司更加努力工作。

再次是企业组织要设计一套合理公平的薪酬和奖励制度。

最后，企业要提供经理人各种培训机会，加强系统的学习，以弥补在信息技术革命时代自身的知识不足，跟上瞬息变化的时代步伐。

二、职业经理人的个人培养与管理

职业经理人的个人培养与管理是加速职业经理人队伍成长的有效方法，职业经理人只有通过自己的不懈努力、刻意培养与个人管理，才能使自己迅速进入职业经理人的队伍。

1. 个人培养方面主要表现在素质要求方面

要培养足够的自信，在面对困难决策时要果断地作出判断，而不是故意将其拖到最后才做；要有坚强的意志，良好的气质，优秀的品质，健康的情感和稳定的情绪。此外，非常重要的一点在于经理人的魅力培养上。职业经理人要以其渊博知识，丰富的经验，高深的技术与杰出判断力而赢得下属的折服。例如：下属接受职业经理人提议的方法办事时，并不是因为该方法最有效而接受它，而是因为对职业经理人的能力有信心而接受它。在这种情况下领导者所发挥的是专家作用力；职业经理人可借下属对他的尊重与崇拜而增强他们对职业经理人认同，并设法按职业经理人旨意办事，此时职业经理人所发挥的即是吸引力；而且职业经理人作为一个优秀的领导者，特别是在危机管理时的领导风范，以及以一个优秀的谈判者在谈判桌前表现的机敏、谨慎，都会影响到经理人在员工心目中的威信和地位。其实这正是一个经理人的魅力所在，它关键在于能让下属信服你，跟随你。

2. 职业经理人的个人管理

职业经理人的个人管理主要表现在以下四个方面：

首先，个人管理应从时间管理着手。彼得·德鲁克说："除非把时间管理好，否则没有办法管好其他的事情"。事实也是如此，生命中所有事情的完成，都要占用或长或短的时间。而时间恰好是最公平的事，每个人每一天只有 24 小时。因此人生成败、绩效好坏、公司兴衰都决定在每一位经理人每一天的上班时间中。当你做这件事时，便无法从事其他事情，所以如何有效运用时间，是个人管理的首要任务。

其次，是善于学习。彼得·德鲁克说："未来的企业学习将取代经验，变成组织中最重要的事，……特别是系统化的学习"。并且科学技术进步的一日千里，使经理们的工作普遍受到社会各方面的挑战。在这样一个时代，任何一个经理要做好自己的工作，就必须有好学的精神，在工作中不断增加自己的学识和提高工作能力。在知识学习方面，作为经理人，除了吸收经营管理知识以外，还要吸收适当的技术知识、科学知识，学习社会学、心理学、经济学和其他学科知识。要从自己的成功和失败中吸取各种从事商业活动所需要的经验。知识越多，在商业管理中所设想的问题就越多，这可以使一个经理的眼光广阔，思路全面，决断正确，具有不断上进的雄心壮志。

再次，寻找自身的驱策力。经理人在职业生涯中能认识到个人的职业驱策力，是个人管理的宝贵工具。作为经理人，如果没有自我评估的标准，势必感到茫茫然不知所措。保罗曾说："我从来不知道自己为什么这样做那样做？仿佛有一个心理上的傀儡师傅，在操纵我的生命之绳，我真盼望能够找到是什么力量在驱动我？"人受驱策力的激励而活动，如果要想成功，就应该采取有力的主动步骤，以提高从工作中获得所盼所欲的可能性。驱策力是一股内在的力量，它能决定你对自己职业生涯的期望与需求。明确自身的驱策力之后，能使你获得很大的益处：长期的眼光；识辨，对自己有更清楚的认识；有力的声明，可以将你内在潜能发挥出来；可以使你脱颖而出；连贯，把原本显然无关的因素组织起来；保护，减少鲁莽决定的冒险性；刺激，激发你对自己的不同看法；评估事业进步的标准；共通的语言，提供你对话的标准。

最后，职业经理人还需要加强自己的 EQ 管理，即所谓的情商管理。职业经理人应该培养自己时刻保持快乐的心情，维持高昂的斗志，随时进行自我激励，冷静对待外在环境的干扰与影响等。职业经理人如果能够做好个人管理，才能确保在漫长的人生旅途中，不论遇到何种情况，都保持最佳状况。

本章小结

1. 职业经理人是指以企业经营管理为职业，深谙经营管理之道，熟练运用企业内外各项资源,为实现企业经营目标,担任一定管理职务的受薪人员。作为一个职业经理人必须具备一些基本素质,这些素质主要包含健全的心理品质、良好的职业道德、丰富的专业知识、纯熟的工作技能。

2. 职业经理人在组织中扮演着"人际关系角色"、"情报角色"与"决策角色"。人际关系角色中包括三个角色:名誉领袖、领导人和联络人;情报角色中包括侦探、传播者和发言人三个角色;决策角色中包括企业家、危机管理者、资源分配者和谈判者四个角色。

3. 职业经理人的形成机制主要包括选拔机制、激励机制、监督机制、考评机制等。职业经理人的培养主要从两个方面进行:一是企业或组织对职业经理人的培养与管理;二是职业经理人的个人培养与管理。

本章思考题

1. 什么是职业经理人? 他应具备什么样的素质?
2. 职业经理人在组织中扮演着哪些角色?
3. 职业经理人在组织中的作用有哪些?
4. 简述职业经理人的培养机制。
5. 如何培养职业经理人?

案例分析

T公司引入职业经理人管理之路

1988年老王与自己的3位亲戚共同出资成立了T机电制造厂。工厂刚开始投入运营时采用的是一种简单的作坊生产方式,工厂管理和生产基本上都由老王以及其亲戚共同负责,他们既是生产者又是管理者。由于企业的机器设备和生产技术较为落后,产品的质量得不到保证,品种单一,销售情况也不很理想。在对市场进行了深入调研后,老王发现广泛应用于制造行业的小型机电设备市场前景广阔,于是果断决定花巨资采购先进的制造设备,专门生产制造行业用小型机电产品。在转产后的不长时间内T制造厂的产品由于适销对路迅速获得了市场认可,企业的发展也初具规模。

在使用先进制造设备生产制造小型机电产品确立了一定的市场优势后,T公司企业管理开始步入规范化,企业基本规章制度逐步建立。T公司开始扩大用人范围,吸纳家族的朋友、邻居、同学、同事等具有初步信任关系的成员进入企业,企业规模迅速扩大。90年代中期,老王与早期的家族合伙人共同商议后决定成立有限责任公司,老王任董事长兼总经理。

面对市场竞争的日益激烈化,企业董事会决定进一步提高产能、拓展市场,把T公司打造成一个全国性的大型企业,以降低运营成本提高企业竞争力。然而,要实现如此大的抱负需要大量的资金投入以及高超的管理运营能力作为保障,而此时的T公司不仅资金不够雄厚,而且老王与其他合伙人也渐渐发现自身的管理能力已经很难驾驭越来越复杂的组织机构,对于企业重要决策的制定、工作计划的组织实施等也感到力不从心。最后,经过慎重决定,T公司与A公司合资成立新的T公司,仍由老王家族控股。T公司又对组织结构进行了变革,成立了董事会和监事会。老王担任董事长,不再兼任总经理的职务,通过社会招聘的方式引进职业经理人。经过层层筛选,最终确定由C担任公司总经理一职,主管公司日常业务运营。C在商界摸爬滚打多年,具有丰富的管理知识和企业运营经验,是一名成熟的职业经理人。然而,加入T公司后,老王经常插手本该由C负责的企业具体事务,常常挫伤C作为公司总经理的管理积极性,而且经常在公司员工面前指责C的管理方法不当,使其下不了台。对其面临的各种工作和生活上的困难也缺乏应有的关怀,造成C不满。同时,C对T公司给予的"物质激励"——经济性回报也颇有微词。引入C作为公司总经理时,T公司与C约定的经济性回报只有每月的固定工资以及月奖金和年终奖,总体水平只相当于企业员工平均薪酬水平的2～3倍。最关键的是C获得的报酬与企业运营的状况并无多大关系,"干好干坏一个样"。在经济回报不足及管理实权不够的情况下,C多次与董事会交涉但收效甚微,不到一年C便愤然辞职。

董事会在得到C辞职的消息后进行了专门的研讨,认为公司对其放权不够,激励不足,并决定重新重金聘用职业经理人。公司慎重选择后,"海归派"Z进入了董事会的视野,担任T公司总经理一职。在与Z签订的工作合同中,T公司引入了年薪制,并通过季度考核作为Z奖金发放的依据。同时,在负责公司运营的具体工作中董事会不再插手,充分信任Z的管理决策。由于Z的海归背景,董事会的普遍信任为其在T公司上下建立了很高的威信,加上董事会中个别董事对其盲目推崇,Z在公司权力极大,日益骄横,甚至不把董事长放在眼里。在Z负责企业运营的初期,企业业绩一度飘红,董事会也相应地给予Z特殊业绩奖励。然而,一年以后公司进行例行的财务状况审查时发现,作为总经理的Z亏空了大量公款,公司的业绩也仅仅是Z短期操作行为所致。Z造成了企业管理的混乱,公司重要客户不断流失,市场信誉下降。在这种状况下,董事会研究决定解雇Z并追究其法律责任,然而 Z 早已悄然离去。

鉴于引入职业经理人 C 和 Z 的失败经历,老王重新兼任了 T 公司总经理一职。但是,随着市场竞争日益激烈,由于年龄以及自身能力的局限,老王越来越感到力不从心,企业业绩也一直停滞不前。引入职业经理人管理公司的呼声在董事会中再度响起,构建合理的职业经理人激励机制则成为职业经理人管理企业成效的决定性因素。

资料来源:陈淼淼提供.

思考题:
1. 试分析 T 公司在引入职业经理人的过程中经历两次失败的主要原因。
2. 你对构建 T 公司的职业经理人激励机制有何建议?

主要参考文献

[1] 刘大卫. 绩效考核:企业致胜秘诀[M]. 上海:上海交通大学出版社,2013.

[2] 王剑,等. 公平薪酬设计与操作:基于战略思考与管理流程[M]. 北京:清华大学出版社,2013.

[3] 马国辉,等. 工作分析与应用[M]. 上海:华东理工大学出版社,2012.

[4] (美)约翰 M. 伊万切维奇(Ivancevich, John M.),等. 人力资源管理[M]. 北京:机械工业出版社,2011.

[5] 赵永乐,等. 人力资源规划[M]. 北京:电子工业出版社,2010.

[6] 曾湘泉,等. 薪酬管理[M]. 北京:清华大学出版社,2010.

[7] 赵曙明,等. 人力资源管理与开发[M]. 北京:高等教育出版社,2009.

[8] (美)加里·德斯勒(Gary Dessler). 人力资源管理[M]. 吴雯芳,刘昕,译. 北京:中国人民大学出版社,2014.

[9] 廖泉文. 人力资源管理[M]. 北京:高等教育出版社,2003.

[10] 张德,等. 人力资源管理[M]. 北京:中国发展出版社,2007.

[11] 姚裕群,等. 人力资源管理教学案例精选[M]. 上海:复旦大学出版社,2009.

[12] 赵应文. 人力资源管理概论[M]. 北京:清华大学出版社,2009.

[13] 刘昕. 现代人力资源管理教程[M]. 北京:中国人事出版社,2009.

[14] 彭剑锋. 人力资源管理概论[M]. 上海:复旦大学出版社,2003.

[15] 刘沂主. 公共部门人力资源管理[M]. 北京:北京大学出版社,2009.

[16] 张岩松,等. 人力资源管理案例精选精析[M]. 北京:中国社会科学出版社,2009.

[17] 朱长丰. 人力资源管理[M]. 杭州:浙江大学出版社,2009.

[18] 邵冲. 人力资源管理[M]. 北京:中国人民大学出版社,2008.

[19] 桂昭明. 人力资源管理[M]. 武汉:华中科技大学出版社,2008.

[20] 于秀芝. 人力资源管理[M]. 北京:中国社会科学出版社,2008.

[21] 陈筱芳. 人力资源管理[M]. 北京:清华大学出版社,2008.

[22] 姚裕群. 人力资源管理[M]. 北京:中国人民大学出版社,2007.

[23] 赵曙明. 人力资源管理[M]. 南京:南京大学出版社,2007.

[24] 葛玉辉. 人力资源管理[M]. 北京:经济管理出版社,2007.

[25] 秦志华. 人力资源管理[M]. 北京:中国人民大学出版社,2006.

[26] 余凯成,等. 人力资源管理[M]. 大连:大连理工大学出版社,2006.

[27] 罗伯特·L. 马西斯(Robert L. Mathis)、约翰·H. 杰克逊(John H. Jackson). 人力资源管理[M]. 孟丁,译. 北京:北京大学出版社,2006.

[28] 陈维政,等. 人力资源管理[M]. 北京:高等教育出版社,2013.

[29] 黄维德,董临萍. 人力资源管理[M]. 北京:高等教育出版社,2005.

[30] (美)J. A. 洛丝特(Jill A. Rossiter). 人力资源管理[M]. 孙健敏,等译. 北京:中国人民大学出版社,1999

[31] 劳伦斯 S·克雷曼. 人力资源管理[M]. 北京:机械工业出版社,1998

[32] (英)德里克·托林顿,等. 人力资源管理(第 6 版)[M]. 北京:经济管理出版社,2008.

[33] 林新奇. 跨国公司人力资源管理[M]. 北京:首都经济贸易大学出版社,2008.

[34] 姜秀珍. 国际企业人力资源管理[M]. 上海:上海交通大学出版社,2008.

[35] 秦志华. 企业人力资源管理原理[M]. 北京:清华大学出版社,2008.

[36] 董克用,等. 人力资源管理概论(第 2 版)[M]. 北京:中国人民大学出版社,2007.

[37] (美)查尔斯·R. 格里尔(Charles R. Greer)等. 战略人力资源管理[M]. 孙非,等译. 北京:机械工业出版社,2004.

[38] 陈京民. 人力资源规划[M]. 上海:上海交通大学出版社,2006.

[39] 胡八一. 人力资源规划实务[M]. 北京:北京大学出版社,2008.

[40] 徐恒熹. 人力资源规划手册 管理、技术和应用[M]. 北京:中国劳动社会保障出版社,2006.

[41] (美)雷蒙德·A·诺伊,等. 人力资源管理 赢得竞争优势(第 5 版)[M]. 刘昕,译. 北京:中国人民大学出版社,2014.

[42] 张德. 组织行为学(第 3 版)[M]. 北京:高等教育出版社,2008.

[43] 德斯靳,曾湘泉. 人力资源管理(第 10 版,中国版)[M]. 北京:中国人民大学出版社,2007.

[44] 曾湘泉,周禹. 人力资源管理与创新 理论、实践与机制[M]. 北京:中国人民大学出版社,2009.

[45] 潘金云. 中国人力资源开发年鉴[M]. 北京:中国发展出版社,2008.

[46] 林泽炎. 转型中国企业人力资源管理 中国人力资源发展报告[M]. 北京:中国劳动社会保障出版社,2004.

[47] 萧鸣政. 人力资源开发的理论与方法[M]. 北京:高等教育出版社,2004.

[48] 朱勇国. 工作分析[M]. 北京:高等教育出版社,2007.

[49] 文征. 员工工作分析与薪酬设计[M]. 北京:企业管理出版社,2006.

[50] 萧鸣政. 工作分析的方法与技术[M]. 北京:中国人民大学出版社,2006.

[51] 萧鸣政. 人员测评与选拔[M]. 上海:复旦大学出版社,2005.

[52] 李永杰,李强. 工作分析理论与应用[M]. 北京:中国劳动社会保障出版社,2005.

[53] 赵永乐,等. 工作分析与设计[M]. 上海:上海交通大学出版社,2005.

[54] 付亚和. 工作分析[M]. 上海:复旦大学出版社,2004.

[55] 赵珍. 工作分析与人员招聘[M]. 北京:中国商业出版社,2004.

[56] (英)戴尔. 员工招聘与选拔[M]. 北京:中国轻工业出版社,2009.

[57] 曹晖,陈新玲. 人员招聘与配置[M]. 北京:中国劳动社会保障出版社,2008.

[58] 马军,赵良海. 人员招聘与配置[M]. 北京:电子工业出版社,2006.

[59] 赵永乐,等. 人员招聘与甄选[M]. 北京:电子工业出版社,2009.

[60] 王丽娟. 员工招聘与配置[M]. 上海:复旦大学出版社,2006.

[61] 吴志明,等. 人事测评理论与实证研究[M]. 北京:机械工业出版社,2009.

[62] 孙健敏. 人员测评理论与技术[M]. 长沙:湖南师范大学出版社,2007.

[63] 付亚和,许玉林. 绩效管理[M]. 上海:复旦大学出版社,2008.

[64] 颜世富. 绩效管理[M]. 北京:机械工业出版社,2008.

[65] 赫尔曼·阿吉斯. 绩效管理[M]. 北京:中国人民大学出版社,2008.

[66] 顾琴轩. 绩效管理[M]. 上海:上海交通大学出版社,2005.

[67] 李宝元. 绩效管理原理、方法与实践[M]. 北京:机械工业出版社,2009.

[68] 葛玉辉,陈悦明. 绩效管理实务[M]. 北京:清华大学出版社,2008.

[69] 彭劲松. 人力资源·绩效管理理论与实务[M]. 北京:中国人事出版社,2007.

[70] 方振邦. 战略性绩效管理[M]. 北京:中国人民大学出版社,2007.

[71] (美)贝可(Bacal,R.). 绩效管理手册[M]. 黄圣峰,译. 北京:清华大学出版社,2006.

[72] 刘爱东. 在华跨国公司绩效管理[M]. 上海:复旦大学出版社,2006.

[73] 张晓彤. 绩效管理实务[M]. 北京:北京大学出版社,2004.

[74] 赵曙明. 绩效管理与评估[M]. 北京:高等教育出版社,2004.

[75] (美)理查德·威廉姆斯. 组织绩效管理[M]. 蓝天星翻译公司,译. 北京:清华大学出版社,2002.

[76] 阿吉斯. 人力资源管理译丛 绩效管理[M]. 刘昕,曹仰锋,译. 北京:中国人民大学出版社,2008.

[77] 朱飞. 绩效管理与薪酬激励[M]. 北京:企业管理出版社,2006.

[78] 乔恩·M·沃纳(Jon M. Werner),兰迪·L·德西蒙(Randy L. DeSimone). 人力资源开发[M]. 北京:中国人民大学出版社,2009.

[79] (美)乔治·T. 米尔科维奇(Gerge T. Milkovich),(美)杰里·M. 纽曼(Jerry M. Newman). 薪酬管理[M]. 董克用,等译. 北京:中国人民大学出版社,2002.

[80] 刘昕. 薪酬管理[M]. 北京:中国人民大学出版社,2007.

[81] 刘昕. 薪酬福利管理[M]. 北京:对外经济贸易大学出版社,2003.

[82] 曾湘泉. 薪酬:宏观、微观与趋势[M]. 北京:中国人民大学出版社,2006.

[83] 董福荣,等. 薪酬管理[M]. 北京:机械工业出版社,2009.

[84] 刘爱军. 薪酬管理:理论与实务[M]. 北京:机械工业出版社,2008.

[85] 乔治·T·米尔科维奇,杰里·M·纽曼. 薪酬管理(第9版)[M]. 北京:中国人民大学出版社,2008.

[86] 张正堂,刘宁. 薪酬管理[M]. 北京:北京大学出版社,2007.

[87] 康士勇. 薪酬管理 工作评价与薪酬标准[M]. 北京:中国劳动社会保障出版社,2006.

[88] 约瑟夫·J·马尔托奇奥(Joseph J. Martocchio). 战略薪酬管理[M]. 刘小刚,童佳,译. 北京:中国人民大学出版社,2005.

[89] 文跃然. 薪酬管理原理[M]. 上海:复旦大学出版社,2004.

[90] 李新建. 企业薪酬管理[M]. 天津:南开大学出版社,2003.

[91] 孙剑平.薪酬管理 经济学与管理学视觉的耦合分析[M].北京:吉林人民出版社,1999.

[92] 李宝元.薪酬管理 原理·方法·实践[M].北京:清华大学出版社有限公司,2009.

[93] 李宝元.职业生涯管理 原理·方法·实践[M].北京:北京师范大学出版社,2007.

[94] (美)杰弗里·格林豪斯等.职业生涯管理[M].王伟,译.北京:清华大学出版社,2006.

[95] 杜林致.职业生涯管理[M].上海:上海交通大学出版社,2005.

[96] (美)格林豪斯等.职业生涯管理(第3版)[M].北京:清华大学出版社,2003.

[97] 王宏江等.岗位管理[M].北京:中国水利水电出版社,2008.

[98] 梁凯,王宏敏.岗位管理手册[M].北京:中国劳动社会保障出版社,2006.

[99] 中国工商银行教育部、人事部.工作分析与岗位管理[M].北京:中国金融出版社,2005.

[100] 李锡元,王永海.人力资源会计[M].武汉:武汉大学出版社,2007.

[101] 张文贤,高伟富.人力资源会计[M].上海:立信会计出版社,2001.

[102] 张志康.人力资源会计理论与方法研究[M].贵阳:贵州人民出版社,2002.

[103] 李友德.劳动关系管理[M].海口:海南出版社,2009.

[104] 陈国强.劳动关系纠纷案例[M].北京:中国经济出版社,2008.

[105] 王裕明等.劳动关系与争议处理政策与实务[M].北京:北京大学出版社,2008.

[106] 夏志强,杨江.劳动关系与劳动法[M].成都:四川大学出版社,2007.

[107] 程延园.劳动关系(第2版)[M].北京:中国人民大学出版社,2007

[108] 邱广昌.员工劳动关系管理适用法律速查手册[M].北京:经济科学出版社,2006.

[109] 张彦宁,陈兰通.企业劳动关系案例解析[M].北京:企业管理出版社,2006.

[110] 郭庆松.企业劳动关系管理[M].南开:南开大学出版社,2001.

[111] 赵永乐,等.劳动关系管理与劳动争议处理[M].上海:上海交通大学出版社,2006.

[112] 涂成洲.最新企业劳动合同管理实务与案例精解[M].北京:法律出版社,2009.

[113] 职业经理人教程编委会.职业经理人教程[M].上海:上海远东出版社,2008.

[114] 孙士武.职业经理人[M].济南:山东大学出版社,2006.

[115] 张彦宁.走向成功——当代职业经理人风采[M].北京:企业管理出版社,2005.

[116] 胡宏峻.成为职业经理人[M].上海:上海交通大学出版社,2004.

[117] 林新奇.跨国公司人力资源管理[M].北京:首都经济贸易大学出版社,2008.